Kreuzfahrt im Mittelmeer

Känguru-Tipps – mit kleinem Beutel große Sprünge machen

Eine Kreuzfahrt steht an? Wenn Sie allgemeine Infos zum günstigen Buchen, Einchecken und zu Kreuzfahrtschiffen brauchen, sind Sie hier richtig! Außerdem zeigt Ihnen der Ratgeber, wie Sie preisgünstig Landausflüge selbst unternehmen können!

Mit **öffentlichen Verkehrsmitteln, Abfahrtsorten, Eintrittspreisen und Öffnungszeiten!** Viele eigene Bilder geben Ihnen einen Vorgeschmack auf die Traumziele!

Dieser Ratgeber bezieht sich ausschließlich auf subjektive persönliche Erfahrungen. Er zeigt nur einzelne Facetten der Städte und Schiffe auf und soll Ihnen als kleine Hilfe für Ihre erste (oder x-te) Kreuzfahrt dienen.

Ich wünsche Ihnen, dass Sie bei Ihren Kreuzfahrten genauso viel Freude haben wie meine Familie und ich!

Ihre Estrella Maris

Häfen

Häfen

40 ausgewählte Häfen für Landausflüge

Leider kann und will ich in dieses Buch aufgrund des Urheberrechtes keine ausführlichen Landkarten einbinden. Bei Bedarf lassen sich diese jedoch leicht im Internet finden! Zur groben Orientierung habe ich einige einfache Karten beigefügt, die für Kreuzfahrt-Passagiere die am besten erreichbaren Sehenswürdigkeiten zeigen.

Einige wenige der hier beschriebenen Häfen befinden sich im Atlantik, werden aber oft aus dem Mittelmeer heraus auf Kreuzfahrtrouten angefahren und sind deshalb vielleicht doch für den Leser interessant. Deshalb haben auch sie ihren Weg in dieses Buch gefunden.

Sicherlich kann man auf jedem Schiff unzählige geführte Landausflüge buchen. Wenn Ihnen das aber zu teuer ist oder Sie sich einen flexibleren Aufenthalt wünschen, können Sie mit einer kleinen Recherche und diesem Buch kostengünstig einen wunderbaren Tag verbringen!

Wichtig! Erkundigen Sie sich, unmittelbar bevor Sie von Bord gehen, nach der Ablegezeit! Es kommt gelegentlich vor, dass diese sich ändert (z.B. gegenüber der Reisebeschreibung)! Auf zu späte Individual-Ausflügler wird nur begrenzt gewartet!

Tipp: Auf Ihrer Bordkarte und auf Ihrer Bordzeitung steht eine „Notfallnummer“ unter der Sie das Schiff erreichen können. Hält sich Ihre Verspätung im Rahmen, wartet das Schiff eventuell – aber nur, wenn Sie Bescheid geben!

Grundlegend bleibt zu sagen, dass ausnahmslos in jedem Hafen Taxis warten, die auf Kreuzfahrten-Touristen „spezialisiert“ sind. Die Fahrer kennen die Liegezeiten der einzelnen Schiffe ganz genau und bieten darauf zugeschnitten Touren an. Sie geben einem oft das nötige Hintergrundwissen über die Stadt/Sehenswürdigkeit und fungieren somit auch als eine Art Reiseleiter. Man kann hin und wieder sogar dauerhafte Bekanntschaften schließen.
Im Gegensatz zu einem Mietwagen haben Sie keine lästige Parkplatzsuche und bekommen auch verstecktere Orte zu sehen. Eine genaue Terminierung zu Wachwechseln etc. ist mit einem Taxi besser machbar, da dem Touristen oft die Hintergrundinformationen fehlen.
Je nach Land und Hafenstadt liegen die Taxipreise zwischen 60 € und 350 € pro Tag, Verhandlungsgeschick ist auch hier gefragt. Viele Taxis müssen eine hohe Gebühr bezahlen, wenn sie in das Hafengelände hineinfahren oder direkt

davor parken. Ein kleiner Spaziergang von 200 Metern zahlt sich hier oftmals aus und lässt die Preise um einiges sinken.

In einigen Häfen werden private Bustouren zu den Touristenzielen an-geboten, hier können Sie zur Hälfte des Kreuzfahrtschiff-Preises oder sogar noch günstiger ans Traumziel kommen.

Natürlich gibt es in den meisten Fällen auch öffentliche Verkehrsmittel, mit denen Sie Ihren individuellen Landausgang gestalten können. Dieses Buch liefert Ihnen das nötige Background-Wissen wie Metro, Buslinien, Haltestellen, Lage des Bahnhofs, Ticketverkauf usw.

Da ich nicht über Orte schreiben möchte, die ich persönlich nicht kenne, ist die Liste der Mittelmeerhäfen bei weitem nicht vollständig und es sind auch nicht alle Ausflugsziele beschrieben. Aber das würde sowieso den Rahmen eines solchen Buches sprengen!

Weiterhin verzichte ich absichtlich auf Restauranttipps, da meines Erachtens die Vollpension auf den Schiffen mehr als ausreichend ist und die Passagiere sowieso während der Kreuzfahrt im Durchschnitt 2 kg zunehmen!

Käpt'n Känguru empfiehlt:
Öffentliche Verkehrsmittel oder Hafen-Taxis statt der teuren Schiffsausflüge benutzen! Das ist flexibler und preiswerter!

Accerife (Lanzarote) - Leben mit dem Vulkanismus!

Land: Spanien (Kanaren)
Einwohner: 55.000
Währung: Euro

Lanzarote ist die nordöstlichste kanarische Insel und liegt rund 140 km von der marokkanischen Küste entfernt. Die Insel ist vulkanischen Ursprungs, man kann den aktiven Vulkanismus sogar live beobachten!
Man glaubt, dass Lanzarote aufgrund der Nähe zum Festland als erste kanarische Insel besiedelt wurde, und zwar von den Phöniziern. Die erste gesicherte Aufzeichnung beschreibt ein kleines Fischerdorf im 15. Jh.
Lanzarote zählt zu den kargsten Inseln der Kanaren, aber die Farbvielfalt reicht aufgrund des Vulkanismus von sand, braun, ocker und schwarz bis hin zu leuchtend rot-orange und macht die Landschaft wirklich einmalig!

Die Insel Lanzarote ist relativ klein und misst von Nord nach Süd 58 km und von Ost nach West 34 km. Sie können also leicht an einem Tag mit einem Taxi oder Mietwagen die ganze Insel erkunden. Ich empfehle für den ersten Besuch die unten beschriebene Süd-Tour.

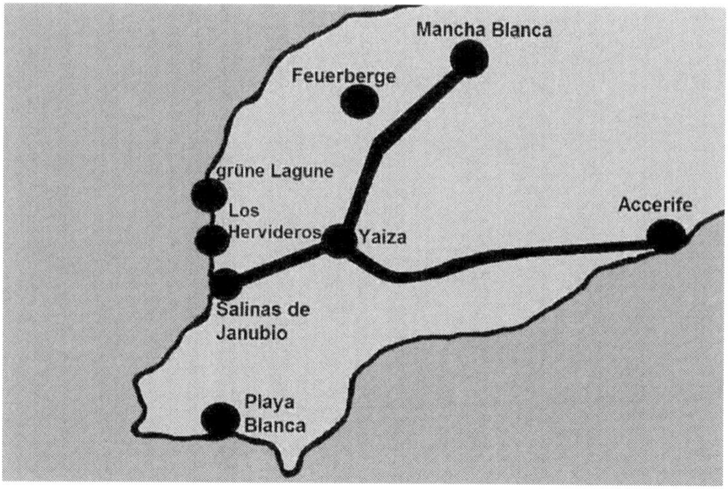

Accerife ist Lanzarotes Hauptstadt und lädt zu einem Bummel durch die Innenstadt und Fußgängerzone ein.
Direkt am Schiffsanleger stehen **Taxis** bereit und zeigen dem Touristen für ca. 120 € die umwerfende Landschaft der Vulkaninsel.

Ausflug:
Feuerberge, Los Hervideros + grüne Lagune

Jedoch sollten Sie in Erwägung ziehen, die Insel lieber mit einem **Mietwagen** zu erkunden. Am Terminal des Kreuzfahrtschiffes bieten fünf Autovermietungen Mietwagen in den verschiedensten Preisklassen an! Bereits für **45 €** (zzgl. Sprit) können vier Personen die Insel entdecken!
Mit dem Mietwagen sind Sie auf jeden Fall ungebundener und preisgünstiger unterwegs als mit einem Taxi. Abends legen Sie den Schlüssel einfach unter den Fahrersitz und sind innerhalb von Minuten auf dem Schiff!

Käpt'n Känguru empfiehlt:
Mit einem Mietwagen ab 45 € können mehrere Personen die kleine Insel an einem Tag erkunden!

Ich empfehle Ihnen den Besuch des **Nationalparks Timanfaya – die Feuerberge**! Der Nationalpark besticht durch eine sehr karge, mondähnliche Landschaft mit vielen Kratern und Lavabrocken.

Vor dem Besuch des Nationalparks sollten Sie an dem neuen modernen **Besucherzentrum** halten: Es liegt an der Landstraße LZ-67 (*Yaiza – Mancha Blancha*) ca. 2 km vor *Mancha Blanca* auf der linken Seite.

Kostenlos können die Besucher dort Interessantes über die Vulkanologie erfahren. Es gibt viele Modelle und Schaukästen sowie ein riesiges originalgetreues Reliefmodell der Insel Lanzarote.

Eine 45-minütige Filmvorführung ist äußerst informativ, erfolgt aber nur in spanischer Sprache ☹. Mittels Kopfhörern kann man den Film auch in Deutsch und Englisch hören. Kopfhörer werden im Besucherzentrum verkauft, doch es passen auch die gängigen Minikopfhörer der Hop-on-hop-off-Busse oder von vielen Smartphones.

Die Öffnungszeiten des Besucherzentrums sind von 9.00 - 17.00 Uhr. Der Eintritt ist gratis.

Käpt'n Känguru empfiehlt:
Das Besucherzentrum vor dem Parkplatz der Feuerberge besuchen – informativ und gratis! Kopfhörer aus Hop-on-hop-off-Bussen oder von Smartphones mitnehmen!

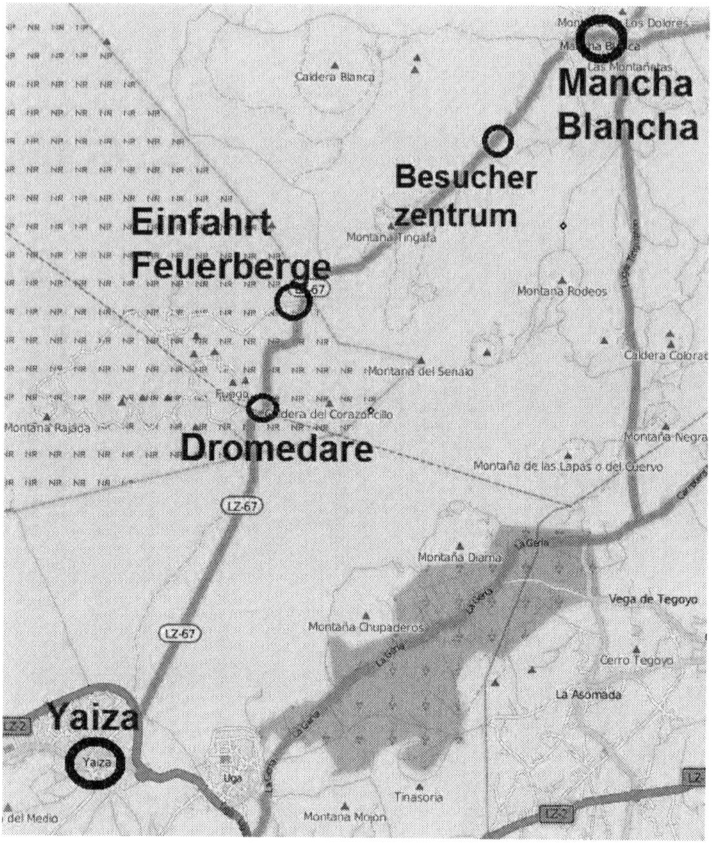

Weiter geht es auf der Landstraße LZ-67 Richtung *Yaiza*, wo nach ca. 4 km die Abzweigung zum Nationalpark folgt.
Das Kassenhäuschen befindet sich direkt an der Landstraße, Sie müssen hier 9,50 € für die *Ruta de los Volcanos* bezahlen. Sie können mit dem eigenen Auto zum **Islote de Hilario** hinauf fahren, wo Sie auf einem großen Parkplatz das Auto parken können.

Ein wunderschönes Erlebnis ist es jedoch, nicht mit dem *Auto* zum Vulkan hinauf zu fahren, sondern auf einem *Dromedar* in einer langen Karawane den Berg hinaufzureiten. Der Startpunkt der **Dromedar-Expedition** liegt an einem großen Parkplatz an der LZ-67. Schon von weitem sehen Sie auf der westlichen Seite der Landstraße eine riesige Dromedar-Herde warten.

Der Ritt auf dem Kamel kostet 6 € und endet am Aussichtspunkt *Islote de Hilario* am Gipfel des Berges.

Ob Sie den Vulkan nun mit dem Auto oder dem Dromedar bezwungen haben: oben an der Aussichtsplattform *Islote de Hilario* gibt es Souvenirshops und ein Restaurant für Erfrischungen. Zudem erwarten Sie einige Vorführungen zum Thema „Vulkanismus".
Der letzte Ausbruch eines Vulkans erfolgte im 18. Jh. Noch heute liegt die Bodentemperatur in 10 cm Tiefe bei 140° C und in einem halben Meter Tiefe schon bei 460° C. Für Kinder ist das äußerst interessant, da man durch viele kleine **Vorführungen** den **Vulkanismus live erleben** kann: Zum Beispiel wird Wasser in eine Erdspalte gegossen, aus der dann eine riesige Fontäne schießt! Die Besichtigung des Nationalparks ist jedoch aus Sicherheitsgründen nur in bestimmten Bereichen erlaubt.
In einer weiteren kleinen Showeinlage führen die Mitarbeiter des Nationalparks vor, wie sich trockenes Gras aufgrund der hohen Bodentemperatur selbst entzündet.

Vom *Islote de Hilario* starten alle paar Minuten Busse, die auf der **Ruta de los Volcanos** durch die Feuerberge fahren. Eine Fahrt mit dem eigenen Wagen ist aus Sicherheitsgründen nicht möglich! **Die Busfahrt ist jedoch im Eintrittspreis enthalten und dauert 30 bis 40 Minuten.**
Machen Sie diese Rundfahrt auf jeden Fall mit, sie ist das Highlight Ihres Vulkan-Trips!
Am besten setzen Sie sich im Bus auf die **rechte Seite**, da Sie hier die schönsten Ausblicke und Fotomotive genießen können. Der Bus hält an sehenswerten Stellen für einige Minuten an, jedoch dürfen Sie ihn aus Sicherheitsgründen nicht einmal zum Fotografieren verlassen!
Während der Fahrt hören Sie Erklärungen zur Entstehungsgeschichte der Vulkane und der faszinierenden Landschaft (auch auf Deutsch und Englisch).

Die Öffnungszeiten des Nationalparks Feuerberge sind von 9.00 - 17.00 Uhr. Die Busfahrt ist im Eintrittspreis von 9,50 € bereits enthalten!

Zum Pflichtprogramm gehört neben den Feuerbergen außerdem ein Besuch der **grünen Lagune**. Zu erreichen ist diese Attraktion durch das Fischerdorf **El Golfo**, das südwestlich des Nationalparks Timanfaya liegt. Ab *Yaiza* führt eine ausgeschilderte Straße an die Küste nach *El Golfo*. Direkt am Ortseingang von *El Golfo* befindet sich ein Parkplatz, von dem aus Sie die Lagune schon sehen können. Wenn Sie dem Fußweg folgen, kommen Sie zu einem herrlichen Aussichtspunkt, von dem Sie direkt zum Meer und zur Lagune hinab steigen können.

Durch besondere einzellige Algen erhält der **Lago Verde** seine giftgrüne Farbe. Die Lagune erhält ihr Wasser durch das Grund-/Meereswasser, und entsprechend sinkt oder steigt der Wasserspiegel bei Ebbe und Flut. Ein schwarzer Sandstrand trennt die **grasgrüne Lagune** vom Meer: ein perfektes Fotomotiv!

Der unmittelbare Zugang zur Lagune ist wegen schlechter Wasserqualität gesperrt, doch findet man am schwarzen Sandstrand schon innerhalb kürzester Zeit kleine **hellgrüne Olivin-Edelsteine**. Für Kinder ein absolutes Highlight!

Ein Stück weiter an der Küstenstraße in Richtung *Salinas de Janubio* liegt schon die nächste Attraktion: die **Los Hervideros!** Von einem großen Parkplatz aus können Sie auf die Klippen zu mühevoll angelegten Aussichtsplattformen laufen. Ein Labyrinth aus Stegen, Treppen, Brücken und Tunneln führt Sie durch ein Höhlen- und Grottensystem, das das Meer während Jahrtausenden hier erschaffen hat.

Durch Löcher und Spalten sieht man unter sich die Brandung tosen und ein gewaltiger Lärm erfüllt die Küste, wenn die Wellen durch die Grotten donnern.

Die *Los Hervideros* kosten keinen Eintritt.

Nur einen Kilometer hinter den *Los Hervideros* liegt an der Küstenstraße die gewaltige Salinen-Anlage **Salinas de Janubio**. Beeindruckend sind die unterschiedlichen Farben der Becken. Von einem Aussichtspunkt an der Straße hat man ein herrliches **Panorama auf die Salinen** und das dahinterliegende Meer.

Käpt'n Känguru empfiehlt:
Die *grüne Lagune*, *Los Hervideros* und die *Salinenanlage* sind Traumziele zum Nulltarif!

An einem Tag sind der Nationalpark, die grüne Lagune und die *Los Hervideros* leicht zu schaffen!

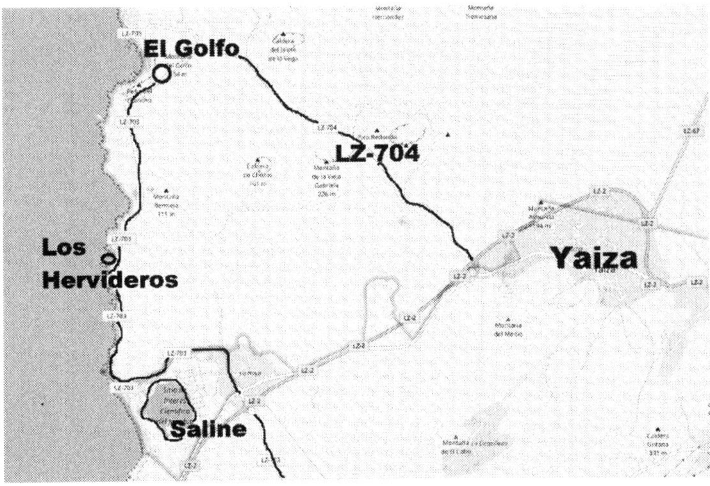

Argostoli - ein Traum in Griechenland

Land: Griechenland (Kefalonia)
Einwohner: 10.000
Währung: Euro

1757 gründeten die Venezianer die Stadt Argostoli, die heutige Hauptstadt der griechischen Insel *Kefalonia*. Hier im Süd-Westen der Insel haben sich viele reiche Griechen niedergelassen, so dass Sie eine freundliche, saubere und wohlhabende Hafenstadt erwartet. Die Fußgängerstraße **Lithostroto** verläuft parallel zum Hafen. Hier befinden sich zahlreiche Cafés, Tavernen, Geschäfte und fast alle wichtigen Sehenswürdigkeiten der Stadt. Besuchen Sie die Kirche **Ekklisia Panagia**, die direkt an der Uferstraße liegt. Die Innenausstattung präsentiert sich opulent mit viel Gold und wunderschönen Fresken.

Zwar kann man alle Örtlichkeiten in *Argostoli* bequem erlaufen, dennoch können Sie auch mit einer kleinen Bimmelbahn herumfahren.
Der **Red Train** fährt Sie durch die kleine Hafenstadt und ein weites Stück der Küste entlang.
Die Fahrt kostet 5 €, Kinder sind gratis. Die Fahrdauer beträgt ca. 15 - 20 Minuten. Sie finden den Bimmelzug am Schiffsanleger.

Absoluter Höhepunkt von *Argostoli* sind für viele Besucher keine antiken Gebäude, Kirchen oder Festungen, sondern **Schildkröten**!! Im Hafen können Sie freilebende Meeresschildkröten (die unechten Karettschildkröten *Caretta caretta*) beobachten. Jeden Morgen um 11 Uhr – wenn die Fischerboote von ihrem morgendlichen Fang zurückkehren – schwimmen die Meerestiere bis an die Kaimauer heran, um die Fischabfälle zu fressen. Zum Greifen

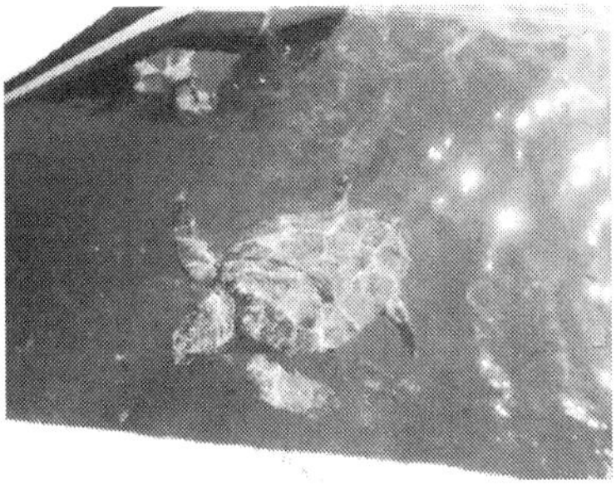

nah gleiten die eleganten Tiere durchs Wasser und geben dabei faszinierende Fotomotive ab!

Ein örtliches Busunternehmen bietet am Anleger einen Ausflug zum **Myrtos-Beach** in einem klimatisierten Bus an. Die Fahrdauer in den Norden der Insel beträgt eine knappe halbe Stunde, die Busse richten sich jedoch nach den Liegezeiten der Schiffe. **Der Ausflug kostet 20 €. Start ist am Schiffsanleger.**

Wenn Sie die Uferstraße nördlich stadtauswärts laufen, können Sie sogar in Argostoli kurz baden gehen! Zwar ist die Küste nicht so idyllisch wie der bekannte *Myrtos-Strand* bei *Divarata*, doch der Uferbereich ist flach, gut zugänglich und das Wasser herrlich klar.

Das **Glasbodenboot „Sun Cruises"** bietet unvergessliche Fahrten hinaus ins ionische Meer an. Vorbei an einem Leuchtturm begeben Sie sich auf die Suche nach **Delfinen**, die leidenschaftlich gerne in der Bugwelle des Bootes schwimmen. Weiter geht es zu einem alten Schiffswrack. Vergessen Sie Ihren Fotoapparat nicht: Das Glasbodenboot fährt teilweise über ganz flache, glasklare Gewässerabschnitte mit Korallenriffen. Ideal für wunderbare Unterwasseraufnahmen!
Auf der kleinen Insel *Vardiani* legen Sie einen Grill-Stopp mit Badegelegenheit ein, denken Sie an Badesachen und Handtuch!
Sie finden das Glasbodenboot direkt am Anleger. Eine Halbtagesfahrt (4h) kostet 25 €, eine Tagesfahrt (8h) 50 €. 80 Passagiere finden in dem Boot Platz. Inklusive ist ein gegrilltes Mittagessen.
Weitere Infos unter **www.captainmakis.gr** und **mafokas@otenet.gr**

Käpt'n Känguru empfiehlt:
Machen Sie einen kleinen Bummel durch das schöne und saubere *Argostoli*. Bei ausreichend langer Liegezeit fahren Sie mit dem **Glasbodenboot** hinaus ins ionische Meer und bestaunen die faszinierende Unterwasserwelt!

Ajaccio – Geburtsort Napoleons

Land:	Korsika, Frankreich
Einwohner:	64.000
Sprache:	Französisch, manchmal auch Englisch
Währung:	Euro

Ajaccio liegt in der Bucht des ***Golfes von Ajaccio*** an der Westküste der französischen Insel **Korsika**. Der italienische Nachbar Sardinien ist nur wenige nautische Meilen entfernt. Die Gründung *Ajaccios* lässt sich auf eine antike Römersiedlung mit dem Namen *Adiacum* zurückverfolgen.
Ajaccio wird übrigens „Aschax-jo" ausgesprochen ☺.

Heute gehört die korsische Hauptstadt zu den Häfen, die etwas abseits der Standard-Mittelmeer-Routen liegen – schon aus diesem Grund stellt der Hafen ein Highlight jeder Kreuzfahrt dar. Die Lage der kleinen Stadt inmitten der wilden Natur Korsikas tut sein Übriges, um Besucher in ihren Bann zu ziehen. Der berühmteste Einwohner Korsikas war ohne Frage **Napoleon Bonaparte**, der französische Feldherr wurde 1769 hier in *Ajaccio* geboren. Dementsprechend finden Sie auch etliche Statuen Napoleons über die ganze Stadt verteilt.

Während Sie Napoleon natürlich nicht mehr begegnen, werden Sie sehr schnell Bekanntschaft mit einem anderen berühmten Korsen machen – und zwar auf Postkarten, T-Shirts, Kühlschrankmagneten, Handtüchern… Wobei das abgebildete **schwarze Konterfei mit dem Stirnband** nicht einmal einem gebürtigen Korsen gehörte, sondern einem Afrikaner!
Und das kam so:

Laut einer Legende entführte ein afrikanischer Fürst eine junge, wunderschöne Korsin. Der Verlobte der holden Maid verfolgte den Wüstling und entführte seine Korsin kurzerhand zurück. Der afrikanische Fürst war darüber derart erbost, dass er seinen besten Kämpfer nach Korsika entsandte. Leider siegte der Korse, enthauptete den Afrikaner und spießte seinen Kopf auf…
Der schwarze Kopf des Afrikaners.

Über die Entstehung des Symbols ranken sich viele Legenden... Sicher ist: die französische Bezeichnung des schwarzen Kopfes mit der weißen Stirnbinde lautet *„Tête de Maure"* und ist DAS Sinnbild für die korsische Freiheit! 1762 wurde der schwarze Kopf mit dem weißen Stirnband zum offiziellen Wappen der Korsen bestimmt.

Witzig: auch die Nachbarinsel Sardinien hat einen Kopf als National-Symbol, und der sieht dem korsischen Pendant verblüffend ähnlich.
Nur: der korsische Mohr blickt nach links, der sardische nach rechts... Aber ob dieses Detail dem 08/15-Touristen überhaupt aufgefallen wäre ☺

Ihr Schiff legt zentral zur Altstadt *Ajaccios* an. Direkt am Hafenausgang befinden sich etliche Container des lokalen Ausflugsbüros **„Promenades en mer"**, das verschiedene Bootsausflüge anbietet z.B. nach *Bonifacio*.
Eine wunderschöne Tour führt zu den Höhlen der Insel *Scandola*, in den majestätischen *Golf von Porto* sowie in das kleine Dorf *Girolata.*
Die Bootsausflüge finden von 9.00 - 17.00 Uhr statt.
Nähere Infos direkt am Anleger oder im vorab **unter www.promenades-en-mer.org,** Sie können den lokalen Ausflugsanbieter unter **contact@decouvertes-naturelles.net** kontaktieren. Die Firma „Corse Adventure" bietet Kajaktouren, Canyoning und Stand-up-Paddle an.
Infos auf **www.corse-adventure.com** und **info@corse-adventure.com**

Wie in vielen anderen Mittelmeerhäfen heutzutage üblich, bietet ein **U-Boot** eine Fahrt ins umliegende korsische Meer an. Dabei handelt es sich wie immer nicht um ein tatsächlich abtauchendes U-Boot, sondern eher um ein Glasbodenboot: Sie können die Unterwasserwelt aus einem 1 - 2 Meter unter der Wasseroberfläche liegenden Fahrgastraum beobachten. Das knallgelbe Boot startet direkt am *Quai Tino Rossi*, bereits am Hafenausgang sehen Sie es ankern.
Erwachsene zahlen aktuell 18 €, Kinder unter 12 Jahren 12 €.
Infos unter **www.aquavision.fr**

Beim ersten Besuch wollen Sie vielleicht nur die Stadt selbst erkunden. Da das Schiff sehr zentral zur Innenstadt liegt, brauchen Sie dafür weder Taxi noch öffentliche Verkehrsmittel. Eine Touristinfo finden Sie in der *Bd.du Roi Jèrôme*, das ist die Parallelstraße zur Uferpromenade. Dort erhalten Sie auch einen gratis Stadtplan.

Auf der gegenüberliegenden Seite des Anlegers erstreckt sich der **Place Foch**, gesäumt von Cafés, kleinen Läden und Souvenirshops stellt dieser weitläufige Platz das quirlige Herz der Altstadt dar. Am Rand des *Place Foch* befindet sich zudem das Rathaus, in dem ein kleines **Napoleonmuseum** untergebracht ist. Im Schatten von Bäumen und Sonnenschirmen haben sich in der Mitte etliche Marktstände angesiedelt, die Obst, Gemüse und korsische Spezialitäten anbieten.

Der Feldherr wurde 1769 in den niederen korsischen Adel der Familie *Bonaparte* hineingeboren. Zahlreiche Straßen und Plätze sind nach Napoleon und seiner Familie benannt, und auch an Statuen des Kaisers mangelt es nicht. Natürlich steht auch am palmengesäumten *Place Foch* eine Statue Napoleons: und zwar eine aus weißem Marmor, umrahmt von wasserspeienden Löwen inmitten eines Springbrunnens.

Das Geburtshaus Napoleons, das ***Maison Bonaparte,*** finden Sie in der *Rue St. Charles*. Im Inneren des imposanten Hauses erwartet Sie in einem Rundgang eine Ausstellung, Schautafeln und Originalstücke aus der Zeit des weltberühmten Kaisers und der Familie *Bonaparte*.

Beachten Sie die Öffnungszeiten: 10.30 - 12.30 Uhr und 13.15 - 16.30 Uhr.

Länger als eine halbe Stunde brauchen Sie auf keinen Fall!

In stark frequentierten Zeiten werden immer nur 20 Personen zeitgleich eingelassen.

Wenn Sie nicht gerade ein getreuer Anhänger des Feldherren sind, dann genügt aber auch ein Blick von außen...

Sehr beliebt ist der **Stadtstrand St François**, der nur 400 Meter und 5 Gehminuten vom Pier entfernt liegt. Folgen Sie der Hauptstraße nach links einen kleinen Hügel hinauf, vorbei an der **Citadelle Miollis**, die die Küstenstadt einst vor Seeangriffen schützte. Da bis heute hier das korsische Militär untergebracht ist, kann man den Fortifikationsbau nur von außen bewundern. Errichtet wurde die Zitadelle von den Genuesen – je nach aktueller Besetzung Korsikas wurde im Laufe der Jahre von Franzosen und Genuesen weiter daran herumgebaut und erweitert...
Unmittelbar hinter der Zitadelle befindet sich ein herrlicher Sandstrand mit türkisgrünem Wasser! Der Strand ist öffentlich zugänglich und gratis – dementsprechend rege wird er von Kreuzfahrttouristen besucht.
Adresse: *Boulevard Lantivy*

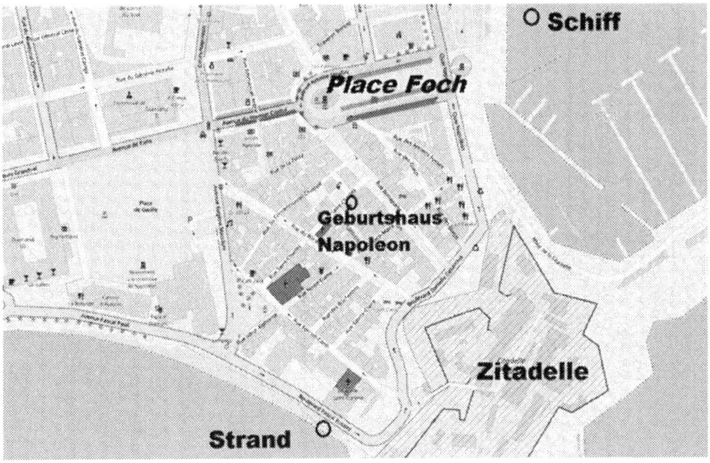

Käpt'n Känguru empfiehlt:
Auf den Spuren Napoleons durch die Altstadt bummeln und danach ein erfrischendes Bad im türkisgrünen Meer nehmen!

Aber bedenken Sie bei allen Planungen und Ausflügen eines: Korsika ist eher im hochpreisigen Segment anzusiedeln, und das spiegelt sich vor allem in den Restaurants, Souvenirshops, Ausfluganbietern sowie Taxi- und Eintrittspreisen wieder.

Ein beliebtes Ziel für Schiffsausflüge seitens der Reedereien ist ein Besuch des **Turtle &Turtoises Park** mit über 130 Schildkrötenspezies!
Den Ausflug können Sie allerdings auch wesentlich individueller und vor allem kostengünstiger selbst organisieren: Das Schildkröten-schutzzentrum befindet sich nur 23 km von *Ajaccio* entfernt, Sie brauchen mit einem Mietwagen / Taxi ca. 30 - 45 Minuten für die Anfahrt.

Einen Mietwagen können Sie im Vorfeld ab 60 € über *Europcar* mieten.
Adresse Europcar: *16 COURS GRANDVAL20000, AJACCIO;*
Die Öffnungszeiten der Autovermietung sind 7.00 - 13.00 Uhr, nach dem *Place Foch* einfach die breite Straße ein Stück weiter nach Westen laufen.

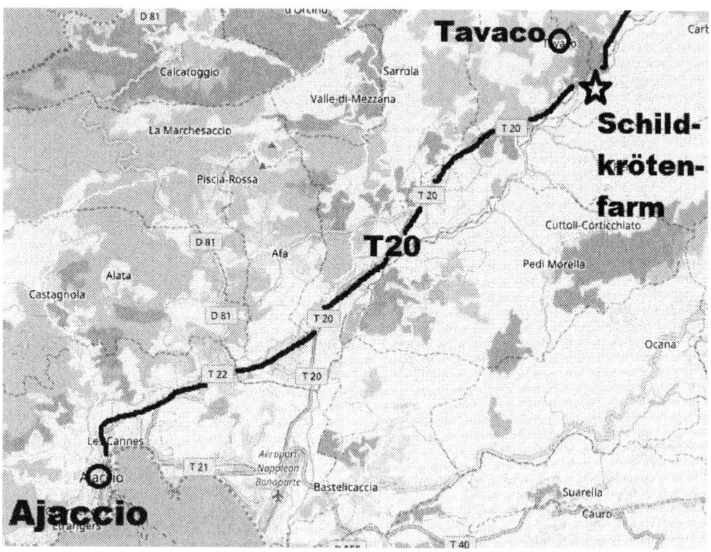

Die engagierten Forscher des Vereins **A Cupulatta** (korsisch: *die Schildkröte*) haben sich der Vermehrung, Aufzucht, Erforschung und dem Schutz seltener Schildkrötenarten verschrieben. Auch verletzte Tiere werden hier behandelt und aufgepäppelt. Die Schildkrötenstation unterhält eine 2,5 ha große parkähnliche Anlage am Ufer des Flusses *Gradona*. Sie haben die Möglichkeit 130 Arten mit 2000 Tieren zu sehen, darunter griechische Landschildkröten, Breitrandschildkröten, große Seychellenschildkröten und Riesenschildkröten aus Galapagos. Oder Sie beobachten frisch geschlüpfte Schildkröten aus dem Zuchtprogramm der Schildkrötenstation!

Die Öffnungszeiten sind von 9 - 19 Uhr während des Sommers, 10 - 17.30 Uhr während den Wintermonaten.
Adresse: *Acupulatta, 20133, Véro, 20172 Vero, Frankreich*;
Anfahrt: Von Ajaccio die N193 / T20 ca. 23 km nach Norden Richtung *Bastia* fahren, dann rechts abbiegen auf d en Parkplatz.
Erwachsene zahlen 12 € Eintritt, Kinder 9 €. Planen Sie ca. 1 - 2 Stunden für die Besichtigung ein. Infos unter www.acupulatta.com

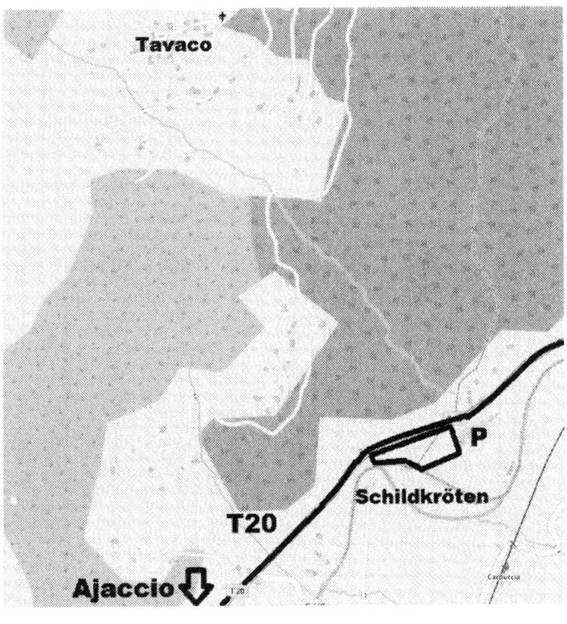

Barcelona -
auf den Spuren von Anton Gaudi

Land: Spanien (Katalonien), zweitgrößte Stadt
Einwohner: 1,6 Mio.
Währung: Euro

Barcelona entstand vor über 2.000 Jahren aus der iberischen Siedlung *Barkeno,* die angeblich von Hannibals General *Barkas* im Jahre 230 v. Chr. gegründet wurde.

Barcelona ist nach Fort Lauderdale, Nassau, Cozumel, Port Canaveral und Miami der sechstgrößte Kreuzfahrthafen der Welt!
Es gibt sieben Liegeplätze für Kreuzfahrtschiffe: am *World Trade Center*, am *Maremagnum* und am *Quai Moll Adossat.*
Ab den beiden Erstgenannten können Sie problemlos zu Fuß in die Stadt laufen. **In den meisten Fällen erwischt man jedoch einen Liegeplatz am *Quai Moll Adossat.*** Es empfiehlt sich, den blauen Shuttlebus zu nehmen, da die Strecke in die Stadt ca. 2 km beträgt und über eine Brücke über das Hafenbecken führt. Sie laufen zu Fuß ca. 20 Minuten.

Die hafeneigenen blauen Shuttlebusse verkehren von den verschiedenen Terminals bis zum Kolumbus-Denkmal am südlichen Ende der Ramblas. **Die einfache Fahrt kostet 3 €, mit Rückfahrt 4 €. Vom Schiff angebotene Shuttlebusse sind viel teurer!**

Beim Kolumbus-Denkmal befindet sich die **Metro Station Drassanes** (grüne Linie), von der aus Sie bequem ganz Barcelona erkunden können. Barcelona hat eine sehr moderne und saubere U-Bahn, allerdings sollten Sie auf Taschendiebe achten.
Die Tageskarte für die Metro kostet 7,60 € und ist in allen Metros, Bussen und Trams gültig! Die Einzelfahrt für maximal 75 min kostet 2,15 €. Mit einer 10-er-Karte für 10,30€ können Sie als Gruppe besonders günstig fahren.

Es verkehren in ganz Barcelona **Hop-on-hop-off-Busse** mit 45 Haltestellen. **Kostenpunkt 29 €, die Abfahrt erfolgt je nach Saison alle 5 bis 20 Minuten.**

Doch schon im Hafenbereich lässt sich in Barcelona so viel erleben, dass es für mehrere Kreuzfahrtlandgänge reicht!

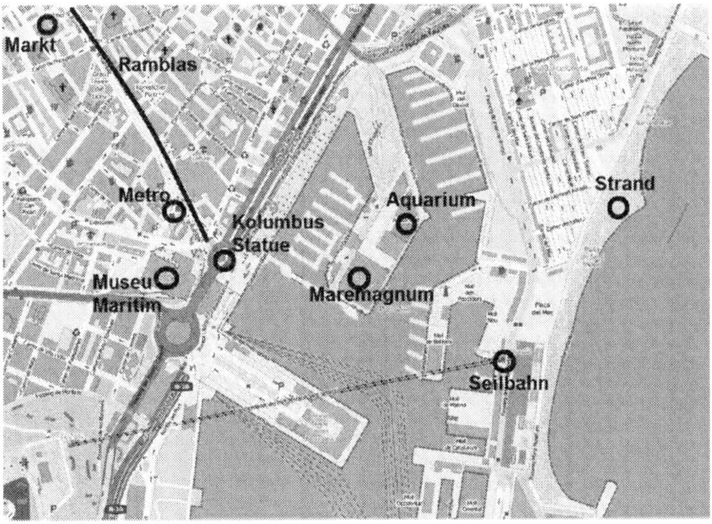

Barcelona, Sehenswürdigkeiten im Hafenbereich

Kolumbusstatue

Direkt am Hafenbecken kann man die **Statue des Christoph Kolumbus** (*Mirador de Colom*) bewundern. Der Welt-Entdecker zeigt mit ausgestrecktem Arm auf das Meer hinaus. Seltsamerweise deutet Kolumbus nicht Richtung „Westen“ gen Amerika, sondern in die entgegengesetzte Richtung: nach Mallorca! Vermutlich war dies die Richtung seiner Abreise... Oder aber ein Hinweis auf seine Geburtsstadt Genua!

Die 60 m hohe Säule aus Gusseisen wurde vom katalanischen Architekten *Gaietà Buigas i Monravà* anlässlich der Weltausstellung 1888 am südlichen Ende der beliebten Flaniermeile *Ramblas* errichtet. Das Denkmal des berühmten Seefahrers befindet sich angeblich an genau der Stelle, wo Kolumbus nach seiner Entdeckungsreise wieder spanischen Boden betrat. Das 7 Meter hohe Abbild des *Käpt'n Kolumbus* wurde von dem Bildhauer *Rafael Atche* entworfen. Was kaum jemand vermutet, der die Kolumbusstatue zum ersten Mal sieht, und darum die wenigsten Besucher wissen: Säule und Sockel des Kunstwerkes sind hohl, drinnen ist **ein Aufzug versteckt!** Der

Zugang befindet sich auf der dem Meer zugewandten Seite, indem Sie eine kleine Treppe hinuntersteigen. Mit dem **Lift** können Sie zu einer Plattform in der Weltkugel hoch-fahren. Aus 60 Meter Höhe haben Sie einen atemberaubenden Ausblick über die *Ramblas* und den Hafen.
Adresse: *Plaza Portal de la Pau*
Der Lift kostet 6,00 € und fährt von 8.30 - 19.30 Uhr, im Sommer bis 20.30 Uhr. Es kann aber immer nur eine begrenzte Anzahl an Personen hochfahren, da die Aussichtsplattform in der Weltkugel sehr klein ist.

Museu Marítim

Am Platz der Kolumbusstatue befindet sich das Schifffahrtsmuseum **Museu Marítim**, das in der ehemaligen Werft *Drassanes Reials de Barcelona* untergebracht ist. Hier wurden in vergangenen Jahrhunderten die Kriegs- und Handelsschiffe gebaut, die die **Seemacht Barcelonas** begründeten!!
Auf mehr als 10.000 m² können Sie in die Geschichte der katalanischen Seefahrt eintauchen. In einer riesigen Halle sieht man den originalgetreuen Nachbau der **Galeere Real**, einer Rundgaleere aus dem 16.Jh. Von antiken Holzbooten über einfache Fischerboote bis hin zu motorbetriebenen modernen Schiffen finden Sie hier zahlreiche originale Wasserfahrzeuge.

In originellen Schiffscontainern ist eine Ausstellung mit diversen detailgetreuen Schiffsmodellen und einer umfangreichen Sammlung nautischer Instrumente aus dem 18. - 20. Jh. angegliedert. Ebenso sehen Sie archäologische Fundstücke wie Amphoren, Sextanten, Anker, Buddelschiffe, Kanonen und eine Sammlung von Galionsfiguren. Das moderne Museum untermalt mittels einiger Filme anschaulich die Geschichte der spanischen Seefahrt. Es werden immer wieder Sonderausstellungen anberaumt, z.B über die *Titanic*!
Die Öffnungszeiten sind von 10.00 - 20.00 Uhr. Sonntags ab 15.00 Uhr ist der Eintritt frei, ansonsten kostet das Museum 10 €.
Adresse: *Av. de les Drassanes,* **direkt an der Kolumbussäule.**

An einem Regentag das Schifffahrtsmuseum in den antiken Drassanes-Werften besichtigen! Ein Hit auch für Kids!

Alter Hafen Port Vell

Im neu angelegten sauberen **Hafenviertel Port Vell** lockt das topmoderne Einkaufszentrum **Maremagnum**, ein IMAX, das *WorldTradeCenter* und das **Ozeanarium**. Alle diese Einrichtungen liegen auf einer künstlichen Landzunge mitten im Hafenbecken und sind schon vom Schiff aus zu sehen. **Der Eintrittspreis im Ozeanarium beträgt 20 €, die Öffnungszeiten sind von 9.30 - 21.00 Uhr.**
Tickets online buchen unter https://www.aquariumbcn.com, dann kostet das Erwachsenenticket nur 18 €!

Nur ein kleines Stück nördlich des Hafens befindet sich der 13 ha große **Zoo** von Barcelona mit 5.500 Tieren – darunter einem Albino-Gorilla, einem Komodo-Bereich und verschiedenen modern angelegten Ökosystemen. Gehen Sie einfach die große Straße *Passeig de Colom* am Hafen weiter nach Norden, bereits nach kurzer Zeit erreichen Sie den Zoo.
Geöffnet ist der Zoo von 10.00 - 19.00 Uhr.
Der Eintritt kostet 19,90 €, für Kinder 11,95 €. Online vorab gebucht spart man 10%!
Adresse: *Parc de la Ciutadella, 08003 Barcelona*
Weitere Informationen finden Sie unter http://barcelona.de/de/tickets-zoo-barcelona.html.

Die Ramblas

Jeder, der Barcelona besucht, sollte die berühmten *Ramblas* gesehen haben, denn hier pulsiert das Leben der spanischen Metropole! Streng genommen handelt es sich nur um eine einzelne 1,3 km lange Straße: die *La Rambla*. Meistens spricht man aber im Plural: **Las Ramblas**.
Die allseits beliebte Flaniermeile beginnt Nordwestlich am *Plaça Catalunya* und endet bei der Kolumbussäule am *Plaça del Portal de Pau*.
Ursprünglich soll hier das Flussbett des Flusses *Malla* gewesen sein, in dem bei Schneeschmelze und starkem Regen wahre Wassermassen aus dem *Collserola-Gebirge* ins Mittelmeer stürzten. Im Mittelalter wurde der Fluss *Malla* nach Norden umgeleitet. Daher auch der Name „Ramblas“, denn *Rambla* bedeutet **Flussbett.**
Die *La Rambla* ist durchzogen von einem sehr breiten Mittelstreifen, der sozusagen das Herz der Einkaufsmeile ist. Die vielen Bäume machen selbst im Sommer die spanische Hitze erträglich. Je nach dem Verkaufsangebot wird die *La Rambla* in fünf Abschnitte unterteilt – daher auch der Plural **Ramblas**!

- **Rambla de Canaletes:** der Eingang der Ramblas am *Plaça Catalunya* wartet mit einem berühmten Brunnen auf: laut den Einheimischen kommt jeder, der vom *Font de Canaletes* trinkt, wieder nach Barcelona zurück. In der Realität schmeckt das Wasser ziemlich nach Chlor...

- **Rambla dels Estudis**: hier war früher der Universitätsbereich. Leider wurde die Uni 1843 abgerissen, nur noch hinter der Hausnummer 114 verbirgt sich eine Akademie. Ansonsten werden in diesem Teil der Ramblas **Zeitungen** verkauft. Lange wurden hier lebende Tiere angeboten – allen voran Singvögel! Heutzutage haben die Markthändler das Angebot Ihrer Stände zum Glück auf Zeitungen, Süßigkeiten und Eis umgestellt.

- **Rambla de Sant Josep (Rambla de les Flors):** hier reiht sich ein Blumenstand an den anderen!

- **Rambla dels Caputxins**: in dem südlichen Teil der *Rambla*s befindet sich das *Gran Teatre del Liceu*, eines der berühmtesten Opernhäuser der Welt. Direkt gegenüber befindet sich das *Cafe de l'Opera*. In der Straßenmitte hingegen erstreckt sich der lebhafte Bereich der **Straßenkünstler**. Straßenakteure, lebenden Statuen und Artisten erfreuen die vorbeikommenden Menschen mit teilweise verblüffenden Darbietungen. Gerade mit Kindern braucht man ewig, bis man hier vorbei ist!

- **Rambla de Santa Mònica (Rambla de Mar):** Viele Maler bieten hier ihre Kunstwerke an oder malen eine **Karikatur** von Ihnen. Mit der Kolumbusstatue finden die Ramblas hier ihr Ende.

Natürlich sind die ganzen Ramblas durchzogen von Souvenirständen, in den umliegenden Häusern haben sich zudem unzählige Geschäfte, Boutiquen, Restaurants und Cafés angesiedelt.
Direkt an der *La Rambla* befindet sich auf der westlichen Häuserseite der Eingang zum ältesten, schönsten und größten Markt Barcelonas: dem **Mercat de la Boqueria** (der eigentlich *Mercat de Sant Josep* heißt). Sie finden dort alles was das kulinarische Herz begehrt: von Weinen, frischen und getrockneten

Früchten, Gewürzen und Nüssen bis hin zu Käse, Fleisch und Oliven – machen Sie einen Bummel über diesen einmaligen Markt! Die Ursprünge des Marktes *La Boqueria* gehen bis in das 13. Jh. zurück, heute sind die Marktstände in einer überdachten Markthalle untergebracht.
Adresse: *Rambla St. Joseph;* Der Eingang des Marktes befindet sich auf der linken Seite etwa in der Hälfte der *Ramblas,* auf Höhe der Metrostation *Liceu.* Sie betreten ihn durch ein schmiedeeisernes Portal.
Die Öffnungszeiten der Stände sind 6.00 - 20.00 Uhr.

Käpt'n Känguru empfiehlt:
Vom Hafen aus lassen sich viele lohnende Ziele zu Fuß erreichen! Besuchen Sie das **Museu Marítim** und schlendern anschließend die *Ramblas* entlang! Ein Besuch von Barcelonas Spezialitätenmarkt *La Boqueria* lohnt sich!

Die Bauwerke von Ausnahme-Architekt Anton Gaudí

La Sagrada Família

Überall in Barcelona trifft man auf die Spuren **Anton Gaudís**. Der katalanische Ausnahmearchitekt hat das Stadtbild Barcelonas wesentlich mit seinen Kreationen beeinflusst. **Gaudí kombinierte farbige Kacheln oder Scherben zu fantastischen Mosaiken und bunten Fassadenverkleidungen.**
Tragischerweise wurde er 1926 von einer Straßenbahn erfasst und kam dadurch zu Tode. Er liegt in der Krypta der **La Sagrada Família** begraben – der Kathedrale, an der er unermüdlich 43 Jahre seines Lebens gearbeitet hat. Baubeginn war bereits im Jahre 1882, aber die Vollendung ist erst für 2026 geplant. Deshalb ist die Kathedrale immer von mehreren Baukränen flankiert und die Fassade teilweise verhüllt. In Anlehnung an die 12 Apostel hatte der strenggläubige Katholik *Gaudí* zwölf 100 m hohe Türme für die *Sagrada Família* geplant. Nur vier sind bisher davon fertiggestellt.
Nichtsdestotrotz ist die Kirche ein Highlight Barcelonas und das bedeutendste Bauwerk Spaniens!

Die *La Sagrada Família* liegt weit sichtbar nördlich der Altstadt. Der Fußweg ab den *Ramblas* ist wirklich sehr weit (aber durchaus zu schaffen!), bequemer fahren Sie mit einem Hop-on-hop-off-Bus oder mit der Metro. Es gibt die Haltestelle *Sagrada Família* der blauen und lila Metrolinie. Barcelona hat eine sehr saubere und moderne U-Bahn, man kann bedenkenlos damit fahren.

Beim Eintritt zur Sagrada Família müssen Sie oft mit extrem langen Warteschlangen rechnen. Wer im Internet eine geführte Tour bucht, erspart sich viel nervige Wartezeit.

Die Touren gibt es bereits ab 29 € unter **http://mein-barcelona.barcelona.tikketbar.eu/de/gefuhrte-touren/gefuhrte-touren-fur-la-sagrada-familia**
oder über die offizielle Seite **http://www.sagradafamilia.org/en/tickets**

Haben kleine Barcelona-Entdecker darauf keine Lust, dann findet sich im wunderschönen Park direkt vor der Kathedrale ein wirklich großer und sauberer Spielplatz.
Adresse: *Calle Mallorca 401*
Die Öffnungszeiten der Sagrada Família sind von 9.00 - 20.00 Uhr. Das „Basic Ticket" kostet 15 €. Es werden jedoch auch Kombis mit AudioGuide oder Führungen angeboten.

Barcelona wimmelt nur so von den Spuren *Gaudís*, verpassen Sie also seine zwei Stadthäuser in der Nähe der Ramblas nicht! Sowohl das *Casa Batlló*, als auch das *„La Pedrera"* sind nicht schwer zu finden: laufen Sie nach den Ramblas einfach ca. 400 Meter auf dem *Passeig de Gracia* nach Norden weiter.

Casa Batlló & Casa Milà

Das **Casa Batlló** besticht mit seiner außergewöhnlichen Architektur und Detailverliebtheit. Dabei hat *Gaudí* dieses Gebäude nicht einmal selbst entworfen und errichtet, sondern das 1877 errichtete Haus nur umgebaut. Das Thema der Fassade und der aufwändigen Mosaike und Keramikarbeiten ist der

Kampf zwischen dem Heiligen Georg (katalanisch *Sant Jordi*, der Schutzpatron Kataloniens) **und einem Drachen**. Die Dachform gleicht einem Drachenrücken, die Dachziegel sind aus diesem Grund in Form und Farbe Drachenschuppen nachempfunden! Auch die Lanze des *St. Georg* ist auf dem Dach zu erkennen (in Form eines Kreuzes)! Ein weiteres leitendes Motiv der Fassade ist ein wahres Meer an farbenprächtigen Blumen und Naturmotiven. Im Inneren dominieren Mosaike und helle Holzarbeiten und -verkleidungen. Ein MUSS für jeden Fan von Anton Gaudí!

Der Eintritt kostet online 23,50 € inkl. AudioGuide. Vor Ort kostet das Ticket 28 € inklusive langer Warteschlange. Die Öffnungszeiten sind von 9.00 - 21.00 Uhr. Rechnen Sie mit ca. 1 Stunde für die Besichtigung.
Adresse: *Passeig de Gràcia No. 43* (links). In der Metro steigen Sie an der Haltestelle **Passeig de Gràcia** aus (Linien L2, L3 und L4). Infos und Tickets unter **https://www.casabatllo.es/de/**

Das **Casa Milà** steht in der gleichen Straße ein Stück nördlich. Gaudi plante und errichtete dieses Haus für die befreundete Familie **Milà.** Der Spitzname des Hauses ist **„La Pedrera"**, das bedeutet *der Steinbruch*, denn anfangs war das geniale Meisterwerk bei den Einwohnern Barcelonas sehr unbeliebt und wurde wegen seiner Klobigkeit

und Unregelmäßigkeit verspottet. Dabei hatte *Gaudí* hier für den Anfang des 20ten Jahrhunderts bahnbrechende Neuerungen ausgetüftelt: durch ein ausgefeiltes Belüftungssystem wurde eine effiziente Klimaanlage erschaffen, und sogar eine Art Tiefgarage ist vorhanden! Zudem kommen die lichtdurchfluteten Räume gänzlich ohne tragende Wände aus!

Nach der Fertigstellung dieses Hauses nahm der begabte Architekt sein Mammutprojekt *Sagrada Família* in Angriff…
Heute ist das *Casa Milà* eine der TOP-Touristenattraktionen Barcelonas!
Der Eintritt inkl. AudioGuide kostet online 22 €, vor Ort 25 €.
Die Öffnungszeiten sind von 9.00 - 21.00 Uhr.
Adresse: *Passeig de Gràcia No. 92* (rechts); Die Metrolinie L3 oder L5 an der Station **Diagonal** verlassen.
Infos und Tickets unter **https://www.lapedrera.com/en/home**

Nach meiner subjektiven Meinung ist der Eintritt für die beiden Häuser überteuert, zumal es innen oft voll und heiß ist. Zudem muss man mit langen Warteschlangen rechnen. Wenn man das erste Mal in Barcelona ist, reicht meiner Meinung nach ein Blick von außen völlig aus – nachdem man die Ramblas entlanggebummelt ist…

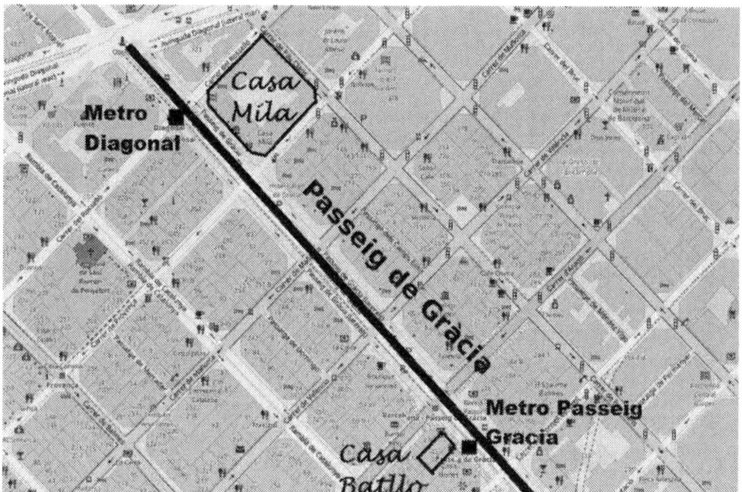

Käpt'n Känguru empfiehlt:
Mit der Metro zur **Sagrada Familia** fahren: Anton Gaudís Meisterwerk ist definitiv das Highlight von Barcelona!

Park Güell

Ein weiteres berühmtes Bauwerk Gaudís, das Sie bestimmt von diversen Postkarten oder Bildbänden kennen, ist der **Park Güell**. Mit dem *Bus der Linie 24* können Sie vom *Plaza Catalunya* zum Park Güell fahren. Alternativ benutzen Sie die *Metro der grünen Linie* und steigen an der Haltestelle *Vallarca* aus. In wenigen Minuten sind Sie an der beliebten Sehenswürdigkeit. Bilder dieses Parks zieren wirklich jeden Reiseführer von Barcelona, denn *Park Güell* wurde von 1900 bis 1914 von Barcelonas weltberühmten Architekten **Anton Gaudí** entworfen.

Die Grundidee für den Park stammte von dem reichen Industriellen *Eusebi Güell*, der gerne eine englische Gartenanlage in Barcelona haben wollte und für die Durchführung Antoni Gaudí beauftragte. Gaudí plante daraufhin eine Gartenstadt mit über 60 Villen. Leider bestand seitens der Bevölkerung nur ausgesprochen wenig Interesse an den Villen, es wurden deshalb lediglich drei Häuser gebaut: das Wohnhaus der Familie Güell, das Wohnhaus Gaudís und das Wohnhaus eines befreundeten Architekten, das noch heute bewohnt ist. Gaudís eigenes Haus wird seit 1963 als **Casa-Museu-Gaudí** – ein Museum – benutzt. Sie finden es östlich der Schlangenbank.

Das Zentrum des Parks ist ein weitläufiger Platz, auf dem sich Besucher, Musiker und Maler treffen. Regelmäßig finden hier auch kulturelle Veranstaltungen statt. Begrenzt ist der Platz durch eine 110 Meter lange wellenförmige Mauer.

Die **„Schlangenbank"** wird von den Besuchern des Parks äußerst gern als Sitzgelegenheit verwendet. Mit ihren winzig kleinen Keramik- und Kristallsteinchen ist die Schlangenbank zudem eines der beliebten Fotomotive Barcelonas. Die Terrasse wird von einer Vielzahl römischer Säulen gestützt – eine Hommage an die römische Straße, die einst hier vorbeiführte. Die römische Halle sollte ursprünglich als Markthalle für Gaudis Mosaik-Stadt fungieren. Überall im Park Güell sehen Sie faszinierende Gebäude/Bauwerke und wundervolle Steinkonstruktionen mit Keramikmosaiken(z.B. eine Drachen-statue). Miniaturausgaben der Mosaik-Statuen sind beliebte Souvenirs und begegnen Ihnen in ganz Barcelona!

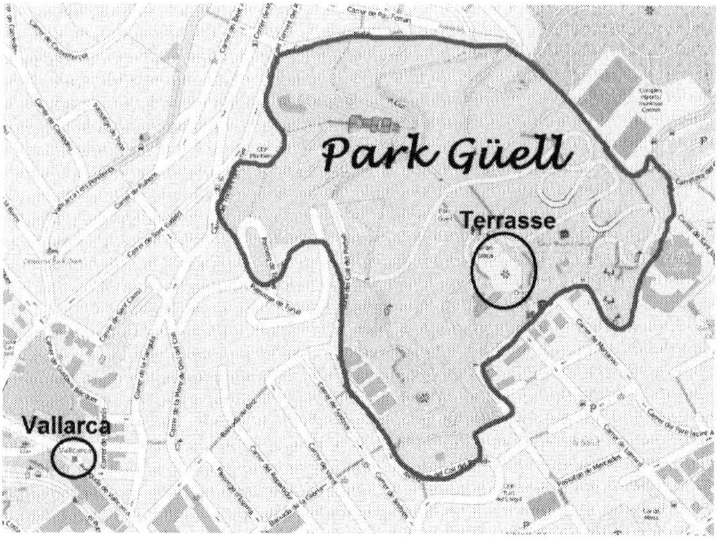

Um den *Park Güell* in seiner ganzen Vielfalt genießen zu können, planen Sie mindestens 2 - 3 Stunden ein, denn neben der *Sagrada Família* ist der *Park Güell* das größte Projekt des Architekten Gaudí!
Die Anzahl der Besucher ist auf 800 Besucher pro Stunde limitiert; eine Reservierung über die offizielle Website ist bis zu 3 Monate im Voraus möglich unter **http://www.parkguell.cat/en/buy-tickets/individual-purchase/**

Der Eintritt kostet online 7 €, Kinder zahlen 4,90 €.
Der *Park Güell* ist in den Sommermonaten von 8.00 - 21.30 Uhr und in den Wintermonaten von 8.30 - 18.00 Uhr geöffnet.
Adresse: Es gibt 3 Eingänge zum Park: der Haupteingang befindet sich in der *Carrer de Larrard,* ein Nebeneingang in der *Carretera del Carmel 23*, und ein dritter in der *Passatge de Sant Josep de la Muntanya*.
Wenn Sie die Metro bis *Vallarca nehmen*, laufen Sie ca. 15 Minuten bis zum Eingang *Sant Josep de la Muntanya,* teilweise geht es steil bergauf.

Eine tolle Erfahrung bei Ihrem Barcelona-Trip ist eine Fahrt mit der **Seilbahn Transbordador Aeri del Port,** die im Hafen startet. Die Seilbahn ist eines der Wahrzeichen Barcelonas und wurde anlässlich der Weltausstellung 1929 erbaut. Die Seilbahn beginnt auf einem Turm am *Passeig de Joan Borbó*. Sie erreichen ihn mit der Buslinie 64, der Metro Linie L4 (gelbe Linie, Station *Barceloneta*) oder Sie machen einen Spaziergang durch das Hafenviertel.

Mit einem Aufzug geht es hinauf in die Metallkonstruktion des *Transbordador-Turms, von* dem aus Sie dann in die Gondeln einsteigen.
Vorsicht, in den Gondeln gibt es keine Sitzplätze, und sie schaukeln kräftig hin und her! Über eine Zwischenstation kommen Sie am Miramar-Turm auf dem **Montjuïc-Berg** an und genießen einen **perfekten Ausblick auf die Metropole Barcelona!**
An der Bergstation befinden sich die **Gärten Costa i Llobera,** die definitiv einen Besuch wert sind.
Die Seilbahn kostet als Rundfahrt 16,50 €, als Einzelfahrt 11 € und ist für Kinder bis 6 Jahren gratis. Die Öffnungszeiten sind von 11.00 - 17.00 Uhr, die Seilbahn fährt alle 15 Minuten ab. Teilweise müssen Sie mit extrem langen Wartezeiten von über einer Stunde rechnen!
Adresse: *Passeig Don Joan Borbó*
Ein kleiner Fußweg führt von dem Berg hinunter ins Hafenviertel, sodass Sie nicht unbedingt nochmal die Gondel nehmen müssen.

Ausflug: Sant-Sebastià-Beach

Möchten Sie einen Tag am Strand verbringen, rate ich Ihnen zum Stadtteil *Barceloneta*. Der Strand bildet das letzte Teilstück von Barcelonas **Strand „La Barceloneta“.** Die palmengesäumte **Strandpromenade** *Passeig Maritim de la Barceloneta* und der riesige quirlige **Plaça del Mar** strotzten nur so vor Leben: unzählige Geschäfte, Bars, Stände, Händler, Restaurants und Cafés locken Unmengen an Spaniern und Touristen an. Surfer und Badegäste bevölkern den angrenzenden Sandstrand, der wirklich schön sauber und öffentlich zugänglich ist. Hier ist immer was los! Im Strandbereich befinden sich selbstverständlich Duschen, Toiletten und Umkleidekabinen, zudem wird der Strand von Rettungsschwimmern überwacht. Die Wasserqualität ist für eine Großstadt erstaunlich gut.

Sie erreichen den **Sant-Sebastià-Beach** zu Fuß, mit der Buslinie 64 oder Metro Linie 4 (Stationen *Barceloneta* und *Ciutadella-Villa-Olímpica*).

Wenn Sie bei der Haltestelle *Ciutadella-Villa-Olímpica* aussteigen, kommen Sie direkt am **Port Olimpic** zum Strand. Früher standen hier alte, verfallene Fabrikhallen, doch Anfang der 90er wurde anlässlich der olympischen Spiele das gesamte Stadtviertel von Grund auf renoviert und modern gestaltet. Es entstand der **Olympiahafen,** ein Yachthafen und das **olympische Dorf** in Form von modernen Appartementhäusern. Nach den olympischen Spielen entstand hier Wohnraum für 5.000 Menschen.

Zwei riesige Hochhäuser stehen am Eingang des Hafens: der *Barcelona Mapfre Tower* (der Sitz einer Versicherung) und das *Hotel Arts Barcelona.* Dazwischen sehen Sie die Skulptur eines 50 Meter großen gigantischen Stahlfisches.

Hier brummt das Nachtleben in den vielen Bars, Restaurants und Diskotheken.

Adresse des Port Olimpic: *Carrer de la Marina und Av. Litoral*

Bari -
die einmaligen Trulli in Alberobello

Land:	Italien (Apulien)
Einwohner:	300.000
Währung:	Euro

Spuren einer ersten Besiedlung werden auf ein Alter von 4.000 Jahre datiert, doch erst mit dem Einzug der Griechen im 3. Jh. beginnen gesicherte Aufzeichnungen über die Existenz von Bari – damals hieß die süditalienische Hafenstadt *Barion*.
Abgesehen von einem gewaltigen Luftangriff mit vielen Toten während des zweiten Weltkrieges ist die Geschichte Baris jedoch relativ unbewegt.

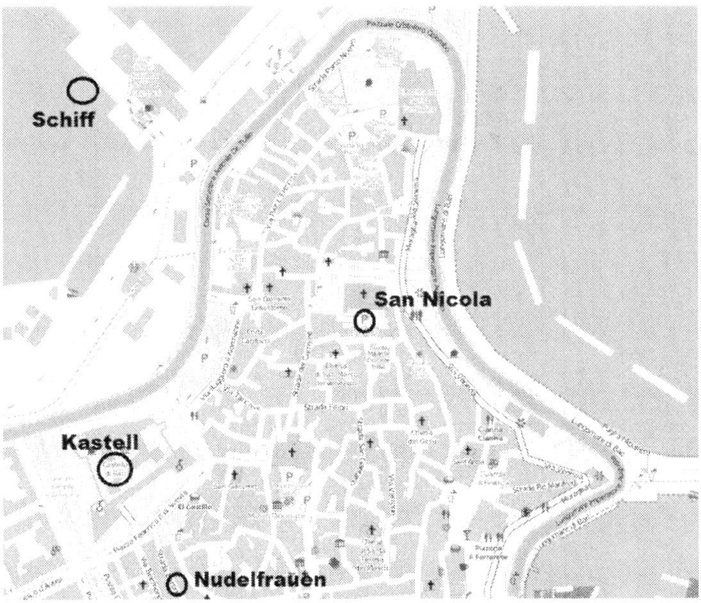

Sie legen mit Ihrem Schiff in *Bari* zentral in der Stadt an. Sie können leicht einen kleinen Bummel zu Fuß unternehmen: die Altstadt liegt nur ca. 10 Minuten vom Terminal entfernt in süd-östlicher Richtung.
Vor dem Terminal fährt eine **Bimmelbahn** ab, die eine Runde durch die Altstadt dreht und sowohl an der Basilika als auch am Kastell anhält.
Der Preis beträgt 10 €, Kinder sind gratis.

Ich empfehle in Bari jedoch eine **Rikscha-Tour!** Die Touren sind mehrsprachig – auch in Deutsch. Die Rikscha-Fahrer liefern Ihnen während der Fahrt wertvolle Infos zu den Sehenswürdigkeiten, die angefahren werden; zumeist sind das Kastell, Basilika San Nicola, Fischmarkt und die „Pasta-Straße". **Es werden verschiedenen Touren angeboten: von der „Best Tour" ab 50 € bis hin zur „Prestige-Tour" für 130 €. Wohlgemerkt komplett für 2 Erwachsene und 2 Kinder!** Zudem ist eine kleine Verkostung inklusive, z.B. ein Espresso in einem Café.
Adresse: *Velo Service, Via Vallisa 81,* es warten jedoch meist auch Rikscha-Fahrer am Terminal.
Unter **www.veloservice.org** können Sie schon im Vorfeld eine Tour buchen und somit an Ihre Bedürfnisse anpassen.

Wenn Sie auf eigene Faust losziehen möchten, dann laufen Sie nach Südosten Richtung Altstadt. Sehenswert ist die weiße **Basilika San Nicola** in der *Largo Abate Elia 13.* Die Kirche wurde in romanisch-apulischer Architektur errichtet, von außen macht die Basilika einen vergleichsweise sehr schlichten Eindruck. Im Inneren finden Sie jedoch eine spektakuläre goldene Decke und einen imposanten weißen Hochaltar.
In der Krypta von San Nicola werden die Gebeine des heiligen Nikolaus – des Stadtpatrons von Bari – aufbewahrt. Noch heute wird der Stadtheilige hier verehrt: die orthodoxen Gläubigen machen daraus in der Gruft einen wahren Kult!

Das Besondere: zwei unterschiedliche Religionen nennen das Gotteshaus ihr Eigen: sowohl katholische als auch orthodoxe Gläubige nutzen die Kirche zum Beten und für Gottesdienste.
Adresse: *Largo Abate Elia 13.*

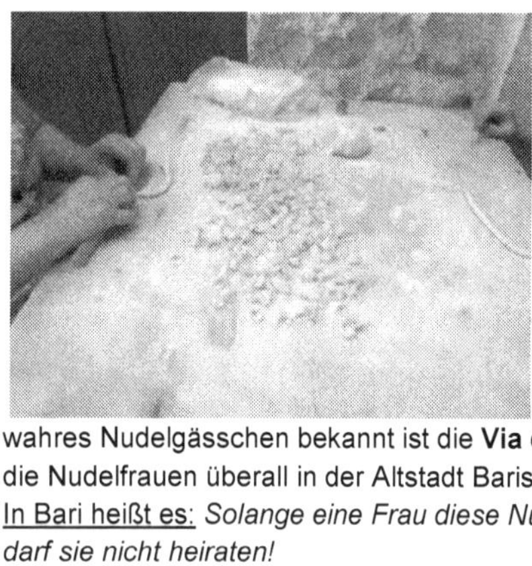

In jeder zweiten Seitengasse der Altstadt treffen Sie die **Nudelfrauen** von Bari. Meist sitzen sie zu mehreren vor ihren Häusern und formen aus einer dicken Teigrolle mit flinken Händen *Orecchiette* (Öhrchen) oder *Cavatelli.* Diese typisch apulischen Nudeln sind eine Spezialität der Region und ein Wahrzeichen der Stadt Bari! Als wahres Nudelgässchen bekannt ist die **Via dell'Arco Basso** – aber Sie finden die Nudelfrauen überall in der Altstadt Baris!
In Bari heißt es: *Solange eine Frau diese Nudeln nicht selbst zubereiten kann, darf sie nicht heiraten!*

Am Rückweg zum Schiff können Sie einen Umweg über das **Kastell Castello Svevo**, die **Burg der Stauffer,** machen. Die aus dem 12. Jh. stammende Wehranlage wurde in der Staufferzeit von Kaiser *Friedrich II* genutzt. Im 17. Jh. wurde Castello Svevo von *Isabella von Aragón* zu einem Palast umgebaut und von einem fröhlichen höfischen Leben erfüllt. Nach Isabellas Tod war das Kastell lange verlassen und wurde später sogar als Gefängnis benutzt. Heute werden in einem Museum wechselnde Ausstellungen gezeigt. Allerdings sind viele Besucher vom Kastell enttäuscht, da etliche Bereiche für den Publikumsverkehr gesperrt sind und auch das Kastell an sich nur mittelmäßig spannend ist. Für viele Einwohner Baris gilt das Kastell noch immer als ein Symbol der jahrhundertelangen Unterdrückung und Ausbeutung durch die Obrigkeit.

Adresse: *Piazza Federico II di Svevia, 4*

Die Öffnungszeiten sind Do - Di 8.30 - 19.30 Uhr, mittwochs geschlossen. Der Eintritt einschließlich der Besichtigung des Kastells kostet 3 €, unter 18 Jahre gratis.

Ausflug: Alberobello

Bari ist zwar die Landeshauptstadt Apuliens, aber da sie in ihrem äußeren Erscheinungsbild mehr einer typisch italienischen Großstadt ohne großen Charme oder Sehenswürdigkeiten gleicht, kann ich Ihnen nur einen Ausflug in das 80 km entfernte **Alberobello** empfehlen. Ab ins Hinterland!

Am einfachsten nehmen Sie sich ein Taxi, da der öffentliche Bus nur einmal täglich fährt und zudem 1½ Stunden unterwegs ist. Auch eine Zugfahrt nach Alberobello ist prinzipiell möglich, aber auch die Bahn benötigt 1½ Stunden. Zudem liegt der Bahnhof gut 50 Minuten Fußweg vom Terminal entfernt.

Für ein (Großraum)Taxi müssen Sie ca. 80 - 100 € einplanen – aber ein Besuch in Alberobello mit seinen weltweit einmaligen **Trullihäusern** ist diese Investition allemal wert.

Die faszinierende kleine Stadt ist für ihre **Kegelbauten (Trulli)** berühmt, die in der Bauweise der ortsüblichen Hirtenhütten des Hinterlandes entstanden. Ganze Stadtviertel bestehen in Alberobello ausschließlich aus Trullihäusern, so dass die Stadt seit 1996 als UNESCO Weltkulturerbe gilt.

Der Grund für diese weltweit einmalige Bauweise:
Die ersten kegelförmigen Häuser wurden in der Region bereits in prähistorischer Zeit als Begräbnisort gebaut und gehen bis in das 12. Jh. vor Christus zurück! Im 17.Jh. besteuerte Neapel jedoch den Bau neuer Häuser. Dies wollte der Graf dieser Region – *Giangirolamo II. Acquaviva* – schlauerweise umgehen: Trullihäuser werden ohne Mörtel gebaut, und sowohl Dächer als auch die Wände konnten schnell demontiert werden, so dass bei einem Kontrollbesuch der Neapolitaner stets lediglich eine halbfertige Bauruinensiedlung zu sehen war... Zudem mussten keine Steuern bezahlt werden (die der Graf somit selbst eintreiben konnte). So wurde die Trocken-Bauweise der Trullihäuser zur Tradition und bevorzugten Häuserbauart. Die Vielfalt reicht von schlichten Bauernhütten bis hin zu wunderschön gemauerten Trulli, die ganze Häuserkomplexe bilden.

In Alberobello gibt es **über 1.000** der spitzdächigen weißen Häuschen, in der ganzen Region des *Itria*-Tales ca. 5.000 Stück.
Doch die prinzipielle Bauweise und das äußere Erscheinungsbild der Trulli bleibt immer gleich: auf einen quadratischen oder runden Grundriss folgt ein **graues kegelförmiges Dach** aus schräg aufeinandergeschichteten Natursteinplatten der Region (*Chiancarelle*). Die Grundmauern und die Dachspitze (die *Pinnacolo*) sind dabei immer **schneeweiß gekalkt**. Oft sind die Dächer der Trulli mit auffälligen **großen weißen Symbolen** versehen: die Bedeutung der Symbole reicht von schlichten Hausnummern bis hin zu abergläubischen Zeichen, die das Böse fernhalten sollen. Je nach Laune des Besitzers!

Käpt'n Känguru empfiehlt:
Nach Alberobello fahren und die weltweit einmaligen Trulli-Häuser bestaunen!

Cagliari - unter der Sonne Sardiniens

Land: Sardinien (Italien)
Einwohner: 150.000
Währung: €

Cagliari ist die Hauptstadt der Insel Sardinien (wobei Sardinien zwar eine autonome Region darstellt, aber unter italienischer Verwaltung steht).Cagliari wurde im Zeitalter der Phönizier unter dem Namen *„Kalaris“* gegründet. Die bewegte Geschichte der Stadt reicht von Besetzern aus den Reihen des karthagischen, römischen, byzantinischen, pisanischen und aragonischen Reiches bis hin zu den Vandalen und den Habsburgern. Zudem war Cagliari ein beliebtes Opfer von Seeräubern und maurischen Plünderern. Seit 1861 gehört Sardinien zu Italien – und damit kehrte Ruhe ein.

Von der bewegten Zeit zeugen diverse Bastionen und Castelle in der Altstadt. Sehenswert sind vor allem die zwei Türme **Torre dell'Elefante** (Elefantenturm) und **Torre di San Pacrazio** (Pancrazioturm), die Teile der pisanischen Befestigungsanlage waren. Heute dienen sie Touristen als Aussichtspunkte…

Ausflug: Strand Poetto, Flamingos & die Salinen von Cagliari

Cagliaris Stadtstrand heißt **Poetto** und erstreckt sich 9 km östlich entlang des Golfes von Cagliari. Das Wasser ist fast karibisch blau und glasklar. Die faszinierende Unterwasserwelt mit vielen Fischen in unmittelbarer Strandnähe lädt zum Schnorcheln ein. Zudem befinden sich etliche Strandbars, Strandbäder und öffentliche Toiletten (leider nicht sehr sauber ☹) im Strandbereich. Die palmengesäumte Uferpromenade verläuft entlang des ganzen Strandes und erwartet Sie mit Bars, Restaurants, Hotels und Shops.

<ins>**Und so kommen Sie hin:**</ins>

Sie erreichen den tollen weißen Sandstrand ganz einfach mit dem **öffentlichen Bus** (für 1,30 €) ab dem Hafen! Das **Tagesticket** für alle öffentlichen Verkehrsmittel kostet **3,30 €.** Die Fahrkarten erhalten Sie im *Tabacchi* (Kiosk/Tabakladen) ein Stück nördlich von Terminal und Marina (am *Piazza Giovanni Amendola*). Die **Linien PF** (pink) und **PQ** (grün) fahren zum Strand von *Poetto*! Die Fahrt dauert ca. 20 Minuten.

<ins>Übrigens:</ins> wenn Sie sich in deutscher Manier geduldig an die Haltestelle stellen, wird ein Bus nach dem anderen an Ihnen vorbeidonnern! Um den Bus anzuhalten müssen Sie die Hand ausstrecken und deutlich winken!

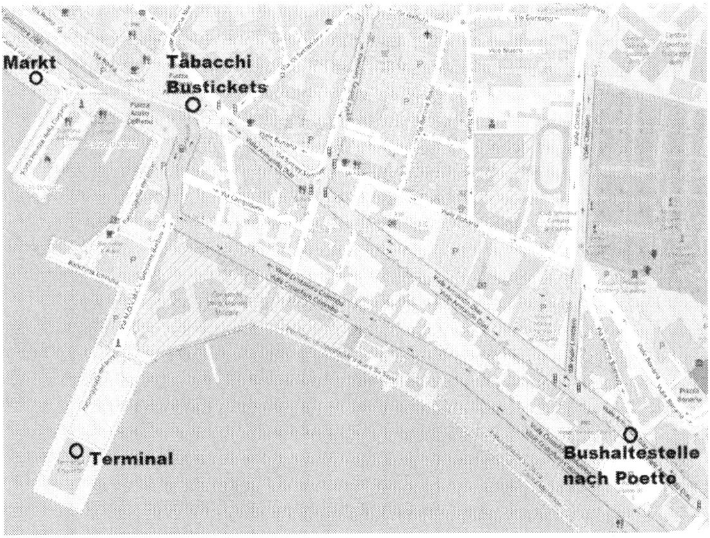

Nach den herrlichen Stunden am Strand können Sie mit der Linie PF/PQ entweder die gleiche Strecke zurück zum Hafen fahren oder Sie nutzen Ihr Tagesticket aus und machen eine **Bus-Rundfahrt durch ganz Cagliari**! Dazu nehmen Sie ab *Poetto* die **Linie QS** (blau) und fahren entlang der Salinen nach Osten. Sie können im Vorfeld einen Busfahrplan und einen Linienplan per pdf herunterladen, denn die Linie QS verkehrt nicht so oft. Um 13.02 Uhr fährt z.B. ein geeigneter Bus der Linie QS von *Poetto* ab.

Fahrpläne und pdf unter
http://www.cagliariturismo.it/en/enjoy-cagliari/transports-309/ctm-72/ctm-50

Flamingos in der Saline di Stato

Gleich ein paar hundert Meter weiter wartet eine Überraschung auf Sie: in den **Salinenbecken** der **„Saline di Stato“** stehen unmittelbar an der Straße **hunderte Flamingos** im seichten Wasser! Die meisten Tiere sehen Sie in dem Becken an der *Viale Cristoforro Colombo* Ecke *Via Lungomare del Golfo di Quartu* (das ist da, wo ihr Bus von der Küstenstraße ins Landesinnere abbiegt). Steigen Sie dort doch mal aus und machen traumhafte Fotos!
Die Sarden nennen die Flamingos übrigens **„sa genti arrubia“** (auf Deutsch *das rote Volk*).
Die Salinen wurden regelmäßig mit Meerwasser geflutet und dann zur Salzgewinnung der Verdunstung überlassen. Mit Eseln wurde das Salz abtransportiert. Da die Sarden die Esel *„is molentis“* nennen, wurde das seit 1988 unter Naturschutz stehende Salinen-Areal **Parco Naturale Molentargius-Saline** genannt! Heute ist das Feuchtgebiet ein Eldorado für alle Wasservögel, sodass neben mehreren Flamingo-Kolonien auch dutzende andere Wasservogelarten wie z.B. Reiher und Brandgänse heimisch sind. Viele Zug- und Wasservögel überwintern und brüten hier!

Nehmen Sie am besten ein **Fernglas** mit, um die fantastischen Flamingos bewundern zu können!

Nach der Flamingokolonie in der Saline fährt Ihr Bus einen nördlichen Bogen und kehrt zurück in die Innenstadt. Suchen Sie sich eine geeignete Haltestelle, um **von der „Linie QS“** (blau) **in die „Linie 8“** (orange) **zu wechseln** (denn die bringt Sie final ins Zentrum zurück). Hört sich kompliziert an, ist es aber nicht! Geeignete Umsteigeplätze sind die Haltestellen *„Italia“* und *„Santa Maria Chiara“*.

Die Vororte von Cagliari sind zugebenermaßen nicht sonderlich berauschend, aber dafür erwartet Sie ziemlich am Schluß noch ein toller Ausblick auf das Meer und Ihr Schiff!

Tipp: Steigen Sie zwischendurch mal an der Haltestelle 068 ***„Buoncammino“*** (Anfiteatro Romano) aus der *Linie 8* aus. Sie befinden sich hoch oben auf dem Hügel von Cagliari und haben einen umwerfenden Panoramablick!

Verlassen Sie die Linie 8 schließlich am Fuß der Berges – Sie befinden sich nun in der Altstadt und können mit einem Bummel in kürzester Zeit zu Ihrem Schiff zurückkehren.

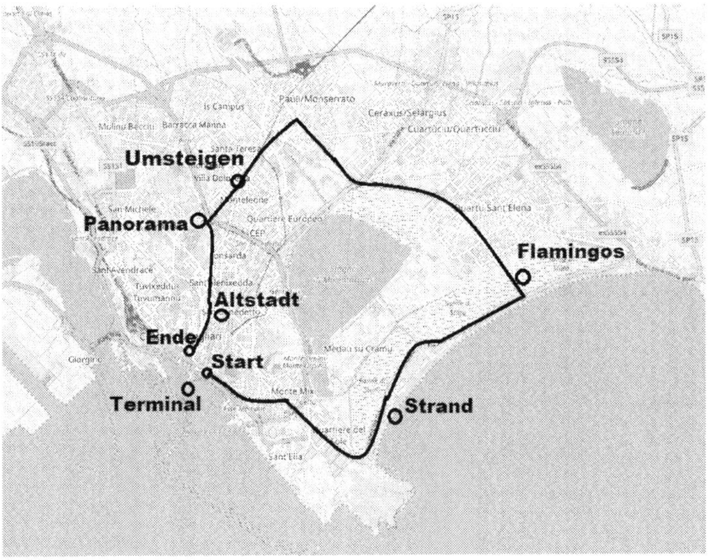

Von Zeit zu Zeit findet westlich des Terminals an der Uferpromenade *Passeggiata del porto* ein wunderschöner **Markt mit lokalen Produkten** und Spezialitäten statt. Kulinarisch treffen Sie hier auf leckere Köstlichkeiten ☺.

Käpt’n Känguru empfiehlt:
Kaufen Sie sich im Tabacchi eine spottbillige Bus-Tageskarte und fahren damit zum Strand Poetto, zu den Flamingos, zum Panoramaausblick und in die Altstadt. Das Ganze ist fast zum Nulltarif!

Cannes - mondäne Filmstadt an der Côte d'Azur

Land: Frankreich (Côte d'Azur)
Einwohner: 73.000
Währung: Euro

Cannes ist einer der wenigen Häfen im Mittelmeer, in denen **getendert** wird. Da es keine lokalen Hafen-Tenderboote gibt, werden die Schiffstenderboote eingesetzt. Besorgen sie sich rechtzeitig ein Tenderticket, um nicht unnötige Zeit mit Warten zu vergeuden!

Nachdem Ihr Tenderboot am *Quai Max Laubeuf* angelegt hat, befinden sie sich im **Vieux-Port**, dem alten Hafen. Hier liegen viele millionenschwere Luxusjachten vor Anker, und vermitteln Ihnen schon mal einen Vorgeschmack auf die Welt der Reichen und Schönen. Dementsprechend haben sich hier unzählige exklusive Geschäfte, Luxus-Hotels, Edelrestaurants und Casinos angesiedelt. Denn bei "Cannes" fallen einem spontan 3 Sachen ein: **Reichtum**, die Strände der französischen Mittelmeer-Küste **Côte d'Azur** und das **Film-Festival**.

Auf der rechten Seite des Hafenbeckens sehen Sie auch gleich den klobigen Komplex des **"Palais des Festival"**, in dem die weltberühmten Filmfestspiele stattfinden. Direkt am Filmpalast befindet sich die **Touristinformation**, in der Sie Infomaterial und Stadtpläne bekommen. Aus dem ehemals kleinen Fischerdörfchen wurde ein Treffpunkt des internationalen Jetsets. Seit 1946 ist jedes Jahr im Mai Festspielzeit: dann kommt alles was Rang und Namen hat nach *Cannes*! Stars und Sternchen, Regisseure, Film-Produzenten, A-, B-, und C-Promis sowie jede Menge Cineasten und Fans! Davon zeugen die vielen Unterschriften und Handabdrücke auf der "Star-Allee" *Boulevard de Croisette*...

Auf der linken Seite des Hafens thront die **Eglise Notre Dame d'Esperance** über Ihnen. Um zur Kirche zu gelangen halten Sie sich westlich und steigen durch enge Gassen das historische und kulturelle Stadtviertel **Le Sequet** den Berg hinauf. Aber keine Bange, so steil ist es nicht: Sie

brauchen maximal 10 Minuten für den Aufstieg. Auf dem "Gipfel" erwartet Sie die gotische Kirche *Eglise Notre Dame d'Esperance* mit einem außergewöhnlichen quadratischen Kirchturm. Sie wurde von 1521 bis 1648 erbaut und besitzt einige schöne Holzstatuen und Malereien, z.B. ein Fresko mit der Taufe Christi. Die Kirche ist jetzt nicht so weltberühmt wie die *Sagrada Família* oder *Notre Dame* – aber einen kurzen Besuch dennoch wert. An das Areal schließen sich Reste der alten Stadtmauer und die **Festung La Castre** mit dem Wachturm **Tour du Suquet** an.

Vor allem hat man von hier oben einen wunderschönen Ausblick auf den alten Hafen und die Bucht mit den *Lérins*-Inseln!

Unter Ihnen am Meer sehen Sie die Promenade **Boulevard de la Croisette** die an den endlosen Stränden von *Cannes* und der **französischen Riviera** entlang führt. An der *Croisette* siedelten sich im 19. Jh. die ersten Luxushotels an und sorgten für einen wirtschaftlichen und gesellschaftlichen Aufschwung in Cannes. Leider gehören weite Strandabschnitte zu eben diesen Luxus-Hotels, diversen Ferienanlagen oder sind anderweitig in Privatbesitz. Nach dem Aufstieg zur Kirche lockt aber das Meer mit einem erfrischenden Bad! Auf der Westseite von *Le Sequet* liegt der lange schöne **Sandstrand Plage du Midi / Plage Waikiki** mit feinkörnigem Sand und glasklarem Meer. Es gibt sowohl Strandbäder mit Duschen und WCs als auch **kostenlose öffentliche Strandabschnitte**. Hier können Sie sich ein herrliches kurzes (oder längeres Bad) mitten in der Stadt gönnen!

Käpt'n Känguru empfiehlt:
Durch das Altstadtviertel *Le Sequet* hinauf zu Kathedrale und Festung, danach ein erfrischendes Bad in der **Côte d'Azur** am Strand *Waikiki.*

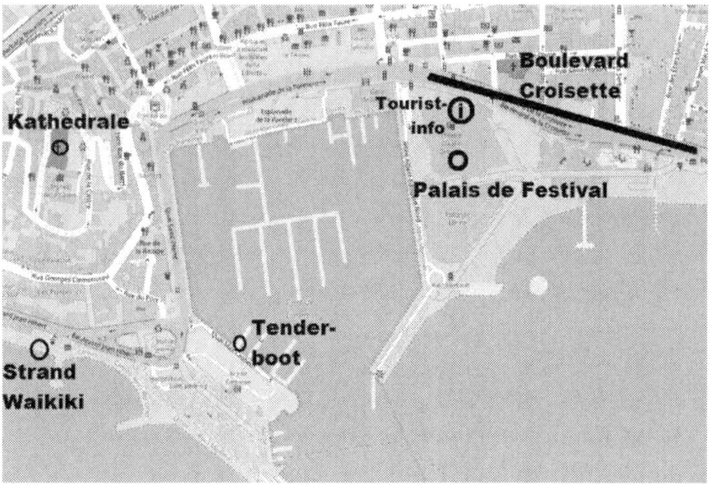

Alle wichtigen Orte werden in Cannes zudem von einer **Bimmelbahn** angefahren. Es werden 2 Strecken angeboten: die *„Croisette Tour"* entlang der mondänen Strandpromenade und die *„History Tour"* nach Le Sequet.
Start ist täglich von 10.00 - 23.00 Uhr zu jeder vollen Stunde am Filmpalast, jede Route kostet 10 €.
Infos unter **http://www.cannes-petit-train.com/en/**

Sehr beliebt sind in Cannes **Segway-Touren**. Verschiedene Segway-Firmen bieten geführte Touren durch Cannes an. Bereits Kinder ab 8 Jahren können an den City-Touren teilnehmen. Die Kosten variieren je nach Tourlänge und inkludierten Leistungen zwischen 17 € und 89 €.
Infos und Reservierung bei **Cannesvisitours**
http://cannesvisitour.com/cannes-gyropod-city-tour/
oder bei dem Mitbewerber **Mobilboard** in der *22 Quai Saint-Pierre*
https://www.mobilboard.com/de/agentur/segway/cannes

Casablanca - orientalische Momente

Land: Marokko
Einwohner: 4 Mio.
Währung: Dirham (MAD, 10 Dirham ca. 1 €)

Die ersten Berichte einer größeren Ansiedlung deuten auf den Berber-Ort ***Anfa*** im 8. Jh. hin. Die Portugiesen nannten die Siedlung später *Casa Branca = weißes Haus*, daraus wurde im Laufe der Zeit „Casablanca“. *Anfa* ist heute ein sehr vornehmes Viertel in dem sonst etwas heruntergekommenen Casablanca.

Casablanca gilt nicht gerade als saubere Stadt, denn es ist die Industrie- und Wirtschaftsmetropole Marokkos. Die Stadt ist deshalb weniger von alten arabischen Bauten, sondern mehr durch die französische Kolonialzeit und Einflüsse der Moderne geprägt.

Dennoch gibt es einige schöne Ecken in Casablanca, mit Parks, Brunnen, langen Palmenalleen, großen Plätzen und Moscheen...

Die Kreuzfahrtschiffe legen mitten in einem großen Industriehafen an, aber ein **kostenloser Shuttlebus** fährt vom Anleger bis in die Innenstadt zum *Platz der Vereinten Nationen*! Vorbildlich! Der Bus kehrt alle zehn Minuten wieder zurück Richtung Hafen und erleichtert Ihren Besuch in Casablanca enorm. Direkt an der Bushaltestelle befinden sich sehr viele Taxifahrer, die für 75 - 100 € eine Stadtrundfahrt anbieten. Bitte lassen Sie sich nicht über den Tisch ziehen!

Als Alternative zum Shuttlebus können Sie vom Hafen aus auf der **Corniche** – einer wunderschönen Straße direkt am Meer – ca. 3 km in westlicher Richtung gehen und kommen so zu einer der größten Sehenswürdigkeit Casablancas: der **Hassan II.-Moschee.** Sie ist die fünftgrößte Moschee der Welt und 25.000 Muslime finden darin Platz! Das Minarett ist 210 Meter hoch und damit sogar das höchste der Welt. Mit einem Aufzug können Sie bis ganz nach oben fahren und haben einen atemberaubenden Ausblick auf Casablanca.
Die Moschee steht auf einem großen Platz und ist umgeben von zugehörigen

Gebäuden wie Bibliothek, Koranschule, 124 Brunnen, 25.000 Säulen, einem Schwimmbad, Hammams und einem Museum für marokkanische Geschichte. Insgesamt umfasst der Moscheebereich 9 ha!
Führungen durch die Moschee finden um 9.00, 10.00, 11.00 und 14.00 Uhr statt. Der Eintritt kostet 120 MAD, also ca.12 €.
Freitags ist keine Innenbesichtigung möglich, da es für Muslime ein religiöser Tag ist.

Der **Mohammed-V-Platz** mit seinem tollem **Springbrunnen und Palmen** ist als das Zentrum der Stadt anzusehen. Um den Platz herum erstrecken sich das Geschäftszentrum Casablancas sowie der Justizpalast und die Stadtverwaltung. Er gilt als einer der schönsten Plätze Casablancas.

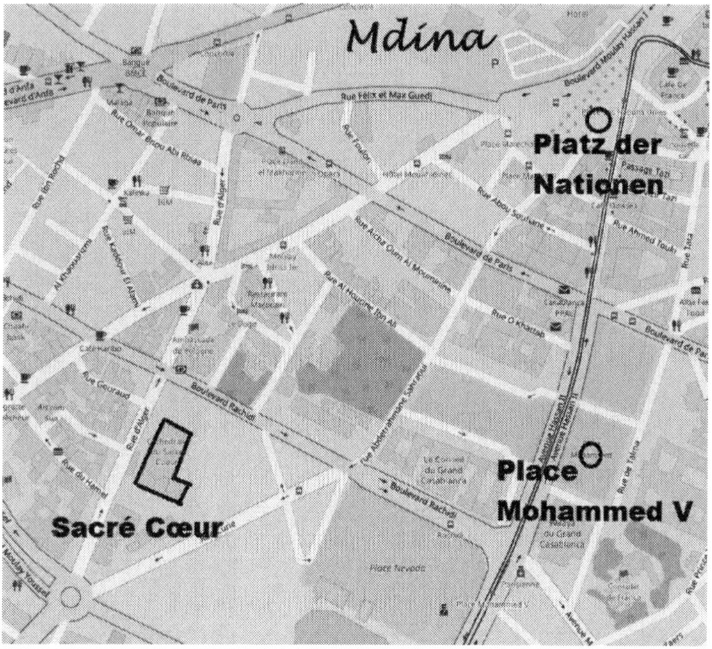

Mit **Sacré Cœur** verbindet jeder sofort PARIS, doch auch Casablanca besitzt eine **Kathedrale** mit diesem Namen! Natürlich kann das Gotteshaus nicht mit dem berühmten Bau in Frankreich konkurrieren, doch einen Besuch ist Casablancas **Sacré Cœur** trotzdem wert.
Die erst 1930 erbaute Kirche befindet sich ganz in der Nähe des *Mohammed-V-Platzes.* Ihr imposanter Baustil ist ein Mix aus neu-gotischen, römischen und muslimischen Elementen. Der Innenraum dagegen ist schlicht und heutzutage

ohne religiösen Bezug, denn es werden in der schönen, schneeweißen Kathedrale keine Gottesdienste mehr abgehalten. Seit 1956 werden hier nur noch Kulturveranstaltungen anberaumt.
Doch von außen ist die Kathedrale immer noch ein mächtiges Bauwerk und ein tolles Fotomotiv! **Die Besichtigung ist gratis.**
Adresse: *Ecke Rue d'Alger* und *Blvd Rachdi*

Das Herz von Casablanca – an dem alle Straßen (und auch die Straßenbahn) zusammenzutreffen scheinen – ist der **Platz der Vereinten Nationen**. Auch Sie kommen hier an – mit dem Hafen-Shuttlebus! Der weiträumige Platz ist auf drei Seiten von Geschäften, Hotels und Banken gesäumt, auf der vierten sehen Sie die Stadtmauer mit dem dahinterliegenden *Souk*. Mittig auf dem Platz steht ein deutlich in die Jahre gekommenes Kunstwerk: eine halbe Kugel, bestehend aus roten und grünen Stahlbändern. Auf dem *Platz der Vereinten Nationen* pulsiert das Leben: Fußgänger, Scharen von Taxifahrern und eine Flut an hupenden Autos tauchen den Platz mehr oder wenig in Hektik. Kein Ort zum Verweilen.
Adresse: *Place des Nations Unies*

Die meisten Besucher Casablancas wünschen sich deshalb einen Besuch der (deutlich ruhigeren, da autofreien) **Medina**. Am besten betreten Sie den Bazar durch das Haupttor im Norden des *Platzes der Vereinten Nationen*. Ein weithin sichtbarer **Uhrenturm** aus der Kolonialzeit erhebt sich hoch über dem Eingangstor des Bazars.

Der hinter dem ehemaligen Stadttor liegende Altstadtbereich beherbergt den **Souk** – den Basar der Einheimischen. An der Stadtmauer können Sie sehen, wie klein Casablanca früher einmal war! Die verwinkelten Gässchen mit den arabischen Häusern wimmeln nur so von Touristengeschäften – **ein Paradies für Plagiate und aufdringliche Händler...**
Im Souk werden Ihnen gefälschte Markenkleidung, billige Koffer, Lebensmittel,

Schuhe, fragwürdige Kunst oder Touristensouvenirs mehr oder weniger aufgedrängt. Die Medina liegt gleich westlich des Hafens und grenzt an die *Corniche* an. Vorsicht, das Gebiet ist berüchtigt für Taschendiebstahl! Viele Händler sind sehr aufdringlich und **haben unterschiedliche Preise für Einheimische und Touristen**.
Adresse: Sie betreten die Medina am besten durch das Haupttor am *Platz der Vereinten Nationen*

Vorsichtig müssen Sie in den marokkanischen **Apotheken** sein, die eher Verkaufsveranstaltungen für Kaffeefahrten gleichen und nutzlose Produkte hoffnungslos überteuert anbieten. **Nicht darauf hereinfallen!**

Käpt'n Känguru empfiehlt:
Zu Fuß einen Bummel über die ***Corniche*** zur ***Hassan-II-Moschee*** und durch die ***Medina*** zurück! Gratis!

Tipp: Sind Sie gut zu Fuß, können Sie auf die Taxis verzichten. Bummeln Sie die *Corniche* entlang zur *Hassan-II-Moschee* und anschließend durch die *Medina* wieder zurück zum Schiff. Insgesamt beträgt die Strecke ca. 6 km. Da viele Schiffe einen Ausflug nach *Marrakesch* oder *Rabat* anbieten, ist die Liegezeit der Schiffe immer entsprechend lang. Sie können Casablanca leicht zu Fuß erkunden und somit einen günstigen schönen Tag erleben.

Auf einer Ganztagestour nach **Marrakesch** können Sie in den **typischen Orient** eintauchen. Allerdings dauert die einfache Fahrt mit Bus/Taxi drei bis vier Stunden. Mit öffentlichen Verkehrsmitteln ist Marrakesch nur schlecht und unzuverlässig zu erreichen, und auch die Taxis sind meines Erachtens nicht empfehlenswert für weite Strecken – gerade unter dem Aspekt des Zeitdruckes beim Ablegen. Ein Mietwagen wäre eine Möglichkeit, das typisch marokkanische Flair Marrakeschs zu erleben. Vor allem auf dem großen **Marktplatz "Djemma al Fna"** mit seinen Basaren, Schlangenbeschwörern, Gauklern und Musikanten können Sie in das unvergessliche orientalische Leben eintauchen.

Auch ein Bummel durch das **Färber-Souk** Marrakeschs ist lohnenswert. Marrakesch ist ein Erlebnis – aber ganz anders als Casablanca!

Civitavecchia - der Hafen Roms

Land:	Italien (Latium)
Einwohner Civitavecchia:	50.000
Einwohner Rom:	2,7 Mio., Hauptstadt Italiens, Regierungssitz
Währung:	Euro

Civitavecchia entstand aus einer etruskischen Siedlung und ist heute eine italienische Hafenstadt in der Provinz Latium. Da Rom nicht unmittelbar einen eigenen Meereszugang besitzt, gilt Civitavecchia landläufig als **der Hafen Roms**. Er ist nur 70 km von der italienischen Hauptstadt entfernt. Civitavecchia ist ein sehr beliebter Kreuzfahrt-Hafen in Italien, zudem ein wichtiger Einschiffungsort für die Italiener.

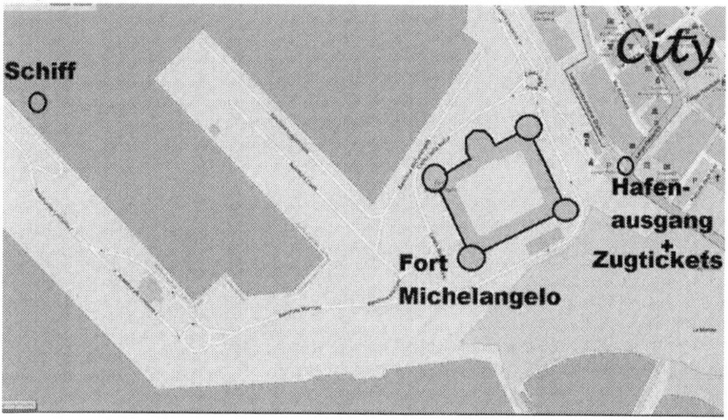

Die Schiffe legen meist unmittelbar an der **Festung Forte Michelangelo** an. Sie können zu Fuß vom Schiff bis zum Hafenausgang beim Fort Michelangelo laufen. Die Festung ist eines der Wahrzeichen der Stadt und wurde im 16. Jh. von Michelangelo fertiggestellt. Auffallend sind der quadratische Grundriss mit einem mächtigen achteckigen Turm und den 4 runden Türmen St. Paul, St. Peter, St. Romulus und St. Julius – entwickelt von 3 führenden Architekten der Renaissance. Die Verkleidung erfolgte mit Travertin-Platten, die dem Bauwerk ein solides Aussehen verleihen. Angeblich gibt es sogar einen Geheimgang von der

Festung in die Stadt! Der nützte im zweiten Weltkrieg wenig: das *Forte Michelangelo* wurde bombardiert und schwer beschädigt. Heute sieht man von den Schäden nichts mehr, das Bollwerk erscheint majestätisch und top-gepflegt. Leider kann man das imposante Bauwerk nicht von innen besichtigen.

Unmittelbar daneben erstreckt sich der riesige Platz *La Marina* mit wunderschönen Palmen; manchmal sind hier auch Karussells, Autoskooter und Jahrmarktbuden für Kinder geöffnet. Die Strandpromenade *Passeggiata Marinai dÌtalia* verläuft ein paar hundert Meter dem Ufer entlang. Es besteht hier die Möglichkeit zu baden. Zwar ohne die Annehmlichkeiten eines Strandbades, dafür gratis an einem Kiesstrand.

Direkt nordöstlich vom Hafenbereich befindet sich die Innenstadt von Civitavecchia. Die schöne italienische Stadt lädt mit vielen Restaurants, Cafés und kleinen Geschäften zu einem schönen Tag ein.

Richtung Zentrum finden Sie einen typischen italienischen Wochenmarkt!

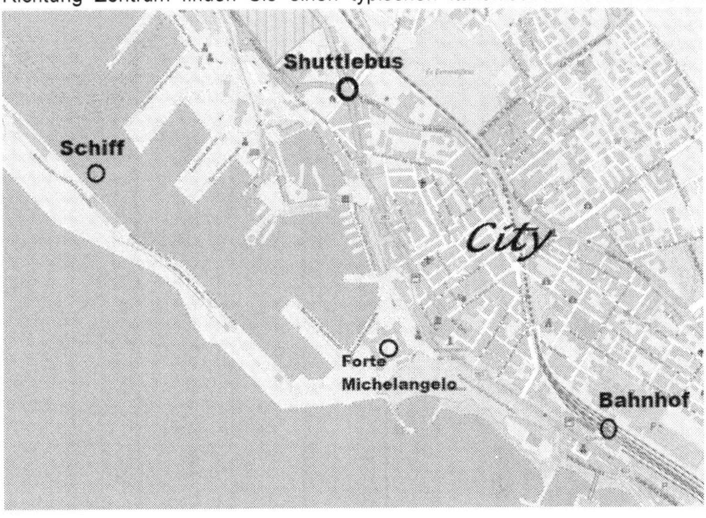

Zusätzlich verkehren **kostenlose Hafen-Shuttlebusse** in die Stadt. Leider parken diese nicht mehr so schön zentral zum Fort wie früher, sondern fahren einen großen **Busparkplatz nördlich des Zentrums im „Portmobility-Servicecenter "*Largo della Pace*"** an.

Von hier aus fährt Sie jedoch ein **Linienbus für 2 €** in die Altstadt. Sie können aber auch schlicht und einfach vom Schiff aus laufen und sind dann ebenfalls innerhalb von 15 Minuten in der City. Wenn Sie zum Bahnhof oder in die Innenstadt wollen, sind Sie hier definitiv schneller dran als mit dem Shuttlebus und dann anschließend dem Linienbus.

Ausflug: Rom

Legt das Schiff nur für einen Tag an, wollen fast alle Passagiere nach **Rom**. Direkt am Ankunftsort der Shuttlebusse warten bereits **private Busunternehmen**, die Kreuzfahrtpassagiere für **16 € nach Rom** und wieder zurück fahren. **Inklusive Stadtrundfahrt!** Natürlich ist das Angebot an die Liegezeiten des jeweiligen Schiffes angepasst.
Diese Tour ist eine äußerst günstige und vor allem auch sehr einfache und komfortable Weise, nach Rom zu gelangen!! Sie fahren in Minibussen ca. 1 Stunde, bis Sie die italienische Hauptstadt erreichen; die Bustour beinhaltet bereits eine Stadtrundfahrt! **An den wichtigsten Touristenhighlights hält der Bus und lässt Ihnen – je nach Hotspot – zwischen 30 und 60 Minuten Zeit für eine Besichtigung: dazu zählen Vatikan, Kolosseum, Trevi-Brunnen, spanische Treppe und Pantheon.**
Der komplette Tagesausflug kostet schlappe 16 €!

Allerdings liegt auch der Bahnhof von Civitavecchia lediglich 600 m weiter südöstlich der Palmenstraße entlang. Es fahren alle 30 Minuten **Züge** nach Rom. Fahrkarten können Sie in einem kleinen Kiosk direkt rechts hinter dem Hafentor für ***12 €*** kaufen. Auch in dem **Kiosk IM Bahnhof** ist das Ticket erhältlich! Das sogenannte BIRG-Ticket erlaubt Ihnen zusätzlich, in Rom alle öffentlichen Verkehrsmittel (Bus, Metro…) zu benutzen.
Alternativ empfehle ich Ihnen in Rom den Hop-on-hop-off-Bus. Sie können bereits in Civitavecchia für 28 € ein günstiges **Kombiticket für Bahn und Sightseeing-Bus** erwerben.
In Rom kostet der Hop-on-hop-off-Bus 22 € und fährt alle 15 bis 20 Minuten.

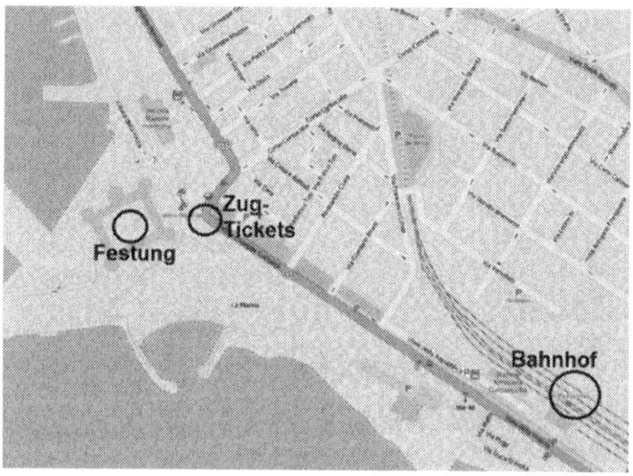

Sie müssen vor Fahrtantritt **die Zugfahrkarte im Bahnhof abstempeln**, der Zug fährt am Gleis außen rechts (2 „tronco") ab.
Die Fahrt mit dem Zug nach Rom dauert ca. 70 Minuten. Sie steigen entweder an *San Pietro* aus und befinden sich nun in unmittelbarer Nähe zum Vatikan, oder Sie fahren bis *Termini* weiter und nehmen ab hier den teuren Hop-on-hop-off-Bus oder die (für BIRG-Ticket-Besitzer kostenlose) **Metro**.

Abfahrt des Sightseeing-Busses ist direkt am Busbahnhof vor der Haltestelle *Termini!* Der Doppeldecker-Bus fährt alle wichtigen Sehenswürdigkeiten an: Kolosseum, Vatikan, spanische Treppe, Forum Romanum, Pantheon – man kann beliebig aussteigen und alle zehn Minuten kommt ein weiterer Bus vorbei! Gerade in Rom sieht man mit diesem Bus sehr viel.
Andererseits ist die **Benutzung der Metro in Ihrem BIRG-Ticket bereits inklusive**... die Metro in Rom besteht aus 2 Linien (A und B), sie ist modern, sauber und auch gut ausgeschildert.

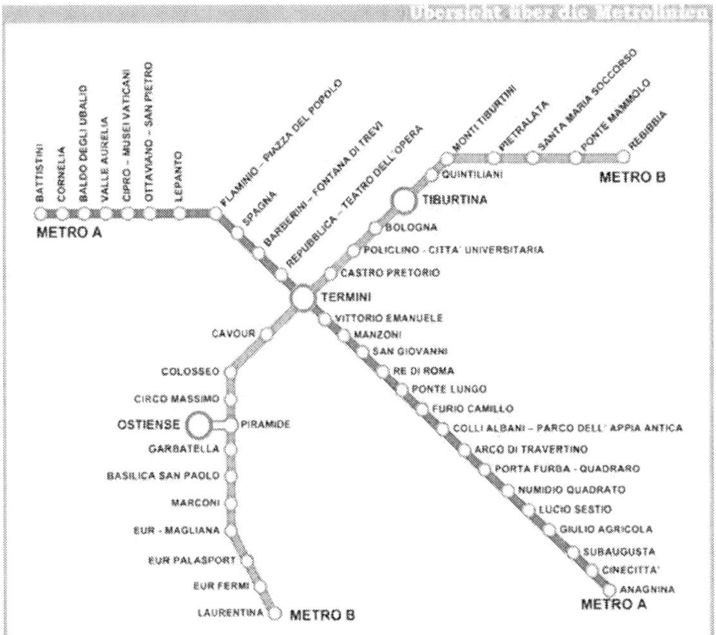

Übersicht über die zwei Metrolinien Roms

Fast jeder ist an einer Besichtigung des **Petersdoms** im **Vatikan-Staat** interessiert. **Die Öffnungszeiten sind täglich von 7.00 - 19.00 Uhr.** Der Eingang zum Petersdom befindet sich seitlich rechts auf dem Petersplatz, allerdings müssen Sie erst an der Security und einer Sicherheitsschleuse vorbei. Gerade zu Stoßzeiten und in der Ferienzeit ist hier mit langen Warteschlangen zu rechnen. Die Besichtigung des Petersdoms ist gratis, einige spezielle Bereiche sind allerdings kostenpflichtig. Fotografieren ist im Petersdom erlaubt. Sie dürfen die Kirche allerdings nur in längerer Bekleidung betreten: Kurze Hosen bzw. Röcke oder schulterfreie Tops sind – wie in allen italienischen Kirchen – tabu! Direkt hinter der großen Eingangstür befindet sich das Hauptschiff des Petersdoms. In der Mitte sehen Sie den bronzenen **Baldachin von Bernini**, unter dem sich der heiligste Ort der Kirche befindet: die letzte Ruhestätte des heiligen Petrus! Zur Rechten finden Sie eine Treppe, die zur Krypta mit den Papstgräbern führt.

Links neben dem Petersdom befinden sich die **Vatikanischen Grotten**, und hier beginnt auch der Aufstieg zur **Kuppel des Petersdoms**. Entweder Sie erklimmen die 537 Stufen zu Fuß (5 €) oder nehmen für den ersten Teil den Aufzug (7 €). Allerdings geht der Aufzug nicht bis ganz oben, der Rest (sehr eng!) ist zu Fuß zu bewältigen und auch nur in eine Richtung zu begehen. Auf der

Kuppel werden Sie für die Anstrengung mit einem sagenhaften Panoramablick über Rom belohnt. Es gibt hier oben auch einen Souvenirladen und ein Café zum Entspannen. Mit einem Lift können Sie wieder hinunterfahren, direkt zurück in die Basilika.

Die Öffnungszeiten sind von 8.00 - 18.00 Uhr. Der Eintritt kostet 6 € bzw. 8 €.

Die **vatikanischen Museen** und die **Sixtinische Kapelle** sind kostenpflichtig: **Die Öffnungszeiten sind von 9.00 - 18.00 Uhr, der letzte Einlass ist um 16.00 Uhr. Der Eintrittspreis für beide beträgt 28,50 €.**

Sie können sich im Vorfeld günstig eine Eintrittskarte besorgen unter http://mv.vatican.va/6_DE/pages/z-Info/MV_Info_Orari.html oder https://www.rome-museum.com/de/buchung-eintrittskarten-vatikanische-museen.php

So vermeiden Sie lange Wartezeiten beim Ticketkauf und können sich sofort zum Eingang begeben! Allerdings muss das genaue Datum und die gewünschte Uhrzeit angeben werden. Auch im *Ufficio pellegrinaggio (OPR)* am Piazza Pio XII 9 ist ein Kauf der Zeitfensterkarten möglich. Sie finden das Büro links vor dem Beginn des Petersplatzes, geöffnet 9.00 bis 13.00 Uhr und 14.30 bis 18.00 Uhr.

Die **Besichtigung der Nekropolen zum Petrusgrab** gibt es nur im Rahmen einer geführten Tour. Die tägliche Besucherzahl ist auf 250 Personen beschränkt. Die Tour muss ca. drei Monate vorher schriftlich gebucht werden, z.B. unter scavi@fsp.va; Fax: +39 06 69873017 oder direkt im Ufficio Scavi. **Der Preis für die Führung durch die Nekropolen beträgt 12 €.**

Verlässt man den Petersdom wieder, kommen Sie direkt an der **Schweizer Garde** vorbei. Mit etwas Glück ist dort gerade Wachwechsel.

Das **Kolosseum** ist ein antikes Amphitheater und wird zurzeit restauriert. Es war seinerzeit ein **Bauwerk der Superlative**: das größte antike Amphitheater Roms, der größte geschlossene Bau der römischen Antike und das größte Amphitheater der Welt! Das Kolosseum bot 50.000 Zuschauern Platz und es gab insgesamt 80 (!) Eingänge. Leider diente es zur grausamen Belustigung der Bevölkerung, der Tod war hier ein ständiger und heiß bejubelter Gast ☹. Im Laufe der Jahrhunderte wurden erst die Gladiatorenspiele verboten, mit der Christianisierung dann auch die Tierhetzen. Im Mittelalter diente das Kolosseum den Einwohnern Roms als Wohnraum, bis es durch mehrere Erdbeben derart stark beschädigt wurde, dass es nur noch als Steinbruch für Neubauprojekte herhielt. Trotzdem hat das Kolosseum seine (dunkle) Anziehungskraft bis heute nicht verloren: es gilt als DAS Wahrzeichen Roms!

Direkt vor dem Kolosseum befinden sich eine Haltestelle des Hop-on-hop-off-Busses und die Metrostation *Colosseo*.

Ein Ticket für das Kolosseum kostet 12 €. Der Eintritt für das *Forum Romanum* gleich nebenan ist inklusive. Die Öffnungszeiten sind von 8.30 Uhr bis Sonnenuntergang.

Adresse: *Piazza del Colosseo, 1, 00184 Roma*
Tipp: Besuchen Sie zuerst das **Forum Romanum** und besichtigen dann ohne Wartezeiten das Kolosseum. (Hier sind immer sehr lange Warteschlangen zum Ticketkauf).
Möchten Sie auch noch weitere kostenpflichtige Sehenswürdigkeiten Roms besichtigen, empfehle ich ein Kombiticket. Informationen und Vorverkauf finden Sie unter **http://www.ticketsrome.com/de**.

In unmittelbarer Nähe zum Kolosseum und dem Forum Romanum finden Sie den **Circus Maximus** (*Circo Massimo*). Der Circus entstand im 6. Jh.v.Chr. in dem ehemals sumpfigen *Murcia*-Tal. Cäsar baute den größten Circus Roms umfassend aus und ließ ihn sogar mit Marmorsitzbänken ausstatten. Genutzt wurde der *Circus Maximus* hauptsächlich für Wagenrennen und Sportveranstaltungen.
Allerdings sieht man heute nicht mehr sonderlich viel von dem berühmten Circus – nur eine große freie Fläche... Steigen Sie in der Metro bei *Circo Massimo* aus und bummeln Sie über den antiken Vergnügungsbereich!
Der Circus Maximus ist frei zugänglich und kostet keinen Eintritt.
Adresse: *Via del Circo Massimo, 00186 Roma*

Auf keinen Fall sollten Sie die **Spanische Treppe** und den **Trevibrunnen** verpassen!
Die **Spanische Treppe** heißt auf Italienisch *Scalinata di Trinità dei Monti,* die deutsche Bezeichnung „Spanische Treppe" kommt vom darunter liegenden Platz *Piazza di Spagna.* Hier hat die spanische Botschaft (bis heute) ihren Sitz und begründet damit spanisches Hoheitsgebiet.
Papst Innozens XIII ärgerte sich seinerzeit über den wild bewachsenen Hang zur Kirche **Santa Trinità dei Monti** und verfügte, dass eine Treppe in italienischem Stil gebaut werden solle. Die imposante Freitreppe wurde 1723 fertiggestellt und zählt 138 Stufen. Pfeiler mit Motiven von Lilien und Adlern schmükken die 68 Meter lange Treppe. Nun hatte die Bevölkerung einen wahrhaft würdigen Aufstieg zum Kirchgang.
Im 18. Jh. benutzten Obdachlose die Spanische Treppe gerne als Schlafplatz. Als jedoch des Öfteren „Übernachtungsgäste" mit der Begründung des *Aufenthalts im spanischen Hoheitsgebiet* zur spanischen Armee eingezogen wurden (!), mied die (obdachlose) Bevölkerung Platz und Treppe lange Zeit. Die *Scalinata di Trinità dei Monti* ist einer der Touristenmagneten Roms – auch wenn man dort außer einmal hochlaufen nicht viel machen kann. Abends wird die Spanische Treppe jedoch ein äußerst beliebter Treffpunkt für Jugendliche und junge Erwachsene aus aller Welt!
Leider können die Hop-on-hop-off-Busse nicht unmittelbar in der Nähe halten,

doch einen kleinen Spaziergang sind die Spanische Treppe und der Trevibrunnen definitiv wert. Der kostenlose Stadtplan der Busse reicht hierfür bei weitem aus. **Adresse:** *Piazza di Spagna, 00187 Roma*

Unweit der Spanischen Treppe befindet sich der weltweit bekannte **Trevibrunnen** *(Fontana Di Trevi).* Er wurde im Jahre 1762 im Stil eines eindrucksvollen Triumphbogens erbaut, der sich an die Fassade des *Palazzo Poli* anlehnt. Der 26 Meter hohe und 50 Meter breite barocke Brunnen besteht aus römischem **Travertin** aus Tivoli und **Marmor aus Carrara**. Nach einer großen Restaurierung 2015 erstrahlt er wieder in weißem Glanz. In kaskadenartigen Wasserfällen plätschert das Brunnenwasser in ein großes, flaches Becken. Der Trevibrunnen wurde in den vergangenen Jahrhunderten durch das Aquädukt **Aqua Vergine** gespeist, das Wasser aus den Salone-Quellen im Umland in den Brunnen strömen ließ. Es flossen jeden Tag 80 Millionen Liter Wasser durch den Brunnen! Das „verbrauchte" Wasser wurde danach zur Speisung weiterer Brunnen verwendet, z.B. des *Fontana della Barcaccia* am Fuß der Spanischen Treppe. Seit 2007 wird der Brunnen jedoch mit Leitungswasser versorgt, das umgewälzt und nur alle 2 Wochen gewechselt wird.

Kunstvoll ausgearbeitete Meeresgestalten tummeln sich auf der Felslandschaft über dem Brunnenbecken, zentral in der Mitte wurde der Meeresgott Neptun platziert. Der Brunnen wirkt wie eine große Bühneninszenierung! Der Trevibrunnen ist wohl der schönste der 3.000 Brunnen Roms! Viele Leute glauben, dass es Glück bringt, eine Münze rückwärts über die linke Schulter in den Brunnen zu werfen. Wirft man 2 Münzen, so verliebt man sich in einen Italiener/-in. Es gibt auch eine Version, dass man nach Rom zurückkehrt, wenn man eine Münze wirft. Egal an was man glaubt oder auch nicht: der Stadt Rom (die regelmäßig das Brunnenbecken absaugt) brachte der Aberglaube im letzten Jahr **1 Million Euro** ein!! Immerhin wurde das Geld für wohltätige Zwecke gespendet.
Adresse: *Piazza di Trevi, 00187 Roma*

Als letztes empfehle ich noch einen Besuch des **Pantheons**: in der Antike wurde das Gebäude auf dem Marsfeld als **Tempel für alle Götter des antiken Roms** errichtet. Die religiöse Stätte wurde jedoch schon im Jahr 609 der heiligen Maria geweiht und als Kirche *Santa Maria ad Martyres* genutzt. Durch die grandiose Kuppel (die größer ist, als die des Petersdoms!), war das Pantheon eines der beeindruckendsten Gebäude der Antike, und ist auch heute noch ein Touristenmagnet. Der Eingang befindet sich in dem eckigen **Pronaos**, der durch seine antike **Tempelfassade** beeindruckt. Der zentrale Innenraum liegt in dem angrenzenden **runden Kuppelbau.** Aufgrund der runden Form wird das Gebäude von den Italienern *La Rotonda* genannt.

Der Gegensatz zwischen rechteckigem Pronaos und runden Innenraum vermittelt ein faszinierendes Raumgefühl! In der Mitte des Kirchenraumes befindet sich in der Decke eine kreisrunde Öffnung mit einem Durchmesser von 9 Metern, durch das Sie in den Himmel schauen können: das **Opaion**. Das kreisrunde Loch ist neben dem Eingang die einzige Lichtquelle, denn der Bau hat keinerlei Fenster!

Und wenn es regnet? Dann regnet es auch im Pantheon! Der Boden senkt sich zur Mitte hin ab, so dass das Regenwasser zügig durch viele kleine Abflüsse verschwinden kann...
Adresse: *Piazza della Rotonda*
Die Öffnungszeiten sind von 8.30 - 19.30 Uhr. Der Eintritt ist gratis.

Käpt'n Känguru empfiehlt:
Mit dem **Zug** nach Rom fahren und dort mit der **Metro** oder dem Hop-on-hop-off-Bus die Sehenswürdigkeiten erkunden. Petersdom, Circus Maximus, Pantheon, Trevibrunnen und Spanische Treppe sind gratis! Damit ist man zeitlich unabhängig!
Wer es günstig und bequem mag, nimmt den **lokalen Reiseveranstalter**: günstiger als 16 € (inklusive Stadtführung) kommt man nicht nach Rom!

Ausflug: Rom - Park der Aquädukte

Kennen Sie die bedeutendsten Sehenswürdigkeiten Roms bereits von früheren Besuchen, dann empfehle ich Ihnen einen Ausflug zum **Park der Aquädukte**. Dabei handelt es sich um keinen Mini-Stadtpark in der City, sondern um eine 240.000 m² große Grünfläche im Herzen Roms, die dem Regionalpark *Parco Regionale dell'Appia antica* angehört.
Mit zunehmender Einwohnerzahl bekam Rom im 3. Jh. vor Christus enorme Trinkwasserprobleme: die Sommer waren sehr lang und heiß und das Wasser des Tiber zu schlecht, um als Trinkwasser Verwendung zu finden. Deswegen veranlasste *Appius Claudius Caecus* im Jahre 312 v. Chr. den Bau des ersten Aquädukts und schaffte damit kühles, gesundes Gebirgswasser in die aufstrebende Stadt. Eine Meisterleistung der Baukunst! Die Zahl der Brunnen, Thermen und Bäder nahm genauso rasant zu wie die Zahl der Aquädukte – 400 Jahre n.Chr. waren bereits 11 antike „Wasserleitungen" für die Versorgung Roms nötig. Mit *Aqua Augusta* wurde ausschließlich ein künstlich angelegter See des Kaisers Augustus mit Wasser versorgt!

Park der Aquädukte

Sie können im **Parco degli Acquedotti** zwei sehr gut erhaltene Aquädukte sehen, die in einer „Kreuzung" zusammentreffen: das **niedere Aquädukt Acqua Marcia**, in dem noch immer besonders kalkarmes Wasser fließt und damit lange Zeit den Trevi-Brunnen speiste. Es stammt aus dem zweiten Jahrhundert vor Christus. Das **hohe Aquädukt Acqua Claudia** wurde 52 n. Chr. fertiggestellt.
Rein optisch sehen Sie nur 2 große Bauwerke, doch streng genommen handelt es sich um insgesamt 5 separate Aquädukte, die hier gebündelt wurden. Der Bau der römischen „Wasserleitungen" erfolgte nämlich in verschiedenen Ebenen. AUF der Wasserleitung *Aqua Claudia* wurde platzsparend die *Aqua Anio Novus* gesetzt und auf *Aqua Marcia* befinden sich sogar zwei weitere Aquädukte: die *Aqua Tepula* und die *Aqua Iulia*. Wenn Sie genau hinsehen,

können Sie die unterschiedlichen Bauweisen erkennen.
Die majestätischen Bögen der Aquädukte sind sehr gut erhalten und durchqueren den Park in seiner kompletten Länge. Sie erfüllen den historischen Park mit anschaulicher Erinnerung an das Leben der Römer.
Die Einwohner Roms nutzen gerade am Wochenende den Park der Aquädukte sehr rege zum Picknicken, Grillen, Joggen und Spazierengehen.
Die Grünanlage ist sehr sauber und weitläufig, ein Spaziergang ist hier wirklich erholsam!
Der Park der Aquädukte ist immer geöffnet und vollkommen gratis!
Sie erreichen den **Parco degli Acquedotti** mit der **Metrolinie A** (Richtung Anagnina). Steigen Sie an der Station *Lucio Sestio* aus, bis zum Park sind es noch ca. 800 Meter (in der *Via Lemonia*)
Adresse: *Via del Quadraro/Via Lemonia/Via delle Capanelle*

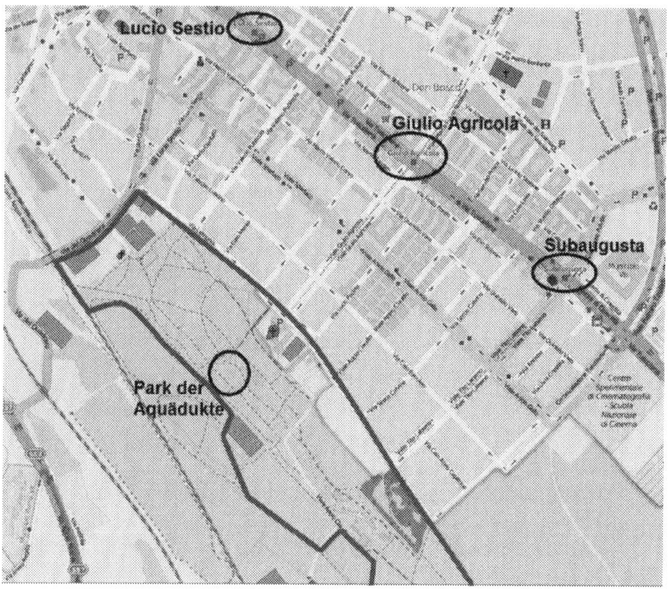

Sie müssen auf jeden Fall ausreichend Zeit für die Rückkehr zum Schiff einplanen. Jede halbe Stunde fährt ein Zug zurück nach Civitavecchia: abwechselnd **„Civitavecchia direkt" (Gleis 25)** und **„Pisa centrale" auf Gleis 28** (hält auch in Civitavecchia). Durchsagen am Hauptbahnhof Termini erfolgen meist nur in Italienisch, bitte achten Sie deshalb selbstständig auf spontane Änderungen der Fahrpläne und Bahngleise! Die Italiener sind aber äußerst hilfsbereit und beantworten jederzeit Fragen zu den Zügen!

Dubrovnik - die Perle der Adria!

Land: Kroatien (Dalmatien)
Einwohner: 42.000
Währung: Kuna (7,5 Kuna ca. 1 €)

Dubrovnik ist eine alte, malerisch gelegene Hafenstadt an der Küste Kroatiens. Die gesamte Altstadt steht auf der UNESCO-Liste für Weltkulturerbe.

Jahrhundertelang war Dubrovnik eine unabhängige Stadtrepublik, allerdings unter dem Namen **Ragusa**! Durch den Einmarsch Napoleons 1808 wurde die Republik aufgehoben, doch noch heute lautet der Leitspruch der Stadt *Libertas* (lat. *Freiheit*). Erst 1918 – nach dem Ende des ersten Weltkrieges – erhielt die Stadt ihren heutigen Namen **Dubrovnik**.

Die Schäden durch die Belagerung und den Beschuss der serbisch geführten Streitkräfte während des Krieges Anfang der 90er Jahre wurden inzwischen komplett beseitigt und die Stadt erblüht wieder in ihrem alten Glanz.

In Dubrovnik wird man gelegentlich mit Tenderbooten an Land gebracht und befindet sich dann zentral im alten Hafen. Üblicherweise dockt Ihr Schiff aber im Hafen für Kreuzfahrtschiffe. Dieser liegt etwas außerhalb und hat wenig zu bieten. Zu Fuß brauchen Sie etwa 30 bis 45 Minuten bis zur sehenswerten Altstadt. Es lohnt sich, die Strecke *zumindest einmal* zu Fuß zurückzulegen, da Sie auf einer Klippe unmittelbar über dem Meer entlanglaufen und eine **wunderbare Aussicht** auf die Brandung der buchtigen und karstreichen Küste genießen.

Ab dem Hafen fahren gelbe Hop-on-hop-off-Busse alle 90 Minuten für 90 Kuna.

Allerdings kommen Sie auch wesentlich günstiger in die sehenswerte Altstadt: es fahren alle zehn Minuten öffentliche **Busse der Linie 1 a, b, c und 8** direkt vom Hafen bis zur Stadtmauer der autofreien herrlichen Altstadt. Steigen Sie an der Haltestelle *Pile Gate* aus.
Für die Fahrt benötigen Sie allerdings die kroatische Währung **Kuna**, die Sie

sich jedoch an einem Geldautomaten im Hafenbereich problemlos per Kreditkarte oder in einer Wechselstube besorgen können (bitte beachten Sie die tagesgenauen Wechselkurse). Die Fahrt mit dem öffentlichen Bus ist wirklich problemlos und günstig. Deshalb wird sie von vielen Kreuzfahrttouristen genutzt!

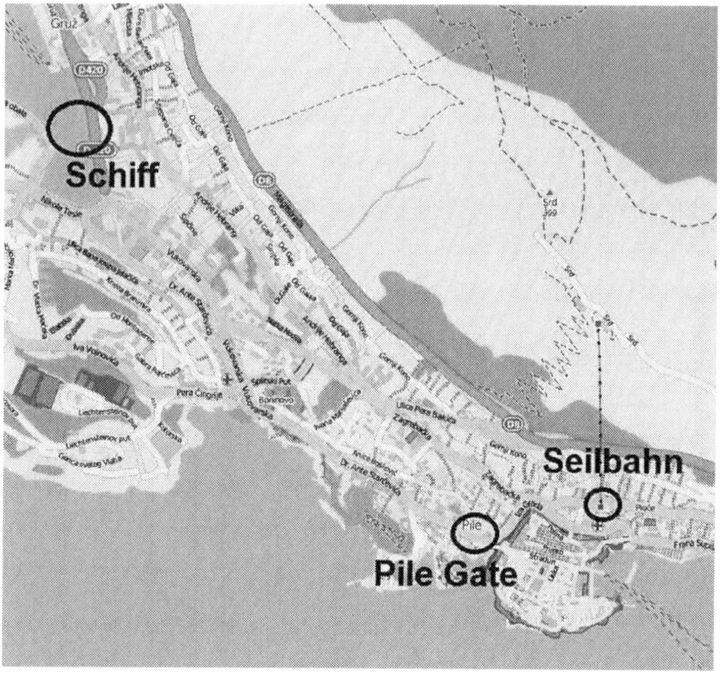

Am **Pile Gate** angekommen stehen Sie unmittelbar vor der antiken, äußerst

gut erhaltenen und **komplett begehbaren Stadtmauer**. Es lohnt sich ein Aufstieg auf die zwei Kilometer lange und drei bis sechs Meter breite Sehenswürdigkeit. Es ist eine der besterhaltenen Fortifikationsbauten in Europa, an die sich ein großer Komplex unterschiedlich genutzter wunderschöner Bauten aus allen Epochen anschließt.

Baubeginn war im 13. Jh. mit der Absicht, die **Stadt Ragusa** vor feindlichen Angriffen zu schützen.
Der Aufstieg auf die Stadtmauer ist etwas anstrengend, aber dann kann man mit einer herrlichen Aussicht die Altstadt auf der Festungsmauer umrunden. **Der Spaziergang auf der Stadtmauer kostet allerdings eine Gebühr: Erwachsene zahlen 100 Kuna (ca. 15 €!) direkt an der Stadtmauer.** Man kann auch mit Kreditkarte bezahlen, falls man keine Kuna hat.

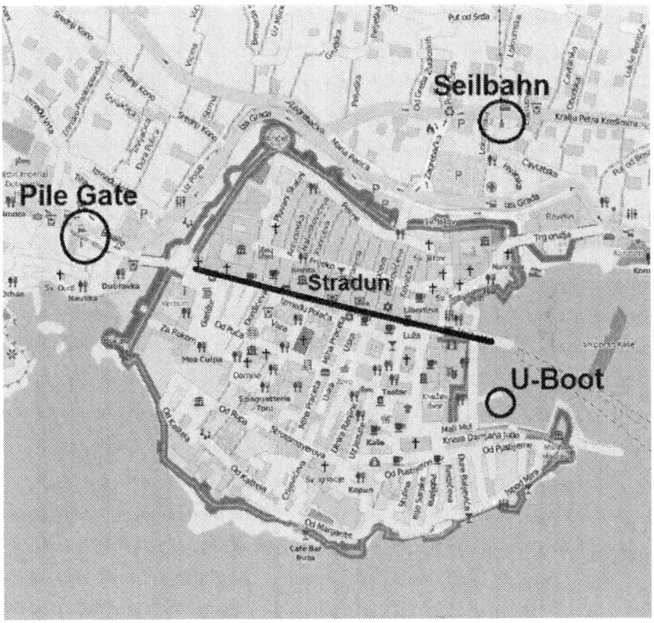

Mitten durch die Altstadt zieht sich der **Stradun:** eine beliebte autofreie Einkaufsstraße, umgeben von vielen kleinen malerischen Gassen. Der *Stradun* selbst stammt aus dem 11. Jh. und besteht aus Steinplatten, die von Millionen Schritten glattpoliert wurden. Die Barockhäuser, die den Stradun säumen, sind dagegen wesentlich jünger als die antike Straße! Vor vielen Jahrhunderten herrschte hier ein bunt zusammengewürfelter Mix an Häusern und Palästen verschiedener Epochen und Stilrichtungen. Nachdem die Bauwerke bei einem gewaltigen Erdbeben im Jahre 1667 weitgehend zerstört wurden, schrieb die damalige Stadtverwaltung eine **einheitliche Häuserfront im Barockstil** vor. In jedem Haus musste sich zwingend ein Laden befinden, um so den Handel anzukurbeln. So findet man auf dem *Stradun* unzählige kleine Läden und Cafés anstatt riesiger Kaufhäuser und moderner Glasbauten! Der *Stradun* beginnt am *Pile Gate* und endet am **Placa Luza** im alten Hafen, von dem Sie einen herrlichen Ausblick auf das Meer genießen. Wenn Ihnen das Touristengewühle am *Stradun* zu viel wird, biegen Sie in eine der vielen schmalen Seitengassen ab und genießen Sie Dubrovnik in Ruhe. Viele kleine Plätze, Brunnen und Tavernen erwarten Sie hier!

Ausflug: Berg Srd

Den schönsten Blick auf die Altstadt von Dubrovnik und die davor gelagerte Insel **Lokrum** (auch ein Drehort von *Game of Thrones*!) haben Sie von Dubrovniks **Hausberg Srd**. Sie kommen (in der Kürze der Liegezeit) entweder mit einer Seilbahn oder dem Taxi auf den 412 Meter hohen Berg, denn der Fußweg ist ziemlich lang und steil.

Die Seilbahn beginnt bei der Festung *Revlin* im Nordosten der Altstadt. Die einfache Strecke kostet 85 Kuna, mit Rückfahrt 140 Kuna (man kann aber anstelle von Kuna mit Kreditkarte bezahlen). **Die Seilbahn verkehrt zwischen 9.00 und 16.00 Uhr alle halbe Stunde**, die Fahrt mit der modernen orangenen Gondel dauert nur ca. 5 Minuten.

Bei gutem Wetter ist die Aussicht von hier oben einfach atemberaubend! Ein MUSS für jeden Besuch in Dubrovnik.
Ein Café mit großem Außenbereich und Sonnenschirmen sorgt für Erfrischungen und lädt zum Genießen des Panoramas ein. Allerdings sind die Preise hier oben etwas *zu* hoch ☺
Auf dem Gipfel des Srd – in der Nähe der Seilbahn – befindet sich das alte Fort *Imperial*, in dem ein **Museum zum Bürgerkrieg** untergebracht ist. Die Geschichte Dubrovniks und die ganzen Kriegswirren werden hier anschaulich mit ungefähr 500 Exponaten präsentiert. Der Großteil der Ausstellung besteht aus alten Karten, Fotos, Berichten, Kriegstagebüchern und Zeitungsausschnitten. Aber auch Waffen, Militärausrüstung und Minen veranschaulichen die Kriegsgräuel. Ein tolles Video rundet den Museumsbesuch ab. Für Interessierte des kroatischen Bürgerkrieges (1991 - 1995) ist das Museum sehr zu empfehlen. **Adresse:** *Museum des kroatischen Unabhängigkeitskrieges im "Fort Imperal", neben der Bergstation der Seilbahn auf den Srd.*
Die Öffnungszeiten sind von 8.00 - 22.00 Uhr. Bei der Seilbahn-Talstation kann ein Kombiticket für Gondelfahrt + Museum erworben werden.

Ausflug: Game-of-Thrones-Tour

Sind Sie Fan der Serie **„Game of Thrones“**? Viele der Drehorte befinden sich in Dubrovnik! Nach Film-Crew und Set folgt nun eine Invasion von Film-Touristen, die überall dorthin strömen, wo das Filmteam war. Natürlich werden von findigen Guides spezielle *Game-of-Thrones-Touren* angeboten. **Doch wenn man die Augen ein wenig offen hält, findet man etliche Drehorte auch selbst. Völlig gratis**! Zudem hat der Tourismusverband einen *Game-of-Thrones*-Stadtplan von Dubrovnik herausgegeben, mit dem Sie selbstständig viele Drehorte in der Stadt besuchen können. **Erhältlich ist er in der Tourist-Info am PileGate!**

Hier ein paar öffentlich zugängliche Drehorte:

- Festung Lovrijenac Die Festung liegt vor der Altstadt; während der Dreharbeiten wird sie zum **roten Bergfried**.

- Gradac-Park → der Park liegt an der Westseite der *Lovrijenac*-Bucht. Hier fand mit viel Dekorationsaufwand die **„Lila Hochzeit“ von Jeoffrey und Margaery Tyrell** statt.

- Pile-Tor → hier wurde für die Serie ein Aufstand des Volkes gedreht, bei dem König Jeoffrey vom eigenen Volk ausgebuht und angegriffen wird. Zudem war das Pile-Gate Drehort für die **Rückkehr von Jaime Lannister nach Königsmund**.

- **Bucht** → in der Bucht unterhalb des Pile-Tores wurden die Abschieds-Szene von Cersei und Myrcella sowie ein Treffen von **Sansa Stark** und **Lord Baelish** am **Kai von Königsmund** gedreht. Im „realen“ Leben befindet sich in der **„Schwarzwasser-bucht“** ein Kanuverleih!

- **Stadtmauer** → Hier entstanden Panoramaaufnahmen der Altstadt von Dubrovnik. Durch geschickte Spiegelungen und meisterhafte Kameraführung wirkt die Altstadt in der Serie wesentlich größer als sie tatsächlich ist: sie wird zu Königsmund! Auch die Mauer selbst wurde Schauplatz verschiedener Szenen, darunter Gespräche zwischen **Varys, Tyrion und Shae.**

- **Minčeta-Turm** → dieser Turm befindet sich auf der Stadtmauer. In *Game of Thrones* stellt er das „Haus der Unsterblichen” dar: **Khaleesi Daenerys Targaryen** will **ihre Drachen befreien**, die hier von den Hexenmeistern von Qarth gefangen gehalten werden. Zudem entstanden am *Minčeta-Turm* etliche Szenen mit der „Mutter der Drachen” und ihrem treuen Begleiter **Ser Jorah Mormont**.

- **Jesuitentreppe** → der Beginn von **Cerseis umstrittenen Bußgang „Walk of Shame“** durch Königsmund wurde an der breiten barokken Treppe gedreht, die zur Jesuitenkirche *St. Ignatius* hinaufführt. Die ist übrigens nicht die *Septe von Baelor*! Die Kirche hatte lange gegen die Nackt-Szene protestiert, ließ sich aber dann auf eine Einigung ein. Gespielt hat die Nackt-Szene das Double von Lena Headey; 200 Security-Mitarbeiter sicherten den 4 Tage dauernden Dreh ab! Wenn gerade eine neue Staffel gedreht wird, verwandelt sich Dubrovnik in **Königsmund** und die **Wüstenstadt Qarth**. Die Banner der Lannisters und Baratheons wehen dann anstatt der kroatischen Fahne über der Stadt!

In der Straße *Boškovićeva 7* befindet sich ein **Game-of-Thrones-Shop**: wenn Sie einen Artikel kaufen, dürfen Sie sich auf eine **Replik des eisernen Throns** setzen und ein Foto davon machen! Sie finden den Fan-Shop in der nördlichen Parallelstraße des *Stradun,* ein kleiner **Tyrion Lannister** steht davor ☺.

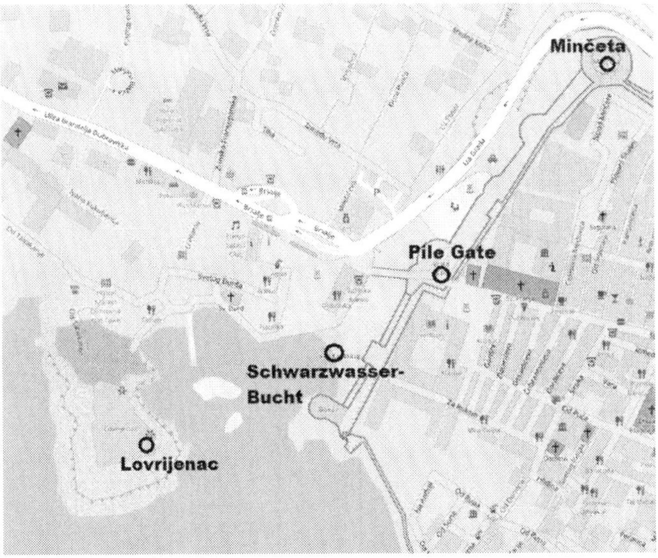

Ausflug: Dubrovnik-PanoramaTour

Das Unternehmen **„DubrovnikPanorama“** bietet komplette Touren an. Der Verbund aus mehreren Fahrzeugen fährt Sie zu den wichtigsten Highlights von Dubrovnik und der näheren Umgebung.

Fluss Ombla: Der Fluss Ombla (*Dubrovačka rijeka*) ist einer der kürzesten Flüsse der Welt. Sie besuchen seine Quelle, die etwa 5 km nordwestlich von Dubrovnik liegt. Munter sprudelt der *Ombla* aus einer kräftigen Karstquelle in einer großen Höhle. Aber schon kurz nach seiner Entstehung plätschert der Fluss über einen Wasserfall – und endet hiermit! Denn im weiteren Verlauf hat sich schon das Salzwasser des nahen Meeres mit seinem Süßwasser vermischt. Er ist deshalb mit 20 Metern (!!) der kürzeste Fluss Europas! Trotz dieser extrem kurzen Verlaufstrecke ist der Fluss breit und wasserreich. Direkt neben dem Wasserfall des *Ombla* befindet sich eine köstliche und saubere Trinkwasserquelle. Probieren Sie kroatisches Bergwasser!

Berg Srd: Hier haben Sie eine unvergleichliche Aussicht auf Dubrovnik und das kroatische Meer.

Dubrovnik Bridge: Die Franjo-Tuđman-Brücke (auf Kroatisch *Most dr. Franja Tuđmana*) wird landläufig nur Dubrovnik-Brücke genannt. Benannt wurde die Schrägseilbrücke nach *Franjo Tuđman*, dem ersten Präsidenten nach dem blutigen Unabhängigkeitskrieg der 90er Jahre. Sie machen einen

schönen Fotostopp auf der berühmten Brücke.
Altstadt/Stradun: Hier erhalten Sie 2 Stunden Zeit, um mit einem Audio-Guide auf eigene Faust die autofreie Altstadt zu erkunden, bevor Sie zu Ihrem Schiff zurückgebracht werden. Der Audio-Guide ist inklusive. Die Tour ist wirklich sehr empfehlenswert, da sie alle Sehenswürdigkeiten Dubrovniks abdeckt (und Sie sich die Teure Seilbahn sparen!)

Die Kosten betragen 190 Kuna/Person (25 €) für einen Individual-Trip, bzw. 230 Kuna (30 €) für eine geführte Tour. Start ist in der Nähe des Hafens jeweils um 9.00, 11.00, 13.00, 15.00 und 17.00 Uhr.
Weitere Infos unter
http://panoramatours.eu/panorama-basic/
Sehr zu empfehlen ist der Fahrer **Goran**. Sie können ihn unter **Goranvk1@gmail.com** kontaktieren, er spricht fließend Englisch, passt gerne die Tour Ihren Bedürfnissen an und holt Sie auch direkt am Hafen ab.

Ausflug: Yellow-Submarine

Ein wohl einmaliges Erlebnis – vor allem für Kinder und Meeres-Fans – ist die Fahrt mit dem U-Boot **„Yellow Semi Submarine".** Sowohl ein rotes als auch ein gelbes U-Boot bieten eine Rundfahrt vor der kroatischen Küste an. Der bootsartige Teil über Wasser beinhaltet neben dem Steuerstand eine Sitzplattform: hier genießen Sie den „normalen" Ausblick auf die Sehenswürdigkeiten von Dubrovnik. Doch das Spannende befindet sich unter der Wasserlinie: die Seitenwände des Innenraumes sind auf einer Länge von 5 m verglast und lassen Sie in das klare Wasser und die Tierwelt des Kornaten-Meeres eintauchen. Die Fahrt geht am Ufer von Dubrovnik entlang bis hinüber zur Insel *Otok Lokrum.* Allerdings kann das U-Boot nicht „richtig" abtauchen – es ist eigentlich eine Art Glasbodenboot mit einem Tiefgang von 1,5 m. **Das U-Boot bietet Platz für 12 Passagiere. Die Touren starten im alten Hafen zu jeder vollen Stunde. Für die ca. 45-minütige Fahrt zahlen Sie ca. 90 Kuna (12 €). Schauen Sie sich die Webseite an:**
http://semisubmarine-dubrovnik.com/

Käpt'n Känguru empfiehlt:
Mit dem Bus zum Pile Gate fahren, auf dem *Stradun* bummeln und bei Interesse den *Game-of-Thrones*-Shop besuchen. Machen Sie den Rückweg zu Fuß an der malerischen Küste entlang!

Funchal (Madeira) - die Blumeninsel im Atlantik

Land: Portugal, 951 km südwestlich von Lissabon
Einwohner: 112.000
Währung: Euro

Für Madeira gibt es eine ganz einfache Gleichung:

Vulkanerde + afrikanisches Klima = Blumeninsel

Madeira liegt über 1000 km süd-westlich von Lissabon im Atlantik. Und zwar nicht mehr in Europa, sondern auf der **afrikanischen Kontinentalplatte**. Ein gigantisches Meeresvulkansystem hat über Jahrmillionen das *Madeira-Archipel* geschaffen. Deshalb ist die Insel geprägt von schroffen Mittel- und Hochgebirgszügen, bestehend aus kargem Vulkangestein.
Die Besiedelung des Blumenparadieses erfolgte relativ spät, nämlich im Jahre 1419. Damals gingen die Portugiesen jedoch nicht in Funchal sondern in *Câmara de Lobos* an Land (das bedeutet „Höhle der Mönchsrobben"). Das Meer der Küstenregion war voller Fische und der fruchtbare Boden perfekt für den Anbau von Zuckerrohr und Wein. Erst zwei Jahre später wurde 1421 die heutige Hauptstadt *Funchal* gegründet.

Funchal bedeutet **„viel Fenchel"**, denn bei der Entdeckung der Insel durch die Portugiesen und Spanier wucherte die krautige Pflanze überall. Schon bald fanden die Madeirer die heilende Wirkung des Fenchels heraus: die *tolle Knolle* lässt sich als Gemüse essen, als Tee zubereiten oder man kann den Samen als Gewürz verwenden. Madeira ist berühmt für seine **Fenchelbonbons!** Die ätherischen Öle der Heilpflanze beruhigen Magen und Darm, vor allem die Darmbeschwerden von Babys.
Während des 16. und 17. Jh. war Funchal der **Dreh- und Angelpunkt für die Transatlantik-Überquerungen** nach Amerika und den **Reisen zu den Kolonien in Afrika**. Von hier starteten die Segelschiffe auf ihre extrem langen Fahrten über die Weltmeere; den Rückkehrern diente Funchal als Umschlagplatz ihrer mitgebrachten Waren.

Die Gebirgsregionen der Vulkaninsel sind karg. Am Fuß der unzugänglichen und schroffen Abhänge findet man jedoch extrem fruchtbaren Boden. Diese Stellen werden als *Fajãs* bezeichnet. Mittels **Terrassen** sorgen die Landwirte dafür, dass der fruchtbare Boden auch dort bleibt, wo er hingehört: auf ihrem Feld! Manchmal befinden sich in den Klippen kleine Hochplateaus – die *Achadas*. Auch sie werden erfolgreich zur Anlage von Plantagen, Gärten und

Feldern genutzt. Auf der Insel gedeihen **Avocados, Aloe, Bananen, Fenchel, Zuckerrohr** und **Weinreben** prächtig! Der **Madeirawein** erfreut sich bis heute sehr großer Beliebtheit! Zudem sind 20% der Insel von Lorbeerwäldern bedeckt. Der *Laurisilva* steht wegen seiner einmaligen Schönheit sogar auf der Liste des UNESCO-Weltkulturerbes.

Um das für die Landwirtschaft notwendige Wasser vom regen- und quellenreichen Norden in die subtropischen Ackerbaugebiete und Plantagen des Südens zu bekommen, legten die Madeirer die künstlichen Wasserkanäle **Levadas** an. Die ganze Insel ist von den Kanälen durchzogen! Neben jedem Kanal wurde ein (Wartungs-)Pfad angelegt, da ein kontinuierlicher Wasserfluss maßgebend für die Funktion der *Levadas* war.
Somit konnte schon im 15. Jh. effektiv Zuckerrohr und Wein anbaut werden. Noch heute werden in der Trockenzeit (von Mai bis Oktober) fast alle Felder mittels *Levadas* bewässert!

Heutzutage hat der Tourismus die Seefahrer-Romantik abgelöst. Die Insel lockt mit ihrer beeindruckenden Artenvielfalt der Fauna und Flora jährlich zigtausende Touristen in das vulkanische Paradies. Dabei ist Madeira (noch) nicht so überlaufen wie die Balearen oder Kanaren, sondern eine ruhige Naturoase. Anstatt Partyurlaub und Bettenhochburgen sind vor allem **Wanderurlaube** extrem gefragt.
Entlang des ausgeklügelten Bewässerungssystems der *Levadas* erstrecken sich auf den alten Wartungspfaden nun 2000 km Wanderwege für die beliebten **„Levada-Wanderungen“**. Der Vorteil: auf den Wirtschaftswegen muss man keine extremen Steigungen hinaufschnaufen, sondern kann ganz entspannt die Schönheit Madeira genießen. Oft verlaufen die Pfade mittels langer Tunnel durch Tuffgestein und Basalt: eine Taschenlampe ist Pflichtausrüstung im Rucksack!
Madeira wird oft als **„Insel des ewigen Frühlings“** bezeichnet da es in dem ausgeglichenen subtropischen Klima so gut wie keine (extremen) Temperaturschwankungen gibt. Perfekt für`s Wandern!

Wichtigster Wirtschaftszweig in Madeira ist der Tourismus.

Direkt am Hafen von Funchal verläuft die wunderschöne Uferpromenade **Avenida do Mar** mit Grünflächen, Geschäften, Ausflugsanbietern und Restaurants.
Es sind keinerlei Shuttlebusse oder Taxis notwendig, um in die Innenstadt zu kommen.
Von der Promenade fahren alle 30 Minuten die Hop-on-hop-off-Busse (17 €) und auch alle anderen Buslinien ab.

Sehenswert ist die **Markthalle Mercado dos Lavradores** mit dem Blumen-, Obst- und Gemüsemarkt. Des Weiteren findet in einer separaten Halle der **hiesige Fischmarkt** statt – das Angebot an frischem Fisch ist riesig! Beachten Sie, dass auf das Schiff meist keine Lebensmittel mitgenommen werden dürfen. Macht nichts – der Markt gilt sowieso als etwas überteuert...

Trotzdem ist ein Bummel über den riesigen Bauernmarkt der Einheimischen ein Erlebnis; Vor allem, da es auf diesem Markt ausnahmsweise **nicht** vor Plagiaten, Sonnenbrillen und in Fernost produzierter Kleidung wimmelt!

Seien Sie vorsichtig mit Kostproben exotischer Früchte, manche Händler nötigen Touristen im Nachhinein zum Kauf hoffnungslos überteuerter Ware!

Die Markthalle liegt in der *Rua Brigadeiro Oudinot* im Herzen der Altstadt und ist immer gut besucht! Wenn Ihnen das Gewühle zu viel wird, können Sie im ersten Stock in einem Café etwas entspannen und stressfrei dem regen Treiben eine Weile zusehen.

Die Öffnungszeiten sind Montag bis Freitag von 7.00 - 20.00 Uhr, Samstag von 7.00 - 14.00 Uhr, Sonntag ist geschlossen.

Adresse: *Rua Brigadeiro Oudinot*

Ausflug: Monte & botanischer Garten

Sehr zu empfehlen ist eine Fahrt mit der **Seilbahn** hinauf auf den **Hausberg Monte**. Dort haben Sie einen einmaligen Panorama-Ausblick auf Funchal und das Meer mit den Kreuzfahrtschiffen. Mit einer zweiten Seilbahn können Sie zum botanischen Garten weiterfahren, der für Pflanzenliebhaber absolut sehenswert ist.
Um zur Talstation der Seilbahn zu gelangen, gehen Sie die Uferstraße *Avenida do Mar* Richtung Osten und biegen dann auf die *Rua Dr. Pestana Junior* ein. Rechts finden Sie dann nach zwei kleinen Querstraßen die Seilbahnstation in der Altstadt von Funchal am *Campo Almirante Reis*.

Seilbahnen: *Os Telefericos,* Öffnungszeiten von 9.30 - 17.45 Uhr,
Hin und zurück kosten 16 €, die einfache Fahrt 11 €.
Das Kombiticket für 2 Seilbahnen + botanischer Garten kostet 30,90 €, bis 6 Jahre gratis.
Das Kombiticket Seilbahn + Sightseeingbus kostet 26,25 €.

- Der **Botanische Garten** (*Jardim Botanico)* liegt 3 km oberhalb des Stadtzentrums und ist mit den zwei Seilbahnen zu erreichen. Hier sehen Sie vor allem einheimische Pflanzen Madeiras.
Die Öffnungszeiten sind von 9.00 - 18.00 Uhr. Der Eintritt kostet 3,50 €.

- Der **Orchideengarten** (*Jardim Orquidea*) ist ein einzigartiger Orchideen-Urwald. Mehr als 50.000 Pflanzen wachsen hier. Sie können auch einen Blick in ein Labor werfen, in dem die Pflanzen vermehrt und gezüchtet werden. **Der Eintritt für den Orchideengarten kostet 5 €.** Sie finden ihn gleich unterhalb des botanischen Gartens.

- Der **Vogelpark** (*Parque dos Loiros*) lockt mit vielen Kakadus, Loricos, seltenen Papageien und Sittichen in Volieren. Er ist in den botanischen Garten integriert.

- Der **Tropische Garten** (*Jardim Tropical Monte Palace* mit einem Museum für Halbedelsteine) beinhaltet viele exotische Pflanzen und Bäume, Wasserfälle und asiatische Gärten mit Kois.
Der Eingang befindet sich direkt gegenüber der Seilbahn in Monte *(Caminho do Monte 174)*, hier ist auch der Start der Korbschlittenfahrt!
Der Eintritt für den tropischen Garten kostet 10 €.

Abwärts benutzen Sie entweder die Seilbahn oder unternehmen eine aufregende Fahrt mit den **Korbschlitten *carro de cesto***. Bereits seit ca. 1850 sausen die Bergbewohner mit den **Tobogan-Korbschlitten** von *Monte* hinab ins Tal, seit einigen Jahren wird dieser Nervenkitzel auch für Touristen angeboten. Die schlitternden Korb-Sofas auf Holzkufen rasen eine 2 km lange kurvenreiche Strecke hinunter nach Funchal, an steilen Passagen erreichen die Tobogan-Schlitten bis zu 50km/h! Die Schlitten verfügen weder über eine Lenkung, noch über Bremsen – gesteuert wird das Gefährt ausschließlich vom Schlittenführer durch zerren, schieben und Einsatz der Schuhsohlen...
Die Schlittenführer nennen sich selbst „Carreiros“. Sie tragen zumeist traditionell weiße Leinenkleidung und kecke Strohhüte, die an die Gondoliere in Venedig erinnern...
Wagen Sie doch eine aufregende Fahrt in einem der zweisitzigen Schlitten!
Der Preis beträgt für 2 Personen 30 €, eine Einzelbuchung eines Schlittens ist nicht möglich. Für die 8-minütige Fahrt ein teurer Preis ☹.
Sie finden die Korbschlitten-Station bei der Bergstation der Seilbahn, unterhalb der Kirche *„Nossa Senhora do Monte“.*

Alternativ zur Seilbahn ist der botanische Garten auch mit den Buslinien 29, 30 und 31 zu erreichen. Der Fahrpreis beläuft sich auf 1,80 €!
Die Busse Nr. 20, 21 und 48 fahren in den Vorort Monte (tropischer Garten und Korbschlittenfahrt).
Eine Tageskarte für die Busse kostet 4,40 €.
Alle Busse halten in der ***Avenida do Mar,*** der Prachtstraße direkt beim Hafen, oder im nahegelegenen Busbahnhof.
Genaue Infos zu Haltestellen finden Sie unter
http://www.horariosdofunchal.pt/index-de.php
http://www.madeira-live.com/de/madeira-public-transport.html

Käpt'n Känguru empfiehlt:
Mit dem Bus auf den Monte fahren und den tropischen Garten besichtigen. Danach mit dem Korbschlitten ins Tal brausen!

Wenn Sie nicht genügend Zeit für den botanischen oder tropischen Garten haben, können Sie die zauberhafte Blumenpracht Madeiras auch direkt oberhalb des Hafens genießen: Zwischen der *Av. Do Infante* und der *Av. Sa Cerneiro* liegt der **Parque de Santa Catarina** mit herrlichen Blumenbeeten und einer riesigen Parkanlage mit traumhaftem Kinderspielplatz. Mitten im Park finden Sie die kleine Kapelle der Hl. Katharina. Der **Parque de Santa Catarina** gewährt Ihnen eine phänomenale Aussicht auf den darunterliegenden Hafen und die nahen Kreuzfahrtschiffe! Laufen Sie auf dem Rückweg östlich die *Av. Do Infante* entlang und statten noch dem Markthaus *Mercado dos Lavradores* einen Besuch ab. Es liegt in der *Rua Brigadeiro Oudinot,* halten Sie sich am Ende der Uferpromenade links.

Ausflug: Santa Maria

Wenn Sie sich gerne an Bord einer Karavelle ins 15. Jh. zurückversetzen lassen möchten, empfehle ich Ihnen eine Fahrt mit der **Santa Maria**. Im Hafen von Funchal gibt es einen originalgetreuen Nachbau von Christopher Kolumbus` *Santa Maria* mit einer Länge von 22 Metern. Sie wurde von einem Holländer 1998 in Madeira gebaut und war 2008 auf der Expo in Lissabon zu sehen.

Sie können der als **Piraten kostümierten Crew** bei der Segelarbeit zusehen. Es gibt sogar **zwei sprechende Papageien** sowie einen Schiffshund an Bord! Die *Santa Maria* fährt drei Stunden an der Südküste Madeiras entlang, oft kann man auf der Fahrt **Wale und Delfine beobachten**.

In den Sommermonaten ist es möglich, vom Schiff aus bei dem **Felsen Cabo Girão** baden zu gehen. Schwimmsachen nicht vergessen! Weiterhin werden während der Fahrt kostenloser Madeirawein und Honigkuchen angeboten! Dieser Ausflug ist eine absolute Empfehlung, obwohl der Großteil der Strecke mit dem Motor bewältigt wird und nur kurz die Segel gesetzt werden! **Eine Fahrt kostet 35 €, Kinder unter 12 Jahren zahlen 17,50 €. Fahrzeiten sind von 10.30 - 13.30 Uhr und 15.00 - 18.00 Uhr,** die maximale Passagierzahl beträgt 100 Personen. Infos erhalten Sie am Ticketverkauf im **Santa Maria Office** im Hafen *(Estrada da Pontinha)* oder am **Santa Maria Kiosk** (in der *Avenida do Mar).* Tel. +351 291220327 oder 291225695

Email: nau.santa.maria@mail.telepac.pt.
Weitere Infos unter **http://www.santamariadecolombo.com/**
Hier sind auch Online-Reservierungen und Kontakt möglich!

Käpt'n Känguru empfiehlt:
Mit der Santa Maria ins 15. Jh. eintauchen und anschließend den *Parque de Santa Catarina* und die Markthalle besuchen.

Genua -
alte Seemacht Liguriens

Land: Italien (Ligurien)
Einwohner: 600.000
Währung: Euro

Die italienische Metropolregion Genua liegt in der *Bucht von Genua*, im Hintergrund steigt das Gebirge des <u>*Apennins*</u> steil an. Von den Italienern wird Genua oft auch mit **la superba** oder **la dominante** bezeichnet.

Das genaue Alter der Stadt Genua ist nicht bekannt, jedoch wird aufgrund der einmaligen strategischen Hafenlage eine sehr frühe Besiedlung angenommen, die mit dem Beginn der Schifffahrt im *Tyrrhenischen Meer* einherging.

Bei den **Römern** erlangte Genua den Status des Hauptquartieres innerhalb ihrer Querelen gegen die Ligurier. So bestand eine lange Feindschaft mit der nahen Hafenstadt *Savona*. Auch die lange währende Feindschaft mit *Pisa* fand erst 1284 in der Seeschlacht bei *Meloria* für Pisa ein verheerendes Ende. Noch heute können Sie Teile der alten wehrhaften Befestigungsanlagen besichtigen, vor allem Stücke der kilometerlangen Mauer auf dem Bergrücken.

Nach dem zweiten Weltkrieg bildete Genua mit Mailand und Turin das *„Industrie-Dreieck"* in Norditalien, das für das italienische Wirtschaftswunder (miracolo economico) eine tragende Rolle spielte.
In den 80er Jahren begann durch einen wirtschaftlichen Strukturwandel und der Deindustrialisierung ein großer Abstieg Genuas. Durch die hohe Arbeitslosigkeit stieg die Kriminalität stark an, gleichzeitig sank die Einwohnerzahl drastisch ab. Die dunklen Jahre Genuas gipfelten 1991 in der Explosion des *Ölfrachters Haven*, der die gesamte Küste um Genua stark verschmutzte. Seit kurz vor der Jahrtausendwende hat sich Genuas Stellung jedoch wieder erfreulich verbessert: 1992 wurde im Rahmen der *Kolumbusfeiern* der „alte Hafen“ zur Tourismusattraktion ausgebaut und viele Gebäude der Altstadt liebevoll restauriert. Im Jahr 2004 wurde Genua sogar zur Kulturhauptstadt Europas und 2006 große Teile der Altstadt zum UNESCO-Weltkulturerbe erklärt.

Auch der zentrale Platz **Piazza de Ferrari** wurde im Rahmen dieser Restauration wundervoll hergerichtet und ist das heutige Herz der Stadt.

Der *Piazza de Ferrari* ist nach dem aristokratischen reichen Politiker *Raffaele de Ferrari* aus dem 19. Jh. benannt. Der große **kreisförmige Springbrunnen** des Genueser Architekten *Giuseppe Crosa* ist eine der meistfotografierten Sehenswürdigkeiten Liguriens. An den *Piazza de Ferrari* grenzt die Ostfassade des **Palazzo Ducale.** Er war seit 1339 für über 500 Jahre die Residenz der Dogen und Senatoren. In unserer modernen Zeit wurde dieser tolle Palast lange sträflichst vernachlässigt, bevor auch er im Rahmen der großen Restauration von 1992 für Ausstellungen, Veranstaltungen und verschiedene Läden (z.B. Cafés und Buchhandlungen) hergerichtet wurde. **2001 war der *Palazzo Ducale* sogar der Sitz des damaligen G8-Kongresses in Genua!**

Die **Kathedrale San Lorenzo** in der Altstadt verblüfft mit einer markanten schwarz-weiß gestreiften Marmorfassade. Durch die lange Bauzeit vom 12. - 17. Jh. weist die Kathedrale Merkmale sowohl der romanischen und gotischen Baukunst, als auch der Renaissance auf. Bemerkenswert sind die grünen Kuppeln der Glockentürme und die beiden großen Löwen auf der Freitreppe vor dem Eingang. Bekannt ist die Kirche für ihre wundervolle Orgel und das **Schatzmuseum**. Im Untergeschoss der Kathedrale sind wertvolle **Reliquien** untergebracht, z.B. eine heilige orientalische Schale aus grünem Glas aus dem 9. Jh. (*sacro catino*), die für den heiligen Gral gehalten wird. Außerdem wird hier seit 1098 die Asche von Johannes dem Täufer (San Giuseppe), dem Patron der Stadt Genua aufbewahrt.
Sie können verblüffenderweise im hinteren Teil des rechten Schiffs eine Fliegerbombe aus dem 2. Weltkrieg bestaunen, die das Kirchendach zwar

durchschlug, aber nicht explodierte.

Die Kirche und das Schatzmuseum können Sie von 8.00 - 12.00 Uhr sowie von 15.00 - 19.00 Uhr besichtigen, das Schatzmuseum kostet 5,50 € Eintritt. Allerdings ist es sonn- und feiertags geschlossen.

Sie können entweder zu Fuß in die Altstadt laufen oder den „Genoa-City-Tour-Bus“ nehmen. Der Bus startet direkt vor dem Terminal und fährt Sie zu allen wichtigen Sehenswürdigkeiten der Altstadt. Der Bus fährt ab 10.00 Uhr in den Sommermonaten halbstündlich, in den Wintermonaten nur einmal pro Stunde. Die Tour dauert 45 Minuten.

Erwachsene zahlen 12 €, Kinder 6 €.

Weitere Informationen unter **www.genoacitytour.com**

Den **offiziellen roten Citysightseeing-Bus** für Genua können Sie für **15 €** buchen.

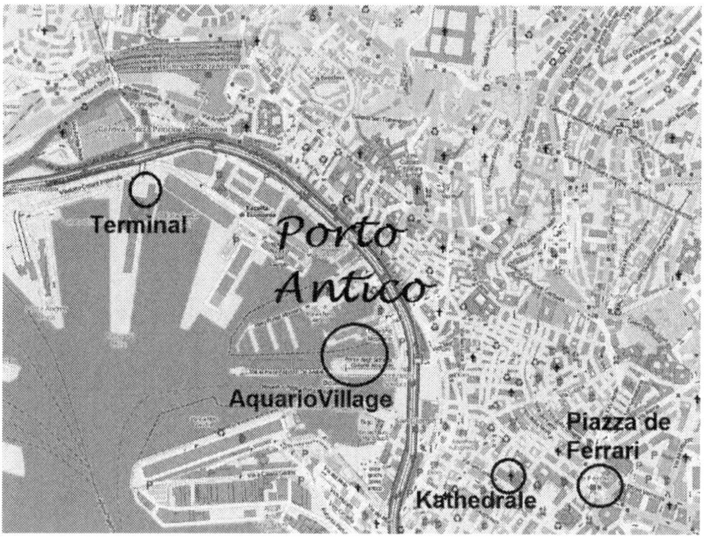

Ein Hotspot für alle Kreuzfahrtpassagiere ist der alte Hafenbereich **Porto Antico**, der unter der Federführung des Architekten Renzo Piano neugestaltet wurde.

Das Beste: alle Attraktionen im alten Hafen liegen wirklich nah am Terminal und können problemlos mittels eines Bummels entlang der Hafenstraße erreicht werden.

Ausflug: Aquario Village mit Biosphäre & Bigo

Ein lohnendes Ziel im *Porto Antico* ist das **Acquario di Genova**, direkt nach dem *Oceanographic* in Valencia das größte Aquarium Europas.
Eigentlich handelt es sich bei dem Komplex zusammen mit einigen anderen Attraktionen um das **„AcquarioVillage“**. Ein MUSS für Aquarienfreunde! Der moderne Komplex wurde zum Teil in Form eines Frachtschiffes gebaut und 1992 eröffnet. In einer Erweiterung des Aquariums – dem **Nave Italia** – finden Sie offene Becken mit realistischen Regenwald- und Süßwasserbiotopen. Hier können Sie in einem **taktilen Becken** auch einige der Fische – z.B. Rochen – mit der Hand anfassen.
Im Anschluss an das „Frachtschiff“ kommen Sie zu vielen großen Becken mit Delfinen (incl. Shows), Bullenhaien, Wasserschildkröten, Robben und Krokodilen. Bewundern Sie einen Kolibriwald, ein Mangrovenbecken und das Tote Meer – oder tauchen Sie ein in die Meereswelt der *Cinque Terre* oder in ein karibisches Korallenbecken. Über 600 verschiedene Fisch- und Tierarten erwarten Sie in diesem Meeresaquarium.

Alle Becken zusammengenommen fassen unglaubliche 6 Millionen Liter Wasser! Allein das gigantische Becken der Haie ist 23 Meter lang und fasst über 1 Million Liter Wasser! Allerdings gibt es oft Bedenken, ob die Haltung aller Tiere auch wirklich artgerecht ist: vor allem die Delfine haben ein viel zu kleines Becken! Über die Frage, ob solch große Meeressäuger überhaupt in Gefangenschaft gehalten werden sollen, lässt sich streiten…
Das Aquarium hat den Sprung in das digitale Zeitalter gewagt und sehr viel in 3D Animation investiert. Für einen Extrapreis von 3 € können Sie sich eine kurze Virtual-Reality-Animation mit einer VR-Brille ansehen. Der Film entführt Sie auf einen Tauchgang im U-Boot in die Tiefe des Meeres. Der Film dauert jedoch nur 3 Minuten, viele Besucher sind daher eher enttäuscht…

Das „**Grande Nave Blue**“ ist ein ausgedientes Schiff am *Pier Ponte Spinola*, und stellt eine Erweiterung des Aquarienkomplexes dar. Hier erwarten Sie Reptilien.
Seit der Eröffnung 1992 haben 20 Millionen Besucher dieses faszinierende Aquarium besucht!
Planen Sie für den Rundgang durch das Aquarium gute 2,5 Stunden ein. **Die Öffnungszeiten sind von Montag bis Freitag 9.30 - 19.30 Uhr, samstags und sonntags sogar bis 20.30 Uhr.**
Der Eintritt kostet für Erwachsene 25 €, für Kinder (4 - 12 Jahre) 15 €.
Adresse: *Area Porto Antico – Ponte Spinola, 16128 Genova*

Ein Highlight des *AcquarioVillage* im *Porto Antico* ist die **Biosphäre** in Form einer riesigen Glaskugel mit dem Namen *„la Bolla“*. Eine Vielzahl von exotischen Vögeln und Schmetterlingen haben hier in einem tropischen Regenwald eine Heimat gefunden.

Erwachsene zahlen 5 € Eintritt, Kinder 3,50 €, die Öffnungszeiten sind von 10.00 - 17.00 Uhr.

In direkter Nachbarschaft zum Aquarium und zur Biosphäre können Sie mit dem **Bigo** – einem Panoramaaufzug – aus der Höhe von 40 m einen 360°-Rundblick über die Stadt Genua und den Hafen genießen. Dieses moderne Kunstobjekt wurde, genau wie das Aquarium, vom Architekten *Renzo Piano* entworfen. Die sieben Arme werden von Stahlkabeln stabilisiert und erinnern an eine Spinne.
Allerdings: Ihr Kreuzfahrtschiff – das auf der gegenüberliegenden Seite des Hafenbeckens in unmittelbarer Sichtweite liegt – ist höher als der *Bigo*! Vom obersten Deck aus haben Sie einen genauso guten Rundumblick (und die Panorama-Fotos werden auch nicht schlechter ☺).

Erwachsene zahlen für den Bigo 4 €, Kinder 3 €.
Die Öffnungszeiten sind von 10.00 - 17.00 Uhr.

Im *Porto Antico* liegt weithin sichtbar die alte Galeone **„Neptun“.** Einst diente sie dem Spielfilm „Piraten“ als Filmkulisse, seit Ende der Dreharbeiten ist sie für die Öffentlichkeit zugänglich und kann besichtigt werden. Die *Neptun* ist der Nachbau eines spanischen Linienschiffes aus dem 17. Jh.

2.000 Menschen bauten zwei Jahre lang an diesem Dreidecker mit 70 Kanonen. Das Schiff wurde im Film sogar mit voller Besegelung gesegelt. Allerdings sieht die Galeone aus der Ferne wesentlich besser aus als von nahem: das Meiste besteht lediglich aus Sperrholz oder billigen Attrappen. Schon von außen fällt das absplitternde und verrottende Holz deutlich auf! Für Piratenfans vielleicht eine lohnende Besichtigung, aber viele Besucher sind von dem Schiff sehr enttäuscht.
Der Eintritt kostet für Erwachsene 6 €.

Es gibt für die Attraktionen im alten Hafen verschiedene Ticketkombinationen, je nachdem ob Sie zusätzlich den Panoramaaufzug oder die Biosphäre nutzen möchten!! Die Preise sind in Kombination viel günstiger!

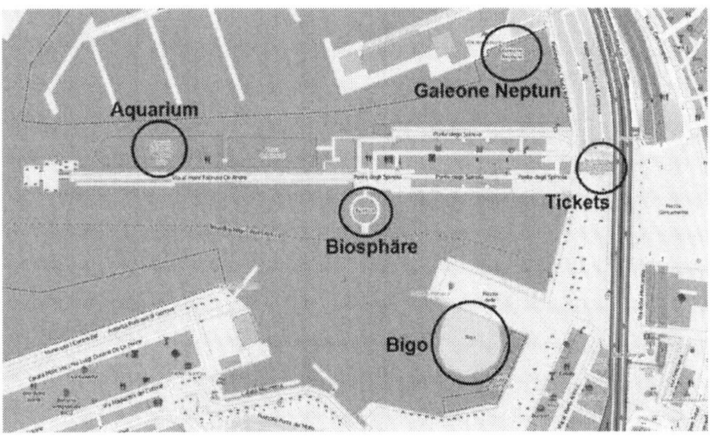

Infos über alle Attraktionen des AcquarioVillage unter
http://www.acquariodigenova.it/en/acquariovillage2

Heraklion -
Eintauchen in die minoische Kultur

Land: Griechenland (Kreta)
Einwohner: 136.000
Währung: Euro

Kreta ist die größte Insel Griechenlands.
An 300 Tagen scheint hier die Sonne!

Jedes Jahr kommen von Mai bis August die **Meeresschildkröten** *Caretta caretta* an die kilometerlangen Strände, um im **warmen Sand** ihre Eier abzulegen, z.B. in *Paleochora, Komos, Sfakaki und Matala*. Der Verein „Archelon" schützt bis zu 2500 Gelege vor Touristen, Raubtieren und Überflutung. Weiterhin betreibt der Verein Öffentlichkeitsarbeit und beobachtet die Entwicklung der Population. Die **empfindlichen Gelege** werden von freiwilligen Helfern eingezäunt oder mit Pfosten gekennzeichnet. Schon ein achtlos in den Sand gesteckter Sonnenschirm kann ein ganzes Gelege zerstören. Und eine frisch geschlüpfte **Schildkröte muss auch nicht ins Wasser getragen werden!**
Archelon sucht immer freiwillige Helfer für den Schutz der Meerestiere… denn lediglich 2 von 1000 frisch geschlüpften Meeresschildkröten überleben☹.

Nicht nur die Strände und das Meer, auch das Bergland im Inselinneren ist einfach traumhaft: weithin sichtbar sind das schneebedeckte *Lefka-Ori*-Gebirge, das *Ida*-Gebirge mit dem *Psiloritis* (mit 2456m der höchste Berge Kretas) und das *Dikti*-Gebirge im Osten. In der Bergwelt Kretas ist die Zeit vor gefühlten 100 Jahren stehen geblieben.
Ziegen grasen völlig ohne Umzäunung in den Bergen. Es gibt über 2 Mio. (Nutz-)Ziegen und Schafe auf Kreta! Jeder, der im Gebirge (oder zumindest in der Samaria-Schlucht) wandert, begegnet der berühmten **Bergziege Kri-Kri**. Die Perser brachten in der minoischen Zeit die ehemalige Hausziegenrasse nach Kreta; sie wird als Unterart der Wildziege betrachtet. Jahrtausende alte Wandmalereien zeugen von der großen Bedeutung der *Kri-Kri* in der
kretischen Kultur. Die auch als *Agrimi* bezeichneten Tiere haben ein hellbraunes Fell mit einem deutlichen dunkleren Aalstrich auf dem Rücken.
Da die *Kri-Kri* nirgendwo anders zu finden ist, gilt sie als endemisch. Die größte Population lebt in der Samariaschlucht im Weißen Gebirge. Seit das *Lefka-Ori*-Gebirge zum Nationalpark erklärt wurde, hat sich die drastisch gesunkene Population auf ca. 2000 Tiere erholt. Um eine Vermischung mit verwilderten

Hausziegen zu vermeiden wurden etliche Tiere zur Arterhaltung auf die Inseln *Agii Pandes*, *Agii Theodori* und *Dia* gebracht.

Da die Landwirtschaft im felsigen und kargen Kreta eher schwierig ist, dominieren Olivenhaine, Weinberge und Orangenplantagen.

Dass ihre Insel ein wahrer Traum ist, wissen auch die Einwohner Kretas: sie reisen nicht gerne, sondern bleiben immer auf ihrer geliebten Insel…

Oder sie fahren aufs Meer! In den Häfen werden auf schaukelnden Holz-Booten die verschiedensten Sachen aus dem Meer angeboten, allen voran gelbe und weiße **Schwämme.** Sie stammen von der **Insel Kalymnos**, der *Insel der Schwammtaucher*. Die vulkanische Insel ist so karg, dass nur knappe 20% kultivierbar sind und deshalb kaum Landwirtschaft betrieben wird. Seit tausenden von Jahren sind die Bewohner von Kalymnos eng mit dem Meer verbunden, und verdienen ihr Geld mit Bootsbau und den Schwämmen. Hier hat so gut wie kein Tourismus Einzug gehalten! *Kalymnos* wurde das **wichtigste Zentrum der Schwammtaucherei** in ganz Griechenland, die meisten Schwämme wurden von Apnoe-Tauchern heraufgeholt. Die frisch gesammelten Schwämme werden in großen Hallen mittels *Mazeration* bearbeitet: die riesigen Naturschwämme werden in kleine Stücke zerteilt, gebleicht und getrocknet bis sie anschließend an den Endkunden verkauft werden. Leider hat eine **unerklärliche Krankheit die Schwamm-Bestände im griechischen Meer so drastisch dezimiert,** dass die Schwammfischer zwangsläufig nach Algerien und Ägypten ausweichen. Schade: die meisten Schwämme – auch die, die Sie in Griechenland kaufen – kommen aus der Karibik☹. Leider sind diese Schwämme qualitativ bei Weitem nicht mit den Mittelmeer-Schwämmen zu vergleichen, denn diese halten gut und gerne 20 Jahre!

Kennen Sie **Alexis Sorbas**? Aber sicher doch! Der berühmte Film aus den 60er Jahren ist auch heute noch nicht vergessen. Vor allem in der *Bucht von Souda* und rund um *Chania* lebt dieser Klassiker weiter. Alle Europäer – außer den Griechen – halten den **Sirtaki** für einen **griechischen Volkstanz**. **Denkste!** Der mitreißende Tanzstil wurde extra für Anthony Quinn und „Alexis Sorbas" erfunden! Denn der „typisch griechisch wirkende" Hauptdarsteller hatte bezüglich „griechischer Tanzstile" so rein gar kein Talent aufzuweisen. Mit der extra für ihn ausgedachten Choreographie sollte Anthony Quinn das Tanzen erleichtert werden…
Auch die berühmte Titelmelodie **Zorba's Dance** ist keine alte Volksweise aus Griechenland, sondern wurde von *Mikis Theodorakis* komponiert; der Song wurde in etlichen Ländern ein Nr.1-Hit. Heute verbindet jeder Nicht-Grieche den **Sirtaki** mit Griechenland – eine **erfundene Tradition**!!! Nur weiß das fast keiner…

Der Name *Heraklion* stammt laut griechischer Mythologie von „Herakles", dem Sohn des Zeus.
Heraklion (auch Iraklio, griechisch Ηράκλειο) ist die viertgrößte Stadt Griechenlands.

Die vielen Fährschiffe und Kreuzfahrtschiffe legen direkt an der alten Hafenfestung *Koules* im alten venezianischen Hafen an.
Kostenlose Hafenshuttlebusse bringen Sie zum Hafenausgang, wo sich das Terminal befindet.
Im Terminal gibt es (direkt beim Ausgang) kostenlose Stadtpläne zum Mitnehmen, zusätzlich steht außerhalb des Terminals eine große Infotafel über Heraklion. Folgen Sie der **gelben Linie** am Boden, dann kommen Sie direkt in die Innenstadt!

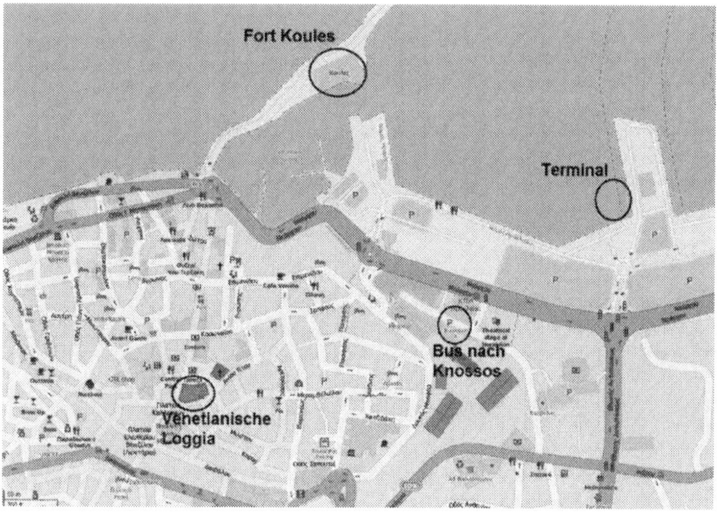

Das **Kastell Koules** wurde zusammen mit der 3,5 km langen venezianischen Stadtmauer zur Verteidigung gegen die Türken errichtet. Die Stadtmauer eignet sich hervorragend für einen entspannten Spaziergang mit Blick auf die Stadt! Die Stadtmauer ist so breit, dass sie sogar mit Fahrzeugen befahrbar war! Sie ist das herausragendste Bauwerk in ganz Heraklion.
Alles andere Sehenswerte (außer den Knossos-Ausgrabungen) befindet sich innerhalb dieser Stadtmauern.

Besteigen können Sie die Stadtmauern z.B. von der *Martinengo-Bastion*, die südlichste der 7 Bastionen der Stadtmauer.

Hier ist auch das Grab des weltberühmten Schriftstellers und Dichters *Nikos Kazantzakis* (u.a. Alexis Sorbas!) zu sehen. Nach ihm ist auch Kretas Flughafen benannt! Der Zugang zum Grab erfolgt von der *Odós Nikoláou Plastirá* aus. Die Besichtigung ist gratis.

Der Eintritt zur Festung *Koules* auf der Mole des Fischerhafens kostet 2 €, geöffnet ist sie Dienstag bis Sonntag von 8.30 - 15.00 Uhr.

Die Festung war lange Zeit wegen Restaurationsarbeiten geschlossen, erstrahlt ab 2017 aber wieder in neuem Glanz. Für 2 € wirklich ein Schnäppchen!

Das Herz der Stadt bildet der *Platia Venizelou* mit dem ebenfalls aus venezianischer Zeit stammenden **Morosinibrunnen (Löwenbrunnen).** Wegen der Wasserknappheit wurde das Wasser für den Brunnen früher über ein 15 km langes Aquädukt aus Quellen am Berg *Joúchtas* hergeleitet. Auch heute ist der Brunnen mit seinen 8 Wasserbecken und den steinernen Löwen eine beliebte Sehenswürdigkeit.

Sehenswert ist zudem noch die **zweigeschossige venezianische Loggia** aus dem 16. Jh. mit einem prächtigen Innenhof. In venezianischer Zeit war sie Treffpunkt der Adeligen, heute befindet sich in dem wundervollen Bauwerk das Rathaus von *Heraklion.*
Die venezianische Loggia liegt ebenfalls in der Nähe des *Platio Venizelou* in der *Straße des 25. August (25 Avgoustou-Straße).* Sie ist täglich geöffnet und kann kostenlos besichtigt werden. Da es sich um ein öffentliches Verwaltungsgebäude handelt, können Sie aber nicht alle Bereiche betreten.

An dem Platz vor der Festung startet ein Bus zur Hop-on-hop-off-Tour mit 9 Stationen. Eine Station davon ist der Palast von Knossos!
Allerdings kostet die Tageskarte 20 € (Kinder 10 €, unter 5 Jahren frei), eine einfache Fahrkarte („one-off" mit einem 60-minütigem Halt in Knossos) immerhin 12 €.
Weitere Infos auf http://www.her-openbus.gr/shop.html, hier kann man die Tickets online günstiger erwerben (15 €, bzw. 8 €)!

Ausflug: Knossos

Im Vergleich mit anderen Hafenstädten hat *Heraklion* nicht sonderlich viel zu bieten. Deswegen sollten Sie den **Palast des Knossos** auf keinen Fall verpassen! Zwar gibt es umfangreichere und „originalere“ Ausgrabungen, trotz allem ist der Besuch der Überreste der uralten minoischen Kultur sehr zu empfehlen.

Knossos liegt etwa fünf Kilometer südlich von *Iraklio* (Heraklion). Günstiger als die Hop-on-hop-off-Busse sind die **öffentlichen Busse der Linie 3,** die alle 15 Minuten ebenfalls nach Knossos fahren – und das zu einem **Spottpreis von 1,50 €.** Start ist am großen Busbahnhof in Hafennähe: gehen Sie am Hafenausgang rechts, nach etwa 200 m kommt auf der linken Seite (auf der Rückseite des Busbahnhofes) ein Ticketstand/Kiosk mit der Aufschrift **„Bus to Knossos“**. Hier müssen Sie Ihre Tickets kaufen – nicht beim Busfahrer!

Auch die Rückfahrtickets kann man hier bereits erwerben. Die Fahrt dauert etwa 15 - 30 Minuten, je nach Verkehrslage. Die Haltestelle befindet sich in Knossos direkt bei der Ausgrabungsstätte.

<u>Tipp:</u> **Fahren Sie möglichst zeitig mit einem Bus nach Knossos, da der Palast von Touristen oft regelrecht überschwemmt wird.**

Am Eingang der Ausgrabungen bieten sich etliche **Führer** für ca. **10 €** an (auch auf Deutsch), alternativ lesen Sie die ausführlichen **englischen Infotafeln**. Nehmen Sie sich ungefähr eine Stunde Zeit für den Besuch der Ausgrabungsstätte.

Käpt'n Känguru empfiehlt:
Nehmen Sie für 1,50 € den lokalen Bus Nr. 3 nach Knossos. Er hält unmittelbar vor den Ausgrabungen!

Die ältesten Siedlungsspuren wurden auf das *akeramische Neolithikum* datiert (das ist die Jungsteinzeit etwa 5.500 v.Chr.) und belegen die Besiedelung durch asiatische Einwanderer. Ab dem 3. Jh. v. Chr. wurde die Insel in mehrere kleine (König-)Reiche aufgeteilt und entsprechende Paläste und Festungen errichtet.

Der Palast von Knossos – auch **Haus der Doppelaxt** genannt – wurde in der mittleren Bronzezeit zwischen 2100 und 1800 v. Chr. errichtet. Er war prunkvoll und von enormen Ausmaßen. Leider entstanden bei einem gewaltigen Erbeben in der mittel-minoischen Zeit um 1700 v. Chr. große Schäden, die aber sofort durch neuere (An-)Bauten und Reparaturen behoben wurden. Trotzdem kann man noch Relikte aus der „alten“ Palastzeit finden – wenn man bis zu 8 Meter tief in die Siedlungsschichten gräbt!

Die neueren Paläste wurden noch prunkvoller und aufwändiger als die alten; sie erreichten sogar eine Höhe von 4 - 5 Stockwerken! In der Blütezeit von Knossos befand sich hier das politische und religiöse Zentrum der minoischen Kultur.

Der Legende nach lag in Knossos das **Labyrinth**, in dem *Theseus* laut Homer im 16. Jh. v.Chr. den **Minotaurus** tötete.
„Labyrinth“ stammt von dem altgriechischen Wort „Labrys“ (Doppelaxt). Der Name passt perfekt, denn der Palast war als Labyrinth angeordnet und immer wieder findet man in den Wandmalereien das Motiv der Doppelaxt. Auch echte Doppeläxte wurden zuhauf ausgegraben.

Der „neue Palast“ erstreckte sich insgesamt auf 2,2 ha. Davon waren ca. 22.000 m² mit einer riesigen Palastanlage bebaut: sage und schreibe **1400 Räume**, die sich wirr um einen zentralen Innenhof gruppierten.
Der prächtige Palast bestand aus einem **chaotischen Labyrinth** aus unzähligen Lagerräumen, Küchen, Werkstätten, Wohnräumen, Innenhöfen, Tempeln und einem eigenen Theater! Der Palast von Knossos ist damit größer als der Buckingham-Palace! Knossos war so groß, dass Überlieferungen zufolge die Besucher herumgeführt werden mussten um sich nicht zu verirren ☺.
Der Palast selbst war also DAS LABYRINTH!
Rund 300 Diener, Sklaven und Mitglieder der Königsfamilie lebten IM Palast, weitere 100.000 Menschen in der Großstadt Knossos um den Palast herum.

Bei den Ausgrabungen fand man gigantische **mannshohe Vorratsbehälter**. Man schätzt die Anzahl auf 400 Stück, somit konnten die Minoer 200.000 Liter Olivenöl, Wein, Getreide, Honig oder *was-auch-immer* bevorraten. Die Krüge sind so riesig, dass man sich nicht erklären kann, wie die Minoer die Krüge durch die schmalen Türen reinbekommen haben. Große Teile der Wände waren mit wunderschönen **Wandmalereien** und Fresken geschmückt , viele mit Natur- und Tiermotiven. Die Darstellungen zeigen keine Schlachten oder Opferszenen wie in anderen Kulturen üblich. Vor allem im Thronsaal können Sie sehr gut erhaltene Malereien sehen, z.B. das berühmte Bild mit den Delfinen.

Interessant ist das **komplexe Wasserleitungssystem** aus Terrakotta-Rinnen, Wasserbecken und Zisternen. Da nur sehr wenige Brunnen im Palast gefunden wurden, nimmt man an, dass die Wasserversorgung hauptsächlich durch aufgefangenes Regenwasser erfolgte.
Verblüffend: der Palast besitzt **keinerlei Verteidigungsanlagen** wie etwa verstärkte Mauern, Wachtürme, Schießscharten etc. Die Minoer waren den anderen antiken Kulturen *auf See* derart überlegen, dass sie keinen Angriff auf ihren Palast fürchteten. Das Hauptinteresse der Minoer lag ohnehin nicht in der Kriegsführung und Eroberung ferner Länder, sondern in **Handel und Wissenschaft**. Denn die Minoer waren ein sehr friedliches Volk!

Im Zentrum des Palastes befindet sich der Thronsaal, in dem Reste des *Alabster*-Thrones von Minos gefunden wurden (siehe Bild!). Er gilt als der älteste Thron Europas! Sie dürfen den Raum aber nicht betreten und sehen sowieso nur einen Gips-Nachbau des Originalthrones…
Dafür steht *im Raum davor* ein schlichter dunkelbrauner Holzthron für die Touristen zum „Probe-sitzen“.
Übrigens: König Minos war der Sohn von *Zeus* und *Europa*….

rechts die Thron-Replik

Der Stier (Minotaurus) hatte in der minoischen Kultur eine wichtige Bedeutung: zuerst als heiliges Tier verehrt, machte ihn seine Unberechenbarkeit zu einem gefürchteten Dämon.

Die Legende besagt, dass der Meeresgott Poseidon König Minos einen wunderschönen weißen Stier schenkte, damit dieser ihn Zeus opfern konnte. Das edle Tier gefiel Minos jedoch so sehr, dass er es klammheimlich mit einem Stier aus seiner eigenen Herde austauschte. Zeus erzürnte und strafte Minos mit dem menschen-fressenden Stiermenschen Minotaurus. Doch Minos tötete den Minotaurus nicht, sondern sperrte ihn in dem sagenumwobenen Labyrinth des Dädalus ein. Von nun an verlangte Minos von den Athenern jährliche Menschenopfer, unter die sich (freiwillig) Prinz Theseus mischte. Er wollte nämlich diese Grausamkeiten beenden und den Minotaurus töten. Er bekam Unterstützung von seiner Geliebten Ariadne (zufällig die Tochter von Minos): ein magisches Wollknäuel sollte ihm jederzeit den Weg aus dem Labyrinth weisen. Theseus besiegte letztendlich den Minotaurus – HAPPY END!

Wo genau in Knossos die Grenze zwischen Realität und Mythos zu ziehen ist, lässt sich nicht eindeutig feststellen...

In letzter Zeit wurden aber sehr reale und daher grausame Entdeckungen gemacht: Die sterblichen Überreste von Kindern mit Schnittverletzungen (an den Knochen) waren gefunden worden. Es wird daher vermutet, dass hier im Palast **tatsächlich** Menschenopfer stattgefunden haben.

Das **Ende der minoischen Hochkultur** ist rätselhaft und bis heute nicht sicher geklärt. Man weiß nur, dass es ein jähes Ende war...

- Viele glauben, dass eine **Invasion der griechischen Achäer** (ungefähr 1400 v. Chr.) der Grund ist. De facto übernahmen tatsächlich die Achäer später den Palast von Knossos. Aber vielleicht einen bereits verlassenen Palast (nach einer Katastrophe)?
- Vielleicht hat ein **Erdbeben und eine dadurch ausgelöste Flutwelle** alles vernichtet!
- Es gibt Hinweise auf ein **schreckliches Feuer,** das in dem einst so prächtigen Palast-Komplex gewütet hat. Wurde der Palast danach aufgegeben?
- Eine andere Theorie besagt, dass der **Vulkanausbruch von Santorini** und die damit verbundene Flutwelle und Aschewolke für den Untergang verantwortlich war.
- Oder waren es gar keine Katastrophen sondern **innere Unruhen?**

Archäologisch wirklich interessierte und gebildete Besucher stören sich daran, dass viel **„nachgebaut“** wurde, um den *Touristen* den ursprünglichen Palast möglichst anschaulich nahe zu bringen. Vor allem der Brite *Sir Arthur Evans* legte viele Fundstücke zwar frei, nahm es mit der Authentik aber nicht ganz so genau. Vieles ist **nicht mehr original** erhalten sondern lediglich rekonstruiert. Keiner weiß mittlerweile mehr, was original und was nachgebaut ist. Schade! Bestenfalls stehen die guten Stücke noch im dazugehörigen Museum. Es finden jedoch auch noch heute Ausgrabungen statt. **Der Eintrittspreis liegt bei 8 €, Kinder sind gratis. Adresse:** *Knossos Avenue, Heraklion*

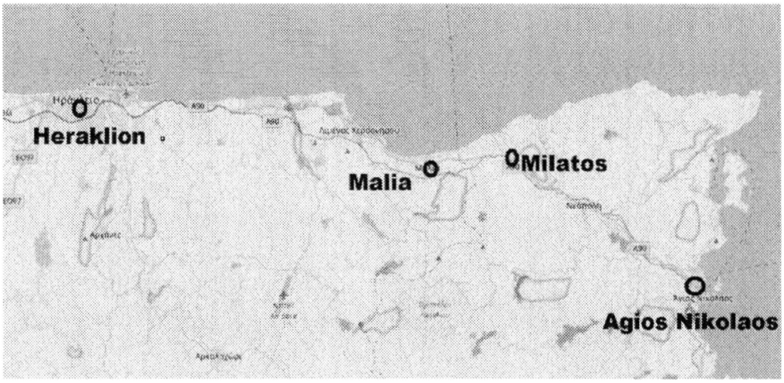
Heraklion
Malia
Milatos
Agios Nikolaos

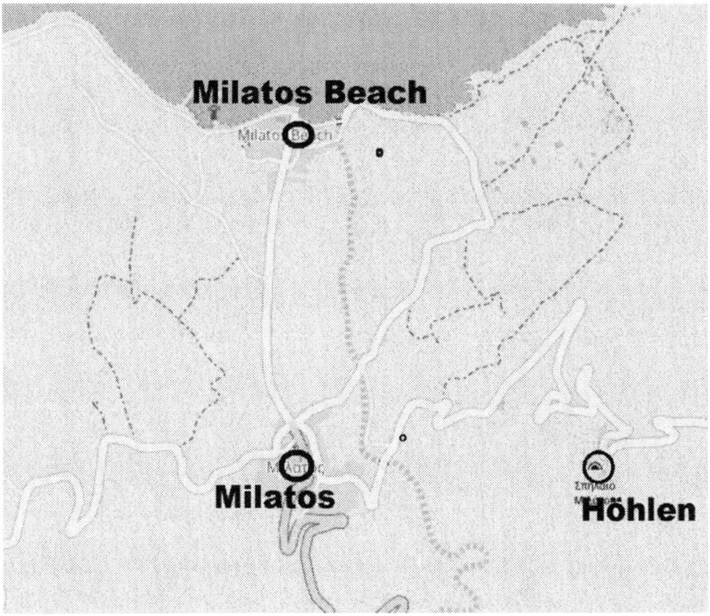
Milatos Beach
Milatos Beach
Milatos
Höhlen

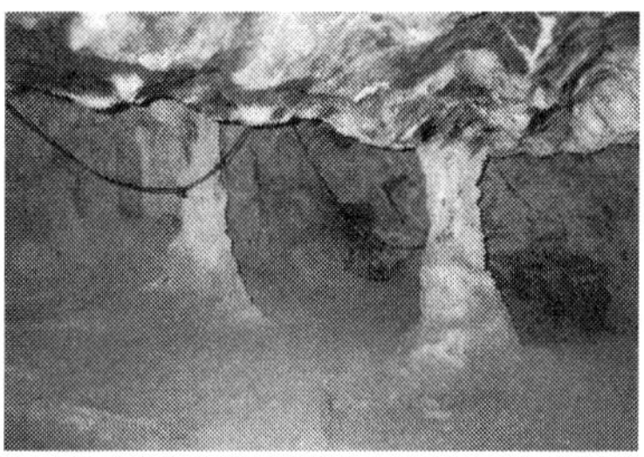

Wenn Sie von Heraklion aus ca. 50km östlich fahren, können Sie einen kurzen Stopp bei den **Höhlen von Milatos** machen. Die Höhlen sind absolut sehenswert und touristisch nicht überlaufen. Nur wenige Besucher verirren sich hierher, die Höhlen wurden noch nicht als Touristen-Hotspot ausgeschlachtet...Ein echter Geheimtipp! Fahren Sie vom Dorf *Milatos* aus ca. 2,5 km nach Osten: Sie können in einer langgezogenen Kurve parken: ab hier führt ein schöner Fußweg durch die Schlucht zu den Höhlen (Sie laufen ca. 15 Minuten). Unterwegs genießen Sie eine tolle Aussicht auf das **Lassithi-Plateau** und das Meer!

In der Jungsteinzeit wurden die Höhlen als Bestattungsort genutzt, denn Archäologen fanden Gräber, Knochen und antike Tonscherben. Im 19. Jh. mussten die **Christen** während der Griechischen Revolution aus den Städten fliehen und versteckten sich in eben diesen Höhlen. Im Winter 1822/1823 fielen die Türken in die *Lassithi*-Hochebene ein und verwüsteten unter General *Hassan Pascha* weite Landstriche. Die Einwohner der umliegenden Dörfer **flohen in Todesangst in die Höhlen** des Hügels. Um die 3000 Menschen lebten hier zeitweise! Ziemlich viele, wenn man bedenkt, dass die Höhle 75 Meter lang und maximal 45 Meter breit ist. Die Höhle erstreckt sich auf 2100qm, aber der Höhlenkomplex ist verwinkelt und besteht aus vielen kleinen Hallen. Viele Stalagmiten und Stalagtiten trennen die einzelnen „Räume“ voneinander ab. Ein großer Haupteingang und 7 kleine Nebeneingänge reihen sich an der 40m breiten Front nebeneinander auf und führen in

das dunkle Innere. Im Februar 1823 wurde die vermeintlich sichere Zuflucht jedoch zur tödlichen Falle: die Höhlen wurden von den umliegenden Bergen aus mit Artillerie beschossen, und die Flüchtlinge anschließend mit Feuer und Rauch vor dem Höhleneingang zur Aufgabe gezwungen. Die Schutzsuchenden mussten kapitulieren und wurden entweder getötet oder als Sklaven nach Ägypten verkauft. Im Gedenken an dieses brutale Massaker errichteten die Einwohner von Milatos 1935 eine **kleine Kirche** und weihten sie dem **Heiligen Thomas.** Man fand dabei Knochen der getöteten Christen – sie werden in einem Schrein in der Kapelle aufbewahrt.

Die Höhle ist jederzeit frei zugänglich, Sie haben keinerlei Kosten für Parken oder Eintritt. Allerdings sollten Sie eine **Taschenlampe** mitnehmen, da der Generator für den Strom nicht zuverlässig ist...
Obwohl der Weg zur *Milatos*-Höhle nicht zu anspruchsvoll ist, wäre **gutes Schuhwerk** für den Besuch der Höhlen doch sinnvoll!!

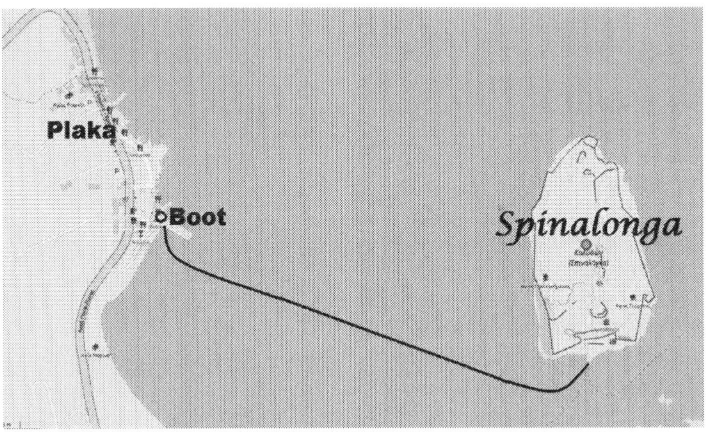

Besuchen Sie nun die Insel **Spinalonga**! Um zu dieser tollen Location zu kommen müssen Sie von Heraklion nach Osten durch das *Dikti*-Gebirge Richtung *Agios Nikolaos* fahren. Der *Dikti* ist über 2000 Meter hoch!
Heute strömen täglich bis zu 5000 Menschen bereitwillig auf das kleine Eiland und zahlen auch noch dafür – früher war das nicht ganz so freiwillig...

Denn die Insel war lange Zeit eine **Lepra-Kolonie!** Die Menschen wurden zum Dahinsiechen und Sterben nach *Spinalonga* gebracht. Während die Lepra-Kranken aus den Dorfgemeinschaften des Festlandes ausgestoßen wurden und irgendwo in der Wildnis ums (kurze) Überleben kämpfen mussten, wurden sie ab 1903 nach *Spinalonga* gebracht.
Das war eine *win-win*-Situation: die Kranken steckten niemanden mehr an und auf der Insel hatten sie einen wesentlich besseren Lebensstandard als zuvor. Sie verfügten über Häuser, fließendes Wasser, medizinische Versorgung (es gab ein Krankenhaus!), eine Kirche und sogar Läden boten Waren an.

Wichtig: auf *Spinalonga* wurden die Lepra-Patienten nicht ausgegrenzt und isoliert, sondern befanden sich in der Gesellschaft Gleichgesinnter. Als 1957 endlich das **Antibiotikum** zur Heilung entwickelt wurde, **konnten die letzten Lepra-Kranken die Insel gesund verlassen!**

Die Leprastation ist eine **antike venezianische Festung aus dem 15. Jh,** die ursprünglich zur Verteidigung gegen die Türken erbaut und später als Handelszentrum genutzt wurde. Ab 1900 wurde die Festung zum Lepra-Zentrum umfunktioniert: zu Spitzenzeiten lebten hier **1000 Lepra-Kranke**.

Die günstigste und schnellste Schiffsverbindung nach Spinalonga erfolgt ab *Plaka*, es sind nur 700 Meter übers Meer bis Sie in *Spinalonga* anlegen (gemeint ist die kleine Insel „Spinalonga“, nicht die große Halbinsel südlich!). **Plaka befindet sich ca. 5 km nördlich von *Elounda.*** Die Entfernung zu Heraklion beträgt ca. 65 km, rechnen Sie mit 1½ Stunden reiner Fahrzeit. **QKosten für die Bootsfahrt: 8 €, die erste Überfahrt ist um 9.00 Uhr. Der Eintritt für die Insel beträgt ebenfalls nochmal 8 €.**

Es gibt weder ein Restaurant noch Trinkwasser auf der Insel: es existieren nämlich keine Brunnen! Die Leprakranken waren auf das Regenwasser angewiesen, das sie in Fässern und Zisternen auffingen. Nehmen Sie auf jeden Fall ausreichend Wasser mit!

Wenn Ihnen die Zeit zu knapp wird, fahren Sie nach der Besichtigung von Spinalonga zurück nach Heraklion. Wenn Ihre Liegezeit jedoch ausreichend lang ist, kann ich Ihnen noch **Matala, das Hippiedorf,** empfehlen. Leider liegt es etwas abseits im Süden der Insel. Nur 100 Einwohner zählt das kleine Küstendorf. Die lockere Lebensfreude und die Peace-Bewegung der 60er Jahre wurden durch die Touristenmassen – die hier täglich einfallen – weggeschwemmt. Nur jedes Jahr im Mai kommt zumindest noch *etwas* vom dem alten Hippie-Feeling auf: da findet nämlich das **„Hippie-Revival-Festival“** statt und die Alt-Hippies von damals reisen an....

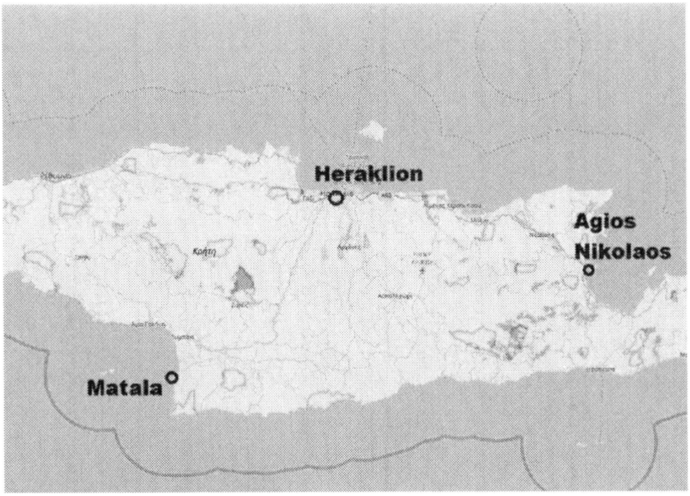

Doch das ist nicht das einzige Highlight von *Matala*: der wahre Schatz sind die **uralten Felshöhlen**, die direkt über dem Meer liegen. Früher waren die Höhlen frei zugänglich, in den 60ern und 70ern wohnten sogar dauerhaft die Hippies darin!

Matala und seine Höhlen waren DAS Mekka für alle **Aussteiger und Blumenkinder**... Noch heute entdecken Sie überall den damaligen Leitspruch:

"Today is Life, tomorrow never comes"

Natürlich stammen die Hippie-Höhlen nicht aus der Hippiezeit, sondern von den **Jungsteinzeit-Menschen**, die in schweißtreibender Arbeit Höhlen in das poröse Sandgestein der Klippen klopften um darin Unterschlupf zu finden. Die Kammern wurden im 1. und 2. Jh. unter der römischen Besatzung als **Grabkammern** genutzt.

In den 60er Jahren zogen kurzerhand die **Hippies** ein, die in den Höhlen friedlich und frei lebten, rauchten, liebten, Musik machten und lachten… ganz ohne Strom, fließend Wasser und Smartphone!

Heutzutage sind die Hippie-Höhlen eingezäunt und kosten Eintritt. Mit den Abertausenden von Touristen ist (schon lange) der Kommerz in *Matala* angekommen. **Trotzdem sind die Felshöhlen unbedingt sehenswert.**

Auch der Strand *Matala Beach* ist geschichtsträchtig: hier sollen laut der griechischen Mythologie Zeus und Europa an Land gekommen sein. Nehmen Sie ein erfrischendes Bad! Etliche urige Tavernen direkt am Strand laden zu typisch griechischer Kost ein: Das Nationalgericht auf Kreta sind „Schnecken in Kräutersoße“. Ist Ihnen das zu eklig, dann probieren Sie *Tiropitakia* – das sind Blätterteigtaschen mit Schafskäsefüllung.

Fahrzeit ab Heraklion nach Matala: 1½ Stunden (70 km), nehmen Sie von Heraklion aus die A97 Richtung Süden.
Eintritt Felshöhlen: 3 € **Öffnungszeiten: 10.00 - 19.00 Uhr**

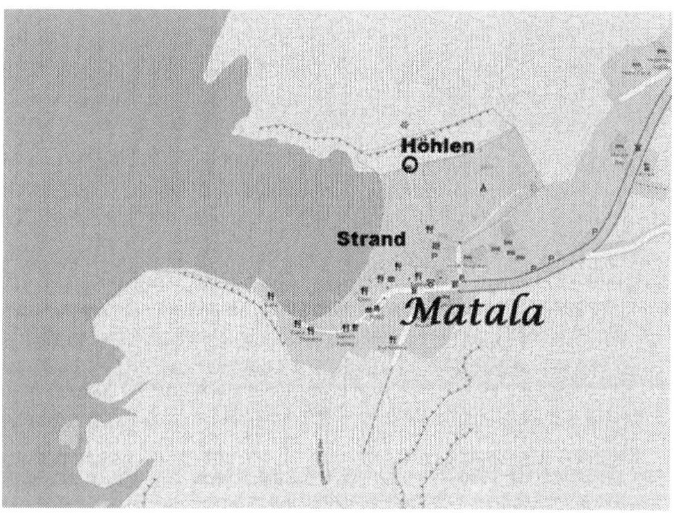

Ibiza - Partyinsel mit Charme

Land: Spanien (Balearen)
Einwohner: 50.000 in Ibiza-Stadt, 150.000 auf der ganzen Insel
Währung: Euro

„Ibiza" ist der alte spanische Name der Stadt. Seit 1979 ist die amtliche Bezeichnung der katalanische Name **Eivissa!** Die Einwohner bezeichnen mit *Eivissa* aber eher die komplette Insel und nennen ihre Stadt schlicht „Vila". Sie gehört zu den ältesten Städten Europas und ist ein Kreuzungspunkt für Einflüsse der Phönizier, Araber und Römer! Und auch die Sirenen wollten hier laut einer Legende den armen Odysseus verführen...
Wie auch die anderen Inseln der Balearen gehört Ibiza zu den Ausläufern des spanischen Felsengebirges, das sich bis nach Gibraltar erstreckt. Dementsprechend wird Ibiza von einem gebirgigen Hinterland mit vielen kleinen *Calas* (Badebuchten) geprägt. Zusammen mit *Formentera* und diversen kleineren Inseln gehört *Ibiza* zur Inselgruppe der **Pityusen.** Ibiza und Formentera sind bekannt für ihr klares Wasser: das **Neptungras** filtert das Wasser und verhindert mit seinem Wuchs einen Großteil der Erosion durch das Meer. Die Unterwasser-Seegraswiesen vor Ibiza sorgen somit für die bei Urlaubern so beliebte karibische Wasserklarheit! Die riesigen Felder des **Posidonia-Seegrases** stehen unter dem Schutz des UNESCO-Weltnaturerbes.

Sie legen etwas abseits des Stadtzentrums im **Fähr-und Kreuzfahrthafen** an. Südlich des Piers sehen Sie den Leuchtturm *Punta de Fora.*
Nehmen Sie **nicht** die kostenpflichtigen Shuttlebusse der Reederei, die in das ca. 3 km entfernte Stadtzentrum angeboten werden!!

Das geht nämlich wesentlich günstiger mit dem hafeneigenen IbizaPort-Bus! Viele Schiffe liegen über Nacht auf Ibiza oder zumindest bis Mitternacht. Toll: der Hafen-Shuttlebus fährt bis um 3 Uhr nachts, um auch die letzten Partygänger zurück aufs Schiff zu bringen. Der offene Doppeldeckerbus kostet 2,50 €, für die Hin- und Rückfahrt **4,50 €.** Ein Tagesticket für beliebig viele Fahrten kostet 9 €, so dass Sie sogar abends nochmal „auf die Piste" gehen können. Der IbizaPortBus wartet **unmittelbar vor dem Terminal** und startet **alle 30 Minuten**. Die Endhaltestelle ist zentral zur Altstadt und dem Pier der Formentera-Fähren.
Alternativ pendeln pausenlos **kleine Boote für 3,50 €** in die Innenstadt.

Sie können aber die 3km zur Altstadt leicht die schöne **Uferpromenade entlanglaufen**, rechnen Sie mit **ca. 45 Minuten**! Einfach immer links halten...

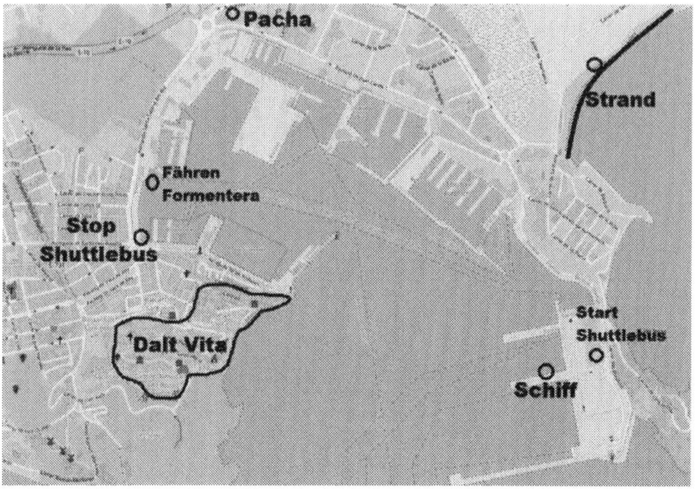

Sie betreten die historische Oberstadt über eine Zugbrücke und das Haupt-Stadttor ***Portal de Ses Taules,*** es stammt aus dem Jahre 1585. Gleich dahinter befindet sich ein interessanter Waffenhof und die **Plaça de la Vila**, der zentrale Platz der *Dalt Vila*. Die **Dalt Vila** ist das Herz von Ibiza-Stadt: die schmalen Gassen der Altstadt winden sich zwischen den mittelalterlichen Häusern den Berg hinauf. Hier befinden sich viele Geschäfte, Kunstgalerien, Bars und Restaurants. Alles umgeben von einer 2 km langen und mehrere Meter dicken Stadtmauer aus der Renaissance. Streng genommen sind es **7 Schutzwälle**, die im 16. Jh. zur Verteidigung gegen die Franzosen und Türken errichtet wurden und für die Sicherheit von *Ibiza* sorgten! Der gelungene Spagat zwischen militärischer Befestigung und Architektur der Renaissance sorgte dafür, dass *Dalt Vila* in die Liste des UNESCO-Weltkulturerbes aufgenommen wurde!

Sie können die komplette Festungsmauer entlanglaufen, und kommen dabei immer wieder an Aussichtsplattfor-

men oder Verteidigungsstellungen vorbei, an denen sogar noch die alten Kanonen stehen! Sie werden bestimmt viele tolle Fotos schießen, denn die Aussicht ist phänomenal! Mit unzähligen Wachtürmen wehrten sich die Einwohner Ibizas einst gegen *Fremde*: Piraten!
Heute heißen sie jedes Jahr 8 Mio. *Fremde* aufs Herzlichste Willkommen: in Form von Touristen! *Eivissa* platzt aus allen Nähten! Die Pflastersteine der engen Gässchen und der Festungsmauer wurden von Millionen Schritten im Laufe der Jahrhunderte blank poliert. Das schaut zwar toll aus, ist aber extrem rutschig! Während Sie die *Dalt Vila* erkunden, sehen Sie garantiert den einen oder anderen Touristen fluchend am Boden liegen. **Passen Sie gut auf und tragen Sie geeignetes Schuhwerk!**

Die Skyline der *Dalt Vila* wird von den Glockentürmen der **Kathe-drale** dominiert. In der Antike befanden sich an diesem Ort ein römischer Tempel und später dann eine arabische Moschee. Im 14. Jh. wurde die Kathedrale **Esglesia Nostra Senyora de las Neus** mit einem imposanten Glockenturm errichtet. Die ursprünglich gotische Kirche weist dabei etliche barocke Umbauten aus dem 18. Jh. auf. Sie ist der **Santa Maria de las Nieves** – der Heiligen Jungfrau vom Schnee – gewidmet!

Wann es hier wohl schneit?

Nachts wird die komplette Altstadt wunderbar beleuchtet. Ein tolles Fotomotiv – auch vom Schiff aus! Auf der westlichen Seite der Stadtmauer befindet sich ein zweites Tor, das **Portal Nou,** auf dem Sie die *Dalt Vila* zum **Park de Reina Sofia** verlassen können. Nur zwei Querstraßen nördlich stoßen Sie auf den **Passeig de Vara Rey**, das ist der zentrale Platz der Unterstadt. Die am Meer liegenden Viertel ***Sa Penya*** und ***La Marina*** wurden gebaut, als in der Oberstadt innerhalb der Festungsmauern kein Platz mehr war! Heute sind diese beiden Viertel stark vom Tourismus dominiert: Restaurants, Cafés, Boutiquen, Souvenirshops und Anbieter für Ausflüge prägen das Stadtbild.

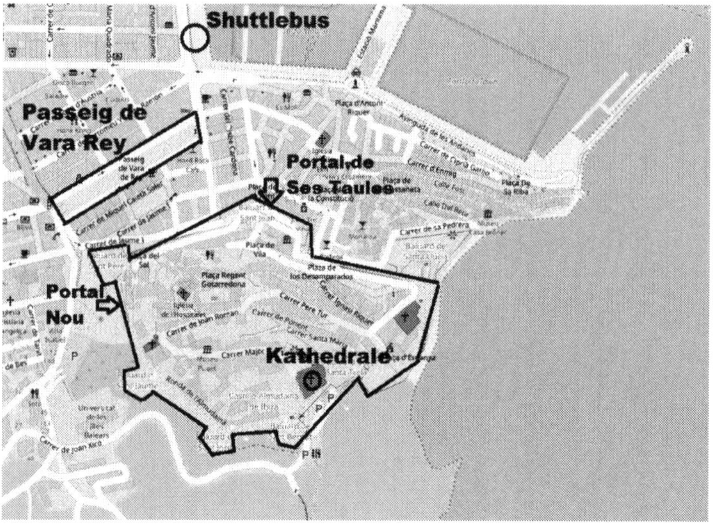

Ungefragt besitzen Ibiza und Formentera traumhafte Strände. Wenn Ihnen nach der schweißtreibenden Kraxelei in der historischen Oberstadt nach einem erfrischenden Bad im Meer zu Mute ist, dann machen Sie am Rückweg zum Schiff am **Stadtstrand Talamanca** einen Zwischenstopp! Entlang des ***Passeig de Pompeu Fabra*** erstreckt sich ein kilometerlanger Sandstrand. Der Weg führt direkt am Wasser entlang – teilweise sogar auf Holzstegen – und ist von kleinen Cafés, Bars und Restaurants gesäumt. Der Strand selber ist jedoch gratis und frei zugänglich. Zurück zum Schiff brauchen Sie nur ca. 10 Minuten Fußmarsch!

Käpt'n Känguru empfiehlt:
Den günstigen **IbizaPortBus** in die *Dalt Vila* nehmen oder einfach entlang der Uferpromenade in die historische Oberstadt laufen.
Zum Schluss einen Abstecher zum Strand *Talamanca* machen!

Partyausflug Pacha

Ganz klar: Ibiza ist als **Partyinsel** bekannt. In den 70er Jahren eröffnete in einer alten Finca die Disco *Pacha* ihre Pforten, heute finden hier auf 5 Areas bis zu 3000 Leute Platz. Weltweit gibt es derzeit über 70 *Pacha*-Clubs! Die international beliebte Club-Kette **Pacha** ist auf Ibiza immer noch die angesagteste Location, leicht erkennbar an der roten Doppelkirsche als Logo. Mittlerweile gehören zu der Unternehmensgruppe auch mehrere Hotels und Restaurants.
Berühmt ist das *Pacha* für seine **Housemusic.** Es finden regelmäßig Großveranstaltungen (z. B. der „DJ-Award" oder spezielle Shows mit Elektrosounds) statt, zudem ziehen die **besten DJs der Welt** wie David Guetta hier regelmäßig ihre Show ab!
Jede Nacht hat im *Pacha* ein anderes Motto, von *FlowerPower* und *Pure Pacha* bis hin zu **F*** Me I'm Famous** (donnerstags mit David Guetta).
Da es etliche Floors gibt, kommen Fans aller Musikrichtungen auf ihre Kosten: der **Funky Room** mit **Funk und Soul**, das **Sweet Pacha** mit **Klassikern aus den 80ern und 90ern** oder der Mainfloor **Global Room** mit **House, Live-Musik, R'n'B und Hip-Hop**...

Schon der Eintritt ist mit 50 - 80 Euro (je nach Event) nicht gerade ein Schnäppchen, und auch die Getränkepreise sind im *Pacha* extra-orbitant hoch! Dafür sind Musik und Party-Stimmung ebenfalls extra-orbitant gut!
Als einmaliges Party-Event auf Ibiza auf jeden Fall eine Überlegung wert! Infos über Events und Tickets auf
https://www.ibiza-spotlight.de/nachtleben/tickets Im Vorverkauf sind die Tickets wesentlich günstiger!
Die Öffnungszeiten sind von 23.59 Uhr - 6.00 Uhr. Da der Club **ganzjährig geöffnet hat**, sind hier auch viele Einheimische.
Adresse: *Avinguda 8 d'Agost, 07800 Eivissa, Illes Balears,* 300 Meter vom Hafenbecken und ca. 1,5 km vom Schiff entfernt. Zu Fuß laufen Sie vom Schiff aus ca. 25 Minuten.

Käpt'n Känguru empfiehlt:
Wer sich auf Ibiza in das Nachtleben stürzen will, ist im weltweit belieben **Club-Areal Pacha** bestens aufgehoben.

Istanbul - Mega-Metropole am Bosporus

Land: Türkei
Einwohner: 15 Mio. (Platz 23 unter den Metropolregionen der Welt!)
Währung: Neue türkische Lira TL (2,9 TL ca. 1 €)

Istanbul wurde im Jahre 660 v. Chr. unter dem Namen **Byzantion** (Byzanz, ursprünglich altgriechisch Βυζάντιον) gegründet. 324 erwählte *Konstantin I.* Byzanz als die neue Hauptstadt des römischen Reiches und taufte sie auf den Namen **Nova Roma** (Neu-Rom). Durchgesetzt hat sich allerdings der Name **Konstantinopel**. Die Stadt wuchs in ihrer 2500-jährigen Geschichte zu einer Mega-Metropole heran, jahrhundertelang war Istanbul ein bedeutendes Zentrum des orthodoxen Christentums und des sunnitischen Islams.

Die Altstadt Istanbuls ist ein wilder Mix aus Bauten der griechischen und römischen Antike, Relikten aus Zeiten von Byzanz und Konstantinopel, Gebäuden aus dem Mittelalter sowie aus dem osmanischen Reich bis hin zur Moderne. Wegen dieser Einmaligkeit wurde die historische Altstadt UNESCO Weltkulturerbe, zudem war Istanbul 2010 Kulturhauptstadt Europas.

Im Schnitt besuchen jedes Jahr 11 Millionen Menschen die Stadt am Bosporus, somit zählt Istanbul zu den zehn meistbesuchtesten Städten der Welt. Istanbul ist eine unermessliche große Stadt! Es ist unmöglich, an einem einzigen Tag alle Facetten dieser vielfältigen und lebendigen Stadt zu sehen.

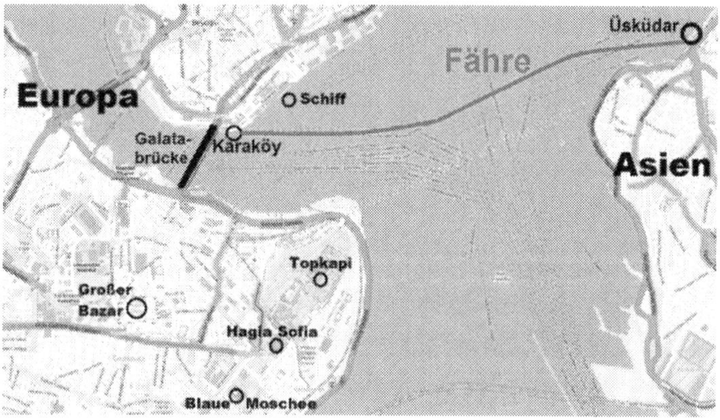

Beim ersten Besuch gibt es für die meisten Besucher zwei große Anziehungspunkte: das Touristenviertel „Sultanahmet“ und zum anderen den Bosporus, der Asien von Europa trennt.

Allerdings wird Istanbul momentan von Unruhen/Terrorwarnungen erschüttert, und die vielen blutigen Attentate im Jahr 2016 schrecken viele Touristen von einem Besuch Istanbuls ab. Diverse Reedereien haben aus Sicherheitsgründen umgeroutet und laufen Istanbul derzeit nicht an. Falls Sie die Stadt dennoch besuchen wollen, beachten Sie bitte unbedingt die aktuellen Warnungen vom Auswärtigen Amt sowie die Empfehlungen Ihres Schiffes und entscheiden Sie dann, ob ein Landausflug in Istanbul ratsam ist.

Ausflug: Bosporus

Den **Bosporus** zu erreichen ist nicht schwer, denn ihr Schiff ankert darin! Die Kreuzfahrtschiffe legen sehr zentral zur Altstadt im Stadtviertel **Karaköy** an. Rund herum sind etliche Fähranleger, die eine Rundfahrt über die Meerenge anbieten. Die Ufer sind gesäumt von prächtigen Villen und Palästen, die teilweise auch zu Hotels mit Luxus-Restaurants umfunktioniert wurden. Nur zwei Brücken führen in ganz Istanbul über die Meerenge! Eine dritte Brücke – die *Yavuz-Sultan-Selim-Brücke* – befindet sich noch im Bau.

Im Nord-Osten sehen Sie bereits vom Schiff aus die große Bosporus-Brücke *Bogäzici Köprüsü* – auch bekannt als **erste Bosporusbrücke**.
Die 1,5 km lange Hängebrücke verbindet seit 1973 den europäischen mit dem asiatischen Teil der Großstadt. Auf der Brücke gibt es 6 Fahrspuren, die je nach Verkehrslage in unterschiedlicher Fahrtrichtung freigegeben werden! Es existiert prinzipiell auch ein Fußweg über die Bosporus-Brücke, doch aufgrund der hohen Selbstmordrate ist seit vielen Jahren die Benutzung strengstens untersagt. Wenn Sie dem asiatischen Part von Istanbul einen Besuch abstatten wollen, müssen Sie ein Taxi nehmen, um über die Brücke zu kommen! Der Preis hierfür liegt bei ca. 20 €, die Brückenmaut ist dabei inbegriffen.

Als Alternative stehen unzählige Fähren bereit, die Sie ebenfalls kostengünstig nach Asien bringen. **Ein einzelnes Ticket über den Bosporus kostet 4 TL.**

Der Fähranleger in der Nähe Ihres Schiffes heißt **Karaköy.** Sie finden ihn in der *Rihim Caddesi.*
Der Fähranleger im asiatischen Stadtteil ist **Üsküdar**, er liegt in der *Pasa Limani Caddesi*

Käpt'n Känguru empfiehlt:
Eine Fahrt mit einer Fähre über den Bosporus **nach Asien** machen!

Ausflug: Hagia Sofia, blaue Moschee, Zisterne & großer Basar

Es wäre sehr schade, wenn Sie diese faszinierende Mega-Stadt „verpassen". Wenn Ihnen der Sinn nach Kultur und antiken prachtvollen Gebäuden steht, dann besuchen Sie das Stadtviertel **Sultanahmet**. Das ganze Viertel ist eigentlich ein einziges gigantisches Museum, denn hier befinden sich auf engsten Raum altehrwürdige Gebäude wie die Blaue Moschee, die Hagia Sophia, das Hippodrom, der Topkapi-Palast und die Zisterne.

Sie erreichen das Stadtviertel leicht mit der **Straßenbahn**: in der Nähe der Anlegestelle Ihres Schiffes in **„Karaköy"** befindet sich eine Straßenbahnhaltestelle.

Sie müssen an einem Automaten mit türkischer Lira *Jetons* für die Bahn kaufen. Falls Sie auf Ihrer Kreuzfahrt schon vorher einen türkischen Hafen besucht haben, ist es eine gute Sache, wenn Sie ein paar Lira-Münzen übrig haben... Nehmen Sie die Tram **Richtung Zeytinburnu** – keine Angst, man kann nichts verkehrt machen: es gibt nur eine Linie (und Sie müssen links über die Galata-Brücke nach Südwesten).

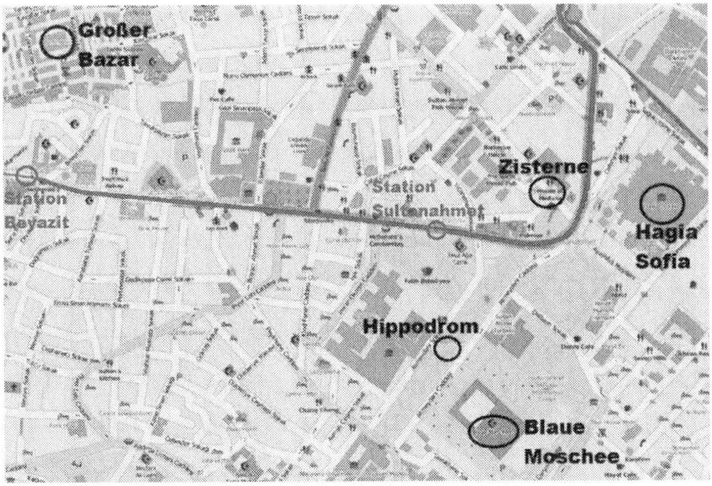

Sie überqueren mit der Straßenbahn auf der **Galatabrücke** das **Goldene Horn** (türkisch *Haliç*, eine 7 km lange Bucht des Bosporus in Istanbul) und fahren den Berg hinauf in das Stadtviertel **Sultanahmet.** Vorbei am Bahnhof **Sirkeci** – der **Endhaltestelle des Orient Expresses** – nähern Sie sich der weithin sichtbaren Hagia Sofia. Steigen Sie an der Haltestelle „Sultanahmet" aus, Sie befinden sich in unmittelbarer Nähe zu den wichtigsten Sehenswürdigkeiten Istanbuls.

Ein Stück südlich der Tram-Haltestelle liegt das ehemalige **Hippodrom**, ein großer freier Platz in römischer Bauweise eines Circus. Heute sehen Sie einen weitläufigen gepflasterten Platz mit einem Obelisken: das ist der **Sultanahmet-Platz.** Leider blickt der Platz – auch ohne das schreckliche Attentat von 2016 – auf eine sehr grauenvolle Geschichte zurück: ursprünglich bekannt als *Hippodrom* war die riesige freie Fläche als **Pferderennbahn** zur Unterhaltung der Einwohner Konstantinopels gedacht.

Durch die gewaltige Länge von 428 m konnte das Hippodrom 100.000 Zuschauer fassen – eine ungeheure Menge zur damaligen Zeit!
Doch nicht nur Freude und Unterhaltung ist in der Vergangenheit des Hippodroms zu finden: im Jahre 532 wurde hier unter Kaiser Justinian der **Nika-Aufstand** äußerst blutig zurückgeschlagen. 30.000 Aufständische wurden zusammengetrieben und kaltblütig niedergemetzelt.

Doch auch für fröhlichere Ereignisse wurde das Hippodrom genutzt: z.B. Hochzeiten, Beschneidungsfeiern, Kampfspiele und Feste. Leider wurde das Hippodrom im Laufe der Jahrhunderte immer wieder zum Schauplatz blutiger Auseinandersetzungen. Der heutige Sultanahmet-Platz liegt **zwei Meter höher** als die ursprüngliche Rennbahn des Hippodroms. Trotzdem sind noch einige Relikte aus der Vergangenheit zu sehen: aus der Tiefe ragen ein **Obelisk** und die Reste einer **Schlangensäule** hervor, und am nördlichen Ende des Platzes können Sie den **Kaiser-Wilhelm-Brunnen** sehen.

In direkter Nachbarschaft zum Hippodrom erhebt sich der große Bau der **Sultan-Ahmet-Moschee** (türkisch *Sultanahmet Camii*), dessen Bau 1609 von *Sultan Ahmet* begonnen wurde. Im westlichen Europa ist das Gotteshaus wegen der vielen blauen Fliesen an Decken und Wänden als **Blaue Moschee** bekannt.

Wichtig: Zwar können auch Nicht-Muslime die blaue Moschee besichtigen, allerdings müssen **Frauen ein Kopftuch tragen**. Am Eingang kann man sich zwar ein Kopftuch ausleihen, aber aus hygienischen Gründen nehmen Sie lieber ein eigenes Tuch mit! Auch ein um den Kopf drapierter **Schal oder ein Chiffon-Tuch** erfüllen den Zweck. Unzulässig sind Kapuzen, Mützen oder Basecaps – auch wenn damit die Haare bedeckt sind. Außerdem dürfen Sie die Moschee **nicht mit Schuhen betreten** – Sie bekommen jedoch am Eingang eine Plastiktüte für Ihre Schuhe. Socken nicht vergessen, sonst laufen Sie barfuß durch die Moschee!

Die Innenausstattung der Blauen Moschee ist überwältigend: dicke Teppiche zieren den Boden, während sich an reich geschmückten Wänden phänomenale Kunstwerke und Fresken bis weit hinauf zur säulengestützten Kuppel erstrecken. Buntglasfenster in hellen Farben und viele große Lüster tauchen tausende *Iznik*-Fliesen mit typisch ottomanischen Muster in ein helles Licht. Die Sultan-Ahmet-Moschee zählt unumstritten zu den schönsten und prächtigsten Moscheen der ganzen Welt!

Im Gegensatz zur Hagia Sofia wird die blaue Moschee täglich von hunderten Muslimen als Gotteshaus zum Gebet und für Gottesdienste benutzt. Der Eintritt ist deshalb kostenlos!
Zu Stoßzeiten müssen Sie jedoch mit langen Warteschlangen rechnen, da „Besucher" nur in den hinteren Teil der Moschee eingelassen werden.

In ähnlicher Bauweise wie die Blaue Moschee steht keine 500 Meter entfernt die berühmte **Hagia Sofia**, übersetzt „**Heilige Weisheit**". Der türkische Name lautet *Ayasofya*. Der Bau der ehemals **griechisch-orthodoxen Kirche** wurde von *Kaiser Justinian* im 6. Jh. begonnen: die Kirche sollte das prächtigste und schönste Bauwerk der ganzen Welt werden! Die *Hagia Sofia* war die Hauptkirche des byzantinischen Reiches und diente zu dieser Zeit als Krönungsort der Könige (Omphalion). Nach der Eroberung Konstantinopels durch die Osmanen im Jahr 1453 wurde die *„Sophienkirche"* **als Moschee genutzt**: Gemälde, Glocken, Altar, Putz und Inneneinrichtung wurden radikal entfernt, Kreuze durch Halbmonde ersetzt sowie der Innenraum umgebaut und in eine Moschee umgewandelt. Im Außenbereich wurden vier Minarette angebaut. 1934 wurde die Moschee unter dem ersten türkischen Präsidenten Atatürk in ein **Museum** umgewandelt: das Gebäude kann heute von jedermann besichtigt werden.

In mühevoller Arbeit versuchte man antike Relikte freizulegen, ohne Neueres zu zerstören.

Die *Hagia Sofia* ist das letzte große Bauwerk der Spätantike und gilt zu Recht als DAS Wahrzeichen Istanbuls!

Die Hagia Sofia ist täglich von 9.00 - 19.00 Uhr geöffnet.

Adresse: *Ayasofya Meydanı Sultanahmet/Fatih.*

Der Eintritt kostet 40 TL, die Tickets sind sowohl an Automaten als auch an 4 Kassen erhältlich. Für 10 TL kann zusätzlich ein Audio-Guide erworben werden.

Unter **http://www.muze.gov.tr/en** kann man das Ticket im Vorfeld online buchen (einfach „e-Ticket" und „Hagia Sofia Museum" auswählen), allerdings gibt es dadurch keinen Preisvorteil.

Weiter Infos unter **http://www.ayasofyamuzesi.gov.tr/en**

Verpassen Sie bei Ihrem Besuch Istanbuls keinesfalls den **Versunkenen Palast:** die **Basilika-Zisterne** (türk. *Yerebatan Sarnıcı*). Sie erstreckt sich unterirdisch südwestlich der Hagia Sofia unter dem Sultanahmet-Viertel. Auch dieser imposante Bau wurde von Kaiser Justinian veranlasst.

Durch einen sehr unscheinbaren Eingang gelangt man über eine Treppe hinunter in ein gigantisches Gewölbe, das von **336 Säulen im korinthischen und dorischen Stil** gestützt wird. Die Zisterne hat eine Gesamtgröße von 9800 m² und kann 100.000 Liter Wasser fassen. Dies war in früheren Jahrhunderten sehr wichtig, da Byzanz/Konstantinopel/ Istanbul häufig belagert wurde und die Feinde dann und wann das Wasser vergifteten. Durch die riesige Wassermenge der Zisterne war ein sauberes Trinkwasser in der belagerten Stadt garantiert. In der Zisterne befindet sich immer noch Wasser – darin schwimmen sogar Karpfen, die das Wasser algenfrei halten!

Mittels Stegen kann man über das Wasser durch die Gewölbe laufen, bis man am hinteren Ende der Säulenhalle zu der Hauptattraktion der Zisterne kommt: der **Säule der Medusa**!
Zwei Sockel werden von den **Gorgonen-Häuptern mit dem Schlangenhaar** geschmückt und entzücken jeden Touristen!
Die mit tollen Lichteffekten beleuchteten Gewölbe werden mit klassischer Musik untermalt und versetzen den Besucher dadurch in eine mystische dunkle „Unterwelt". Auch die Filmindustrie weiß die Zisterne als Drehort zu schätzen: Einige Szenen aus dem James-Bond-Film „Liebesgrüße aus Moskau" und dem Jackie-Chan-Film „Spion wider Willen" wurden hier gedreht.
Adresse: *Yerebatan Caddesi 1/3*
Die Öffnungszeiten sind von 9.00 - 17.30 Uhr, der Eintritt kostet 20 TL.

Käpt'n Känguru empfiehlt:
Mit der Tram ins Viertel *Sultanahmet* fahren und die Hagia Sofia, die blaue Moschee und die unterirdische Zisterne besichtigen!

Ein Stück westlich (unterhalb) der Blauen Moschee/Hagia Sofia finden Sie den **großen Bazar „Kapali Çarşı"**: ein Labyrinth aus über 60 Gassen mit geschätzten 4.000 Läden und Marktständen auf insgesamt 31.000 m². Der Markt wurde noch zu Zeiten Konstantinopels vor 550 Jahren gegründet und wächst seitdem ständig. Viele Geschäfte befinden sich überdacht unter einer großen Kuppel (mit teilweise wunderschönen Deckenmalereien).

Neben traditionellen Waren wie Gewürzen, Obst und Stoffen finden sich hier auch Unmengen an Schmuckläden mit Goldschmuck bis hin zu jedem erdenklichen Kitsch. Die Läden und Straßen sind nach Branchen geordnet: so gibt es eine Gasse der Antiquitätenhändler, der Teppichhändler, der Goldhändler...

Von der Wasserpfeife bis hin zu Sandalen bekommen Sie auf dem *„Kapali Çarşı"* alles! Es ist schier unmöglich den kompletten Bazar abzulaufen, doch ein Bummel durch dieses hektische und laute Gewusel ist ein Muss für jeden Besucher in Istanbul!

Ein kleiner Tipp: **handeln, handeln, handeln!** Die Preise sind extra hoch angesetzt, denn die 20.000 Basarhändler handeln leidenschaftlich gern!

Trotz der vielen Sicherheitsleute ist hier die Gefahr eines Taschendiebstahls sehr hoch! Kommen Sie möglichst früh zum Bazar: wenn das Gedränge noch nicht so groß ist, ist die Lage für Sie (und Ihre Wertsachen) überschaubarer!

Adresse: *Haltestelle „Beyazit", Kapalicarsi – Stadtteil Sultanahmet.*
Die Öffnungszeiten sind 8.30 - 19.00 Uhr, Sonntag ist der Bazar geschlossen! Der Eintritt zum Bazar ist gratis.

Über den Eingangstoren sind Nummern angebracht: wollen Sie den Bazar durch das gleiche Tor wieder verlassen, durch das Sie gekommen sind, dann **merken Sie sich die Zahl über dem Eingang** gut! Denn alle 20 Tore sehen sich sehr ähnlich...

Käpt'n Känguru empfiehlt:
Der große Bazar „**Kapali Çarşı** ist **DER** orientalische Bazar schlechthin – zumindest einmal sollte man ihn erlebt haben!

Achtung Abzocke: Vorsicht bei Taxis in Istanbul! Viele Taxifahrer zocken Touristen ab, indem sie **nicht das Taxameter einschalten**, sondern unverschämt **hohe Festpreise** verlangen. Verlangen Sie eine genaue Abrechnung nach dem gesetzlich vorgeschrieben Taxameter – oder nehmen Sie einfach die Straßenbahn!
Und dass die Designer-Handtaschen, Label-Jeans, Markenshirts und Luxus-Parfums vom großen Bazar weder *original* noch *legal* sind, das ist Ihnen auch klar, oder?

Izmir - Tor nach Ephesus

Land: Türkei
Einwohner: 3,5 Mio., drittgrößte Stadt der Türkei
Währung: Neue türkische Lira TL (2,9 TL ca. 1 €)

Erste Siedlungen auf diesem Gebiet werden auf 6.500 bis 4.000 v. Chr. geschätzt, damals war die Stadt unter dem Namen *Smyrna* bekannt.

In der Antike lag Ephesus direkt am Meer, doch heute befindet es sich durch Verlandung mehrere Kilometer im Landesinneren. Der wichtigste Hafen dieser Region (den auch die großen Kreuzfahrtschiffe anlaufen) befindet sich 70 km nördlich von Ephesus in Izmir.

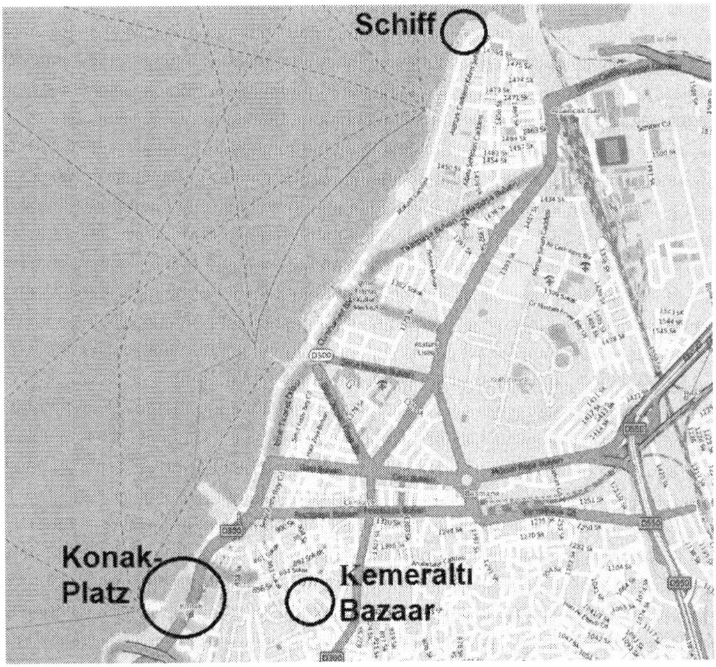

Die Kreuzfahrtschiffe legen im Industriehafen *„Izmir Limani"* im Stadtteil *Alsancak* an.

Wer an diesem Tag weder einen Ausflug nach Ephesus plant noch an Bord bleiben will, dem empfehle ich am ehesten einen kleinen Bummel am Ufer entlang. Halten Sie sich nach dem Hafentor rechts und gehen die neu gestaltete Uferpromenade *Atatürk Caddesi* entlang, hier sind etliche Cafés und Geschäfte. Bis zum Stadtzentrum rund um den *Konak-Platz* sind es allerdings noch ca. 3 km, zu Fuß benötigen Sie ca. 45 Minuten.

Alternativ gibt es einen Hop-on-hop-off-Bus, der direkt am Hafenausgang abfährt (20 €). Izmir ist aber nicht wirklich spektakulär, so dass man sich gut überlegen sollte, ob sich diese Ausgabe lohnt. Der Bus hält natürlich am Konak-Platz, und auch an der Burg Kadifekale.

Für 40 € können Sie sich mit einer **Pferdekutsche** durch Izmir fahren lassen, doch ob die Tiere in dem dichten Straßenverkehr der Großstadt gut aufgehoben sind, sei dahingestellt.

Der **Konak-Platz** liegt direkt am Meer und ist als das Zentrum der Stadt anzusehen. Hier stehen zwei Wahrzeichen Izmirs: der bekannte **Uhrturm Saat Kulesi** – 1901 zum Thronjubiläum von *Abdülhamids II* erbaut – und die winzige **Konak-Moschee**. Das auch als *Yalı-Moschee* bezeichnete Gebäude wurde 1774 im klassischen osmanischen Stil in der Form eines Hexagons gebaut und besitzt ein einzelnes Minarett. Beachten Sie die wunderschön gestalteten Fliesenarbeiten an der Außenfassade! Während in Venedig das **Taubenfüttern** streng mit Bußgeldern geahndet wird, finden Sie hier am Konak-Platz dutzende alter Leute, die Futter für das Federvieh verkaufen! Gerade die Kinder haben daran einen Heidenspaß, und nicht selten sind mehr Tauben als Menschen am Konak-Platz!

Den Konak-Platz finden Sie direkt am ***Mustafa Kemal Sahil Boulevard,*** der breiten Uferstraße.

Zu empfehlen ist ein Bummel über den großen Bazar, den **Kemeralti Bazaar (Kemeraltı Çarşısı)**. Er liegt zwischen den Stadtteilen *Çankaya* und *Konak* und gilt als einer der größten Märkte der Türkei. Er besticht mit seinem faszinierenden orientalischen Flair und durch seine schiere Größe. In dem Wirr-Warr an Gässchen und Innenhöfen kann man sich leicht verlaufen! Doch immer wieder werden die engen Gassen von Plätzen durchbrochen, in deren Mitte Springbrunnen oder Sitzgelegenheiten zum Verweilen einladen. Von Kleidung, Stoffen und Lederwaren über Gewürze bis hin zu Brautkleidern und Fisch bekommen Sie hier wirklich alles! Aufdringliche Händler inklusive! Ähnlich wie im großen Bazar von Istanbul ist auch im *Kemeralti* das Angebot nach Gässchen geordnet.

Aber Achtung: die meisten als Original angepriesenen Markenprodukte sind – wie nicht anders zu erwarten – Fälschungen! Verzichten Sie besser auf den Kauf von „echtem" Schmuck und teuren Elektronikartikeln...
Berühmt ist der Bazar dagegen für (türkische) Hochzeitsausstattung, handgemachte Wasserpfeifen und die für Izmir bekannten Trockenfrüchte.
Oder probieren Sie in einer der vielen Garküchen typisch regionale Gerichte!
Adresse: *Konak Mh.* und *Anafartaler Cad.*
Die ersten Stände/Gassen beginnen bereits unmittelbar hinter dem Konak-Platz.

Die Burg **Kadifekale** auf dem Akropolisberg *Pagos* bietet einen tollen Panorama-Blick auf Izmir und das Meer. Leider ist die Burg – auch wenn ihr Beiname *Samtburg* ist – ziemlich heruntergekommen und es liegt auch extrem viel Müll herum. Höchstens wegen dem Ausblick zu empfehlen. Hier sind stets sehr viele Bettler anzutreffen, v.a. Kinder ☹
Mit dem Bus Nr.33 (Konak – Kadifekale) ist die Samtburg in ein paar Minuten zu erreichen, Start ist am „Konak Busterminal". Zu Fuß läuft man ca. 2 Stunden durch zum Teil sehr arme und verwahrloste Stadtviertel. Hier ist es auch schon zu Übergriffen auf Touristen gekommen! **Zu Fuß ist der Aufstieg zur „Samtburg" deshalb nicht zu empfehlen!**

Käpt'n Känguru empfiehlt:
Ein Bummel entlang der Uferpromenade und anschließend über den *Kemeralti* Bazar reicht in Izmir vollkommen aus.

Ausflug: Ephesus

Am beeindruckendsten für Kreuzfahrttouristen sind jedoch ohne Zweifel die **Ruinen von Ephesus**, eine der meistbesuchtesten Ruinenstädte der ganzen Welt.
Erste Siedlungsspuren werden auf sagenhafte 5.000 Jahre vor Christus datiert, als die antike Stadt noch direkt am Meer lag. Durch Sedimente und tektonische Bewegungen befindet sich die Ausgrabungsstätte mittlerweile mehrere Kilometer im Landesinneren.
Im Altertum war Ephesus eine der größten, spektakulärsten und bedeutendsten griechischen Städte Kleinasiens: eine lebhafte Hafenstadt mit regem Handel und einem daraus resultierendem großen Reichtum. Der **Tempelkomplex der Artemis** (*Artemision*) war eines der **Sieben Weltwunder der Antike** und entstand 460 v.Chr. Der **Apostel Paulus** besuchte auf einer seiner Reisen Ephesus und hielt eine flammende Rede gegen die Artemis-Anhänger. Dafür wurde er ins Gefängnis geworfen, wo er einige seiner Briefe verfasste. Im Jahre 262 n. Chr. wurde der Artemistempel durch die Goten zerstört. Damit ging der Artemis-Kult in Ephesus unter und die Stadt wurde christlich. Von der ehemaligen Größe und Pracht des Artemistempels ist deswegen heute leider nicht mehr viel zu sehen, doch ohne Zweifel sind die Überreste der antiken Stadt absolut sehenswert.
Gleich am Eingang der Ausgrabungen sehen Sie das *Odeon*, das „kleine Theater" mit bis zu 14.000 Sitzplätzen. Weiter geht es über die marmorgepflasterte **Kuretenstraße** vorbei an zahlreichen Denkmälern zu den antiken Toilettenanlagen. Am Ende dieser „Hauptstraße" sehen Sie die **Celsus-Bibliothek**. Die antike öffentliche Bibliothek aus der Römerzeit wurde im Jahre 125 durch Konsul *Iulius Celsus* erbaut und ist wohl das imposanteste Gebäude der Ausgrabungen.

In einer kleinen Krypta befindet sich das Grab des *Celsus*. Beachten Sie die große Freitreppe, die zur Bibliothek hinaufführt, und die 21 Meter lange und über 16 Meter hohe **Bibliotheksfassade**! Auf zwei (oder eventuell auch drei) Ebenen wurden hier 12.000 Papyrusrollen gelagert.

Weiterhin können Sie in Ephesus das **große Theater** besichtigen. Es liegt mit westlicher Ausrichtung am Hang des Berges *Panayirdag* und war als das größte Bauwerk der Stadt schon von weitem zu sehen. Wie so oft in der Antike war das Theater nicht nur ein Ort für Aufführungen, sondern auch für Wettbewerbe, Gladiatorenkämpfe, Volksversammlungen und Feste. Es war eines der größten Theater der damaligen Zeit, in dem bis zu 25.000 Zuschauer Platz fanden! Von der obersten Sitzreihe des Theaters aus haben Sie einen herrlichen Blick über die Ausgrabungen von Ephesus und das Meer! Steigen Sie hinauf! Die Tour durch Ephesus endet dann unten am Ausgang, wo auch die Busse auf die Touristen warten. Mit einem Mietwagen stellt dies leider ein Problem dar: Sie müssen alles wieder zurücklaufen...

Öffentliche Busunternehmen, die Kreuzfahrt-Touristen nach Ephesus fahren, konnten wir im Hafen nicht ausfindig machen. Allerdings gibt es **Taxis**, die Kreuzfahrttouristen ab dem Hafen in Izmir für 120 € nach Ephesus fahren. **Der Eintritt in Ephesus beträgt 20 TL (ca. 7 €). Die Öffnungszeiten sind von 8.00 - 19.00 Uhr.**

Anmerkung des Autors: Dies war eine der wenigen Touren auf allen meinen Kreuzfahrten, die ich über das Schiff gebucht habe. Zum einen, weil die öffentliche Verkehrsanbindung nach Ephesus äußerst mangelhaft ist, zum anderen, weil die Liegezeiten oft zu kurz sind, um „auf eigene Faust“ loszuziehen (auf gebuchte Touren wartet das Schiff). Zudem ist die unterschiedliche Lage von Ein- und Ausgang der Ausgrabungsstätten in Ephesus problematisch, wenn Sie per Mietwagen anreisen. Trotz des überteuerten Preises würde ich die Tour nach Ephesus wieder machen. Die Ausgrabungen sind definitiv ein Highlight – fast noch eindrucksvoller als die Akropolis in Athen. Aber dies ist nur eine subjektive Meinung.

Katakolon - antikes Olympia

Land: Griechenland (Peleponnes)
Einwohner: 600
Währung: Euro

Katakolon ist an sich nicht besonders sehenswert. Es handelt sich um ein kleines **Fischerdorf** mit einer Einkaufsstraße und einigen schön am Meer gelegenen Restaurants.

Wollen Sie nicht nach Olympia fahren, sondern in Katakolon bleiben, dann lädt links vom Hafentor ein Kiesstrand zum Sonnenbaden und Schwimmen im Meer ein. Leider handelt es sich eindeutig um einen sich selbst überlassenen „**Naturstrand**" – aber das griechische Meer ist dafür umso blauer und klarer.

An der Nordseite von Katakolon existiert zwar ein uralter Sandstrand, der aber im Moment extrem ungepflegt ist. Katakolon hat außer einer Straße, in der sich ein Souvenirladen neben den nächsten quetscht, nur eine kurze Uferpromenade zu bieten – in der sich eine Taverne an die andere quetscht...

Dennoch bieten **Pferdekutschen** für 5 € eine Rundfahrt an. Erwarten Sie bei der Kutschfahrt aber keine Highlights wie atemberaubende Kirchen, prächtige Paläste oder wehrhafte Kastelle – das alles gibt es in Katakolon einfach nicht! Außer einem mehr oder wenigen baufälligen Wohngebiet und dem ungepflegten Strand bekommen Sie leider nichts zu sehen. Daher rate ich von der Kutschfahrt an dieser Stelle ab.

Unternehmen Sie doch eine schöne **kleine Wanderung hinauf auf den Berg**, an dessen Fuß Katakolon liegt. Dabei ist „Berg" wohl schon zu viel gesagt, denn es handelt sich eher um einen niederen Höhenzug. Nichtsdestotrotz haben Sie von dort oben einen grandiosen Ausblick. Halten Sie sich ab dem Hafentor links und folgen Sie der Straße bergauf, bis Sie an einer Kehre rechts abbiegen. Die Straße endet in einem wunderschönen Pinienwäldchen, das sich über den ganzen Höhenzug erstreckt und viele kleine Aussichtspunkte hinunter auf die Bucht mit den darin ankernden Kreuzfahrtschiffen bietet. Man kann hier oben auch super ein Picknick machen, denn es stehen Tische und Bänke zur Verfügung. Vor allem ist der Ort nicht von Touristen überlaufen, sondern sehr einsam! Für den Abstieg kann man auch eine Treppe benutzen, die im Zentrum von Katakolon endet (aber sehr versteckt liegt und für den erstmaligen Aufstieg nur schwer zu finden ist).

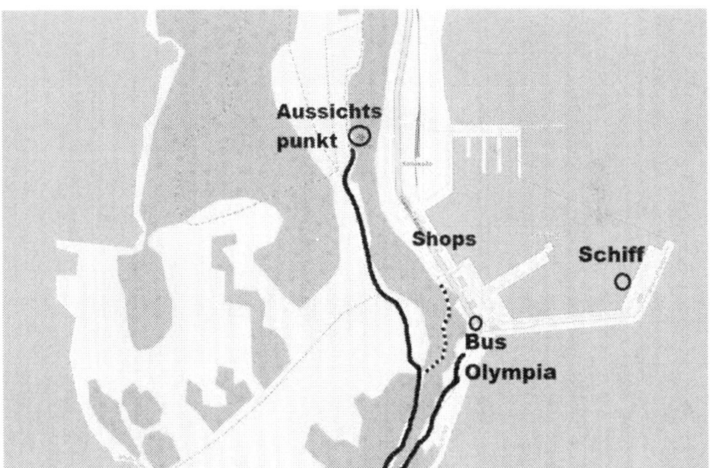

Ausflug: Olympia

Katakolon ist hauptsächlich das Sprungbrett nach Olympia, das etwa 30 km entfernt landeinwärts liegt.

Gleich am Schiffsanleger treffen Sie auf eine Truppe Taxifahrer, die Fahrten nach Olympia für 80 - 100 € anbieten. Sie können diese getrost ignorieren, denn Sie kommen wesentlich günstiger zu der antiken heiligen Stätte!
Sie können zum nahegelegenen Bahnhof laufen und mit dem Zug nach Olympia fahren, die Fahrdauer beträgt ca. 45 Minuten. Allerdings verkehren die Züge angeblich nicht immer oder sind sehr unzuverlässig. Deshalb rate ich davon ab.

Ich empfehle für diesen Ausflug eine private Bustour. Wenn Sie das Hafengelände verlassen, sehen Sie sofort **die einheimischen Busunternehmen**. Sie bringen die Touristen für 10 € (Kinder 5 €) nach Olympia und pünktlich wieder zurück.

Diese Ausflüge werden sehr viel von Kreuzfahrt-Touristen genutzt und stellen wirklich eine bequeme, sichere oder vor allem kostengünstige Möglichkeit dar, nach Olympia zu gelangen. Die Busse sind nummeriert, machen eine Uhrzeit für die Rückfahrt passend zur Liegezeit des Schiffes aus und warten auch auf verspätete Touristen (natürlich im zeitlichen Rahmen). **Der Preis für die Busfahrt nach Olympia beträgt 10 €.**

Die **Ausgrabungen von Olympia** befinden sich nahe der kleinen Stadt Alt-Olympia am Fuß des **Kronos-Hügels**, direkt am Fluss *Kladeos.* Der Fluss ist auch der Grund, warum Olympia bis ins 18. Jh. verschüttet war: durch viele Überschwemmungen wurden die antiken Stätten von Schlammmassen bedeckt. Die Ausgrabungen dauern bis heute an.

Vom Busbahnhof in Olympia aus sind es ca. 600 m bis zum Eingang. Es verkehren auch kostenpflichtige Pferdekutschen – falls Sie nicht laufen möchten – aber es ist wirklich nur ein Katzensprung! Folgen Sie einfach dem Touristenstrom! Olympia ist bekannt als die **Heimat der Götter** – den Menschen war der Zutritt anfangs verwehrt. Der größte Tempel war Zeus gewidmet, dem mächtigsten olympischen Gott in der griechischen Mythologie.

Ab dem 8. Jh. v. Chr. wurde Olympia zum Austragungsort **der antiken olympischen Spiele**. Leider durften in den ersten 1.000 Jahren Frauen bei den „Friedensspielen" weder teilnehmen noch zuschauen, denn alle Athleten traten stets nackt zum Wettkampf an. Die Spiele waren den Griechen so wichtig, dass dafür sogar Kriege unterbrochen wurden! Die ersten Grabungen im Jahr 1800 legten das sakrale Zentrum von Olympia frei: den **Heiligen Hain** (*Altis*) am Fuß des Kronos-Hügels. Hier befanden sich das **Orakel von Olympia** sowie viele der Tempel.
Sie können die Ausgrabungen auf abgegrenzten Wegen besichtigen, es gibt aber auch etliche frei zugängliche Bereiche, z.B. das antike Wettkampfstadion.
Der **Zeus-Tempel** war ein für die damalige Zeit mächtiges Bauwerk von 64 Meter Länge und 28 Meter Breite. An einem der Altäre an der Nordseite des Tempels wurden am fünften Tag der antiken olympischen Spiele im Rahmen eines großen Festes Rinder-Brandopfer dargebracht.
433 v. Chr. vollendete der Bildhauer Phidias die monumentale 12-Meter hohe **Zeus-Statue** – eines der **sieben Weltwunder der Antike!** Der Körper des Göttervaters bestand aus Elfenbeinplatten, die Gewänder aus Gold. Für die wertvolle Götter-Statue wurde der gewaltige Zeus-Tempel überhaupt gebaut! Leider ist nur noch das Fundament von Phidias` Meisterwerk erhalten, die Statue gilt als verschollen. Man glaubt, dass die Zeus-Statue im 4. Jh. geraubt und nach Konstantinopel gebracht wurde, wo sie einem Brand zum Opfer fiel. Aufschluss über das Aussehen geben nur noch alte Münzen und Überlieferungen.

Werfen Sie doch einen Blick in die alte **Werkstatt des Phidias**! Phidias war mit Abstand der begabteste und bekannteste Bildhauer der Antike. Leider ist keines seiner Werke erhalten geblieben. Bei Ausgrabungen in seiner Werkstatt wurden Werkzeuge und Materialreste gefunden, die die Echtheit der Ruinen als Phidias` Werkstatt bestätigen. Durch zahlreiche Reste des für die Herstellung des Gold-Elfenbein-Kunstwerkes benötigten Materials, etliche Glasfragmente und Negativ-Formen konnte das Aussehen der Zeus-Statue weitgehend rekonstruiert werden.
Eines der Fundstücke – ein Keramikbecher – trägt die Inschrift Φειδίου εἰμί = *Pheidiou eimi* = „des Pheidias bin ich".

Der **Tempel der Hera** (Heraion) ist vermutlich der älteste Tempel in Olympia und ganz Griechenland. Der ursprüngliche Tempel bestand aus Lehmziegeln und Holz, er wird auf das 7. Jh. v. Chr. geschätzt. Nach und nach wurden die

Holz-Säulen des Tempels durch Säulen aus Muschelkalk ersetzt.
Im Inneren des Heraions befand sich eine große Statue der Göttin Hera. Der Kopf der Statue ist bis heute erhalten geblieben.
Im *Heraion* im heiligen Hain wird seit 1936 das **olympische Feuer** entfacht!
Zu besichtigen sind zudem alte Thermen und Bäder, die Unterkünfte der antiken Sportler, verschiedene Altäre und Schatzhäuser...
Alles ist gut in mehreren Sprachen beschildert, ein Guide ist deshalb nicht unbedingt notwendig.

Der Eintritt kostet 12 €, Kinder sind gratis.
Die Öffnungszeiten sind von 8.00 - 20.00 Uhr.
Die Eintrittskarte berechtigt zusätzlich zum Besuch des archäologischen Museums. Es liegt nur etwa 200 Meter vom Kassenhäuschen entfernt. Für das Museum benötigen Sie ca. eine Stunde, für die Ausgrabungen im Anschluss ebenfalls.

Das **archäologische Museum** ist eines der wichtigsten in ganz Griechenland und zeigt die lange Geschichte der heiligen Götterstätte. Die 12 hellen und kühlen Säle machen einen modernen Eindruck, die vielen interessanten Exponate der permanenten und wechselnden Ausstellungen werden ansprechend und gut strukturiert präsentiert.
Wenn es die Dauer Ihres Aufenthaltes zulässt, dann besuchen Sie zuerst das Museum und dann die Ausgrabungen – dann wird Ihnen vieles klarer erscheinen☺. Besonders hilfreich zur späteren Orientierung ist ein **Rekonstruktions-Modell** von Olympia!
Die Erklärungen der Exponate sind auch auf Deutsch vorhanden. Übrigens: Das Fotografieren ist zwar prinzipiell erlaubt, doch nicht als Selfie mit einer antiken Statue! Aus Respekt vor antiken Meisterwerken ist davon Abstand zu nehmen... die Mitarbeiter des Museums nehmen das sehr genau!

Nach dem *antiken Olympia* können Sie noch einen kleinen Bummel durch das **moderne Städtchen Olympia** machen, das im Busbahnhofbereich hauptsächlich durch Souvenirläden und Cafés geprägt ist.

Käpt'n Känguru empfiehlt:
Mit dem Bus (10 €) nach Olympia fahren und die antiken Ausgrabungen besichtigen

Korfu - eine ionische Insel

Land:	Griechenland, zweitgrößte ionische Insel
Einwohner:	40.000
Währung:	Euro

Korfu, griechisch *Kérkyra* (Kέρκυραist), ist eine Insel im ionischen Meer. Wegen des mediterranen Klimas wird Korfu auch die *grüne Insel* genannt. Korfu wurde vor 1.200 Jahren von eritreischen Siedlern gegründet und hat ihren Namen von der griechischen Nymphe Gorgyra (auch Kerkyra), die der Sage nach vom Meeresgott Poseidon auf der Insel ausgesetzt wurde. Die Kreuzfahrtschiffe legen in der Hauptstadt **Kerkyra** mittels Tender an. Kerkyra ist die einzige größere Stadt auf Korfu!
Aber auch *Kerkyra-Stadt* ist nicht „zu groß", Sie können die Stadt bequem zu Fuß erkunden. Das Zentrum liegt zusammen mit der alten und neuen Festung auf einer Landzunge im ionischen Meer. Auf der ganzen Insel Korfu haben die **Venezianer, Briten und Franzosen** kunterbunt in der Baukunst ihre Spuren hinterlassen. Die Bewohner Korfus werden übrigens **Korfioten** genannt! Und sie lieben Zimt! In der korfiotischen Küche wird **Zimt** gerne und reichlich verwendet, vor allem die gewöhnlicher Weise eher deftigen Gerichte *Moussaka* (Auberginen-Hackauflauf) oder *Pastitsio* (Nudel-Hack-Auflauf) haben fast immer eine feine Zimtnote. Probieren Sie!

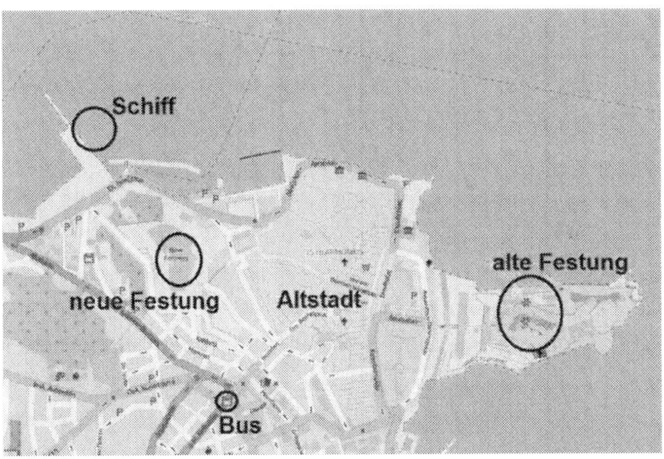

Schon vom Schiff aus fallen sofort die beiden Festungen ins Auge: Die **alte Festung** (*Palaió Froúrio*) liegt strategisch auf einer **Halbinsel östlich** der Innenstadt. Sie ist durch eine Straße am Meeresufer schön durch einen

Spaziergang zu erreichen.
Die **venezianischen Herren** begannen mit dem Bau der Festung im 16. Jh. auf den Grundmauern einer noch älteren Wehranlage aus dem 6. Jh! Sie hoben sogleich um die Festung herum einen Meeresgraben – den *Contrafossa* – aus, so dass die Trutzburg nur noch über eine Zugbrücke zu erreichen war. Deswegen müssen Sie beim Betreten der *Palaió Froúrio* eine steinerne Brücke überqueren (diese wurde aber erst im 20. Jh. erbaut). Ursprünglich befand sich die ganze Stadt innerhalb der Festung. Doch schon bald wurde Kerkyra größer und dehnte sich schnell in die westlichen Gebiete aus. Die alten Gemäuer sind jedoch noch wunderbar erhalten. Nach einem kurzen Aufstieg haben Sie neben dem alten Leuchtturm (dem höchsten Punkt in *Kerkyra*) einen wunderbaren Ausblick auf die Stadt und die ankernden Kreuzfahrtschiffe!

Die Inneneinrichtung der alten Festung stammt übrigens aus der Zeit der Engländer im 19. Jh. Auch die britischen Verwaltungsgebäude, das Garnisonsgebäude und die Kasernen sind Relikte dieser Zeit.
Verblüffenderweise finden Sie im Inneren der Burg sogar einen kleinen Tempel, den man besichtigen kann! Auch dafür sind die Engländer verantwortlich, denn es ist die **Saint George Garnisonskirche** *(gr. Agios Geórgios),* die die Bauweise eines dorischen Tempels hat! Heute wird sie als Ausstellungsraum verwendet. Die Freiflächen der alten Festung sind dekoriert mit Kanonen, Hebekränen oder ähnlichem alten Kriegsspielzeug. In einem Café können Sie sich bei einem grandiosen Ausblick über die **Garitsa-Bucht** etwas erfrischen. Erstaunlicherweise ist in der alten Festung die Musikabteilung der Universität Kerkyra unter-gebracht. Ein Klingen in Ihren Ohren stammt also nicht von der Anstrengung des Aufstiegs, sondern tatsächlich von Geigen und Klavier...

Die Öffnungszeiten der alten Festung sind von 8.30 - 15.00 Uhr.
Der Eintritt kostet 6 €.
Auch für Kinder ist die Festung total spannend, für kleine Kinder der Aufstieg jedoch eventuell ein wenig anstrengend. Aber mit ausreichend Zeit ist auch das gut zu bewältigen.

Direkt unterhalb der alten Festung liegt am Rand der Altstadt eine tolle Parkanlage, die *Pl. Leonida Vlachou* und *Enoseos*.
Von hier aus fahren auch **Pferdekutschen.** Sie können mit maximal vier Personen für insgesamt 25 € eine halbstündige Rundfahrt durch Kerkyra unternehmen.

Käpt'n Känguru empfiehlt:
Bummel durch die Altstadt, Kutschfahrt machen und die alte Festung besichtigen!

Die **neue Festung (St. Markus-Kastell)** liegt im Inneren der Stadt, strategisch zwischen dem alten und neuen Hafen. „Neu" ist diese Festung nun wirklich nicht – lediglich etwas jünger als die *alte Festung*, denn sie wurde erst 1645 fertiggestellt. Unglaubliche 2.000 Häuser fielen dem Bauvorhaben zum Opfer, die dadurch gewonnenen Steine wurden sogleich für den Festungsbau von Kastell und Stadtmauer verwendet.
Auch diese Festung ist im **venezianischen Stil** erbaut, und zwar auf dem Hügel von St. Mark – deswegen *St. Markus-Kastell.* Leider wurde die neue Festung während dem zweiten Weltkrieg durch Bombenangriffe stark beschädigt. Seit der Restauration kann man hier eine Keramikausstellung und eine Galerie besuchen, auch kulturelle Veranstaltungen finden regelmäßig statt. Die Idylle der „alten Festung" kommt jedoch nicht auf...

Angeblich soll es unterirdische Gänge geben, die die alte Festung mit der neuen verbinden! **Die Öffnungszeiten sind von 9.00 - 22.00 Uhr. Der Eintritt kostet 3 €.**

Zwischen alter und neuer Festung liegt die **Altstadt von Kerkyra**, die von hellen Gebäuden im venezianischen Baustil dominiert ist. Auch die Franzosen und Engländer hinterließen später als Baumeister ihre Fußabdrücke. Nicht umsonst ist die aristokratisch anmutende Altstadt UNESCO Weltkulturerbe! Viele Boutiquen, Restaurants und sogar die originellen ***Fish-Spas*** reihen sich an zahlreiche Souvenirläden. Trotzdem – oder gerade deshalb – wirkt die Altstadt sauber und freundlich.

Ausflug: Kanoni und Pontikonissi

Empfehlenswert ist der **Aussichtspunkt Kanoni,** der südlich von Kerkyra-Stadt auf der Halbinsel *Analipsi* liegt (nahe des Flughafens). Der Name *Kanoni* kommt von einer alten russischen Kanone, die oben auf der Aussichtsplattform steht. Sie soll von den Briten hier zurückgelassen worden sein, als diese vor den Franzosen flohen!

Der Blick von hier auf die Bucht mit der **Mäuseinsel Pontikonissi** und der kleinen **Klosterinsel Vlacherna** ist ein beliebtes Reiseführer- und Postkartenmotiv. Das Inselchen *Vlacherna* kann sogar mittels eines Dammes zu Fuß besucht werden. Das weiße Kloster nimmt zusammen mit ein paar Zypressen die gesamte Fläche der Mini-Insel ein. Heute ist es – bis auf einen Souvenirshop! – verlassen, die Kirche steht aber zur Besichtigung für jeden offen. An diesem Ort verweilte angeblich oft die österreichische Kaiserin Sissi, die gerne im ionischen Meer baden ging.

Am Aussichtspunkt *Kanoni* sorgen zwei Cafés für eine kleine Erfrischung.

Außer der tollen Aussicht können Sie hier hautnah die Flugzeuge starten und landen sehen – in der Nähe befindet sich nämlich Kerkyras Flughafen! Das trübt die Idylle des Aussichtspunktes natürlich enorm!

Adresse: *Paleopolis, 49100 Kanoni*

Wenn Sie besonders günstig nach Kanoni kommen möchten, dann nehmen Sie den **Hop-on-hop-off-Bus**, der Sie ab dem Hafen durch ganz Korfu-Stadt bis nach *Kanoni* fährt! Der Bus hat eigentlich nur 2 Haltestellen: am Rande der **Altstadt** und in **Kanoni**. Trotzdem sehen Sie mit einer Fahrt des Busses wirklich viel!

Die Busse fahren ab 10.00 Uhr alle 15 - 20 Minuten (Dez. - Feb nur stündlich). Das Ticket kostet für einen Erwachsenen 16 €.

http://www.city-sightseeing.com/tours/greece/corfu.htm

Ausflug: das Achillion

Für alle Sissi-Fans ist das **Achillion** ein Highlight – das **Sommerschloss der österreichischen Kaiserin Elisabeth** (Sissi). Bereits nach kurzer Zeit auf Korfu baute Sissi die venezianische *Villa Braila* kräftig nach ihren eigenen Vorstellungen zu einem Schloss um – dem *Achillion*. Somit war der pompöse neoklassizistische Bau seines Namenspatrons auch würdig: der Name *Achillion* kommt von *Achilles,* dem berühmten Griechen aus der Antike. Die österreichische Kaiserin hielt große Stücke auf ihn.
Gerade in der Phase ihrer schweren Erkrankung verweilte die Kaiserin oft und lange in ihrer Residenz auf Korfu. Sissi war bestimmt die berühmteste Einwohnerin Korfus!
Das prächtige Schloss kann von innen besichtigt werden. Auch die weitläufigen Parkanlagen sind frei zugänglich, von der Aussichtsplattform im Garten aus können Sie bei gutem Wetter bis nach Korfu-Stadt sehen! Imposant sind im Achillion vor allem das Treppenhaus der Villa und die 14 Statuen der griechischen Mythologie auf der Terrasse. Hier finden Sie auch eine **Achilles-Statue**, der Mann, dem der Palast seinen Namen verdankt.
Nach dem Tod von Sissi ging das Schloss in den Besitz von Kaiser Wilhelm II über, später wurde das Achillion für viele Bedürfnisse zweckentfremdet: von einem Lazarett über einen Kindergarten bis hin zu einem Casino!
2003 erkannte man endlich den Wert des Achillions und eröffnete es als Museum. Seitdem zieht es wahre Touristenmassen an.
Im Erdgeschoss befindet sich ein kleines Museum mit Ausstellungsstücken aus der Kaiser-Wilhelm- und Sissi-Zeit.
Planen Sie etwa 1 bis 2 Stunden für die Besichtigung des Achillions ein.
Die Öffnungszeiten sind 9.00 - 16.00 Uhr
Der Eintritt kostet 8 €, für 3 € kann ein Audio-Guide dazu erworben werden.
Adresse: *27 K. Giamboudaki, St49084 Gastouri*
Direkt neben dem Schloss befindet sich eine kleine Taverne, in der Sie Ihren Sissi-Trip bei einer Erfrischung und einer grandiosen Aussicht auf das Meer ausklingen lassen können.

Viele Kreuzfahrtschiffe bieten Touren zum Achillion an, aber Sie kommen auf eigene Faust viel günstiger dorthin!
Die **blaue Buslinie** (Stadt-Bus Nr. 10) unterhält nämlich eine Verbindung zum Achillion. In der Nebensaison fahren die Busse sechsmal pro Tag, in den Sommermonaten wesentlich häufiger. Start ist am Stadtbusbahnhof am *San Rocco Platz*. Die blauen Busse sind Stadtbusse, die grünen Busse Überlandlinien!

Die Fahrt zum Achillion dauert ca. 30 Minuten. Sie müssen die Fahrkarte (auch für zurück!) am Automaten kaufen, es gibt keinen Verkauf im Bus! Einen Ticketautomaten finden Sie am Busbahnhof.

Adresse: *Platia San Rocco, (Plateia Georgiou Theotoki* Ecke *Alexandras-*Straße), südlich der neuen Festung
Infos unter **http://www.astikoktelkerkyras.gr** Die Seite ist auf Deutsch abrufbar.

> **Käpt'n Känguru empfiehlt:**
> Fahren Sie mit dem Bus zum *Achillion*! Ein schöner Ausflug für alle, die Sissi lieben!

Ausflug: die schönsten Strände von Korfu

Der meiner Meinung nach schönste Ausflug führt mit dem Mietwagen durch das gebirgige Hinterland zu den **schönsten Stränden von Korfu!** Bereits im Terminal haben sich etliche Mietwagenfirmen angesiedelt, z.B. Hertz bietet Mietwagen ab 35 €/Tag an. So ist es keinerlei Problem, zeitnah und preisgünstig loszufahren. **Aber: ein NAVI oder ein Handy mit Karten-APP ist in der Bergwelt Korfus unverzichtbar!**

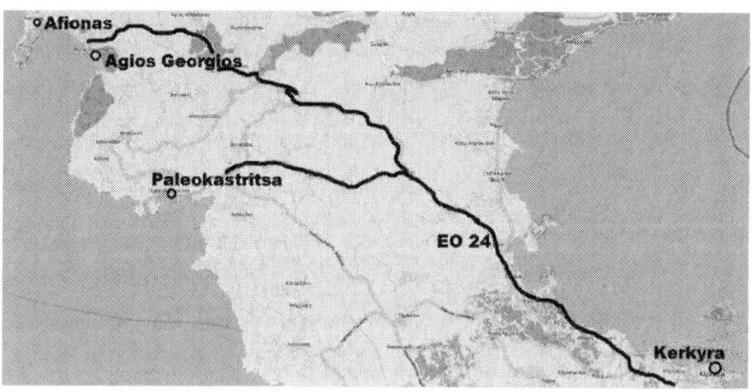

Verlassen Sie *Keryra*-Stadt auf der Küstenstraße **EO 24** Richtung Nordwesten. Das erste Ziel ist das malerische Berg- und Künstlerdorf **Afionas**, das als das schönste und urigste Dorf auf ganz Korfu gilt. Die alten weißen Häuser in den verwinkelten Gassen sind mit einem wahren Blütenmeer geschmückt. Man fühlt sich um Jahrzehnte in die griechische Bergwelt zurückversetzt, zudem haben Sie einen phänomenalen Ausblick auf die weit unter Ihnen liegende Küste.

Laufen Sie durch Afionas nach oben zum Aussichtspunkt **Sunset Viewpoint**! Wenn Sie körperlich fit sind und etwa 3 Stunden Zeit haben, folgen Sie ab dem Aussichtpunkt einem kleinen Trampelpfad nach Süden Richtung Landzunge. Der Weg ist steinig und geht teilweise sehr steil bergab (gutes Schuhwerk ist Pflicht!). Nach ca. 1 Stunde gut machbarer Kraxelei gelangen Sie zur **traumhaft schönen Schmetterlingsbucht**. Die schmale Landzunge heißt eigentlich **„Porto Timoni"** und wird von beiden Seiten von feinsandigen Stränden gesäumt. Ideal zum Schnorcheln!

Witzig: das Wasser weist zwischen beiden Seiten einen spürbaren Temperaturunterschied auf. Mit dem Auto ist diese Zwillingsbucht leider nicht zu erreichen: Sie gelangen nur mit einem Boot oder zu Fuß an diesen Traumstrand.

Ist Ihnen der Berg-Weg zu beschwerlich, können Sie auch am nächsten Stopp Ihrer Korfu-Tour im glasklaren griechischen Meer baden: der 3 Kilometer lange und wunderschön breite Strand von **Agios Georgios** liegt 1km Luftlinie östlich der Zwillingsbucht und ist dafür bequem mit den Auto zu erreichen. Dabei ist *Agios Georgios* nicht überlaufen oder mit dutzenden Hotels zugepflastert: hier können sie in Ruhe baden oder in einer der gemütlichen Tavernen lecker essen gehen.

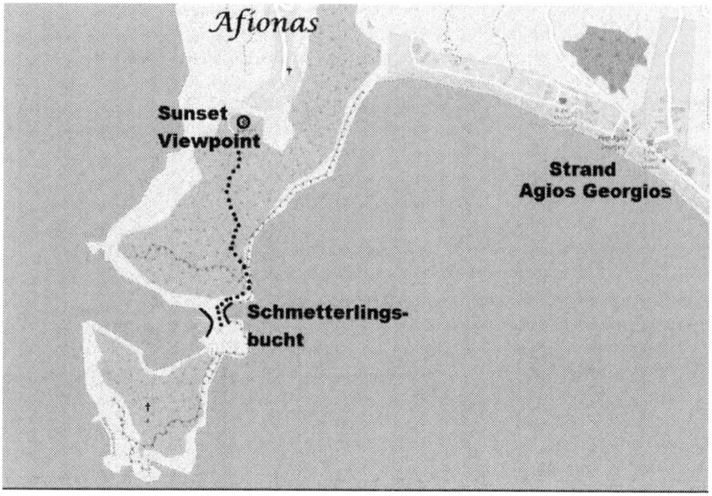

Der letzte Strand, den ich auf dieser Tour empfehle, ist zugleich der wirklich allerschönste: der feine Kiesstrand von **Paleokastritsa,** der sich zwischen die steilen Felsküsten schmiegt. Das Wasser ist glasklar und mit vielen bunten Fischen gesegnet: ein Traum für jeden Schnorchler! Viele kleine Höhlen und Felsvorsprünge laden zum Erkunden ein.

Paleokastritsa erstreckt sich über 5 Buchten mit vielen Stränden... zwei davon möchte ich besonders empfehlen, sie liegen direkt unterhalb der Landzunge des Klosters: **Strand 1** befindet sich östlich in der *Agios Spyridon Bay*, von hier aus starten auch die Bootsausflüge. An der westlichen Seite der Landzunge befindet sich in der *Ampelaki Bay* der **Strand 2**, der viel ruhiger und idyllischer ist... Zwischen den beiden Stränden haben sich etliche Souvenirläden und Tavernen angesiedelt. Außerdem können Sie auch ein Aquarium besuchen. Ein ausreichend großer kostenloser Parkplatz ist vorhanden.

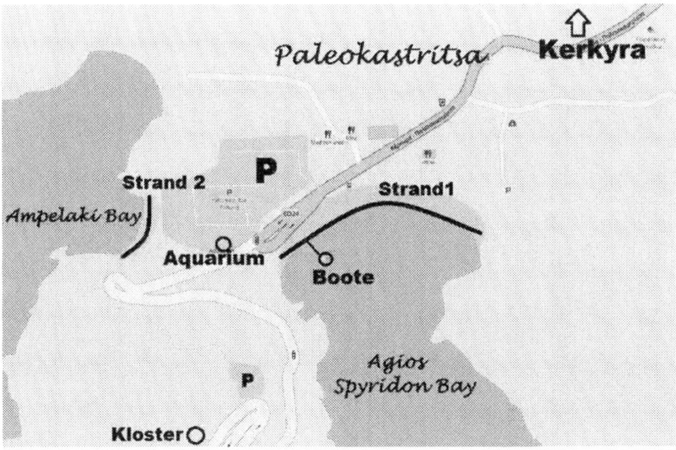

Die **Blaue Grotte**, die in den umliegenden Felsmassiven liegt, ist ein super Erlebnis und lockert den Badenachmittag etwas auf. Die Grotte wurde 1897 entdeckt, und zieht seither sowohl die Einwohner Kretas als auch die Touristen in ihren Bann.
Die Bootstour dauert ca. 45 Minuten und kostet 10 €. Paleokastritsa ist ein kleiner und übersichtlicher Ort – der Bootsanleger mitten in der Bucht ist nicht zu übersehen! Es stehen eigentlich immer Boote und Käptn's bereit um zeitnah eine Tour zu starten, feste Ablegezeiten gibt es nicht: das wird nach Bedarf geregelt! Viele Boote machen unterwegs einen Badestopp an einsamen paradiesisch anmutenden Stränden! Badesachen nicht vergessen....

Besichtigen Sie zum Abschluss das **alte Kloster**, das hoch oben auf der Steilküste über der tosenden Brandung liegt. Das Kloster wurde 1225 gegründet, weist aber deutliche Umbauten des 18. und 19. Jh. auf. Sie können außer der Klosterkirche noch einen Klostergarten, eine antike Ölpresse, ein kleines Museum mit byzantinischen Relikten und viele Katzen bewundern!
Ein Parkplatz ist zwar vorhanden, da jedoch viele vom Schiff angebotene Landausflüge (teuer) nach *Paleokastritsa* führen, ist der Parkplatz manchmal übervoll mit Bussen. Sie können von Ihrem Strand aus jedoch auch rauflaufen. Das ist zwar ein klein wenig anstrengend, doch die wundervolle Aussicht entlohnt für die Mühen...
Der Eintritt zur orthodoxen Klosteranlage ist gratis, allerdings sollte man Beine und Schultern – wie in allen Kirchen üblich – bedeckt halten.
Die Öffnungszeiten sind 7.00 - 13.00 Uhr und 15.00 - 20.00 Uhr.
Sie finden das Kloster auf der Landzunge südlich von Paleokastritsa.

Käpt'n Känguru empfiehlt:
Der schönste Ausflug in Korfu führt definitiv durch die schroffe Gebirgswelt zu den Traum-Stränden der Westküste! Zwar ist Paleokastritsa ein Touristenort, doch er ist nicht überlaufen... an den Stränden findet sich immer ein einsames Plätzchen – und hässliche Bettenburgen sucht man vergeblich! Meine absolute Empfehlung ist der Strand von Paleokastritsa! Dieser Strand ist Pflicht!

Möchte man nicht mehr auf der serpentinenartigen Bergstraße zurückfahren, nimmt man einfach die EO 24, die von *Paleokastritsa* direkt zurück nach *Kerkyra*-Stadt führt. Innerhalb einer halben Stunde ist man zurück am Mietwagenverleih.

Kotor - mediterraner Fjord

Land: Montenegro
Einwohner: 5.000
Währung: Euro

Der Name *„Montenegro"* bedeutet **„schwarzer Berg"**, ein Hinweis auf die raue und wilde Schönheit des waldreichen Gebirgs-Landes. Kleine Ortschaften eingebettet in atemberaubende Fjorde, die man sonst nur aus Norwegen kennt! Von steil abfallenden Buchten über Karstlandschaften bis hin zum nordmontenegrinischen Hochgebirge, hat dieses südosteuropäische Land eine erstaunliche Vielfalt an Landschaftstypen.

Dabei ist Montenegro klein – WIRKLICH klein – denn im ganzen Land leben nur etwa 600.000 Einwohner. Dafür grenzt es aber an erstaunlich viele Länder, nämlich an die ehemalige jugoslawischen Staaten *Kroatien*, *Bosnien-Herzegowina, Serbien, Albanien* und den *Kosovo*. Ein Bindeglied zwischen Okzident und Orient.
Montenegro ist multikulturell: Amtssprachen sind Montenegrinisch, Serbisch, Bosnisch, Albanisch und Kroatisch, dabei kommt sowohl die lateinische als auch die kyrillische Schrift zum Einsatz.

Die Währung ist der Euro. Montenegro ist Mitglied der Vereinten Nationen und des Europarates, zudem ein Beitrittskandidat der Europäischen Union und der NATO.

Ein Highlight bei Ihrem Besuch in Montenegro ist bereits die Anreise, und damit meine ich nicht die Annehmlichkeiten Ihres Kreuzfahrtschiffes, sondern die **Einfahrt durch Europas südlichsten Fjord**! Der traumhafte 28 km lange Fjord liegt inmitten schroffer, teilweise bis zu 1.900 m hoher Kalksteinklippen. Im Winter und Frühjahr liegt auf den Gipfeln Schnee – ein wunderbarer Kontrast zu den schroffen dunklen Berghängen und dem strahlend blauen Wasser des Fjords.
Dabei handelt es sich streng genommen um gar keinen „richtigen“ Fjord, sondern um einen mit Meerwasser gefüllten **Fluss-Canyon**! Die außergewöhnliche Lage nutzten schon Seeräuber und Piraten als Schlupfwinkel, später entstand ein Handelsumschlagplatz und Marinestützpunkt.

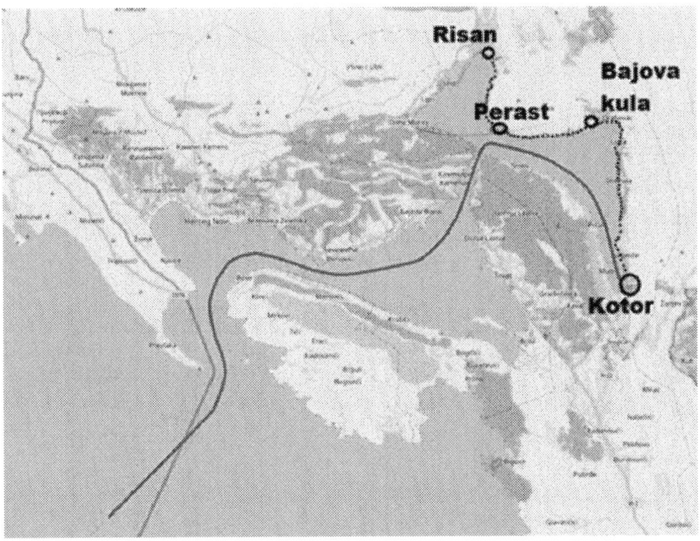

Egal: Der *Fjord* ist einer der Hauptgründe, dass Kotor bei den Reedereien so beliebt ist und immer öfter ins Programm der Kreuzfahrtrouten aufgenommen wird! Und das ist wichtig für Montenegro und seinen eher bescheidenen Staatshaushalt... Die Fahrt durch den Fjord wird von einem Lotsen überwacht und dauert ca. 1 Stunde.

Sie legen in Montenegro unmittelbar im Stadtzentrum an: die Altstadt liegt nur einen Steinwurf entfernt! Allerdings: wenn der Liegeplatz schon von einem anderen Kreuzfahrtschiff „belegt" ist, werden Sie mit Tenderbooten an Land gebracht.
Beim Terminal gibt es ein sehr gutes offenes WLAN-Netz, das von Crew und Passagieren gleichermaßen rege genutzt wird.

Viele Reedereien bieten Ausflüge nach *Perast* und *Risan* an. Das können Sie auch **preisgünstig mit dem Hop-on-hop-off-Bus** erleben! Sie fahren die traumhafte Küstenstraße direkt entlang des Fjords bis ins Strandbad **Bajova kula**. Die **„KotorOpenTour"** beinhaltet die Weiterfahrt nach **Perast** (inkl. Eintrittskarte ins *Museum of Old Town*) und anschließend – als letzter Stopp – die Stadt **Risan** (inkl. Eintrittskarte ins „Römische Mosaik").
In **Kotor** können Sie zudem an einer **begleiteten Stadtführung durch die Altstadt** teilnehmen. Start der Führung ist um 12.00 und 14.00 Uhr am Stadttor.
Der Sightseeing-Bus fährt ab 9.00 Uhr alle 20 - 30 Minuten, der letzte Bus zurück nach Kotor geht um 17.00 Uhr. Inklusive ist außerdem ein Audio-Guide in verschiedenen Sprachen (auch Deutsch). Das Ganze kostet nur 20 €! Start ist im Hafenbereich.

Etwas nördlich vom Terminal liegt die rote **Semi Submarine** im Hafen. Natürlich kann das U-Boot nicht wirklich abtauchen, doch durch die Scheiben unter Deck können Sie in die Unterwasserwelt des Fjords eintauchen.
Die Tour kostet 12 € (Kinder 8 €) und dauert 1 Stunde.
Davon sind 40 Minuten Aussicht an Deck und 20 Minuten Unterwasser-Panorama vorgesehen.
Start ist im Hafen, etwa 200 Meter nördlich vom Terminal. Das gleiche Ausflugsunternehmen bietet auch Speed-Boot-Touren durch den Fjord an.
www.montenegrosubmarine.me

Der lokale Anbieter „Adventure Montenegro" unternimmt **Kajaktouren** in den Fjord und zur *Blauen Grotte* (ab 28 €), sowie Wander- und Rad-Touren ins Hinterland. Das Ausflugsbüro befindet sich im nördlichen Teil der Altstadt in der *Dalmatinska Konoba Cesarica*.
www.adventuremontenegro.com

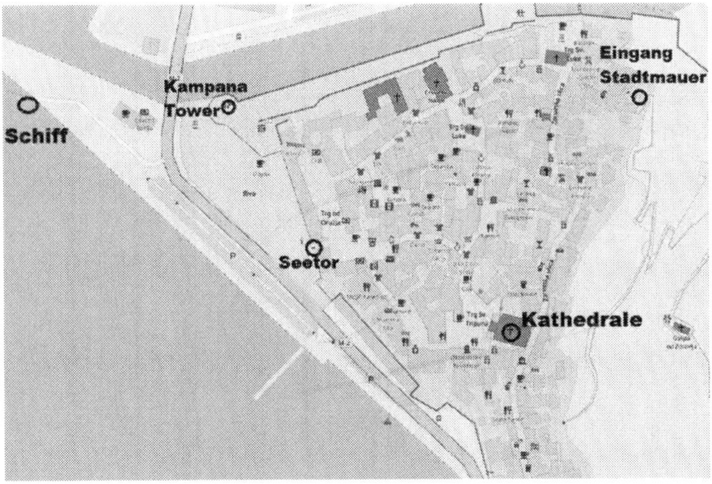

Wenn Sie das erste Mal in Kotor sind, empfehle ich auf jeden Fall einen Bummel durch die Altstadt. Die mittelalterlich anmutenden Häuser schmiegen sich mit der Nordseite an die Flanke des hoch aufragenden Berges *San Djovani* und sind rundum durch eine dicke, **wehrhafte Stadtmauer** abgesichert. Kotor ist prinzipiell schon über 2000 Jahre alt, die jetzige **Altstadt Stari Grad** entstand jedoch zwischen dem 12. und 14. Jh. und ist seit 1979 auf der UNESCO-Weltkulturerbeliste. Die Altstadt ist sehr kompakt angelegt, und kann leicht zu Fuß erkundet werden. Sie betreten die alten Gässchen hinter der Stadtmauer durch das **See-Tor** von 1555 (hier befindet sich eine Tourist-Info). Hinter dem Stadttor liegt der zentrale Platz **Trg od Oružja**, der ehemalige Waffenplatz. Er diente früher als Versammlungsplatz für die Bevölkerung und beherbergte praktischerweise gleich das

Waffenarsenal... Jegliche Fahrzeuge sind ab hier verboten, denn die antike Innenstadt ist **komplett autofrei.** Das bedeutet mehr Platz für Touristen, die tagsüber durch die Gassen strömen. Der Großteil davon sind Passagiere der Kreuzfahrtschiffe, denn Hotels gibt es in Kotor nur wenige. Durch die vielen

Touristen und den damit einhergehenden Souvenirshops, Cafés und Restaurants ist viel „reales“ Alltagsleben und Individualität aus der Innenstadt gewichen, so dass Kotor heute hauptsächlich eine Art Touristenmuseum ist. Sehenswert ist die Altstadt dennoch, z.B. die vielen kleinen Kirchen. So lohnt sich der Besuch der großen **Kathedrale St. Tryphon**, in der die Reliquien des Heiligen Sankt Tryphon aufbewahrt werden, dem Schutzpatron der Stadt. Die ursprünglichen Teile der Kathedrale werden bis auf das Jahr 809 zurückdatiert, die jetzt sichtbaren romanischen und byzantischen Strukturen stammen aus dem 12. Jh.
An jeder Straßenecke sind die **Katzen von Kotor** anzutreffen, die schon zu einem heimlichen Wahrzeichen der Stadt geworden sind.

Ausflug: Stadtmauer + Sveti Ivan

Die **trutzige Stadtmauer** ist insgesamt 4,5 km lang; man kann sie zwar komplett begehen, aber große Teile winden sich serpentinenartig über die Flanke des Berges. Oben thront die Festung *Sveti Ivan*. Der Anstieg über 260 Höhenmeter erfordert gute Kondition, denn es geht 1.300 schiefe Stufen und grobe Steine zur **Festung Sveti Ivan** hinauf (je nach Sprache auch Castle St. John / Heiliger Iwan/ Heiliger Johannes).

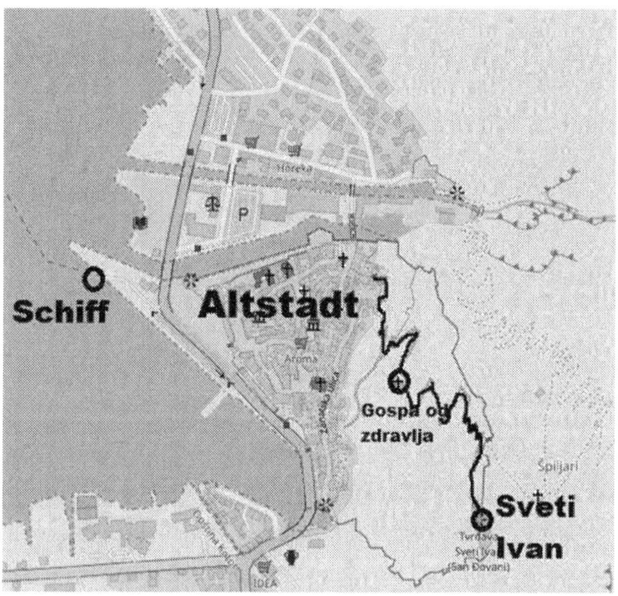

Der Aufstieg dauert ca. 1 Stunde und ist wirklich sehr anstrengend. Packen Sie genügend Wasser und Sonnenschutz ein und tragen Sie festes Schuhwerk! Sie können aber auch nur bis zur Kirche **Gospa od zdravlja** (*Marienkirche*, erbaut 1518) aufsteigen, die weithin sichtbar in der Hälfte der Bergflanke thront.

Der Aufstieg beginnt an einer schmalen Treppe am nord-östlichen Ende der Altstadt kurz hinter dem Nord-Tor und kostet 3 €.
Wenn Sie nicht die kompletten 4,5 km der Stadtmauer ablaufen oder den steilen Berg hinaufsteigen wollen, empfehle ich den kostenlosen Zugang auf die Stadtmauer an der südwestlichsten Stelle am **Kampana Tower**: Sie haben von hier einen hervorragenden Ausblick auf die Innenstadt und den Fjord mit Ihrem Kreuzfahrtschiff!

La Goulette -Zentral zu Tunis und Karthago / Sidi Bou Said

Land:	Tunesien
Einwohner:	2 Millionen (Tunis)
Währung:	Tunesischer Dinar (1 € = 2,22 TND)

بطاقة زائر أجنبي ، غير مقيم
Carte de Visiteur Etranger « Non Résident »
Foreign Visitors Card « Non Resident »
Nom et Prénom
Name and Surname
Date et lieu de naissance
Date and place of birth
Nationalité
Nationality
N° et date de la pièce d'identité
Identity card number and issue
Durée du séjour autorisé
Staying from ... to
TUNISIE MARITIME
تونس البحرية
Headoffice :
La Goulette Agency :
Sfax Agency :

Die meisten Kreuzfahrtschiffe legen in **La Goulette** an. Um Tunesien betreten zu können, müssen Sie ein **Einreiseformular** ausfüllen, das Sie auf Ihrem Schiff normalerweise am Vorabend bekommen. Darin sind Name, Passnummer und Dauer des Aufenthaltes anzugeben. Im Terminal wird dies von den tunesischen Behörden problemlos abgestempelt.

La Goulette ist ein Industriehafen, doch im neu gebauten Hafenareal im tunesischen Stil können Sie – ohne den Sicherheitsbereich zu verlassen – shoppen und an einem Geldautomaten Dinar abheben. Schon hier gibt es viele Händler, Souvenirstände und sogar 4 Kamele werden direkt an das Schiff gebracht, auf denen Sie für 2 € reiten können. **Vorsicht:** Unmittelbar nach dem Verlassen des Schiffes bekommt man ungefragt einen Falken auf die Hand gesetzt: das ist keine Freundlichkeit oder Willkommensgruß, sondern kostet 2 €!

Tipp: Tauschen Sie 10 € in Dinar um bzw. heben Sie sich etwas einheimische Währung am Geldautomaten ab, denn nicht überall werden Euros akzeptiert!

Ein **Taxi** nach *Tunis*, *Karthago* und *Sidi Bou Said* kostet direkt am Hafen ungefähr 40 €, etwas weiter vom Hafenausgang entfernt jedoch nur 20 - 30 €! Die Taxifahrer nehmen stets auch Euro. Gerade hier in Tunesien empfehle ich aus Sicherheitsgründen das Taxi!

Sie können von La Goulette aus jedoch auch leicht mit dem **Zug** nach Tunis oder Karthago fahren. Halten Sie sich nach dem Hafengebäude rechts, bis Sie eine Schranke der Polizei passieren. Nach Verlassen des Hafenareals gehen Sie geradeaus weiter in die Straße neben der Tankstelle und kommen dann

unmittelbar zum Bahnhof. Die Schienen/Züge und der Bahnhof sind auf dem dammartigen Hafengelände wirklich nicht zu verfehlen und schon vom Schiff aus zu sehen. An der Station **Goulette Vieille** steigen Sie ein, ab jetzt kann jedoch auch die neu gebaute Haltestelle **Le Bac** direkt in der Nähe des Anlegers benutzt werden.
Sie können sich nicht verfahren: In eine Richtung fährt der Zug nach Tunis, in der anderen nach Karthago!
Die Zugverbindung mit TGM (elektrische Schnellbahn) ist:
Tunis – LaGoulette – Karthago – Sidi Bou Saïd – La Marsa
Die Züge fahren alle 10 - 20 Minuten.
Am Bahnhof können Sie für ca. 1 Dinar eine Fahrkarte erster Klasse nach Tunis oder nach Karthago/Sidi Bou Said kaufen. Wählen Sie erste Klasse: der Aufpreis ist nur gering und die Abteile klimatisiert. Viele Züge sind aber hoffnungslos überfüllt und es fehlen manchmal sogar die Türen!

Wollen Sie nach **Tunis**, dann steigen Sie nach 10 Minuten Fahrzeit an der Haltestelle *Tunis Marina* aus.
Sie kommen zu einem Bogen, ähnlich dem Triumphbogen, und rechts davon liegt die **Medina.** Der sogenannte **Souk** besticht durch seine Marktstände und kleinen Läden und ist auf jeden Fall ein Erlebnis!

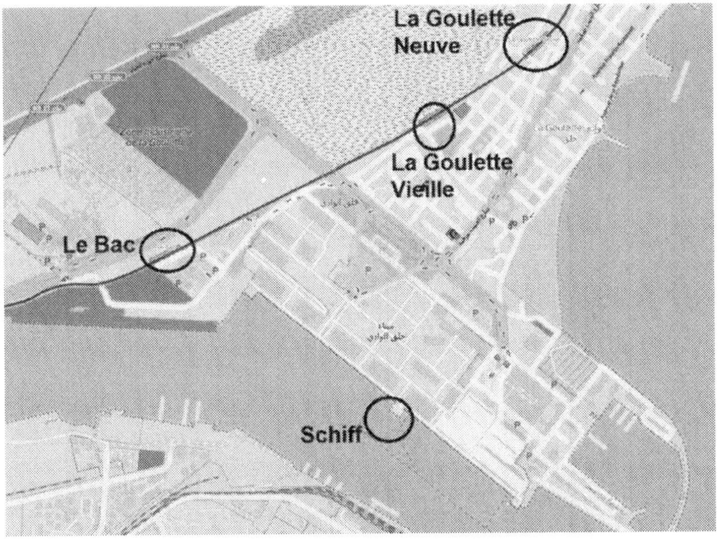

Haben Sie noch genügend Zeit, dann können Sie mit dem gleichen Zug, der zum Hafen zurück fährt, auch einige Stationen weiter in die entgegengesetzte Richtung nach *Karthago* und *Sidi Bou Saïd* fahren.

Ausflug: Karthago + Sidi Bou Saïd

Vielleicht möchten Sie die Ruinen des **antiken Karthago** besichtigen, das in die Liste des Weltkulturerbes aufgenommen wurde. Im 2. Jh. war Karthago die drittgrößte römische Stadt und ein bedeutendes Handelszentrum. Davor war es bereits als Geburtsstadt von Hannibal berühmt geworden. 698 wurde Karthago jedoch von den Arabern zerstört und diente ab dann als Steinbruch für neue Bauprojekte in Tunis.

Um zu den Ausgrabungen zu gelangen, steigen Sie in *Carthage Hannibal* aus dem Zug aus. Allerdings liegen die Ausgrabungen auf einer Anhöhe, so dass Sie noch einen kleinen Fußmarsch bewältigen müssen. *Vor* dem antiken Karthago haben sich etliche moderne Händler niedergelassen, die „antike" Souvenirs zu überteuerten Preisen verkaufen. Die Ausgrabungen selbst sind leider nicht so sehenswert wie die Akropolis oder die Ruinen von Ephesus, und sind in verhältnismäßig kurzer Zeit besichtigt.
Die Eintrittskarte kostet umgerechnet 6 €, Kinder unter 6 Jahren sind gratis. Sie können hier nur in Dinar bezahlen!
Die Öffnungszeiten sind von 8.30 - 17.30 Uhr.
Für die Fotoerlaubnis muss man nochmals 1 € bezahlen! **Vorsicht: Das Fotografieren des Präsidentenpalastes außerhalb der Ausgrabungen in Karthago ist jedoch verboten!**

Nur einige Haltestellen weiter lockt die traumhafte Künstlerstadt **Sidi Bou Saïd.** Die Stadt wurde von den Mauren erbaut und hat dadurch ein wunderschönes andalusisches Erscheinungsbild. Sie besticht durch ihre weißen Häuser mit blauen Türen / Fenstern und bezaubert mit einem ganz besonderen südländischen Flair. Allerdings wirken viele Stellen in der Realität viel baufälliger als auf Fotos in Bildbänden! Trotz allem sind die kleinen Seitengassen und der Blick aufs Meer einen Abstecher wert!

Sidi Bou Saïd steht unter Denkmalschutz und ist gerade bei Malern äußerst beliebt. Aufdringliche Händler drücken dem Touristen hier jedoch Jasminblüten in die Hand, für die Sie dann 2 € bezahlen sollen! Lassen Sie sich nichts aufdrängen, auch wenn die tunesischen Händler noch so unnachgiebig sind!

Um wieder zurück zum Schiff zu gelangen, steigen Sie an der Station *Le Bac* oder *Goulette Vieille* aus dem Zug aus.

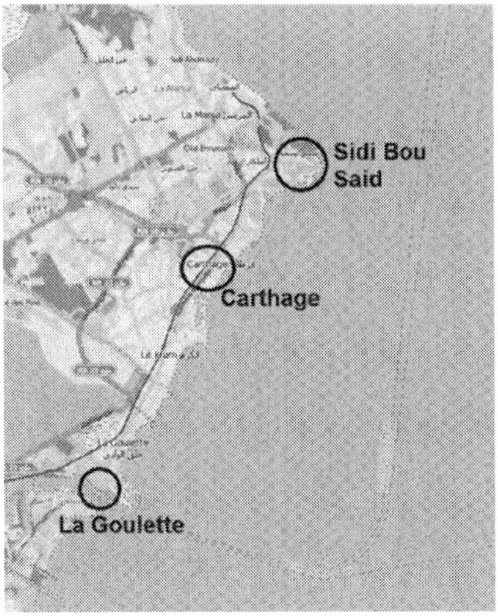

<u>Grundlegende Information für Tunesien:</u>
- Bitte tragen Sie *lange Hosen und schulterbedeckte Shirts,* um unnötige Probleme mit der islamischen Bevölkerung zu vermeiden.
- Bis auf Ausnahmen ist der *Besuch von Moscheen nicht erlaubt.*
- Während des Ramadans (Fastenmonat) bleiben viele Restaurants und Geschäfte tagsüber geschlossen. In Touristenbereichen wird das allerdings lockerer gesehen.

Käpt'n Känguru empfiehlt:
Mit dem Taxi für 20 € nach *Karthago* und *Sidi Bou Saïd* fahren! Für Kinder ist das Kamelreiten eine unvergessliche Erfahrung!

La Spezia -
zu den weltbekannten Cinque Terre!

Land: Italien (Toskana)
Einwohner: 94.000
Währung: Euro

La Spezia liegt an der Nordküste der ligurischen See, sie schmiegt sich tief in eine Bergkette ein, die hier am *Golf der Poeten* liegt. Die geschützte Lage *La Spezias* durch die Berge und das Meer ließ die Stadt zu einem Handels- und Marinezentrum aufblühen. Viele Fährverbindungen starten von hier zu den unterschiedlichsten Zielen im Mittelmeer. Bis heute zählt La Spezia zu den wichtigsten Marinestützpunkten des italienischen Militärs.
Auch vom Liegeplatz der Kreuzfahrtschiffe aus kann man etliche „Kriegsschiffe" aus der Ferne bewundern. Deshalb ist es auch verboten, sich im Hafen frei zu bewegen, man wird mittels eines (kostenlosen) **Shuttlebusses zum Hafenausgang** gebracht.

Möchten Sie den Tag lieber in *La Spezia* verbringen? Viele nennenswerte Sehenswürdigkeiten wie einmalige Kathedralen, umwerfende Paläste oder tolle Gärten gibt es nicht, aber die dem Terminal nahegelegene palmengesäumte Uferpromenade lädt durchaus zu einem Bummel ein. Direkt an die Uferpromenade schließt sich im Westen die Altstadt an.
Auf einem Berg oberhalb der Altstadt befindet sich das **Castello San Giorgio** (Burg des Hl. Georg), welches die mittelalterliche Seefahrt vor Feinden beschützte. Die Burg erreicht man über eine breite Treppe von *Via Prione* aus.

Haben Sie einen Ausflug mit der Bahn geplant, bietet es sich an, ab dem Terminal für ca. 15 € ein Taxi zum Bahnhof **La Spezia Centrale** zu nehmen. Der Fußweg dauert etwa 30 Minuten. Zwar führen gleich am Terminal Gleise vorbei (die Sie auch vom Schiff aus sehen können), diese gehören jedoch ausschließlich zum Güterverkehr. Sie müssen also zwingend zum Hauptbahnhof *La Spezia Centrale* westlich der Altstadt.

La Spezia dient hauptsächlich als Ausgangspunkt zu Ausflügen nach Pisa, Florenz oder den Cinque Terre.

Ausflug: Cinque Terre

Der Nationalpark **Cinque Terre** liegt an der ligurischen Riviera, nur wenige Kilometer westlich von La Spezia. Die malerischen Ortschaften an der Steilküste sind weltberühmt und zieren unzählige Postkarten, Fotografien oder Gemälde: Gebirge, Meer und Dörfer verschmelzen zu einer Einheit!

Cinque Terre bedeutet auf Deutsch *fünf Länder* im Sinne von ***fünf Ortschaften***, die sich über eine Länge von 12 Kilometern teilweise atemberaubend an eine Steilküste klammern. Die hohen Klippen werden von 5 etwas flacher abfallenden Tälern durchbrochen, in denen je eines der fünf Dörfer liegt. Sie zeigen die Entschlossenheit, an diesem unwirtlichen Ort zu siedeln. Für Jahrhunderte war dies eine heile Welt zwischen Fels und Meer. Die Menschen lebten in Isolation, da die Dörfer nur zu Fuß oder vom Meer her erreichbar waren.

Doch mit dem *Meer* verbanden die Dorfbewohner nichts Positives: sie waren kein Fischervolk, es gab noch nicht einmal Häfen. Wollte jemand tatsächlich mit einem Boot irgendwo hin, musste es mit Seilen von der *Piazza* aus zu Wasser gelassen werden. Lediglich in *Monterosso* und *Vernazza* gab es kleine Häfen. Denn das Meer brachte den Einwohnern nur Schrecken: bis zum Ende des 18. Jh. überfielen immer wieder Piraten die Dörfer, und da es in dieser Armut nichts zu rauben gab, wurden die Frauen und Kinder entführt und als Sklaven verkauft. Kein Wunder, dass die Häuser eher Festungen als Villen gleichen...

Da sich die karge Küstenlandschaft so rein gar nicht zum Ackerbau für Getreide oder Obst eignete, legten die Bewohner der *Cinque Terre* an den Abhängen der Steilküste **Terrassen** an, auf denen sie Olivenbäume und **Weinreben** kultivierten. Manchmal waren die Terrassen so winzig, dass nur 2 oder 3 Rebstöcke darauf Platz hatten. Damit der kostbare Boden nicht weggeschwemmt wurde, stützen die Winzer ihre Terrassen durch antike Steinmauern ab. **Die Trockenmauern sind aneinandergereiht mit insgesamt 11.000 km länger als die chinesische Mauer!**

Die Arbeit war hart und wurde fast ausschließlich von Frauen erledigt, denn die Männer verdingten sich in *La Spezia* zum Heer oder fuhren jahrelang zur See. Die Frauen der *Cinque Terre* waren auf sich allein gestellt…

Erst der Bau der *Trenini* – schmaler Rebenbahnen – erleichterte die mühsame und gefährliche Steilhangkletterei: die vollen Rebenkörbe konnten nun ohne Muskelkraft schnell und effektiv nach unten befördert werden. Nicht jeder besaß einen *Trenino* – die Winzer sprachen sich ab und teilten sich die wertvollen Bergbahnen.

Die Winzer züchteten seit je her spezielle Rebsorten, die dem kalten und salzigen Süd-Ost-Wind trotzten. Der Lohn für diese Mühen ist der milde und seit jeher hoch geschätzte Cinque-Terre-Wein **Sciacchetrà,** der bis heute eine Spezialität der Region ist. Schon *Plinius* aus dem antiken Rom war ein Fan dieses Weines und erwähnte ihn lobend. Der **Likörwein** ist ein geschützter Begriff der *Cinque Terre* und wird aus den **Traubensorten Bosco** (mind. 60%)**, Vermentino** und **Arbarola** hergestellt. Der *Sciacchetrà* hat einen Alkoholgehalt von mindestens 17%!

1870 kam die Eisenbahn in die heile Gebirgswelt der *Cinque Terre*, als die Verbindung *La Spezia – Genua* errichtet wurde. An das Straßennetz wurden die *Cinque Terre* allerdings erst in den 60er Jahren angeschlossen!

Die Terrassen um die *Cinque Terre* sind als **Nationalpark** geschützt und auf der Liste des Weltkulturerbes – deshalb darf hier nichts neu gebaut werden! Trotz der scheinbar ungestörten Idylle: Haupteinnahmequelle der fünf Ortschaften ist natürlich der **Tourismus**…sei es durch **Wanderer** oder die vielen **Tagestouristen.**

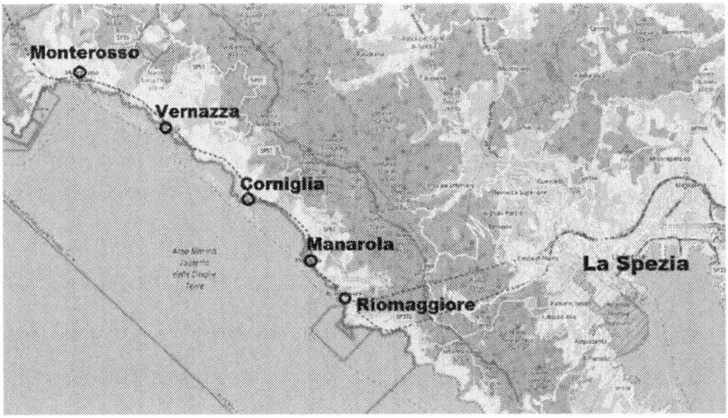

Wandern in den „5 Terre“

Der **Liebespfad *Via dell'Amore*** zwischen den 5 Dörfern ist sehr beliebt und entsprechend gut ausgebaut. Die Wanderstrecke beträgt ca. 11 km und führt durch die weitgehend unberührte Natur der *macchia mediterranea*. Man sieht weder Auto noch Hotelkomplex, sondern nur die atemberaubende Natur der Ligurischen Küste.

Wer die Wanderung (zumindest teilweise) wagen möchte: Der Weg geht von *Riomaggiore* nach *Manarola* (30min), weiter nach *Corniglia* (60min) und über *Vernazza* (90min) nach *Monterosso al Mare* (90min).

Gerade in **Riomaggiore** und **Manarola** wird man mit Bilderbuchdörfern belohnt, die sich ganz nah an die Klippen über dem Meer schmiegen. Die *Cinque Terre* sind sowohl bei Italienern als auch bei Touristen ein sehr beliebtes Wandergebiet, deshalb wurden die **uralten (Esels-)Pfade** zu bequemen und gut markierten Wanderwegen ausgebaut! Das kostet natürlich... Sie können es sich denken: seit ein paar Jahren muss man ein **Wanderticket kaufen**, um auf den Wegen wandeln zu dürfen! Das kostet **7,50 €** pro Person und Tag.

Wenn Sie mit dem *Cinque-Terre-Ticket* der Bahn angereist sind, dann ist die Wanderkarte bereits inklusive.

Fast jedes der *Cinque Terre* hat einen (kleinen) Strand – vergessen Sie also die Badesachen nicht! Der größte **Sandstrand** befindet sich in **Monterossa**, hier haben sich etliche Tavernen, Cafés und Bootsverleihe am Meer angesiedelt.

Und so kommen Sie hin:

Zug: Am Bahnhof von La Spezia und in den Touristinfos ist die „**Cinque-Terre-Karte**“ für die Bahn erhältlich.

Sie beinhaltet:
- unbegrenzte Zugfahrten auf der Strecke *Levanto – Cinque Terre – La Spezia*
- die Nutzung aller Minibusse des *Cinque-Terre-Park*
- den Zutritt zu allen Wanderwegen
- Internet Zugang

Die Tageskarte kostet 12 €, eine Familienkarte kostet: 31,50 €.
Die Züge fahren ungefähr im Halb-Stunden-Takt ab, einen genauen Fahrplan finden Sie als PDF auf **http://www.cinque-terre.org/de/zug-boot**. Bis zum ersten Dorf *Riomaggiore* sind es nur wenige Minuten mit der Bahn, bis zum weit entferntesten der 5 Dörfer ungefähr 20 Minuten.

Boot: Auch mit einem **Bootsausflug** sind die *Cinque Terre* ab La Spezia zu erreichen, hilfreich ist hier die Internetseite
http://www.cinqueterreriomaggiore.com/de/guides/cinque-terre-im-boot
Eine Fahrt kostet um die 20 €, Abfahrtszeit ist in La Spezia um 12.15 Uhr. Da sich die Fahrpläne aber öfters ändern, finden Sie auf **http://www.cinque-terre.org/de/zug-boot** die aktuellen Abfahrtszeiten.

Auto: Die dritte Möglichkeit ist ein **Mietwagen.** Gerade der Ausblick von der Steilküste hinunter auf die kleinen Dörfer ist einfach überwältigend! Jedes der 5 Dörfer ist mit dem Auto zu erreichen, allerdings über sehr serpentinenreiche und enge Gebirgsstraßen. Unten angekommen herrscht oft ein großes Parkplatzproblem, denn die Gässchen sind eng und zum Großteil für den Autoverkehr gesperrt. Sie müssen also außerhalb kostenpflichtig parken (wenn Sie denn das Glück haben, überhaupt einen Parkplatz zu ergattern) und dann in die Ortschaft hineinlaufen. Das ist zwar meist nicht weit, aber dennoch zeitraubend.

Käpt'n Känguru empfiehlt: Der Zug ist die günstigste und entspannteste Möglichkeit die *Cinque Terre* zu erkunden! Wer sportlich ist, kann ein Stück des *Via dell'Amore* wandern. Alle anderen genießen die 5 malerischen Ortschaften an der ligurischen See.

Ausflug: Pisa

Weiterhin befindet sich in unmittelbarer Nähe zu La Spezia der Touristenmagnet **Pisa.** Da die Mietwagenpreise in La Spezia horrend hoch sind, empfiehlt sich hier eine Bahnfahrt nach Pisa. La Spezia liegt direkt an der Bahnlinie *Ferrovia Tirrenica* von Genua nach Pisa, somit ist eine Zugfahrt zum schiefen Turm kein Problem. Für ca. 7,20 € fahren Sie mit dem Zug von *La Spezia Centrale* bis zur Haltestelle *Pisa S. Rossore* in Pisa. Von hier aus sind es nur ein paar Querstraßen bis zum großen Platz **Piazza dei miracoli** (dem **Platz der Wunder**), auf dem sich der Dom und der berühmte schiefe Turm sowie etliche andere Sehenswürdigkeiten befinden.
Wer erst eine Station später am Hauptbahnhof *Pisa Centrale* aussteigt, kann noch einen Bummel durch die Einkaufsstraßen Pisas machen. Nachdem Sie den Fluss Arno überquert haben, sind Sie in wenigen Minuten am Platz der Wunder. Tipps und Infos für Pisa und Florenz finden Sie im Kapitel „Livorno"!

Livorno - zum schiefen Turm von Pisa!

Land: Italien (Toskana)
Einwohner: 160.000
Währung: Euro

Livorno war in der Zeitgeschichte ein sehr unbedeutendes Städtchen. Die ehemals mächtige Seerepublik Pisa war lange Zeit durch den schiffbaren Arno mit dem Meer verbunden. Durch Anschwemmung von Sedimenten und Versandung wurde Pisa jedoch im Laufe der Jahre eine Binnenstadt. Deshalb wurden ab dem 13. Jh. nach und nach alle Angelegenheiten der Seefahrt nach Livorno verlegt. Inzwischen trennen einige Kilometer die ehemalige Seemacht vom Meer. Dementsprechend legen Sie in einem großen Containerhafen an, und ist es verboten eigenständig durch den Hafen zu laufen. Es werden **gratis Shuttlebusse** eingesetzt, die Sie in ein paar Minuten zum Hafenausgang bringen.

Klar, wenn man das erste Mal in *La Spezia* oder *Livorno* anlegt, locken **Pisa und Florenz**!! Vor allem Pisa will wirklich jeder sehen, denn schon allein der schiefe Turm ist weltberühmt. Und er ist nicht das einzige Wunder am "**Platz der Wunder"...**
Doch wie schaut es mit Livorno selbst aus? Mancher Hafen steht im Schatten einer großen Stadt und hat dabei selbst einiges zu bieten.
Leider, ja leider, ist das bei Livorno nicht so...
Gleich nach dem Hafenausgang sieht man den **"Mercatino Americano"**: dutzende kleiner Stände haben sich auf einem überdachten Platz angesiedelt und warten auf Kreuzfahrttouristen. Angeboten werden hauptsächlich amerikanische Armeeprodukte (hier ist die Auswahl schier gigantisch!), und auch Alltagsbekleidung in Form von Jeans und Shirts. Es mangelt dem Markt nicht an Waren, sondern eher an Käufern (denn die meisten Touristen strömen gen Pisa). **Adresse**: am Anfang der Straße *Cinta Esterna*
Hält man sich rechts (südlich) über eine Brücke, kommt man zur **Fortezza Vecchia**, die 1521 von den Medici zur Verteidigung des Hafens gebaut wurde. Der Turm *Mastio di Matilde* ist sogar noch älter, er stammt aus dem 11. Jh.

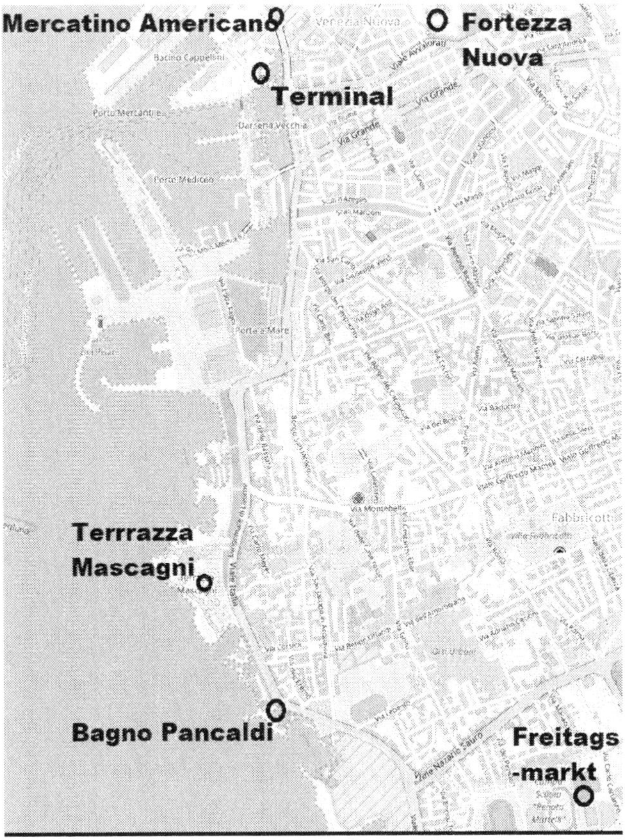

Ab hier beginnt die **Uferpromenade Viale Italia**. Diese ist leider ohne tolle Geschäfte, Bars oder Cafés und auch beim Thema Strand herrscht Fehlanzeige. Mal abgesehen von einem dreckigen 5 Meter langen Sandabschnitt im muffelnden Hafenwasser.1,5 Kilometer der Uferpromenade entlang gibt es dann doch eine saubere Bademöglichkeit. Allerdings ist es eine Art **Strandbad**, vergleichbar mit einem deutschen Freibad, das Eintritt kostet. Das **Bagno Pancaldi** stammt aus dem Jahre 1840, man kann das Flair längst vergangener Zeit durchaus noch spüren. Leider wurde eine Modernisierung schon länger nicht mehr vorgenommen.Man kann sowohl in einem Pool als auch im Meer schwimmen, zudem werden (Tret-)Boote vermietet.
Aber um extra Eintritt zu bezahlen - sooo schön ist das Strandbad nun auch wieder nicht. Ihr Schiff hat garantiert attraktivere Pool und Jacuzzis!
Strandbad Bagno Pancaldi , direkt an der Uferpromenade *Viale Italia*.

Einige hundert Meter weiter liegt der weitläufige Park/Platz **Terrazza Mascagni** mit dem Pavillon **Gazebo** direkt am Meer. Alles wirkt aber unspektakulär und etwas heruntergekommen, von Veranstaltungen oder Events ganz zu schweigen. Wenn Sie jetzt noch an der nautischen "*Accademia Navale*" vorbeigehen, können Sie freitags von 8.00 - 14.00 Uhr einen wirklich großen **italienischen Markt** besuchen. Beachten Sie, dass der Markt um 13.00 Uhr bereits mit dem Abbau beginnt, damit um 14.00 Uhr alles (außer diversen Müllbergen!) verräumt ist. Auf dem "typisch italienischen Markt" wird hauptsächlich Kleidung, Obst und Gemüse verkauft.

Adresse: Hinter dem Stadion und der Pferderennbahn "Ippodromo" erstreckt sich der Markt über die angrenzenden Straßen der *Via dei Pensieri*.

Der zweite Bezirk einer üblichen Hafenstadt – der sonst ein Garant für Sehenswürdigkeiten ist und damit Touristen anlockt – ist die **Altstadt**. Aber auch hier fehlen in Livorno die typisch italienischen Prachtbauten und antiken Palazzi ebenso wie interessante Geschäfte oder Ausgrabungen. Selbst die Festung "**Fortezza Nuova**" – ein klobiger Fortifikationsbau umgeben von einem breiten Wassergraben – erscheint eher unspektakulär.

Ist es Ihnen zu weit durch das unspektakuläre Livorno zu laufen, können sie ab dem Hafenausgang den Hop-on-hop-off-Bus nehmen, der 2 Touren anbietet:

1. Eine Stadtrundfahrt durch Livorno bis zur Talstation der Bergbahn zum Dörfchen **Montenero**.

Die Standseilbahn **Funicolare di Montenero** ist bereits im Preis des Hop-on-hop-off-Busses inbegriffen. Die Fahrt von *MONTENERO Basso* bergauf nach *Montenero lato* dauert nur wenige Minuten.

Am Gipfel erwartet Sie ein **Kloster** aus dem 18. Jh. mit einer schönen Parkanlage und der **Wallfahrtskirche** *Santuario di Montenero.* Die Basilika ist ein wichtiger Wallfahrtsort für die Gläubigen in der Toskana.

Basilika, Kapelle und Park sind von 7.00 - 12.30 Uhr und 14.30 - 19.00 Uhr geöffnet.

Erwachsene zahlen für den roten Sightseeing-Bus 12 €, Kinder 6 €. Bilder und Infos unter http://www.santuariomontenero.org/

2. Der Hop-on-hop-off-Bus bietet für 23 € (Kind 14 €) sogar eine Tour bis nach **Pisa** an! Infos unter **http://www.tuscanybus.com/en**

Trotz allem lohnt sich Livorno nicht wirklich, denn alles wirkt alt, ein wenig heruntergekommen und unspektakulär...

Daher der Tipp: auf nach Pisa oder Florenz!

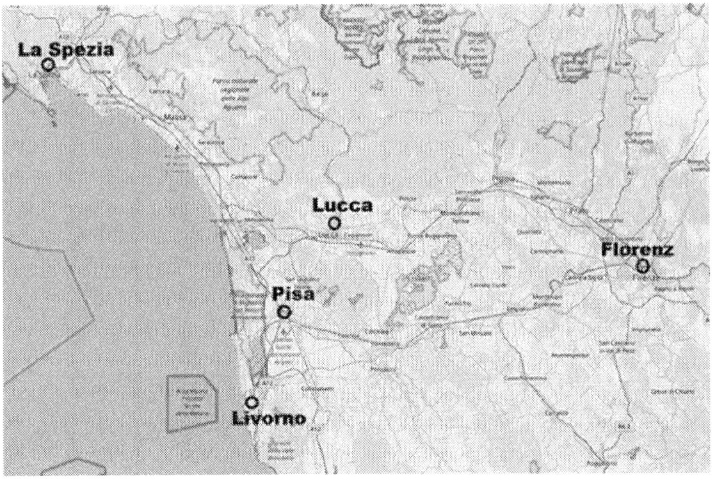

Ausflug: Pisa

Am Hafenausgang warten **Taxis** auf Sie. Einige Fahrer von **9-Sitzern** sprechen gezielt Passagiere an und "sammeln" Fahrgäste bis der **Van** voll ist. Die 20km-Fahrt nach Pisa (und natürlich zurück, oft sogar incl. Stadtrundfahrt) kostet für den kompletten Van 100 €, also bleiben pro Person ca. 13 €. Damit die günstigste Möglichkeit nach Pisa zu kommen! Diese Großraum-Taxis werden von Crewmitgliedern und Passagieren gleichermaßen gerne genutzt und sind sehr zuverlässig.

Des Weiteren hat sich das **lokale Busunternehmen TuscanyBUS** auf Ausflüge nach Pisa und Florenz spezialisiert:

Livorno - Pisa	15 €
Livorno - Florenz	30 €
Livorno - Pisa - Florenz	38 €

Die Busse haben eine weiße Farbe und starten in der Nähe des Hafen-Shuttle-Busses. Infos unter **http://www.tuscanybus.com/en,** Tickets sind im Vorfeld online erhältlich (natürlich auch vor Ort). Die Busse garantieren eine Rückkehr im vereinbarten Zeitfenster.

Auch die **roten Sightseeingbusse** werden auf dieser Seite angeboten, einer davon fährt bis nach Pisa.

Alternativ nehmen Sie die **italienische Bahn**, sie fährt Sie kostengünstig (ca. 2,60 €) innerhalb von 15 Minuten von Livorno nach Pisa. Steigen Sie am Bahnhof *Pisa San Rossore* aus. Laufen Sie nach Osten – innerhalb weniger Minuten haben Sie den Platz der Wunder erreicht!

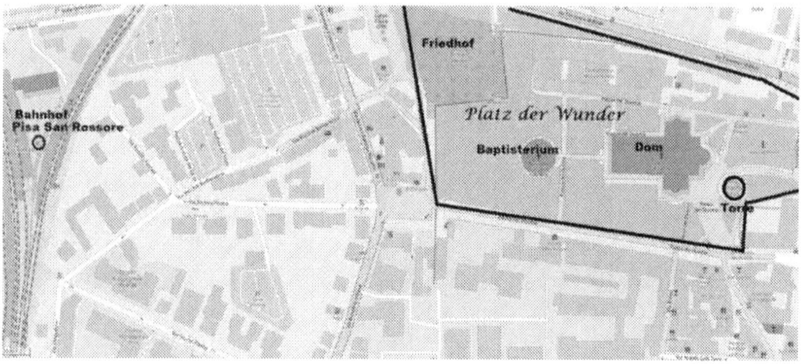

Wegen der aktuellen Terrorproblematik ist der Platz der Wunder scharf be- und

überwacht (Betonsperren, Soldaten usw…) Der offizielle Name des weltbekannten schiefen Turmes ist **„DI PISA TORRE PENDENTE“**. Ursprünglich war der Turm als Glockenturm gedacht, er wurde aber dummerweise auf versandetem Untergrund gebaut, so dass er sich 12 Jahre nach Grundsteinlegung im 12. Jh. sichtbar absenkte. Ab dem dritten Stockwerk wurden dann die nächsthöheren Etagen verschoben gebaut, um die Schieflage des Bauwerkes auszugleichen. Die Bauzeit war von 1173 - 1350, jetzt ist der *Campanile* (Glockenturm) 55 Meter hoch und 12 Meter breit und besteht aus 14.200 Tonnen weißen Carrara-Marmors. In den 90er-Jahren musste der Turm komplett für den Publikumsverkehr geschlossen werden. Nach umfangreichen Sanierungsmaßnahmen, in deren Rahmen der schiefe Turm um 44 Zentimeter ausgeglichen wurde, ist er seit 2001 nun wieder für Besucher zugänglich. Es ist jedoch ziemlich anstrengend, die 294 schiefen Stufen bis zur Spitze hinauf zu steigen, vor allem da die nächsten Besucher ja von unten nachdrängen.

Der Zutritt ist auf 40 Personen begrenzt und der Aufstieg wird vom Personal des Turmes überwacht. Einlass ist von 9.00 Uhr bis Sonnenuntergang alle 20 Minuten. Der Eintritt kostet 18 €, für Kinder unter 8 Jahren ist der Zutritt untersagt.

Sie können jedoch (um lange Wartezeiten zu vermeiden) die Eintrittskarten unter **http://boxoffice.opapisa.it/Turisti** vorbestellen.

Neben dem schiefen Turm ist natürlich der (zugehörige) **Dom Santa Maria Assunta** eine Attraktion in Pisa. Er ist berühmt für das von Giovanni Pisano geschaffene Chorgestühl. Leider wurden bei einem verheerenden Brand in den 50er-Jahren viele originale Elemente vernichtet.

Geöffnet ist der Dom von 10.00 - 20.00 Uhr, der Eintritt ist für Turmbesteiger inclusive.

Zentral auf der schönen grünen Wiese der *Piazza dei Miracoli* steht das **Baptisterium**, die größte freistehende Taufkapelle. Sie hat einen Umfang von über 100 Meter und ist stolze 54 Meter hoch, toll ist ihre aufwändige runde Kuppel. Auch sie wurde – wie auch der Dom und der Glockenturm – im 12. Jh. gebaut, weist aber viele verschiedene Stilelemente auf. Was für eine Kapelle!
Öffnungszeiten 10.00 - 17.00 Uhr.

Als letztes „Wunder“ von Pisa ist der berühmte monumentale Friedhof **Camposanto Monumentale** zu nennen, auf dem viele antike VIP-Pisaner ihre letzte Ruhestätte gefunden haben. Berühmt war der Friedhof für seine vielen kunstvollen Fresken, von denen jedoch ein Großteil im zweiten Weltkrieg zerstört wurde. Die verbliebenen Fresken sind jetzt im Museum *Museo delle Sinopie* (am Rand des Platzes der Wunder) ausgestellt. Sie müssen aber schon ein Kunstliebhaber sein, um den Wert der Fresken schätzen zu wissen: viele Touristen sind von dem Museum eher enttäuscht.
Öffnungszeiten 8.00 - 20.00 Uhr.

Käpt'n Känguru empfiehlt:
Mit dem TuscanyBUS oder einem Großraumtaxi nach **Pisa** zum „Platz der Wunder“ fahren! Livorno selbst hat nicht viel zu bieten…

Ausflug Florenz

Genauso wie Sie nach Pisa kommen, so kommen Sie auch nach Florenz: entweder mit dem **Tuscany-BUS** für 30 € oder mit der **italienischen Bahn**. Die Fahrzeit beträgt ca. 1 - 1½ Stunden, das günstigste One-way-Ticket des Zuges kostet 9,69 €. Steigen Sie am besten an der Haltestelle ***Firenze Santa Marina Novella*** (Firenze S.M.) aus. Der Bahnhof liegt zentral zur Altstadt von Florenz.

Es gibt in Florenz 3 Top-Sehenswürdigkeiten: die **Brücke Ponte Vecchio** über den Arno, die *Piazza della Signoria* mit dem **Palazzo Vecchio** und den **Dom**.

Wenn Sie sich vom Bahnhof aus Richtung Süd-Osten halten, kommen Sie in die Altstadt und bereits nach wenigen Minuten zum **Dom Santa Maria del Fiore**. Das imposante Bauwerk auf der *Piazza del Duomo* ist das viertgrößte Gotteshaus in Europa und stammt aus der Renaissance. Zwar gab es im 13. Jh. mehr als genug kleine Kirchen in Florenz, doch die Nachbarstädte Siena, Pisa und Venedig besaßen traumhafte kirchliche Monumente. Ein repräsentatives Gotteshaus musste her! Sogleich begannen die Bauarbeiten an dem neuen Statussymbol, doch erst 1418 beschloss man den krönenden Abschluss der Kathedrale mit einem imposanten Kirchendach: **der größten Kuppel der damaligen Welt!!!** Nach vielen architektonischen Problemen wurde der Dom am 25. März 1436 vom Papst als vollendet erklärt und eingeweiht. Der florentinische Dom ist mit seiner gewaltigen 2-schaligen Kuppel mit einem Durchmesser von 45 Metern eine architektonische Meisterleistung und gilt als das Hauptwerk von *Filippo Brunelleschi* (Inspirationen holte man sich vom Pantheon in Rom). Auch an der musikalischen Ausstattung wurde nicht gespart: der Dom beherbergt 3 Orgeln!

Verwunderlich: **der Eintritt in den Dom ist gratis!** Allerdings kostet der Besuch der Kuppel, des Baptisteriums, des Glockenturms und des Dom-

Museums eine Gebühr, zudem gibt es unterschiedliche geführte Besichtigungstouren.

Weiter geht es zum **Piazza della Signoria**. Grabungen haben überraschenderweise ergeben, dass der Platz **bereits seit der Jungsteinzeit besiedelt ist!** Unter dem Pflaster der Piazza befinden sich noch heute Relikte aus etruskischer, mittelalterlicher und römischer Zeit! Obwohl auch Funde aus der Bronzezeit zu Tage kamen, war die Bevölkerung massiv gegen weitere Grabungen, sodass die Archäologen ihre Arbeit 1989 einstellten und die frühzeitlichen Schätze seitdem unter der Piazza schlummern lassen...

Mit den Römern wurde die Piazza zu einem wirtschaftlichen, kulturellen und gesellschaftlichen Zentrum, das u.a. auch das Theater beherbergte. Ab dem 10. Jh war man die alten Bauten leid und riss alles ab, um hier das **politische Zentrum** zu verwirklichen. Bis zum 13. Jh. wurde unter der mächtigen **Uberti-Familie** alles neu gebaut: das Handelsgericht bezog den „Tribunale di Mercatanzia" an der Ostseite des Platzes und das Parlament den *Palazzo del Popolo*. Mit dem Bau des neuen Palastes *Palazzo Pitti* (an der Südseite des Arno) wurde der stattliche Palazzo in „alter Palast" – **Palazzo Vecchio** – umbenannt. Heute beherbergt der gotische Bau das Rathaus von Florenz.
Dekoriert wurde die *Piazza della Signoria* (die übrigens nach der Stadtherrschafts- und Regierungspartei *Signoria* benannt ist) mit **Skulpturen von Michelangelo** und **Donatello**.

Direkt neben dem „alten Palast" *Palazzo Vecchio* sehen Sie die **Loggia dei Lanzi** aus dem 14. Jh. Sie erhielt ihren heutigen Namen von der Schweizer Garde (*lanzichenecchi* bedeutet Landsknechte), die hier im 16. Jh. stationiert war. Die Loggia wurde über Jahrhunderte für **öffentliche Kundgebungen, politische Reden und Empfänge** verwendet. Die Loggia ist nicht nur von Touristen, sondern zudem von vielen antiken Statuen bevölkert – darunter 2 Löwen, eine Statue des Perseus (mit der geköpften Medusa) und Herkules mitten im Kampf. Zentral auf der Piazza sehen Sie u.a. ein übergroßes **Reiterstandbild von Cosimo I.**, die **Davidstatue von**

Michelangelo und den **Fontana del Nettuno** – den Neptunbrunnen. Die *Piazza della Signoria* mutet wie ein großer Freiluft-Skulpturenpark an!

Nachdem Sie diesen einprägsamen Ort verlassen haben, wenden Sie sich Richtung Arno, denn über den Fluss führt eines der meistfotografiertesten Bauwerke von Florenz: die **Ponte Vecchio** (da *vecchio* alt bedeutet, ist die Übersetzung schlicht „alte Brücke"). Schon seit den Etruskern führte hier eine Brücke über den Arno. Der Werdegang ist ähnlich der Rialtobrücke in Venedig: die frühen Holzmodelle wurden immer wieder durch Brände oder Überschwemmungen zerstört, bis eine steinerne Segmentbogenbrücke einen dauerhaften Übergang über den Arno gewährleistete.1345 war die Steinbrücke dann fertig. Genau wie die Rialto beherbergt auch die *Ponte Vecchio* dutzende Läden in den seitlichen Arkaden, sodass die Brücke eher einer Gasse gleicht. Lediglich in der Brückenmitte haben Sie freie Sicht auf den Arno! Heute sind ausschließlich **Goldschmiede** und Schmuckgeschäfte in den Kaufmannshäuschen angesiedelt. Das war früher mal ganz anders: ursprünglich befanden sich auf der Brücke zweckmäßigerweise **Schlachter** (die einfachheitshalber ihre Schlachtabfälle und das Blut in den Arno werfen konnten) und **Gerber** (die ihre Materialien im Fluss waschen konnten und zugleich die Bleichmittel schnell „entsorgt" hatten). Die Einwohner von Florenz mussten nicht lange auf die Konsequenzen warten: der Arno verwandelte sich innerhalb kürzester Zeit in eine stinkende und versiffte Brühe ☹.
Juweliere und Goldschmiede produzieren keinen solchen umweltverschmutzenden Abfall und wurden deswegen die neuen Eigentümer der Brückenläden. Das ist bis heute so geblieben...

Schauen Sie mal genau in die Höhe: ein paar Meter über Ihnen befindet sich auf der Brücke der **Vasarikorridor – der geheime Gang der Medici!** Das

ist ein **überdachter Übergang**, der von den Wohnhäusern beim *Palazzo Pitti* (südlich des Arno) bis zum *Palazzo Vecchio* (nördlich des Arno) führt, und somit den feinfühligen Adeligen eine standesgemäße, geruchsneutrale und unbehelligte Passage von Wohn- zu Geschäftsleben ermöglichte. Er wurde im 16. Jh. von *Cosimo I. de' Medici* in Auftrag gegeben (der ja auch schon am *Palazzo Vecchio* und der Loggia herumgebaut

hat) und von **Giorgio Vasari** erbaut! Der **Corridoio Vasariano** verläuft auf hohen Rundbögen und ist fast 1 km lang. Nach der *Ponte Vecchio* verläuft der Korridor entlang der Uffizien und diverser anderer Palazzi bis zum *Piazza delle Signoria*. Vorbild war wohl der *Passetto di Borgo* in Rom, der den Papst sicher von der Engelsburg zum Vatikan laufen ließ.
Der Vasarikorridor kann noch heute betreten werden und beherbergt viele Gemälde unterschiedlicher Epochen.
Leider kostet die Besichtigung 92 € und ist nur in kleinen Gruppen mit einem Guide möglich. Buchen Sie bei Interesse am besten im Vorfeld unter **https://www.ticketsflorence.com/en/uffizi-accademia-tours-florence/vasari-corridor-tour-florence-uffizi**

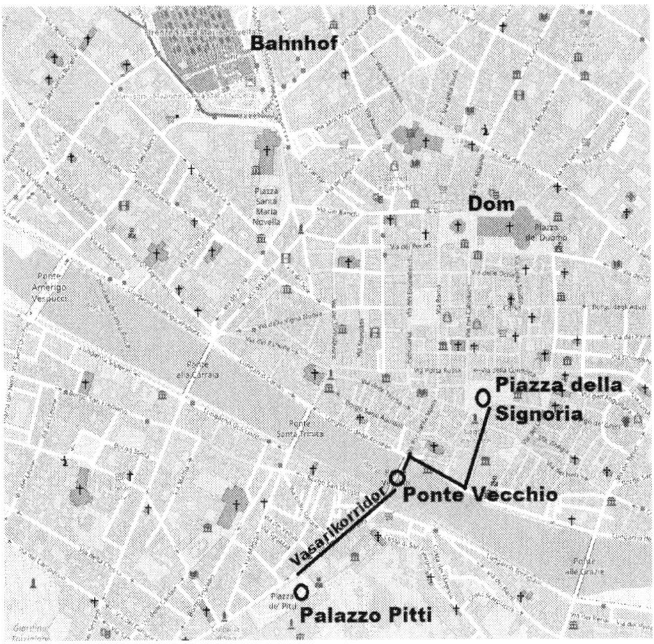

Käpt'n Känguru empfiehlt:
Mit dem TuscanyBUS oder dem Zug nach Florenz fahren und den Dom, die *Piazza della Signoria* und die *Ponte Vecchio* besichtigen! Alle 3 sind gratis!

Malaga - nicht nur ein Eis!

Land: Spanien (Andalusien, Costa del Sol)
Einwohner: 500.000
Währung: Euro

Malaga liegt im Süden der spanischen Provinz Andalusien, und ist bekannt für Rosinen, Wein, frittierte Sardellen und Eis. Und natürlich Sand, Sand und nochmals Sand! Malaga liegt schließlich in der Region *Costa del Sol* („die Sonnenküste") und ist von Stränden wahrlich umzingelt! Für Sie leicht zu erreichen ist der immer gut besuchte Stadtstrand **Playa de la Malagueta.** Sie sehen ihn bereits vom Schiff aus und kommen auf Ihrem Weg zur Altstadt unmittelbar daran vorbei. Vergessen Sie Ihre Badesachen nicht: der 1,2 km lange Strand ist sauber und sehr beliebt.

Am Pier sehen Sie den weißen Leuchtturm **La Farola**. Das Wahrzeichen der Stadt Malaga stammt aus dem Jahr 1817. Viele Geschäfte und Cafés laden im sauberen offenen Hafenviertel zum Bummeln ein. Auf der linken Seite verläuft entlang des Jachthafens der *Paseo del Muelle Uno* mit vielen Boutiquen und Outlet-Stores. An seinem Ende wurde ein herrlicher und großzügiger Park mit vielen exotischen Pflanzen wie Strelitzien, Palmen und Bananenstauden angelegt – eine Oase der Ruhe.

An der großen Straße beim Park fahren die Hop-on-hop-off-Busse alle halbe Stunde ab. Kostenpunkt 18 €.
Eine **Bimmelbahn** fährt Sie alternativ für 3 € vom Anleger bis hierher in die Stadt.
Sie können Malaga aber ohne Probleme zu Fuß erkunden, da alle Sehenswürdigkeiten zentral gelegen und gut zu finden sind.

Ein Stück östlich – am Rande des Festungsberges – liegt die **Stierkampfarena La Malagueta**. Mit 14.000 Plätzen und einem Durchmesser von 50 Metern gilt sie als eine der größten Stierkampfarenen in ganz Spanien. Während der Stierkampf mittlerweile in weiten Teilen Spaniens verboten ist, kann man in Malaga dieses blutige Spektakel noch live erleben. Ob sich ein Besuch dieser Abschlachterei lohnt, muss jeder selbst entscheiden... ☹

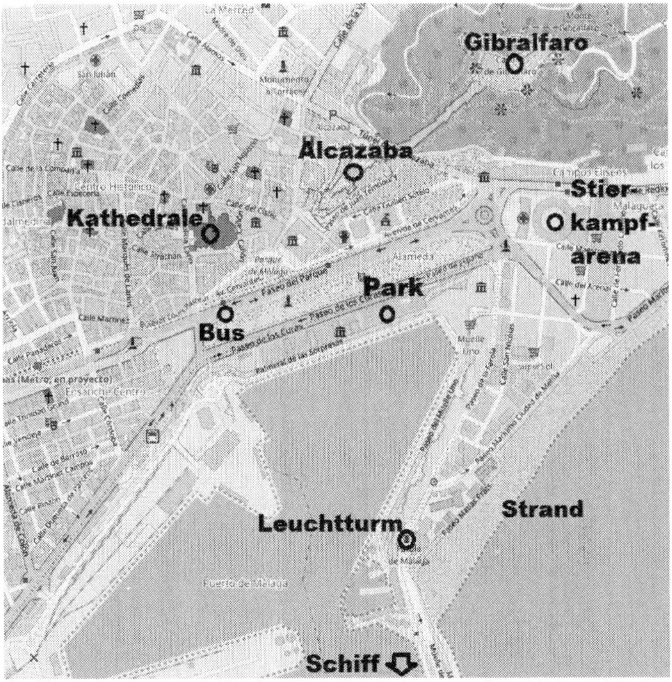

Sehr sehenswert ist die **Alcazaba,** eine maurische Festungsanlage, die im 11. Jh. vom Maurensultan *Badis* errichtet wurde. Die arabische Bezeichnung „al qasba" (Alcazaba) heißt auf Deutsch „Zitadelle". Die Festungsanlage bestand aus 110 Türmen, Gebäuden, Gärten, Wohnungen und Moscheen. Am Fuße der Alcazaba (angrenzend an die Innenstadt) befinden sich die Ausgrabungen eines **Amphitheaters mit einem kleinen, sehr modernen Museum. Der Eintritt für beides ist gratis!**

Zur Alcazaba selbst gelangen Sie über einen schönen Fußweg vom Park aus.

Die Öffnungszeiten der Alcazaba sind von 09.30 - 20.00 Uhr. Der Eintritt kostet 2,20 €. Sonntags ist ab 14 Uhr der Eintritt gratis!

Alcazaba: *Calle Alcazabilla 2, 29012 Malaga*

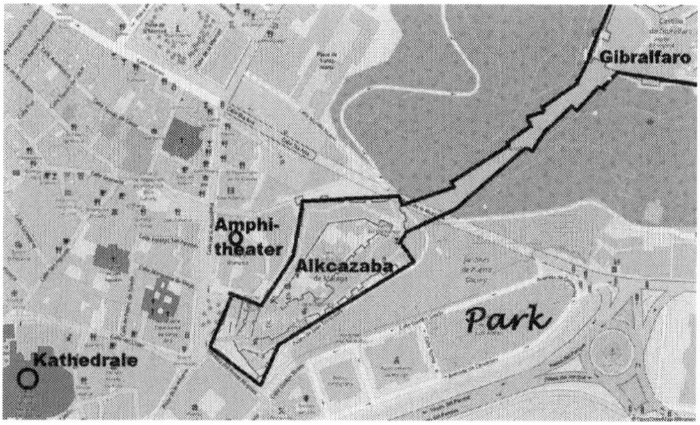

Gehen Sie ab der Alcazaba über die **„coracha"** weiter bergauf: der bewehrte Gang entlang der doppelten Befestigungsmauer verbindet die *Alcazaba* mit dem *Castillo de Gibralfaro*. Nach ein paar tollen Aussichtspunkten kommen Sie zur Burganlage **Castillo de Gibralfaro.** Der Name kommt von *Jbel-Faro* = „Felsen des Leuchtturms", denn während der Epoche der Phönizier stand auf dem Hügel ein **Leuchtturm**. Die Aussicht ist auch heute noch phänomenal und reicht bei guter Sicht bis nach Afrika! Die ersten Siedlungsspuren der Festungsanlage stammen aus der Antike. Weitere Umbauten erfolgten im 10. Jh. und hauptsächlich im 14. Jh. unter dem *Emir Yusuf I.* Er entwarf und baute das *Castillo de Gibralfaro*, genauso wie auch Teile der *Alhambra* in Granada. Im ehemaligen Pulverlager befindet sich heute ein Infobereich. Vor dem Haupteingang der Festung fährt die **Buslinie 35** ab, die nach einer schönen Fahrt durch Malaga direkt am Park im Hafenbereich am *Alameda Principal/Paseo del Parqe* hält. Die Fahrt kostet 1,30 €. Sie können sich natürlich auch den anstrengenden Aufstieg zu den beiden Festungen sparen und gleich mit dem Bus nach oben fahren. ☺

Adresse: *Monte Gibralfaro, 29016 Malaga*

Ein Erwachsener zahlt 2,20 € Eintritt. Das Kombi-Ticket für Alcazaba und Gibralfaro kostet 3,55 €. Sonntags ist der Eintritt auch hier ab 14 Uhr gratis!

Käpt'n Känguru empfiehlt:
Zur Alcazaba hochsteigen oder -fahren und einen herrlichen Ausblick über Malaga genießen!

Genießen Sie einen Bummel durch das Stadtzentrum mit den **Calles**, vor allem in der teuren **Einkaufsstraße *Calle Larios***.
Die Kathedrale **Catedral de la Encarnación** finden Sie mitten in der Altstadt. Wie bei so vielen Kirchen üblich, wurde auch dieses Gotteshaus auf den Überresten einer Moschee erbaut. Die Bauphase erstreckte sich über 250 Jahre von der Grundsteinlegung im Jahre 1528 bis weit ins 18. Jh. hinein. Das

sieht man auch an den Einflüssen der verschiedenen Baustile im Laufe der Jahrhunderte: von Renaissance über Gotik und Barock bis hin zu Neoklassizismus wurde alles Mal ausprobiert... Aus Geldknappheit konnte jedoch kein zweiter Glockenturm gebaut werden. Daher kommt auch ihr Beiname **La Manquita,** *die Einarmige.* Als Ausgleich zum fehlenden Glockenturm verfügt die **Catedral de la Encarnación** über zwei wertvolle Orgeln mit über 9000 Pfeifen! Sie ist außerdem die einzige Kathedrale mit einem eigenen Garten! **Die Öffnungszeiten sind von 9.00 - 19.00 Uhr. Der Eintritt kostet 5 €** (*vielleicht wird von dem Eintritt irgendwann mal der Glockenturm finanziert?☺*)
Adresse: *Calle Molina Lario 9*

Möchten Sie einen stressfreien und gemütlichen Tag in Malaga verbringen? Dann bietet sich eine ***Fahrradrikscha***-Tour an! Ein ausgewanderter Deutscher hat diese Marktlücke entdeckt und zeigt Touristen für ***15 €*** Malaga. Super Fremdenführer inklusive! Reservierungen und Informationen erhalten Sie unter **www.sobre2ruedas.net** und **www.sobre3ruedas.com**.
Anzutreffen sind er und seine Mitarbeiter auch ohne Voranmeldung oft vor der Kathedrale. Eine klasse Möglichkeit, durch die komplette Altstadt geführt zu werden!

Ausflug: Alhambra

Ein absolutes Highlight der Region liegt jedoch 70 km außerhalb von Malaga: die berühmte **Alhambra** in **Granada**! Die **Kasbah** (das bedeutet *Stadtburg*) liegt auf dem *Sabikah*-Hügel zentral in der Stadt. Die gigantische Anlage ist 740 Meter lang und über 200 Meter breit. *Qasr al-hamrā'* ist Arabisch und kann mit „Roter Palast" übersetzt werden. Die Ziegel der Außenmauern haben nämlich einen auffällig roten Schimmer. Und auch der Name der Stadt ***Granada*** besitzt eine Parallele zur Farbe *Rot:* **Granat-Rot**.
Die erste Besiedelung dieses strategisch wichtigen Burgberges erfolgte bereits in vorrömischer Zeit. Die jetzige Anlage entstand zwischen 1238 und 1354 als Wohnsitz der maurischen Herrscher: sie wollten das Paradies auf Erden darstellen! Die Alhambra besteht aus mehreren Segmenten: dem **Generalife** (ein Sommerpalast außerhalb der Mauern), der **Medina**, der **Zitadelle** (auch *Alcazaba* genannt, hier befanden sich Waffenschmiede und Militär) und die **Paläste der Nasriden.** Im 13. - 15. Jh. hatten die maurischen Nasriden-Herrscher in der Alhambra ihren Regierungssitz und errichteten sich prunkvolle Residenzen. Noch heute sind die **Nasridenpaläste** mit ihren wundervollen Gärten das Herzstück der Stadtburg. Verpassen Sie nicht den **Königspalast** und den **Löwenhof** (mit dem Löwenbrunnen mit seinen 12 weißen Marmor-Löwen und dem Alabasterbecken). Für die Besichtigung der imposanten Festung Alhambra müssen Sie ungefähr drei Stunden einplanen.

Sie haben die Möglichkeit mit dem **Bus** zur Alhambra zu fahren: vom Hafen Malagas bis zum nahe gelegenen Busbahnhof sind es ca. 15 Minuten Fußweg (im Park beim Jachthafen). Dort fahren zu jeder vollen Stunde Busse nach

Granada ab. Die Fahrdauer beträgt ca. 2 Stunden und kostet einfach 12 €. In Granada steigen Sie am Busbahnhof in der Nähe der Kathedrale (*Calle Santa Isabel la Real*) in einen Bus zur Alhambra um: **Buslinie C3.**
Auch **Taxis** fahren von Malaga zur Alhambra, kosten aber um die 100 €. Mit einem **Mietwagen** nehmen Sie ab Malaga zuerst die Autobahn A-46 und wechseln dann ein Stück nördlich auf die Autobahn A-92.
Adresse der Alhambra: *Calle Real de la Alhambra, 18009 Granada*
Der Eintritt für die Alhambra kostet 14 €, eine vorherige Reservierung unter **www.alhambra-tickets.es** oder **www.ticketsmasters.es** ist dringend notwendig! Gerade im Hochsommer sind die Eintrittskarten limitiert, und der Eintritt in den **Nasridenpalast** erfolgt nur zu einer auf dem Ticket **vorgedruckten Zeit.** Hintergrund: Es werden pro 30 Minuten nur 300 Leute eingelassen. Betritt man die Örtlichkeiten während dieser Zeit nicht, verfällt die Möglichkeit der Besichtigung!
Weitere Infos erhalten Sie auf **www.turgranada.es**

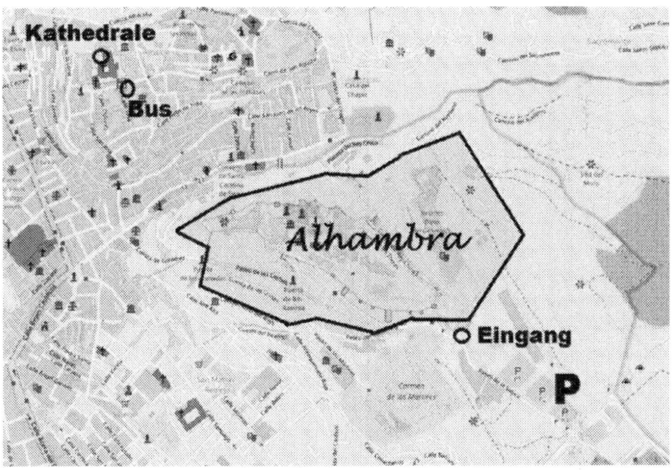

Es gibt verschiedene Arten von Eintrittskarten:
- **Tagesbesichtigung in 2 Varianten: entweder 8.00 - 14.00 Uhr oder 14.00 - 18.00 Uhr**
- Besichtigung nur der *Gartenanlagen*
- *Nachtbesichtigung* des Nasridenpalastes

Achtung: Die Alhambra kann nur **innerhalb des** für die jeweilige Eintrittskarte **festgelegten Zeitraums besichtigt werden** (Vormittag, Nachmittag oder Nacht), und die Besucher können nur bis zum Ende der entsprechenden Besichtigungszeit in der Alhambra bleiben.

Marseille - eine Stadt im Wandel

Land: Frankreich (Provence-Alpes-Côte d'Azur)
Einwohner: 800.000
Währung: Euro

Marseille ist die älteste Stadt Frankreichs. Sie liegt im Golf von Lyon und ist Frankreichs wichtigste Hafenstadt. Griechische Seefahrer gründeten die Siedlung *Massalia*, die im 7. Jh. zu einem Seehandelszentrum aufblühte und zur größten und reichsten griechischen Siedlung im Mittelmeer wurde. Immer wieder gab es Konflikte mit keltischen Stämmen aus Gallien, und Marseille wurde schließlich von den Sarazenen zerstört. Nach dem Wiederaufbau wurde es im Jahre 1200 zur eigenständigen Republik und 1481 mit Frankreich vereinigt.

Viele Franzosen bezeichnen Marseille als **Hauptstadt des Verbrechens**. In Marseille spielt sich das kriminelle Leben mit Waffenhandel und Drogen nicht wie sonst üblich in den sozialen Brennpunkten der Vororte ab, sondern leider mitten im Zentrum. Gerade in den nördlichen Stadtvierteln kommt es häufig zu Unruhen und Ausschreitungen. Alleine im Norden der Stadt werden jedes Jahr 25 Morde verübt!
Zudem ist Marseille stark durch die Einwanderung von Afrikanern geprägt. Im Stadtviertel *Felix Pyat* sind die Franzosen weggezogen, nachdem die Kriminalität und Sozialproblematik durch unzählige Einwanderungswellen schier überhandgenommen hat. Jeder dritte Einwohner Marseilles ist nicht in Frankreich geboren! In diesem Schmelztiegel der Kulturen gehören Migrationsprobleme zum Alltag.
Vom äußeren Eindruck erscheint die Stadt eher als unspektakuläre Industriestadt, doch gerade die Altstadt hat einen besonderen Charme und lockt als Kulturmetropole Millionen Touristen an. Das Motto des „Touristen-Marseille" ist **Kunst statt Verbrechen**!

Öffentliche Verkehrsmittel sind in Marseille wirklich notwendig, denn der Kreuzfahrthafen liegt ungefähr 8 km außerhalb der Innenstadt. Meist werden seitens des Schiffes kostenpflichtige Shuttlebusse bis zum alten Hafen in Innenstadtnähe eingesetzt. Die kosten jedoch meist 10 - 20 €.
Das können Sie sich aber getrost sparen: nehmen Sie den **hafeneigenen Gratisbus**! Der *Navette Croisiere Bus* startet ca. 100 Meter von der Anlegestelle entfernt **hinter dem Hafentor** und fährt die Kreuzfahrtpassagiere kostenlos bis zur Haltestelle **Joliette** in der Nähe des alten Hafens. Direkt an der Haltestelle sind schon etliche Sehenswürdigkeiten Marseilles. Damit ist dieser Bus das perfekte Transportmittel.

Möchten Sie diesen Bus nicht benutzen, laufen Sie bis zum Hafenausgang bis Sie über eine Brücke kommen. Auf der linken Seite fahren hier öffentliche **Busse** der **Linie 35** ab. Fahren Sie bis zur Endhaltestelle *Joliette;* das Tagesticket kostet 4,50 €.
Der Bus hält an einem wunderschön neu angelegten Uferweg.

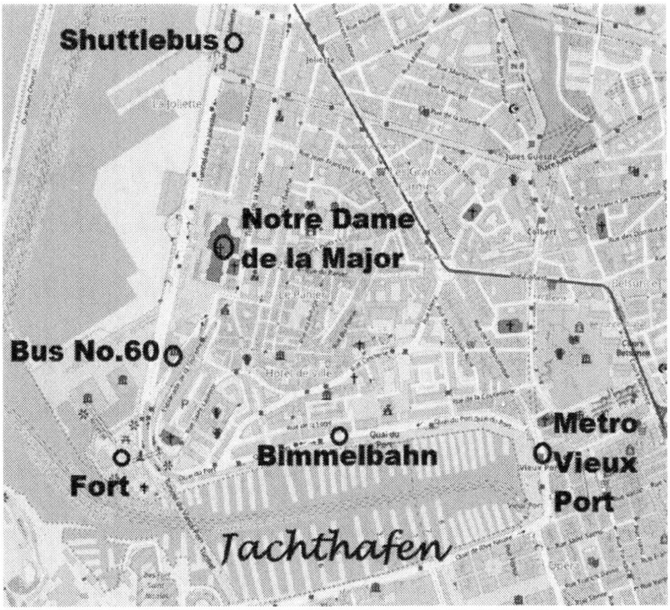

Nach Ihrer Ankunft mit dem Shuttlebus sehen Sie bereits 200 Meter südlich die Kathedrale **Notre Dame de la Major.** Schon von außen stellt dieses alte Bauwerk einen ungewöhnlichen Anblick dar: die fremdartig wirkende gestreifte Fassade wird von vielen Türmchen und Balkonen unterbrochen, die teilweise wie Minarette wirken. Andere Elemente erinnern eher an griechische Architektur – auf jeden Fall eine sehenswerte Kirche! Ab 10 Uhr ist sie zur Besichtigung geöffnet, allerdings ist die Innenausstattung eher schlicht gehalten.
Vor der Kathedrale erstreckt sich ein sauberer weitläufiger Platz, auf dem sich

ein neuer außergewöhnlicher Kinderspielplatz sowie ein nettes Café befinden. Und gratis WLAN!

Gegenüber der Kathedrale liegt ein sehr schöner offener Uferbereich mit dem modernen **MUCEM** – ***La Galerie de la Mediterranee***, das sowohl mit Einkaufsmöglichkeiten als auch mit Ausstellungen lockt. Hier können Sie tolle Fotos vom Fort und von den umliegenden Inseln und dem Meer machen. Fährt man im Inneren des MUCEM mit dem Aufzug hoch, kommt man über eine Brücke zum alten **Fort Saint-Jean.** Der Besuch des Forts ist gratis, nur für eine Ausstellung müsste man extra Eintritt bezahlen. Eine Art Rundweg führt oben um das ganze Fort herum, hier hat man eine prima Aussicht auf ganz Marseille und das Umland. Eine weitere Brücke führt vom Fort bis in den alten Hafen.

Adresse: *Avenue Vaudoyer, Marseilles*

Der **alte Hafen** ist einer der schönsten und berühmtesten des Mittelmeerraumes und das pulsierende Herz der Stadt. Der **Vieux Port** ist das Ausgangsziel für die meisten Ausflüge in die Umgebung von Marseille und bildet das ***touristische Zentrum***. Trotz der Millionen von Touristen ist ein kleiner Teil des riesigen Platzes immer noch der alte Fischereihafen geblieben: Jeden Morgen verkaufen die lokalen Fischer an der Ostseite des Jachthafens ihre fangfrische Ware. Die verschiedensten Fischarten finden hier ebenso Käufer wie lebende Krabben oder Muscheln; und das unmittelbar neben den millionenschweren Jachten, die in der Marina vertäut sind!

Leider ist nicht alles so glänzend wie die Luxusboote: das Meer ist durch den ganzen Müll, den die Bewohner und Touristen unachtsam ins Hafenbecken werfen, stark verschmutzt. Freiwillige reinigen in gewissen Abständen das Hafenbecken und ziehen dabei von Bauzäunen und Einkaufswagen über Bierflaschen bis hin zu hunderten Sonnenbrillen immense Berge an Unrat aus den Tiefen. In 2 Stunden sammeln die Helfer ca. 100 Kubik Abfall!

Reizvoll ist eine Schiffstour von hier zu der **Gefängnisinsel** des *Grafen von Monte Cristo (***Château d'If**), die hier für ca. 15 € angeboten wird.
Infos finden Sie unter **www.frioul-if-express.com** und **http://www.marseille-tourisme.com/al/sehenswertes-touren/besichtigungen/bootsrundfahrt/**

Die gelben **Hop-on-hop-off-Busse** der Firma **L`OpenTour** fahren ab dem alten Hafen halbstündlich für 15 € die Innenstadt von Marseille mit 14 Haltestellen ab.

Ein Highlight für Kinder sind die **Minizüge „Petit Train Touristique"**, die vom alten Hafen losfahren. **Die einstündige Rundfahrt fährt bis zur Kathedrale *Notre Dame de la Garde* und kostet für Erwachsene 8 €, für Kinder 4 €.**

Weiterhin gibt es in Marseille **zwei U-Bahn-Linien** mit insgesamt 30 Stationen. Die Linie 1 hat am alten Hafen die Haltestelle *Vieux Port*.
Infos zum öffentlichen Verkehrsnetz auf **www.lepilote.com**.

Direkt am alten Hafen *Vieux Port* befinden sich ein Fischmarkt sowie ein Markt für Touristen. In unmittelbarer Nähe dahinter locken das **Einkaufszentrum Centre Bourse** mit über 60 Geschäften und die wichtigsten Einkaufsstraßen mit vielen kleinen Geschäften und Boutiquen. In diesem Viertel liegen noch zwei weitere große Einkaufszentren: *Saint Ferréol* und *Galeries Lafayette* sind von **10.00 - 20.00 Uhr geöffnet.**

Auf einem über 150 Meter hohen Kalksteinfelsen in der Stadtmitte erhebt sich weithin sichtbar die Kathedrale **Notre Dame de la Garde.** DIE Attraktion von Marseille! Die neun Meter große **goldene Marienstatue *„La Bonne Mère"*** ziert die Spitze des 40 Meter hohen Glockenturmes und soll die Einwohner Marseilles, die Seefahrer und auswärtige Pilger beschützen. Ursprünglich war dies ein Teil der Festungsanlage mit einem Leuchtfeuer für die Schiffe, bevor die mittelalterliche Kapelle zur Kathedrale ausgebaut wurde. Die heutige 140 Meter lange Emporenbasilika besitzt eine wunderschöne Kuppel in Goldtönen, viele Mosaike, Malereien und eine beeindrukkende Orgel.

Den starken Bezug zum Meer hat sich die Kirche bis heute bewahrt: Sie werden staunen, denn zusätzlich zu den kirchen-üblichen Heiligenstatuen und Fresken hängen dutzende **Gemälde mit Meeresmotiven** kunterbunt an den Kirchenwänden und unzählige **Schiffsmodelle** baumeln wie ein Mobile von der Decke! Extrem ungewöhnlich für eine Kathedrale! Die **Notre-Dame de la Garde** von Marseille werden Sie so schnell nicht vergessen...

Von außen haben Sie einen atemberaubenden **Panoramablick über Marseille und das „*Le grand bleu*"**!

Sie erreichen die Kathedrale mit der **Bus-Linie 60** ab dem alten Hafen *Vieux Port* (Haltestelle gegenüber dem Fort, nur 2 €) oder über ganz viele Treppen. Hier haben Sie allerdings eine Steigung von 15% zu bewältigen. Die Treppe beginnt nördlich der Kathedrale.
Die Öffnungszeiten der Kathedrale und Krypta sind von 7.30 - 17.30 Uhr.
Adresse: *Place de la Major, Marseille*

Käpt'n Känguru empfiehlt:
Mit dem kostenlosen Shuttlebus zum alten Hafen Vieux Port fahren, das Fort besichtigen und anschließend mit Bus No. 60 für nur 2 € zur Kathedrale hochfahren!

Messina - das Tor Siziliens

Land: Italien (Sizilien)
Einwohner: 260.000
Währung: Euro

Messina liegt im Nordosten der Insel Sizilien und ist die drittgrößte Hafenstadt der Region. Sie liegt in der *Straße von Messina*, einer Meerenge zwischen Sizilien und dem italienischen Festland. Ihr Beiname ist deswegen *„das Tor Siziliens"*. Die Geschichte der Siedlung reicht bis zu den Seeräubern aus dem 8. Jh. vor Chr. zurück. Heute ist Messina geprägt von Industrie und Schiffsbau.

Beim Einlaufen in den Hafen begrüßt Sie die **Madonnina della Lettera**, die Schutzpatronin der Stadt. Die 60 Meter hohe Mariensäule mit einer goldenen Marienstatue soll den Hafen und die darin ankernden Schiffe beschützen. Auf ihrem Sockel steht: *Vos et ipsam civitatem benedicimus = Ich segne euch und eure Stadt.*

Im Terminal befindet sich ein Infostand des Tourismusbüros: nehmen Sie sich einen kostenlosen Stadtplan von Messina mit!

Keine 5 Gehminuten vom Schiff entfernt, liegt die **Innenstadt von Messina,** und in den Gässchen der Altstadt entfaltet Messina dann seinen ganzen italienischen Charme.

Eines der beeindruckendsten kirchlichen Bauwerke der Stadt ist der **Dom Maria Santissima Assunta**. Sie finden ihn ganz leicht gegenüber dem Hafenbecken. Er besteht aus 3 Schiffen und besticht durch seine jeweils 13 schlanken Säulen. In dem freistehenden Glockenturm können Sie die **größte mechanische Uhr der Welt** bestaunen. Jeden Mittag um 12.00 Uhr werden verschiedene religiöse Szenen in Bewegung gesetzt.

Direkt davor auf dem Domplatz sehen Sie den **Fontana di Orione**, den *Orionbrunnen*. Orion ist der mythische Stadtbegründer Messinas und die vier weiteren Statuen symbolisieren die Flüsse Nil, Tiber, Ebro und Camaro.

Adresse: *Piazza Duomo, Messina*

Einen Besuch ist der **Tempio Votivo di Cristo Re** wert, der Christkönigstempel aus dem 19. Jh. Er liegt ca. 10 Minuten Fußweg westlich von der Innenstadt auf einem Hügel. Von hier hat man einen traumhaften Ausblick auf den Hafen und die Meerenge **„Straße von Messina". Adresse:** *Viale Principe Umberto 89, Messina*

Es gibt in Messina – wie in jeder anderen touristisch mehr oder weniger attraktiven Stadt – einen **Hop-on-hop-off-Bus**. Die Firma *CitySightseeing* unterhält mit ihren roten Doppeldeckerbussen zwei Linien. Die **blaue Linie** deckt das **Stadtgebiet** von Messina ab. **Sie kostet 10 €.** Da die Innenstadt von Messina aber sehr kompakt ist, und es zudem nicht soooo viel Sehenswertes gibt, nehmen Sie lieber die rote Tour. Die ist wesentlich interessanter, denn sie fährt ca. 10 Kilometer der **Küste entlang nach Norden**. Die Haltestellen sind am **Strand** von *Sant` Àgata* (mit der Möglichkeit Wakeboard zu fahren!), am **Lago di Ganzirri** und am **Point Sicily**. Ein Ticket kostet 15 €.
Ein Kombi-Ticket für rot und blau gibt es für 20 €.

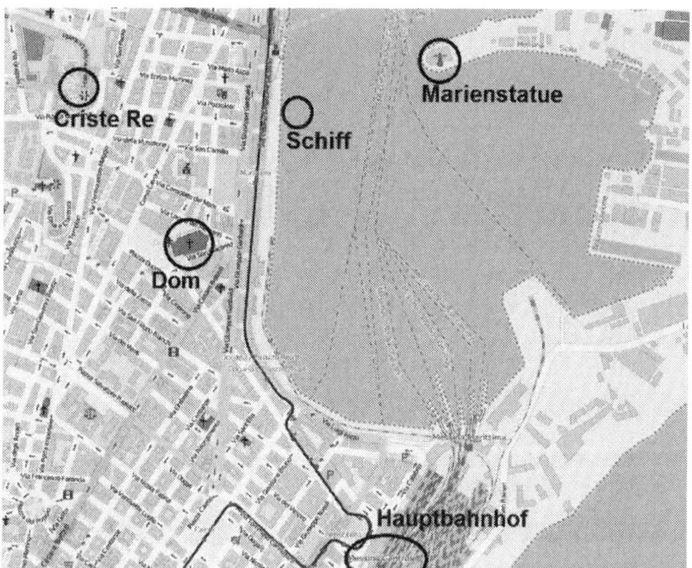

Eine **Tourist-Info** finden Sie auf dem *Piazza Cairoli,* wo Sie auch aktuelle Infos zu den öffentlichen Verkehrsmitteln erhalten.

Ausflug: Taormina & Isola Bella

Viele Reedereien bieten einen Ausflug in die Touristenhochburg **Taormina** an. Es ist eine süße kleine italienische Stadt in mittelalterlichem Style, die sich an die Flanke des Berges *Monte Tauro* schmiegt.

So kommen Sie hin:

- **1. Taxi:** Taormina liegt ca. 50 km von Messina entfernt, für eine **Taxitour** müssen Sie (in der Hochsaison) 150 € für 4 Personen einplanen. In der Nebensaison liegen die Preise deutlich darunter. Ein im Gegensatz zu anderen Anbietern sehr günstiges Mercedes-Großraumtaxi (für bis zu 8 Personen) bietet **Maurizio** an. Sie können bei Maurizio bereits im Vorfeld eine Taxitour planen (z.B. Taormina & Isola Bella oder zum Ätna) und über den (saisonabhängigen) Preis verhandeln: **maurizio.vita@libero.it** Maurizio hat wirklich einen tollen Service und ist gegenüber Kundenwünschen sehr flexibel.

  Ein Taxi ist in diesem Fall (8 Personen) sogar günstiger als zwei Mietwägen, denn die italienische Autobahn ist mautpflichtig, die Parkplätze in Taormina / Giardini Naxos & Co rar gesät und die Parkhäuser extrem teuer.

- **2. Mietwagen:** ein Auto für 4 - 5 Personen kostet ca. 75 €. Falls Sie sich für einen Mietwagen entscheiden, finden Sie mit ***„Sicilcar"*** einen sehr günstigen Anbieter: **http://www.sicilcar.net**. Sie finden die Firma in der Parallelstraße zur Uferpromenade, ein Stück rechts der Anlegestelle (etwa 200 Meter).
  Adresse: *Via Garibaldi 187, 98122 Messina*

  Schräg rechts gegenüber dem Terminalausgang befindet sich direkt an der Uferpromenade eine weitere Mietwagenfirma: ***„Maggiore Amico Blu"*** (blauer Schriftzug).
  Die Öffnungszeiten sind 8.30 - 13.00 Uhr und 15.30 - 19.30 Uhr.
  Adresse: *Via V. Emanuele Ii 75, 98122 Messina*
  Mail: messina.me@maggiorerent.it
  https://www.maggiore.it/agenzie/noleggio-auto-messina-via-vittorio-emanuele/

Taormina verfügt über zwei große Parkhäuser:
das **Parkhaus "Lumbi"** im Berg Monte Tauro (*Via Mario e Nicola Garipoli, 98039 Taormina,* direkt neben dem Tunnel**eingang** des Monte-Tauro-Tunnels "Galleria Taormina") und das **Parkhaus "Porta Catania"** *(Corso Umberto I, 98039 Taormina,* direkt am Tunnel**ausgang**). Die Parkgebühren für beide Parkhäuser sind happig und betragen ca. 8 € / 4 h oder **13,50 €/Tag**, darin inklusive ist allerdings der orangefarbene Shuttlebus *Porta Linea Messina,* der Sie in die Altstadt bringt. (Wenn Sie wieder zum Parkhaus wollen, finden Sie an der Haltestelle einen orange-farbenen Kasten, in dem Sie zum Anfordern des Busses auf einen Knopf drücken müssen). Preise und Infos zu den Parkhäusern finden Sie auf
http://www.gotaormina.com/de/taormina/parkhaus.html

Alternativ parken Sie im Badeort *Mazzaro* an der Küste unterhalb Taorminas und fahren mit der Seilbahn (6 € hin & zurück) die 200 Höhenmeter nach Messina hinauf (direkt an der Talstation der Seilbahn ist ein Großparkplatz).
Die Öffnungszeiten der Seilbahn sind 7.45 - 20.00 Uhr, eine einfache Fahrt kostet 3 € und dauert nur 2 Minuten.
Adresse: *Via Nazionale 232, 98039 Mazzarò*

- **3. Bus & Bahn:** auch mit öffentlichen Verkehrsmitteln können Sie Taormina problemlos erreichen!
  Die kurze Strecke zum Bahnhof Messina können Sie innerhalb von 10 Minuten zu Fuß laufen.
  Am Bahnhofsvorplatz *Piazza della Repubblica* – direkt am Ausgang des Hafenbeckens – finden Sie die Verkaufsstation für die Fahrkarten von **Interbus**. Eine Fahrkarte nach Taormina kostet Sie **3,60 €**, aber der *blaue Bus* hält an wirklich vielen Haltestellen und benötigt somit 1¾ Stunden für die 50 Kilometer lange Anfahrt. Er startet alle 1½ Stunden von Messina aus. Bitte beachten Sie die lange Fahrzeit! Weitere Informationen finden Sie auf **http://www.interbus.it/**

  Auch mit dem **Zug** können Sie für **3,60 €** vom Bahnhof *Messina Centrale* in nur ca. 1 Stunde nach Taormina fahren. Abfahrt ist ungefähr alle halbe Stunde.
  Genaue Abfahrtszeiten unter **http://www.trenitalia.com**
  Steigen Sie in "*Taormina Giardini*" aus, Sie befinden sich jetzt in dem am Meer gelegenen Ortsteil *Mazzarò.*
  Mit dem Shuttlebus können Sie die 200 Höhenmeter problemlos nach oben ins Zentrum Taorminas fahren.

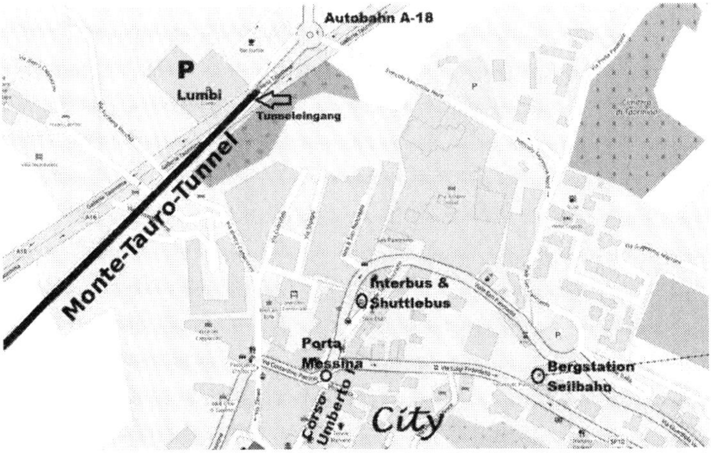

links oben das Parkhaus ***"Lumbi",*** *direkt neben dem Tunneleingang der "Galleria Taormina" (nördlich der Altstadt)*

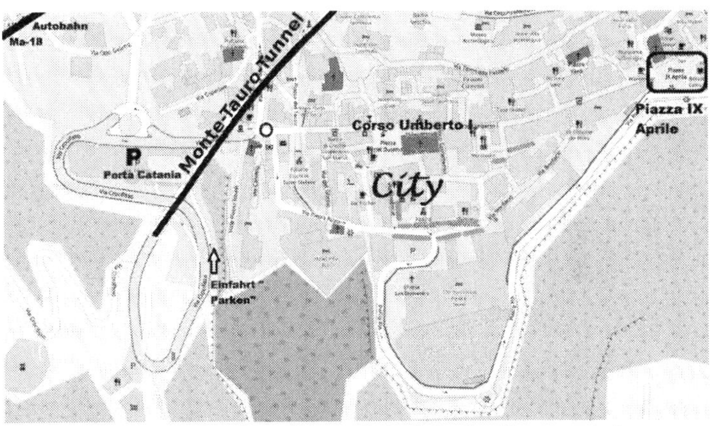

links in der Mitte das Parkhaus ***"Porta Catania",*** *eine Kurve nach dem Tunnelausgang rechts halten!(westlich der Altstadt)*

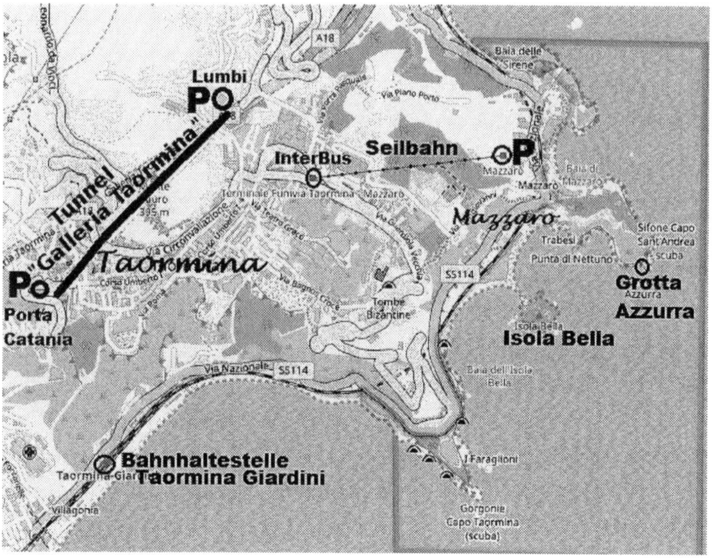

Da Sie bei einer Anreise mit Bus oder Bahn in Ihrem Aktionsradius vor Ort ziemlich eingeschränkt sind, empfiehlt sich der *Open Top Bus* **„CityBySee"**. Es werden 3 verschiedene Routen angeboten, die rote Tour ist dabei sehr zu empfehlen, da Sie neben Taormina auch die Strände in *Giardini Naxos* anfährt. Die Preise beginnen ab 10 €, je nachdem wieviele Routen Sie fahren möchten. Abfahrt ist in stündlichem Turnus.

Infos unter **www.citybysee.com**

Der Sightseeing-Bus startet am zentralen Platz vor dem Stadttor **Porta Messina**, durch das Sie die wunderschöne Stadt betreten. Da Taomina eine wirklich kleine Stadt ist, kommen Sie bei Ihren Erkundungen in der Altstadt unweigerlich am Stadttor vorbei! Das Tor hieß ursprünglich *Porta Ferdinanda* (nach Ferdinand IV of Bourbon) und ist ein Überbleibsel der Stadtmauer. Es stammt aus dem frühen 19. Jh.

Das Highlight in Taormina ist das **antike Theater „Teatro Greco“** (der Name *Greco* ist ein wenig verwirrend, denn nur die Grundmauern sind griechisch, der vorwiegende Baustil ist eindeutig römisch!). Das an einem Hang erbaute griechisch-römische Theater aus dem 3. Jh. v. Chr. bot 5400 Besuchern Platz und ist noch sehr gut erhalten. Auftraggeber des Ziegelsteinbaus war seinerzeit König Hieron II.

Der Eintritt kostet 10 €. Das Theater kann ab 9 Uhr morgens bis Sonnenuntergang besichtigt werden.
Von hier haben Sie einen tollen Ausblick auf den Ätna und den *Golf von Giardini-Naxos!*
Adresse: *Via Teatro Greco 40, 98039 Taormina* (das Theater liegt am Ende der großen Touristenstraße Via Teatro Greco, die bergauf führt).
Weitere Informationen über das antike Theater in Taormina finden Sie auf **http://www.teatrogrecotaormina.com** und
http://www.gotaormina.com/de

Konnten Sie vom Theater aus keine tollen Bilder vom schneebedeckten Ätna schießen, dann folgen Sie diesem Tipp: laufen Sie die Straße *Via Teatro Greco* vom Theater aus hinunter Richtung Nord-West bis zum *Piazza Santa Caterina* und biegen dann nach Süd-Westen (links) in den **Corso Umberto I** ab. Folgen Sie der belebten Geschäftstraße bis zum **Piazza IX Aprile**: von diesem weitläufigen Platz haben Sie einen **traumhaften Blick auf den (hoffentlich wolkenfreien) Vulkan!**

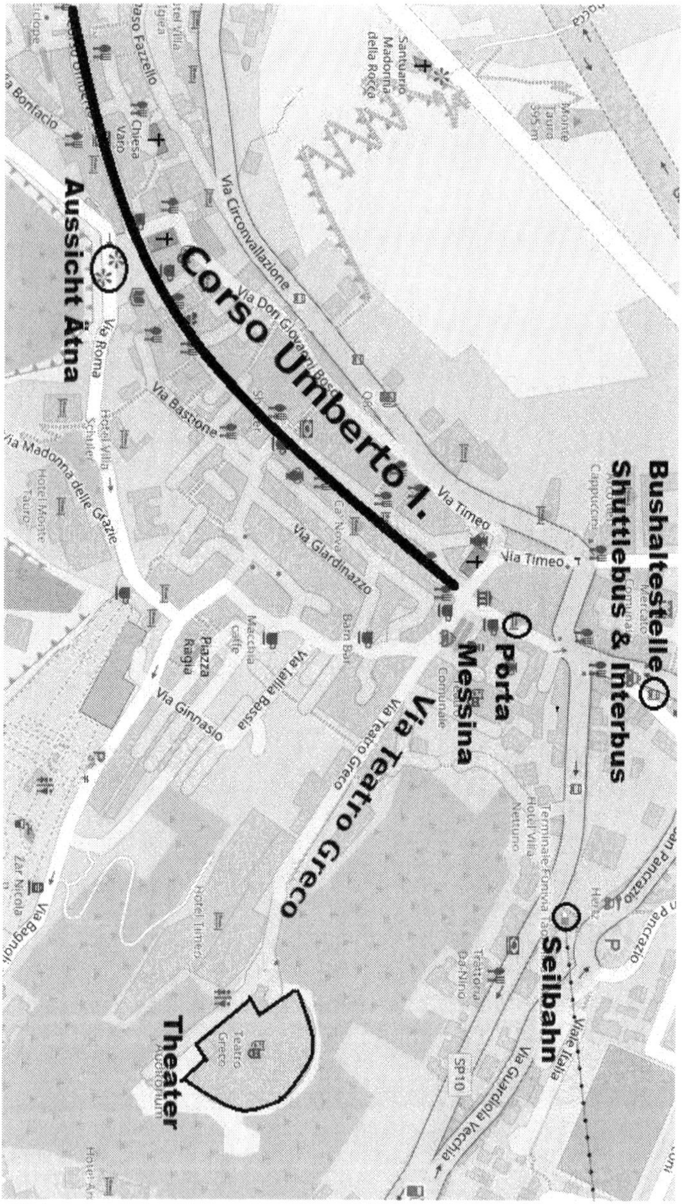
Corso Umberto I.
Aussicht Ätna
Bushaltestelle Shuttlebus & Interbus
Porta Messina
Via Teatro Greco
Seilbahn
Theater
Via Circonvallazione
Via Don Giovanni Bosco
Via Timeo
Via Roma
Via Bastione
Via Madonna delle Grazie
Via Giardinazzo
Via Ginnasio
Via Iallia Bassa
Viale Italia
Via Guardiola Vecchia
Teatro Greco
SP10

Fahren Sie im Anschluss an den Stadtbummel durch Taormina runter an die Küste: direkt unterhalb von Taormina liegt die **Isola Bella** in der Bucht von **Giardini Naxos!** Die wunderschöne Insel bezaubert durch ihre **Schmetterlingsbucht**, mit der sie mit dem Land verbunden ist. Das Wasser ist jedoch so seicht, dass Sie einfach die Schuhe ausziehen und hinüberwaten können. **Das Meerwasser ist glasklar**, was bestimmt dem schönen sauberen Kies und dem flachen Wasser zu verdanken ist. Nehmen Sie unbedingt Ihr Schnorchel-Equipment mit, denn hier schwimmen die **bunten Fische** in Schwärmen um Sie herum. Selbst in der Nebensaison ist das Wasser noch warm genug zum Baden, so dass Sie auch im November noch in den Genuss eines wunderschönen Strandnachmittages kommen können.

Der Strand der *Isola Bella* ist sehr sauber und gratis. Zwar gibt es einige Tavernen und ein Strandbad, die meisten Badegäste legen sich jedoch auf den Kies unmittelbar am Schmetterlingsstrand. Die Insel selbst ist aufgrund seltener Tier- und Pflanzenarten ein Naturschutzgebiet namens *Riserva naturale orientata Isola Bella*. Im Rahmen eines **kleinen botanischen Gartens** können Sie die Insel (in Begleitung eines Guides) erkunden. **Der Eintritt beträgt 4 €.**

Wenn Sie noch ausreichend Zeit zur Verfügung haben, dann können Sie eine Bootstour zur **blauen Grotte** machen. Durch Lichtreflexionen im klaren Wasser erscheint die Höhle in intensiven Blautönen! Die Ausflüge zur *Grotta Azzurra* und einigen weiteren Grotten werden direkt am Strand angeboten und kosten 25 €. Sie dauern ca. 45 Minuten. Neben der Grotta Azzurra ist das Felsufer von unzähligen weiteren Grotten, Höhlen und Tunneln durchzogen, die zu spannenden (Unterwasser-)Entdeckungen einladen.

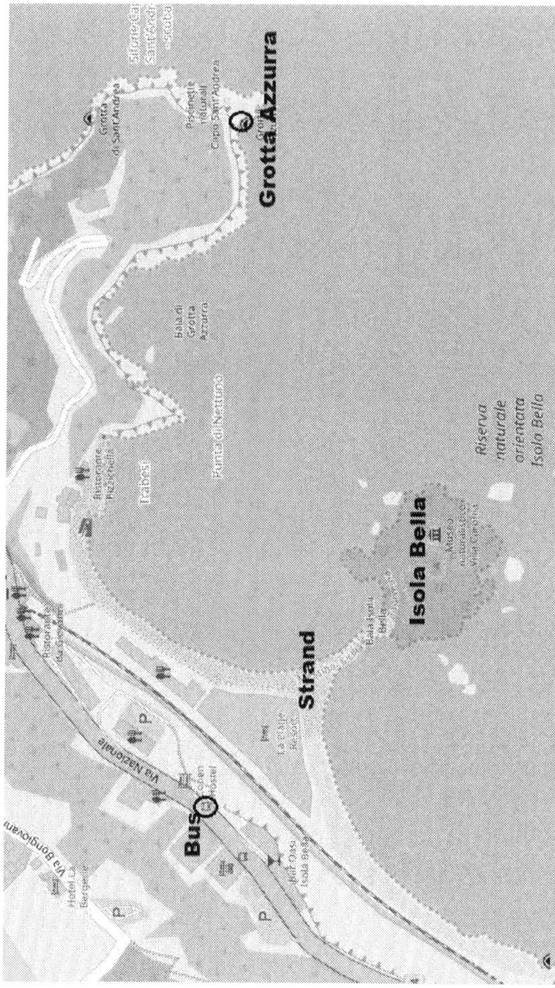

Käpt'n Känguru empfiehlt:
Mit dem Zug nach Taormina fahren und den schneebedeckten Ätna bewundern, danach ein Bad in der traumhaften Schmetterlingsbucht nehmen!

Ausflug: Ätna

Ein einmaliges Erlebnis ist der Besuch des **Vulkanes Ätna!** Er ist – direkt nach dem Stromboli – der zweitaktivste Vulkan der Welt und damit die größte Attraktion Siziliens! **Er ist ungefähr 3350 Meter hoch – die tatsächliche Höhe ändert sich bei gelegentlichen Ausbrüchen!** Während in vergangenen Jahrhunderten vor allem die **pyroklastischen Gasexplosionen** gefürchtet waren, zeigt sich der Ätna derzeit etwas „zahmer".
Allerdings sollten Sie absolut klares Wetter haben, damit sich ein Ausflug zum Ätna lohnt. In der Realität ist der Vulkan leider oft wolkenverhangen – erkundigen Sie sich im Vorfeld nach der Wetterprognose!

Für Taxis ab Messina bezahlt man für die 120 km zum Ätna unglaubliche 300 - 350 €!

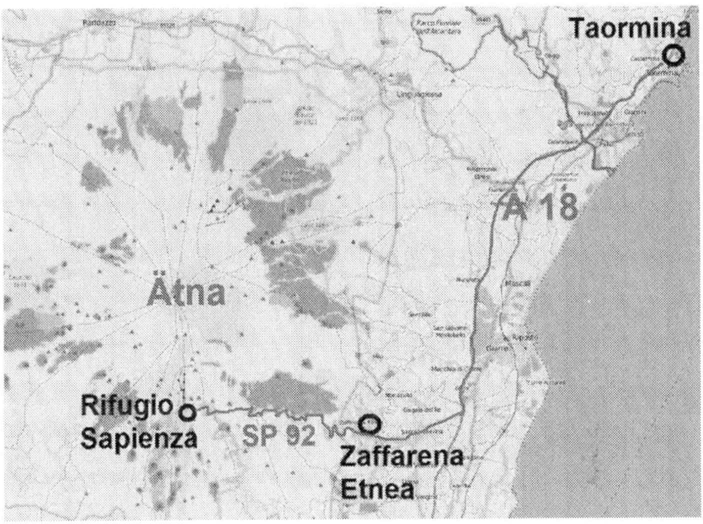

Mit einem Mietwagen fahren Sie wesentlich kostenbewusster und sind in ca. 1½ Stunden am Fuß des Vulkanes. Dies ist die günstigste Möglichkeit für Ihren Ätna-Trip – eine lange Liegezeit in Messina ist jedoch Voraussetzung. Fahren Sie auf der **Autobahn A18** südlich Richtung *Taormina* und nehmen dann die Ausfahrt „Giarre". Halten Sie sich jetzt westlich zur Ortschaft **„Zaffarena Etnea"**, ab hier führt die Landstraße SP-92 zum Ätna. Braune Schilder weisen zusätzlich den Weg.
Sie können auf einem großen Parkplatz an der Talstation der Seilbahn parken. Allerdings ist der Parkplatz kostenpflichtig. Sie bekommen die

Parkscheine (zum selbst ausfüllen!) in den Souvenirläden, ein halber Tag kostet 1,50 €.

Startpunkt für Ihren Ätna-Trip ist die **Rifugio Sapienza** auf 1900 Meter. Hier findet man erstmal eine Art Touristenzentrum, bestehend aus Restaurants, Cafés, einem Hotel und etlichen Andenkenläden. Sie können sich hier zudem über den Vulkan informieren und Filme zu diversen Ausbrüchen anschauen. **Adresse:** *Piazzale Rifugio Sapienza, 95030 Nicolosi*

In der Nähe des Parkplatzes können Sie leicht zugänglich und kostenlos den **Silvestri-Krater** besichtigen. Der Silvestri-Krater besteht genau genommen aus 5 einzelnen Kratern, die bei einem verheerenden Flanken-Ausbruch im Jahr 1892 entstanden. Der Ausbruch dauerte 6 Monate! Die 5 Schlackenkegel liegen zwischen 1900 und 2100 Meter. Da die **Crateri Silvestri** super-leicht zu erreichen sind, stellen sie dementsprechend ein begehrtes Fotomotiv dar.

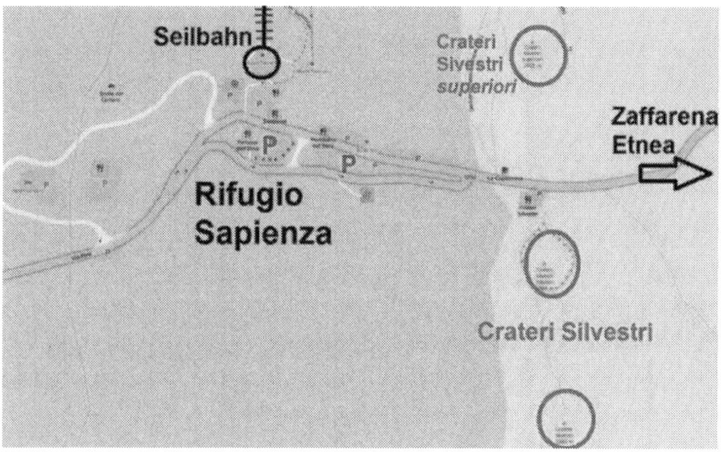

Um auf den Vulkan zu kommen, haben Sie prinzipiell drei Möglichkeiten:

1. Mit der **Seilbahn** zur Zwischenstation fahren und dort bleiben
2. Mit einer **Geländewagen-Tour** von dort aus weiter bis zum Gipfel
3. Ab der Zwischenstation **zu Fuß** zum Gipfel aufsteigen

Die Seilbahn *Funivia dell'Etna* startet an der **Talstation Etna-Sud** direkt am *Rifugio Sapienza* und bringt Sie zur **Zwischenstation „La Montagnola“. Die 6er-Gondeln verkehren von 9.00 - 15.45 Uhr, eine Fahrt zur Zwischenstation kostet 30 €.**

Die Fahrt auf die in 2500 Meter Höhe gelegene Zwischenbergstation dauert ca. 15 Minuten. Man hat hier zwar einen grandiosen Panoramablick über Sizilien, aber von spektakulären Vulkantätigkeiten – wie Lava-Flüssen oder kleineren Ausbrüchen – ist leider nur selten etwas zu sehen! Die Zwischenstation wurde übrigens bei einem größeren Ausbruch im Juli 2001 zerstört. Auch die alte Seilbahn wurde Opfer der Lavamassen, weshalb 2004 die neue *Funivia dell'Etna* gebaut wurde. Die Zufahrtsstraßen ab *Nicolosi* und *Zaffarena* wurden ebenfalls von Lavamassen verschüttet! Um *richtigen* Vulkanismus zu sehen, müssen Sie mit 4x4-Geländebussen (eine Art Unimog) weiter nach oben bis zur Gipfelstation *Torre del Filosofo*.

Die Kombi Seilbahn (30 €) + Geländebus (24 €) + Guide (9 €) kostet somit insgesamt satte 65 €. Ein stolzer Preis! Vor allem da der Guide viel mehr mit Erklärungen beschäftigt ist *„was man nicht darf“*, als dass er interessante News über den Vulkan präsentieren würde ☹. Wie an so vielen anderen Touristenorten auch, grenzt das an Abzocke... **Angesichts der anspruchsvollen Strecke mit Lavageröll, den vielen Kratern und dem aktiven Vulkanismus ist der Guide in der Gipfelregion aber zwingend erforderlich.**

Solotouren sind aus Sicherheitsgründen streng verboten!

Der Ätna hat nicht einen *einzelnen* riesigen Krater – wie sich die Meisten das bei einem Vulkan vorstellen – sondern mehrere Hauptkrater und über 1.000 kleine Nebenkrater! Die meisten Ausbrüche erfolgen in den Nebenkratern, nicht in den Hauptkratern. Man kann vom *Torre del Filosofo* aus spektakuläre Spaziergänge und Wanderungen in die Nebenkrater unternehmen.

Es besteht aber auch die Möglichkeit, ohne Guide **von der Zwischenstation der Seilbahn *La Montagnola* bis zum *Torre del Filosofo*** hoch zu wandern. Die Wanderung ist aber anspruchsvoll, besonders die letzte zu bewältigende Wegstrecke ist relativ steil. Sie benötigen – je nach Kondition – ca. 1½ Stunden. Der Wanderweg ist mit Pfählen markiert, zudem sehen Sie deutlich die Fahrspuren der Offroad-Busse. **Und weichen Sie keinesfalls vom Weg ab! Beachten Sie: Ab dem *Torre del Filosofo* sind Solotouren verboten!**
Für den kompletten Ausflug zum Ätna müssen Sie mindestens 6 Stunden einplanen!

Wichtig: **Festes Schuhwerk** ist auf den unebenen Lavawegen Pflicht! Es gibt allen Ernstes immer wieder Touristen, die in Shorts und Flip-Flops auf den Vulkan wollen! Nehmen Sie unbedingt **ausreichend Wasser** und **Sonnenschutz** mit! Auf dem Ätna ist es oft extrem windig. Sinnvoll ist – unabhängig von der Jahreszeit – eine **warme Jacke**, denn auch wenn es unten am Meer 30°C hat, kann es oben am Vulkan bis zu 5°C frisch sein. Schnee ist auf dem Ätna keine Seltenheit – in „ruhigen" Zeiten ist im Winter eine Ski-Abfahrt möglich, denn der Ätna ist ein beliebtes Skigebiet!

WICHTIG: In Zeiten starker vulkanischer Aktivität ist der Zugang zum Vulkan nur begrenzt möglich oder komplett gesperrt!!!
Außerdem: in den Wintermonaten ist an den Hängen des Ätnas alles schneeweiß: Skisaison! Die Touren finden deshalb nur vom 1. April bis zum 31. Oktober statt.
Die offizielle Seite der Seilbahn gibt Ihnen zusätzlich Auskunft über Wetter/Schneelage oder vulkanischer Aktivität: **http://funiviaetna.com/**
Die Seite hat zudem den Link zu einer **Live-Webcam**: oft sieht man dort sogar Lava fließen. Schauen Sie mal nachts rein…

Noch mehr Informationen unter **http://www.parcoetna.it/** (nur Englisch und Italienisch), eine weitere sehr gute und aktuelle Seite ist **http://www.vulkan-etna-update.de**

Planen Sie einen etwas ausgefalleneren Vulkan-Trip?
Diverse private Ausflugsagenturen bieten die unterschiedlichsten Touren an, z.B. Quad-Touren oder ein Flug mit dem Helikopter.
Informieren Sie sich bereits im Vorfeld über die vielfältigen Möglichkeiten, Sie können bereits online buchen.
http://www.go-etna.de/
http://www.volcanotrek.com/etna_excursions.htm
http://www.etnaexperience.com/deutsch/HOME.html

Stromboli

Gehen Sie bei der Ausfahrt/Einfahrt von Messina an Deck: 40 Kilometer nördlich ragt der knapp 1000 Meter hohe **Stromboli** auf der gleichnamigen Insel aus dem Tyrrhenischen Meer! Der Ursprung des Namens *Stromboli* liegt in dem griechischen Wort *Strongylē*: die Runde – ein passender Name für die kegelförmige Insel! Mit etwas Glück schippert Ihr Käpt`n Sie nahe genug am Stromboli vorbei, so dass Sie die **Rauchschwaden** sehen können, die der Vulkan ständig ausstößt! An der Nordwestseite fließen die Lavaströme oft bis ins Meer hinab, denn der Vulkan ist ständig aktiv!
<u>Beängstigend:</u> trotz **der Eruptionen, Brandherde, Flutwellen, Erdrutsche, Lavaströme und herumfliegenden Steinen** ist der Vulkan seit 7000 Jahren besiedelt! Es wohnen derzeit 500 Menschen freiwillig (!) und dauerhaft an den Hängen des *Stromboli*. Und sind stolz darauf! Denn durch die kontinuierliche Aktivität des **Schichtvulkans** herrscht für Bewohner (angeblich) genug Sicherheit. Glaubt man...

Mykonos - die Sonneninsel

Land: Griechenland (Kykladen im Ägäischen Meer)
Einwohner: 10.000
Währung: Euro

Mykonos ist eines der beliebtesten Urlaubsziele in Griechenland. Nicht umsonst wird die Kykladeninsel als die **Sonneninsel** bezeichnet: durchschnittlich 27°C im Sommer und viele traumhafte Strände machen Mykonos zu einer der attraktivsten Inseln in der Ägäis!
Laut der Mythologie warf Herakles bei seinen zwölf großen Taten einige Riesen ins Meer. Die gigantischen Körper erstarrten im Salzwasser und wurden zur Insel Mykonos. Im Griechischen bedeutet der Name *Mykonos* so viel wie „Felshaufen".

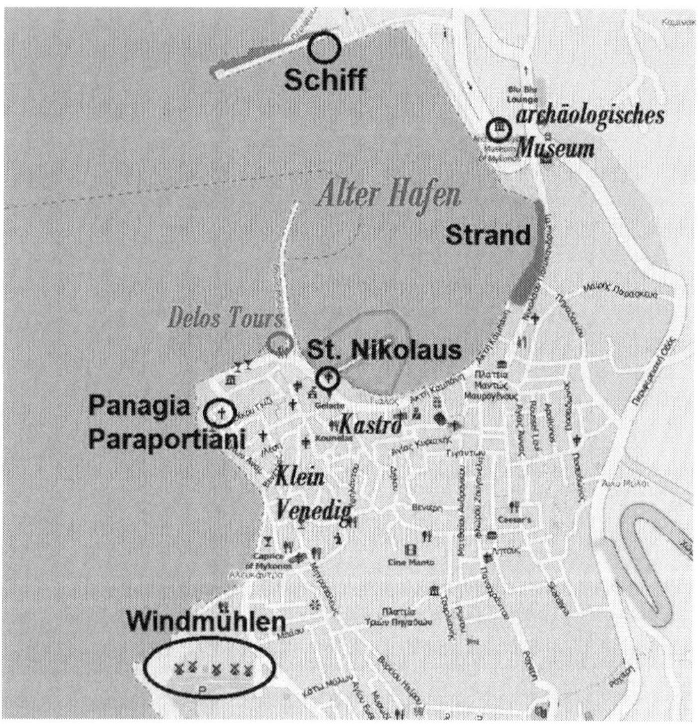

Die Hauptstadt der Insel heißt eigentlich **Chora**, wird aber meist *Mykonos-Stadt* genannt. Die kleine Hafenstadt wird durchzogen von einem Gewirr an engen Gässchen. Die Wahrzeichen von Mykonos sind die Windmühlen und die typisch **kykladische Architektur**. Der starke Kontrast zwischen den weiß getünchten Häusern und den knallblauen Türen und Fensterläden sorgt für richtiges Urlaubsflair!

Teilweise werden die großen Kreuzfahrtschiffe direkt neben der **Altstadt gedockt**, des Öfteren werden Sie aber auch mit **Tenderbooten** an Land gebracht. Wenn Sie großes Pech haben, legt Ihr Schiff in dem neuen Kreuzfahrtanleger auf der andern Seite der Bucht an. Falls Sie dann zu Fuß nach Mykonos-Stadt laufen wollen, benötigen Sie dafür jedoch ca. 45 Minuten. Es werden aber auch (teilweise kostenlose) **Shuttle-Busse** eingesetzt. Hinsichtlich der engen Landstraße und der sportlichen Fahrweise der Griechen ist das Geld für den Bus hier gut angelegt.
Des Weiteren bringen auch lokale Boote die Touristen in die Stadt: der *SeaBus* „**Mykonos-Express**" fährt ab 7.30 Uhr und kostet für die Hin- und Rückfahrt 4 € (inklusive einem Stadtplan). Die Boote pendeln ständig zwischen Schiff und Stadt hin und her. Infos unter
http://www.delostours.gr/de/verbindung-zwischen-dem-neuen-hafen-(tourlos)-und-dem-hafen-in-chora-mit-schiff-shuttle.html

Seit den 60er Jahren blüht der Tourismus, gerade für Homosexuelle war die Kykladeninsel lange Zeit ein richtiger Magnet. Die täglich anlegenden Kreuzfahrtschiffe überschwemmen die kleine Stadt zusätzlich mit tausenden Menschen. Jedes Jahr kommen über eine Million Touristen auf die Insel Mykonos.

Sämtliche Verkehrsmittel sind in Mykonos-Stadt wirklich überflüssig! Sie können alles bequem mit einem Spaziergang erkunden.

Allerdings gilt Mykonos als Urlaubsziel der *Gutbetuchten*, und so sind alle Preise auf der Insel ziemlich überteuert!

Direkt im Jachthafen finden Sie das **archäologische Museum.** Es besteht aber lediglich aus einer kleinen Freifläche und 3 Ausstellungs-Räumen, in denen Relikte aus *Mykonos*, *Delios* und *Rinia* präsentiert werden. Dabei handelt es sich hauptsächlich um Tonscherben mit Tiermotiven, Keramikarbeiten, Tonstatuen, Schmuckstücke, antike Vasen und Grabsteine aus Rinia. Das wertvollste Stück ist eine Grabamphore aus dem 7. Jh. mit trojanischen Reliefs. Für einen Regentag kann man das Museum in Erwägung ziehen, ansonsten ist es aber eher etwas für ausgesprochen archäologische Fans. Allen anderen Besuchern empfehle ich einen Bootsausflug zu den Ausgrabungen von Delios!
Das Museum ist von 08.30 - 15.00 Uhr geöffnet und kostet 4 € Eintritt. Montags ist geschlossen. Von November bis März ist jeden ersten Sonntag der Eintritt frei!
Adresse: *Alter Hafen, Stavropoulou D.,84600 Mykonos-Stadt*

Direkt am Stadteingang (schräg gegenüber des Museums) kommen Sie an einen sauberen, flach abfallenden Sandstrand, der frei zugänglich und gratis

ist. Da in der Bucht kaum Bootsverkehr herrscht, ist der Strand gerade für Kinder super – **Badesachen nicht vergessen!**

Adresse: *Polikandrioti, Mykonos*

Oftmals tummeln sich im Hafenbecken drei **rosa Pelikane**. Einer davon ist zahm und wird von der einheimischen Bevölkerung ***Petros*** genannt. Der erste zahme Pelikan (damals noch *Petros I.*) wurde in den 50er Jahren verletzt von einem Fischer aus dem Meer gezogen und liebevoll gesund gepflegt. Der Pelikan wurde sehr zahm und war jahrzehntelang das allseits geliebte Maskottchen von Mykonos. Petros wurde nach seinem Tod ausgestopft und kann im Volkskundemuseum im Kastró-Viertel bewundert werden. Der derzeitige Pelikan *Petros* und seine zwei Kumpels sind nicht mehr ganz so zahm. Da ihre Flügel gestutzt sind, können Sie nicht davonfliegen, sondern leben dauerhaft im alten Hafenbecken von Mykonos.

Vom Strand aus können Sie bequem in das kleine Städtchen Mykonos bummeln. Wenn Sie am Kai entlanggehen, kommen Sie zu der kleinen weißen Kirche **Agios Nikolakis**. Sie wurde dem Schutzpatron der Fischer und Seefahrer gewidmet, dem **heiligen Nikolaus.** Früher stand die orthodoxe Kirche auf einer kleinen Mini-Insel *im* Hafenbecken, bis sie im Rahmen von Renovierungsmaßnahmen Anfang des 20. Jahrhunderts mit dem Kai verbunden wurde.

Beachten Sie die wunderschöne blaue Kuppel in der Farbe des ägäischen Meeres! Auch der Innenraum erstrahlt in einem kräftigen Blau, ist bezüglich des Einrichtungsstils aber eher schlicht gehalten.
Adresse: *Akti Kambani, Mykonos-Stadt, direkt am Ufer des alten Hafens*

Die strahlend weiße Kirche **Panagia Paraportiani** fällt sofort durch ihr außergewöhnliches Äußeres auf. Sie ist eines der angesagtesten Fotomotive auf Mykonos und ein beliebter Hintergrund für Hochzeitsfotos!
Sie finden die Kirche am Ende des Kastró-Viertels direkt am Meer. In Griechenland wurden Kirchen oft am Eingang zur Burganlage gebaut. So auch die *Panagia Paraportiani*: da sich neben dem Sakralbau früher ein Stadttor/Burgtor befand, trägt die Kirche den Namen „Paraportiani“ (*Paraport* bedeutet Nebentor). Die Burg wurde schon vor langer Zeit zerstört, doch die griechisch-orthodoxe Kirche steht noch heute und ist ein wahrer Touristen-magnet! Die ursprüngliche Haupt-Kirche ist eine **byzantinische Marienkirche** und stammt aus dem 15. Jh. Während des 16. und 17. Jh. erfolgten jedoch noch diverse Anbauten in verschiedenen Baustilen, so dass eine einzigartige asymmetrische Fassade entstand. Die *Panagia Paraportiani* ist in ihrer jetzigen Form ein Komplex aus fünf an- und übereinander gebauten Kapellen. Drei Kapellen wurden an die Hauptkirche im „Untergeschoss“ angebaut, eine vierte wurde einfach darüber gebaut! Leider ist die Kirche einsturzgefährdet und kann daher nicht mehr betreten werden. Schade! ☹
Adresse: *Kastro-Paralia, Mykonos-Stadt 84600*
Eine Besichtigung der Kirche ist wegen Einsturzgefahr nicht möglich.

Kirche Panagia Paraportiani im Sonnenuntergang

Das Viertel **Kastró** – in dem die *Panagia Paraportiani* liegt – ist einer der ältesten Bereiche von Mykonos. Kastró erhielt seinen Namen von der Burg, die hier einst stand (gr. Kastró = Burg). Die Ursprünge des venezianischen Kastells gehen bis ins frühe Mittelalter zurück, als die Insel öfter das Ziel von Piratenüberfällen wurde. Die kleinen und verwinkelten Gässchen wurden absichtlich in der Art eines Labyrinths gebaut, um feindliche Invasoren zu verwirren. Die Burganlage existiert schon lange nicht mehr – aber in dem Gässchen-Labyrinth verläuft sich noch heute so mancher Tourist ☺ Zudem hatten die kleinen schmalen Gassen des Kastró-Viertels den Vorteil, dass sie wunderbar den sehr heftigen Seewind abhielten.
Viele der Häuser im Kastró-Viertel und in Klein-Venedig gehörten früher Seefahrerfamilien oder Händlern.

Eines der schönsten Viertel von Mykonos ist **Alefkandra**, das sich an das Kastró-Viertel direkt am Meer anschließt. Das im venezianischen Stil erbaute **Klein-Venedig** wurde ursprünglich zum Wäschewaschen genutzt. Die Häuser direkt am Wasser gehörten zumeist Kapitänen, die auch gerne mal Geschäfte mit Piraten abschlossen.

Um die erstandenen Waren unkompliziert und schnell in die Keller verladen zu können, besaßen die Häuser eine kleine Tür zur Meerseite hinaus. Viele der auf Stelzen im Meer gebauten Kapitänshäuser sind heute Restaurants, Bars und Cafés. Gerade den idyllischen Sonnenuntergang können Sie in einer der Tavernen über dem Wasser prima genießen – vorausgesetzt Sie finden einen Platz!

Nach einem kurzen Spaziergang gelangen Sie zu den **fünf strohgedeckten Windmühlen Kato Mili,** die schon die ganze Zeit weit sichtbar über Mykonos-Stadt auf dem Hügel *Ano Mili* thronen. Die ursprünglich zehn Mühlen aus dem 16. Jh. nutzten den starken ägäischen Wind für das Mahlen von Getreide, das in die ganze Welt exportiert wurde. Auch ein kleines Landwirtschaftsmuseum können Sie hier besichtigen. Es befindet sich in der gut erhaltenen und funktionsfähigen *Boni-Mühle*. Sie erfahren hier alles über den Bau der Mühlen, unterstützt mit Fotografien und alten Ausstellungsstücken.
Die Öffnungszeiten des landwirtschaftlichen Museums sind von 16.00 - 20.00 Uhr. Der Eintritt ist gratis!

Käpt'n Känguru empfiehlt:
Entdecken Sie Mykonos zu Fuß: machen Sie einen Spaziergang durch die Viertel *Kastró* und *Klein-Venedig* hinauf zu den Windmühlen!

Ausflug: Delos

Wenige Meter nordwestlich neben der Kirche *St. Nikolaus* befindet sich im Hafenbereich die Firma *Delos Tours*, ein Touristikunternehmen, das Bootsausflüge zur **Insel Delos** anbietet.

Delos ist die Nachbarinsel von Mykonos und liegt nur 6 km von ihr entfernt. Sie ist eigentlich ein gigantischer Granitfelsen, in dessen Zentrum sich der Berg *Kynthos* erhebt. Die ganze Insel Delos ist UNESCO-Weltkultur-Erbe! Laut einer Sage war Delos eine schwimmende Insel, die von Poseidon höchstpersönlich verankert wurde, damit *Leto* hier ihre Götterkinder gebären konnte. Delos gilt als die Geburtsstätte der Götter Artemis und Apollo! Deshalb ist eine der Hauptattraktionen der Insel der Apollo-Tempel aus dem 4. Jh. v. Chr. Erste menschliche Spuren werden einer Siedlung der *Kastri*-Kultur 3.000 Jahre vor Christus zugeschrieben. Später wurde die Insel jedoch wieder verlassen und erst in der Antike erneut besiedelt. In der Antike wurde Delos als **heilige Insel** verehrt und war ein Zentrum des Apollo-Kultes. In Spitzenzeiten hatte Delos 30.000 Einwohner. Die Menschen fragten auf der heiligen Insel das **Orakel von Delos** um Rat und veranstalteten alle 5 Jahre ein rauschendes Fest: das **Delische Fest** mit Wettkämpfen und Spielen. Zudem befand sich hier **einer der größten Sklavenmärkte des Mittelmeerraumes.**

Im Jahre 425 v. Chr. wurde von der Hauptstadt Athen erlassen, dass auf Delos **weder Menschen geboren, noch begraben werden dürfen**. Deshalb gibt es auch keine Gräber auf Delos, diese befinden sich auf der Nachbarinsel ***Rinia.***

Zurzeit ist die Insel – abgesehen von einigen Museumsangestellten – unbewohnt. Die Angestellten der Ausgrabungen achten peinlichst genau, dass alle Besucher abends die Insel wieder verlassen – übernachten ist strengstens verboten!

Die Insel Delos ist ziemlich klein, deshalb können Sie leicht alles zu Fuß erkunden. **Die Überfahrt zur Insel Delos dauert ca. 20 Minuten und kostet für einen Erwachsenen 20 € (Kinder von 6 - 12 Jahren zahlen 10 €).** Zusätzlich werden geführte Halbtagestouren für 50 € angeboten: täglich findet um 10.00 Uhr eine Führung auf Englisch statt, freitags um 10.00 Uhr auch auf Deutsch. **Die Boote fahren um 9.00, 10.00 und 11.00 Uhr ab Mykonos und kehren um 13.00, 14.00 und 15.00 Uhr wieder zurück. Der Aufenthalt auf Delos ist jeweils 3 Stunden.**

Adresse von DelosTours: *Kastro, 84600 Mykonos* Weitere Infos auf **http://www.delostours.gr/de** Man kann auf der Internetseite online buchen.

Da es auf Delos nur ein kleines Café gibt, ist es sinnvoll sich ausreichend Wasser mitzunehmen. Achten Sie bitte auch auf festes Schuhwerk!

Neapel - Traumstadt am Vesuv

Land: Italien (Kampanien)
Einwohner: 4 Mio.
Währung: Euro

Neapel ist mehr oder weniger eine Industriestadt, stellt aber ein Sprungbrett zu vielen einmaligen Ausflügen dar. Fast alle Ziele sind leicht zu erreichen und individuell durchzuführen.

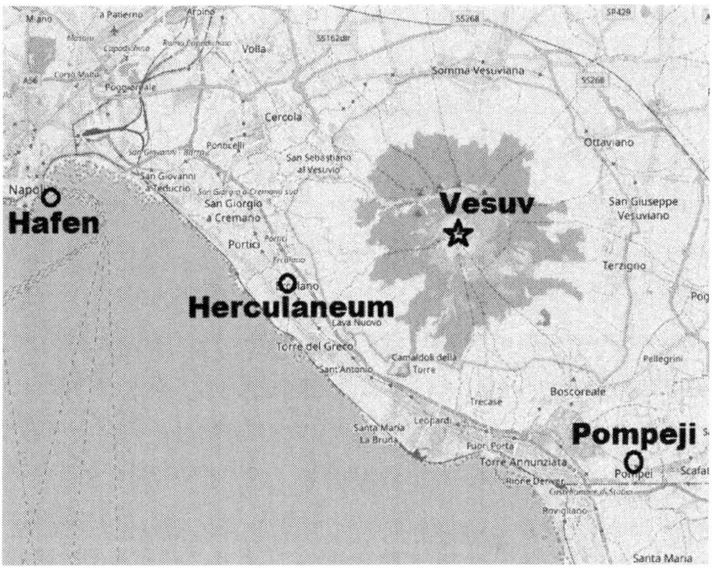

Außerdem hält am Hafen Neapels ein Hop-on-hop-off-Bus, mit dem Sie für 23 € Neapel auf drei verschiedenen Routen erkunden können. Die Abfahrt erfolgt alle 45 Minuten.

Achtung, in ganz Neapel ist mit erhöhter Kriminalität zu rechnen – insbesondere Taschendiebstahl!

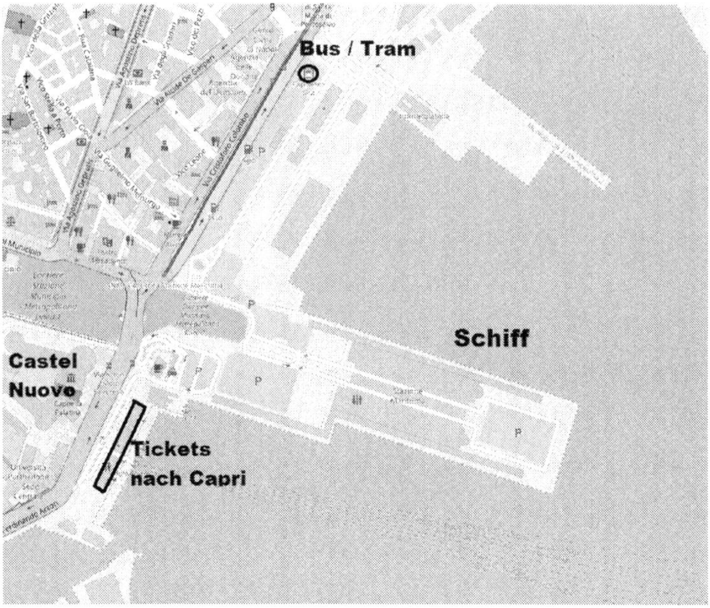

Ausflug: Stadtrundgang Neapel

Um es gleich vorwegzunehmen: Neapel ist kein idyllisches Touristenstädtchen mit Panoramablick, das auf Werbeplakaten für „typisch italienisch" erstrahlen würde. Die Innenstadt wird dominiert von grauen, mehrstöckigen Gebäuden und verhältnismäßig wenig Grün. Alles wirkt insgesamt leicht heruntergekommen… Und der nervtötende Lärm der endlosen Autoschlangen – untermalt von italienischem Gehupe – vermittelt auch keine Idylle. Die breiten mehrspurigen Straßen sind mangels ausreichender Ampeln und Zebrastreifen für Fußgänger oft nur schwer zu überqueren: die einheimischen Italiener strecken einfach mutig die Hand aus und gehen drüber…

Die wichtigsten Sehenswürdigkeiten in Neapel sind das **Theater**, die **Basilika**, die **zwei Festungen** und ein **Aussichtspunkt zum Vesuv**. Anstatt einer teuren Taxitour können Sie diese Hotspots auch zu Fuß erkunden. Mit den tollen Ausflügen in die nähere Umgebung kann die Innenstadt von Neapel grundsätztlich nicht mithalten, aber z.B. im Anschluss an einen Ausflug nach Pompeji oder Capri kann ich folgende (hafennahe) Route empfehlen:

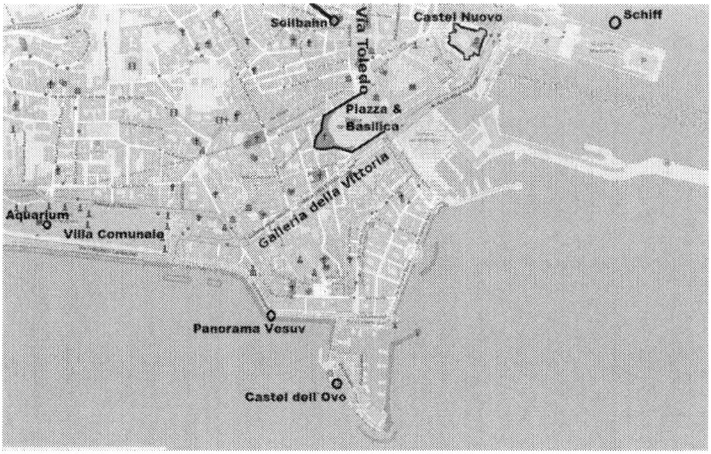

Gehen Sie an den Ticketschaltern der Caprifähren vorbei und in süd-westlicher Richtung der Uferpromenade entlang, bis Sie den kleinen (leider unspektakulären) Park *Giardini del Molosiglio* durchqueren. Hinter der nächsten Ecke erwartet Sie gleich der erste Touristen-Hot-Spot: diese Uferpromenade hat so jeder Taxifahrer mit im Programm, denn man hat einen sagenhaften Blick auf den Vesuv. Zudem ist die sehr breite Straße *Via Partenope* komplett autofrei und kann zum flanieren oder shoppen (Strandhändler) genutzt werden. Meerseitig liegt das **Castel dell`Ovo** auf dem Inselchen *Megaride* im Golf von Neapel. Sie erreichen die Festung über die Brücke *Pontile di Castel dell`Ovo*. Der Name der trutzigen Burg bedeutet auf Deutsch nix anderes als **„Eierburg"**. Einer Legende nach wurde in das Fundament des Kastells ein Ei eingemauert. Zerbricht nun das Ei, wird dem Aberglauben nach auch die Festung fallen…

Wie dem auch sei: bei gutem Wetter ist der Ausblick auf den Vesuv sensationell!

An die *Via Partenope* schließt sich die Uferpromenade *Via Caracciolo*/Lungomare an. Auf der Meerseite befindet sich ein kleiner Strand mit fast schwarzem Sand. Er ist aber so klein (und nicht wirklich gut gepflegt), dass sich die Mitnahme von Badeklamotten in Neapel nicht lohnt ☹

Mit dem schönen großen Park **„Villa Comunale"** auf der rechten Seite geht Ihre Tour weiter. Dutzende griechische Statuen und viele Brunnen stehen majestätisch inmitten diverser Grünanlagen mit Pinien, Steineichen und Palmen. In früheren Jahrhunderten war ausschließlich dem ortsansässigen Adel das Wandeln im Park erlaubt, heute ergeben sich für Hobby-Fotografen viele schöne Bilder. Auch ein großer Spielplatz ist vorhanden.
<u>**Aber:**</u> erwarten Sie bitte keinen super-tollen botanischen Garten mit exotischen Pflanzen, denn es handelt sich beim *Villa Comunale* wirklich nur um einen Park... der nicht an allen Stellen sonderlich toll gepflegt wirkt.

Im Zentrum des Parkes liegt das **Aquarium und biologische Meeresinstitut Anton Dohrn**, es handelt sich um das älteste Aquarium Europas! Deswegen waren wohl ab Ende 2017 umfangreiche Renovierungsarbeiten notwendig, sodass das Aquarium für einen längeren Zeitraum für den Publikumsverkehr geschlossen ist.
Der Park *Villa Comunale* ist täglich ab 7.00 Uhr geöffnet.
<u>**Adresse:**</u> *Piazza Vittoria, 80121 Napoli*
Informieren Sie sich unter **<u>http://www.szn.it/index.php/en/contacts</u>** ob das Aquarium evtl. doch wieder geöffnet hat... Für die Besichtigung würden Sie nur 15 Minuten brauchen, da das Aquarium wirklich sehr klein ist.

Wenden Sie sich nun auf der *Galleria della Vittoria* nach Nord-Osten Richtung Innenstadt: das mächtige Gebäude der **Basilica die San Francesco di Paola** ist nicht weit. Die Kirche ist nicht sonderlich antik, denn sie stammt aus

dem frühen 19. Jh. und wurde auf der **Piazza del Pebliscito** errichtet (nachdem man das dortige Kloster abgerissen hatte). Bourbonen-König **Ferdinand I** wollte hier eine besonders prächtige Kirche errichten, benannt wurde sie 1816 nach dem Heiligen *Franz von Paola* (der im 16. Jh. im hiesigen Kloster lebte). Vor dem königlichen Gotteshaus sehen Sie auf der Piazza die Statuen von Karl III und seinem Sohn Ferdinand I.

Der neoklassizistische Baustil der Basilika weißt frappierende Parallelen zu **Pantheon & Petersdom in Rom** auf: die Kirche steht auf einem weitläufigen Platz mit zwei halbmondförmig geschwungenen **Säulengängen** (Kolonnaden ähnlich denen des Petersdomes). Durch den eckigen Säuleneingang gelangt man in die Rotunde, einen **kreisrunden Innenraum** (ähnlich dem Pantheon). Die Basilika nimmt mit ihren gewaltigen Ausmaßen die komplette Westseite der Piazza ein und dominiert somit den beliebtesten Platz der Stadt!
Gegenüber der königlichen Basilika sehen Sie den **Palazzo Reale** (den Palast der Könige des 18. Jh.) und das **San Carlo Theater**.
Der weitläufige Platz mit seinen berühmten Gebäuden wird wohl wegen der aktuellen Terrorproblematik stark von Polizei und Militär bewacht.

Verlassen Sie die Piazza in die *Via Toledo,* einer stark frequentierten Einkaufsstraße. Folgen Sie ihr bis zur **Talstation der Standseilbahn**. Denn über der Innenstadt erhebt sich der *Vomero*-Hügel. Sie können entweder zu Fuß hinaufwandern oder die Seilbahn *Funicolare Centrale* nehmen.
Übrigens: die Einwohner Neapels lieben ihre Seilbahnen – es gibt in ganz Neapel gleich 4 Stück davon!
Die Seilbahn *Augustea – Piazza Fuga* fährt von 6.30 - 0.30 Uhr alle 10 Minuten! Hin- und Rückfahrt kosten je 2,20 €. Die Talstation "Augustea" finden Sie auf der *Piazzetta Duca d`Àosta.*

Auf Ihrem Weg zurück zum Hafen kommen Sie an der zweiten wichtigen Festung Neapels vorbei: dem **Castel Nuovo** (von den Italienern auch ***Maschio Angioino*** genannt).
Die „neue Burg" war als Abwehranlage, als Regierungssitz und auch als Königsresidenz geplant – der Platz am Meer war perfekt dafür! Baubeginn war Ende des 13. Jh. Wenn Sie den Fortifikationsbau auf eigene Faust erkunden wollen, müssen Sie sich im Eingangsbereich links anstellen (Ticketpreis 6 €), für

eine geführte Tour wählen Sie die rechte Seite (10 €).
Von außen wirkt die Burg mächtig und furchteinflößend, das Innere ist nicht sonderlich sehenswert. **Ich empfehle eine Besichtigung nur dann, wenn Sie alle anderen Attraktionen wie Capri, Pompeji, Herculaneum & Vesuv schon kennen! Ansonsten reichen auch Fotos von außen ☺.**
Adresse: *Piazza Municipio, 80133*

Für den Rundgang durch Neapel (ohne Aquarium und Seilbahn) sollten Sie 1½ Stunden veranschlagen.

Ausflug: Pompeji

Wenn Sie sich für spannende Ausgrabungen interessieren, sollten Sie sich **Pompeji** nicht entgehen lassen.

So kommen Sie hin:

Am einfachsten sind die Ausgrabungen mit dem Zug zu erreichen: Nehmen Sie die **Straßenbahnlinie 1** vom Terminal zum Bahnhof. Fahrkarten können Sie am Kiosk am Ende des Hafenbereichs kaufen *(Tabacci)*. Auch die **Buslinie 152** pendelt zum Bahnhof, die Haltestelle finden Sie rechts des Cruise-Terminals.

Der **Hauptbahnhof Napoli Centrale** liegt am *Piazza Garibaldi*, steigen Sie dafür an der Haltestelle *Stazione Centrale* aus.

Die **Circumvesuviana** Richtung Sorrent startet im Untergeschoss des Bahnhofes. Sie fährt von Neapel aus nach Herculaneum, Pompeji (16 km), Sarno und Sorrent.

Die Fahrtkosten für die Circumvesuviana belaufen sich auf ca. 6 €. Die Züge fahren alle halbe Stunde ab und benötigen 35 Minuten bis Pompeji.

Zur Besichtigung von *Pompeji* müssen Sie in **„Pompei Scavi"** aussteigen und befinden sich dann fast direkt vor dem Eingang der Ausgrabungen.

Nehmen Sie sich am Ticketschalter einen **Gratis-*Stadtplan* des antiken Pompeji** mit! Da die Ausgrabungen ein riesiges Areal umfassen, ist es jedoch sinnvoll, sich im Vorfeld einen Überblick zu verschaffen: einen deutschen (Stadt-)Plan für das antike Pompeji können Sie auf der Seite **http://www.pompeiisites.org** herunterladen (in der Seitenmitte unter „Mappe e Guide Pompei Scavi").

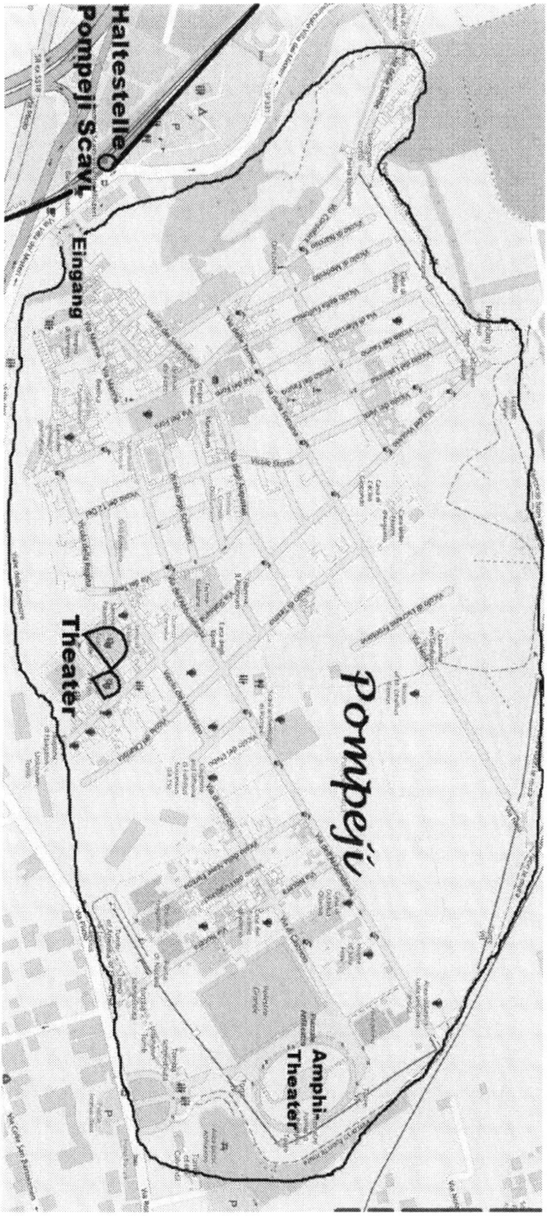
Haltestelle
Pompeji Scavi
Eingang
Theater
Pompeji
Amphi-
Theater

Im Jahre 79 v.Chr. wurde die Stadt Pompeji bei einem gewaltigen Ausbruch des Vulkanes Vesuv von 6 Wellen heißer Gase erfasst. Die Hitzewellen töteten alle, die nicht fliehen konnten. Die verdrehten und gekrümmten Körper der Toten sind ein trauriges Zeugnis der Tragödie. Die *genaue* Todesursache ist unklar, es wird aber noch daran geforscht (z.B. mit Röntgenaufnahmen der Knochen). Die ganze Stadt wurde unter einer 6 Meter hohen Asche-, Lava- und Bimssteinschicht begraben. Tausende Bewohner wurden binnen Stunden mitten aus dem Leben gerissen und hinterließen dabei ein trauriges Zeugnis des Alltags in der Antike. Der Ausbruch wurde weitgehend lückenlos von **Plinius dem Jüngeren** dokumentiert. Im Laufe der Jahrhunderte geriet Pompeji in Vergessenheit, bis die verschüttete antike Stadt im 18. Jh. wiederentdeckt wurde. Die Ausgrabungen von **Pompeji** sind die umfangreichsten und mitunter besterhaltenen im ganzen Mittelmeerraum. Eine komplette antike Stadt – umgeben von einer Stadtmauer – steht hier den Besuchern zur Verfügung!

Pompeji ist so groß, dass man Tage in der weitläufigen römischen Stadt verbringen kann! Die paar Stunden, die man während der Liegezeit des Schiffes im Hafen zur Verfügung hat, reichen bei Weitem nicht aus. Am Eingang der Ausgrabungen erhält man sogar einen „**Stadtplan**" von Pompeji!

Die Ausgrabungs-Stadt ist durchzogen von **5 großen Straßen**. Diese wurden hauptsächlich von **Lasttieren und Lastenträgern** benutzt, für Fußgänger gab es schon damals Fußwege. Anhand der Fahrrinnen und Karrenspuren im Straßenbelag ist erwiesen, dass es ein ausgeklügeltes System an **Einbahnstraßen** gegeben haben muss. Von den Hauptstraßen zweigen unzählige kleinere Nebenstraßen ab. Und wenn Sie sich über die **Steinklötze** wundern, die immer wieder mal mitten in die antiken Straßen eingelassen sind: durch diese schlaue Erfindung konnten die Fußgänger die schlammige Straße überqueren, ohne sich Kleidung und Schuhe schmutzig zu machen.

Entdecken Sie die Überreste **antiker Restaurants, einer Großbäckerei, Freudenhäusern, pompöser Villen** und unzähliger überraschend gut erhaltener **Wohnhäuser mit prächtigen Malereien**! Zur Wasserversorgung standen Brunnen, eine Zisterne und ein Aquädukt zur Verfügung, das noch heute erhalten ist. Pompeji verfügte über ein **ausgeklügeltes Wasserleitungs- und Abwassersystem**. Es gab 40 Brunnen, und viele Häuser verfügten über fließendes Wasser. Sogar die **Latrinen** der einstigen Metropole sind für die Archäologen eine wahre Goldgrube: sie untersuchen die antiken Abfälle und Exkremente und fanden heraus, dass rauschende Feste keine Seltenheit waren. Den Einwohner von Pompeji ging es gut, denn auf dem Speiseplan fanden sich **Singvögel, Schellfisch und Ferkel**. Für damalige Zeit ein Luxusessen!

In Pompeji steht das **älteste derzeit bekannte Amphitheate**r. Es gibt viele antike Theater (jede südeuropäische Touristenstadt wartet mit einem antiken Theater auf), aber nur das Theater in Pompeji war mit einer Sitzplatzanordnung von 360° um die Bühne herum ausgestattet! Zudem war es das erste Theater aus Stein. Es bot 20.000 Zuschauern Platz. Die unterschiedliche Größe, Form und Anordnung der Sitze zeigt auf, dass es beim Publikum eine Trennung nach Hierarchie, Reichtum, Geschlecht und Alter gab.

Die Liste der erstaunlich gut erhaltenen Gebäude ist lang: Thermen, Tempel, Foren, Sportanlagen, Handwerksbetriebe, das große Theater...

Zumindest sind die Gebäude ***noch*** gut erhalten, denn Pompeji wird **von einigen Gefahren bedroht:**

- das größte Problem ist der **Vesuv**! Die Häuser haben EINEN Ausbruch bereits überstanden, aber sollte der Vulkan ein zweites Mal alles unter seiner Lava begraben, so schaut es für die Ausgrabungen sehr schlecht aus.
- Die **Touristen** sind kaum besser als der Vulkan: sie latschen zu Millionen durch die antiken Straßen, lehnen sich an die antiken Mauern (wofür die gar nicht ausgelegt sind!) und nicht wenige *Hobby-Archäologen* nehmen sogar Steine als Souvenir mit!!
- Die dritte tödliche Gefahr für Pompeji ist die **Witterung.** Die antiken Gebäude stehen seit der Freilegung bereits **länger im Freien als im bewohnten Zeitalter!** Wind und Wasser nagen an der Substanz, das Regenwasser fließt in den Untergrund und gefährdet Pompeji durch Absenkungen und Einsturz, während sich durch die Umweltverschmutzung eine dünne dreckige Schicht über alles legt...
- Einen großen Fehler machten die Archäologen selbst: in den Anfängen wollte man die **Fresken** mit **Wachs und Öl** konservieren. Damit wurde im Nachhinein mehr zerstört als erhalten ☹ Dabei sind gerade die Fresken und Wandmalereien für die Historiker von unschätzbaren Wert, denn sie geben Einblicke in Alltagsleben, Geschichte, Kleidung und Ernährung der antiken Bevölkerung!

Doch die Wissenschaftler geben alles, um Pompeji für die Nachwelt zu erhalten. Sie arbeiten eng mit der **italienischen Raumfahrt** zusammen, aufgrund deren **Satellitenbilder** sie Informationen über noch **verschüttete Bereiche** und Bewegungen/Absenkungen der Gebäude erhalten.
Zudem erstellen die Archäologen ein **3D-Modell** der kompletten Stadt!! Dafür verwenden sie einen modernen **hochauflösenden Laserscanner**, der mit einem Infrarotstrahl ein **geometrisches Bild** des Gebäudes erstellt. Innere Strukturen, Hohlräume und Abwasserkanäle werden so sichtbar. Auf diese Weise erhalten die Wissenschaftler Erkenntnisse über die Architektur und Infrastruktur, ohne reale Ausgrabungen und Zerstörungen durchführen zu müssen.
Allerdings dauert es entsprechend lange, ALLE Gebäude des 66 ha großen Areals zu kartographieren.

Der Eintritt in Pompeji kostet 13 €, Kinder sind gegen Vorlage eines Ausweises gratis. Die Öffnungszeiten sind von 9.00 - 17.30 Uhr (letzter Einlass 15.00 Uhr!). In den Sommermonaten ist bis 19.30 Uhr geöffnet (Einlass bis 18.00 Uhr).

Ausflug: Herculaneum

Haben Sie nicht tagelang Zeit um ganz Pompeji zu erkunden, dann besichtigen Sie das wesentlich **kompaktere und schönere Herculaneum!**
Um die Ausgrabungsstätte von Herculaneum zu besuchen, steigen Sie an der Haltestelle **Ercolano Scavi** aus der *Circumvesuviana* aus. Allerdings haben Sie bis zu den Ausgrabungen noch einen Fußweg von rund 15 Minuten vor sich. Es ist aber nicht schwer zu finden – einfach die Straße geradeaus!

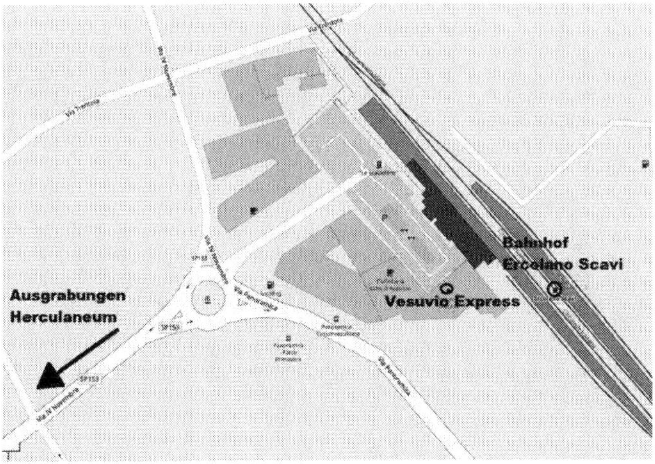

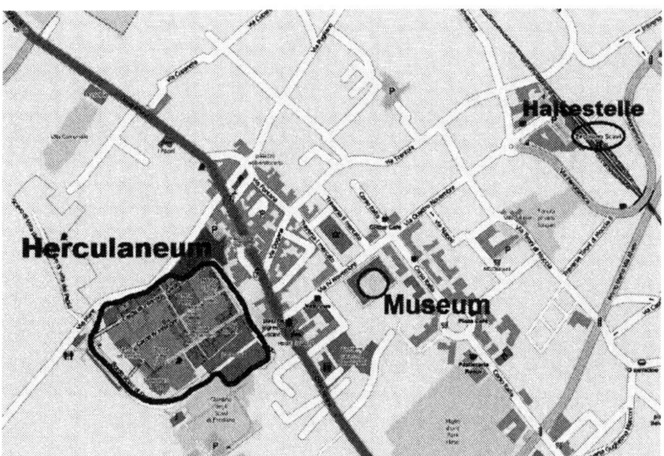

Pompeji beeindruckt durch seine Weitläufigkeit und die unermessliche Anzahl an 2.000 Jahre alten Häusern. Dem entgegen steht **Herculaneum**: ehemals war es ein **Erholungsort für die reiche Oberschicht aus Rom,** so bietet *Herculaneum* auch heute noch ein Erlebnis ganz besonderer Art.

Die Ausgrabungen sind bedeutend kleiner als das gigantische Pompeji, man benötigt nur ca. 2 Stunden um wirklich alles zu sehen. Aber die vielen antiken Malereien, die filigranen Mosaike und die durchgehend sehr gut erhaltenen Häuser sind einfach beeindruckender als das „normale" Pompeji der „antiken Arbeiterschicht". **Hier wohnte vor 2.000 Jahren die High Society!** In Herculaneum sehen Sie mehrstöckige kunstvoll gebaute Häuser, filigrane Mosaike, herrliche Innenhöfe mit Brunnen, verkohlte – aber intakte – Holzbalken bis hin zu den Skeletten (!!) der Bewohner in den tiefliegenden Bootschuppen.

Doch auch in Herculaneum waren die Menschen nicht in Sicherheit, sondern wurden von der glutheißen Hitzewelle im Moment ihres Todes konserviert. Die ganze Stadt wurde unter einer Asche- und Bimssteinschicht von bis zu 20 Metern begraben. Im Laufe der Jahrhunderte wurden die Ruinen von Herculaneum überbaut, erst im Jahre 1709 stieß ein Bauer beim Neubau eines Brunnens auf die Reste des Theaters. Die in den nächsten Jahrhunderten durchgeführten Ausgrabungen brachten neben Gebäuden, Fresken und Statuen sogar noch erkennbare Reste von Brot, Getreide und auch Eierschalen zum Vorschein.

Leider wurden 1990 aus einem Lagerraum über 250 extrem wertvolle Funde gestohlen, darunter Statuen, Ringe, Münzen und Schmuck. Bis heute ist das Diebesgut verschwunden...

Die mitunter wertvollsten Funde sind kleine schwarze Röhren, die wie verkohltes Holz aussehen: Papyrusrollen! Man entdeckte in der ***Villa dei Papiri*** eine riesige Bibliothek mit **1800 Papyrusrollen.** Der Papyrus verkohlte durch die Explosion des Vesuvs extrem schnell, sodass er gar nicht komplett verbrannte sondern konserviert wurde. Die Vulkanasche schützte die antiken Literaturwerke vor dem Zerfall! Sie schauen auf den ersten Blick gar nicht so wertvoll aus, eher wie die verkohlte Holzkohle am heimischen Grill!! Doch für die Archäologen sind sie von unschätzbaren Wert! Leider sind die wertvollen Rollen derart **zerbrechlich**, dass sie bei der kleinsten Berührung **sofort zerfallen würden**. Forscher in Grenoble haben sich der antiken Schriftrollen angenommen und **rollen sie virtuell auf:** sie beschießen die Schriftrollen mit **Röntgenstrahlen in Lichtgeschwindigkeit.** Das macht die Buchstaben sichtbar. Sogar zwischen Papyrus und Tinte kann unterschieden werden. Allerdings ist die Entzifferungsmethode der **Röntgen-Phasenkontrast-Tomografie (XPCT)** extrem mühsam, es konnten bisher nur wenige Sätze dechiffriert werden.

Adresse: *Corso Resina, Ercolano*

Die Öffnungszeiten sind von 8.30 - 17.00 Uhr.

Der Eintritt für Herculaneum kostet 11 €, Kinder sind gratis.

Zusätzlich zu den Ausgrabungen gibt es in *Ercolano* ein tolles Museum: das **Museo Archeologico Virtuale.** Hier werden die antiken Städte Pompeji und Herculaneum wieder lebendig! Das Museum arbeitet viel mit virtuellen Effekten, Modellen und weiteren audio-visuellen Technik-Spielereien, um die Thematik des Vulkanausbruchs vor 2.000 Jahren möglichst anschaulich zu gestalten. Ein 3D-Film vom Ausbruch des Vesuvs wurde sogar ausgezeichnet! Es ist aber dennoch sinnvoll, vorher *zumindest eine* der Ausgrabungen besichtigt zu haben. Die Infotafeln sind auch auf Englisch und Deutsch verfasst. Planen Sie für den Besuch mindestens eine Stunde Zeit ein.

Die Öffnungszeiten sind 10.00 - 16.00 Uhr, im Sommer etwas länger. Der Eintritt kostet 7,50 €.

Adresse: *Via IV Novembre, 44, 80056 Ercolano,* das Museum befindet sich auf halbem Wege der Straße zwischen den Ruinen und dem Bahnhof. Weitere Infos unter **http://www.museomav.it/**

Käpt'n Känguru empfiehlt:
Mit der ***Circumvesuviana*** nach Pompeji oder Herculaneum fahren. Festes Schuhwerk nicht vergessen!
Für einen Halbtagesausflug ist Herculaneum – nach meiner subjektiven Meinung – wesentlich weniger überlaufen und sehenswerter als Pompeji!

Ausflug: Vesuv

Auch ein Besuch auf dem **Vesuv** ist eine gut machbare spannende Sache, denn der Vulkan ist nur 9 km von der City entfernt! Es handelt sich um ein Vulkansystem aus zwei Vulkanen: dem **inaktiven *Monte Somma*** und dem immer noch **aktiven *Vesuv***. Der *Monte Somma* stellt dabei den ursprünglichen Vulkan dar, der vor Jahrtausenden wesentlich höher als die jetzigen 1200 Meter war. In einem gigantischen Ausbruch wurde 79 v. Chr. **die Spitze weggesprengt,** so dass nur noch eine flache Caldera auf dem Gipfel übrig blieb. Die Auswirkungen auf Pompeji und Herculaneum wurden bereits beschrieben... und zwar von **Plinius dem Jüngeren**! Der Ausbruch war wegweisend für die Vulkanologie: diese Form des weggesprengten Gipfels wird seitdem **plinianische Eruption** genannt. Doch seien Sie unbesorgt und besichtigen Sie ruhig den Vulkan: seit dem letzten Ausbruch anno **1946** gilt er als inaktiv... Deswegen sehen Sie keine glühenden Lava-Ströme, sondern nur den erloschenen Hauptkrater.

Eine öffentliche **Buslinie** fährt durch einen Mix aus Weingärten und Lavafeldern auf den Vesuv hoch und hält auf 1000 m Höhe auf einem Parkplatz mit Souvenirständen und Imbissbuden. Hier beginnt der **Nationalpark Vesuvio**, der ein beliebtes Wandergebiet ist. Über einen gut ausgebauten Wanderweg laufen Sie zum Krater hinauf, den man nach ca. 20 - 30 Minuten erreicht. Es sind zwar nur 200 Höhenmeter, aber die sind sehr anstrengend! Auch wenn Sie nach der Kraxelei eventuell schwitzen: auf dem Gipfel ist es meist sehr kühl und windig – nehmen Sie eine Jacke mit! Gutes Schuhwerk ist Pflicht, denn der Weg führt über Lava-Geröll und ist teilweise rutschig.

Laden Sie sich zur Info dieses tolle Pdf herunter :
http://www.vesuviopark.it/pnv/home/download/brochure_DEU.pdf

Die Besichtigung des Kraters kostet 10,00 € Eintritt. Die Öffnungszeiten sind von 9.00 - 17.30 Uhr.

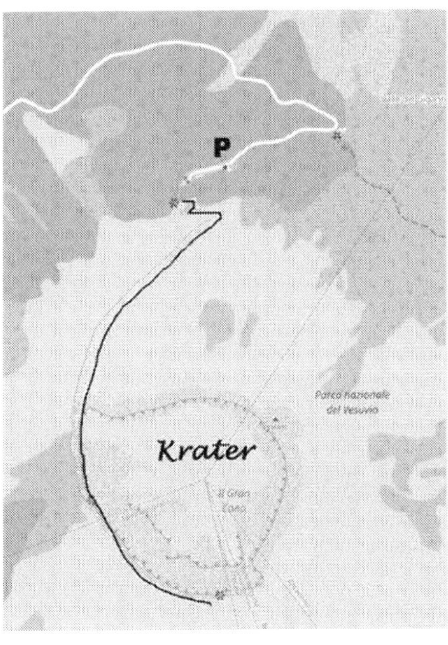

So kommen Sie hin:

- An der Haltestelle ***Ercolano Scavi*** der *Circumvesuviana* startet der **„Vesuvio Express“**: ein lokales Busunternehmen, das Sie für 20 € auf den Vesuv bringt (der Eintritt von 10 € ist bereits inklusive). Sie finden *Vesuvio Express* links neben dem Bahnhofsausgang. Zum Überblick beachten Sie die Grafik im Kapitel „Herculaneum“!

- An der Haltestelle ***Pompei Scavi*** unmittelbar vor den Ausgrabungen in Pompeji starten öffentliche Busse der EAV. Fahrkarten und Fahrpläne erhalten Sie im *Ticket Office* im Außenbereich des Bahnhofes *Pompei Scavi* → am Bahnhofsausgang links halten.
  Das Ticket kostet lediglich 3,10 €!

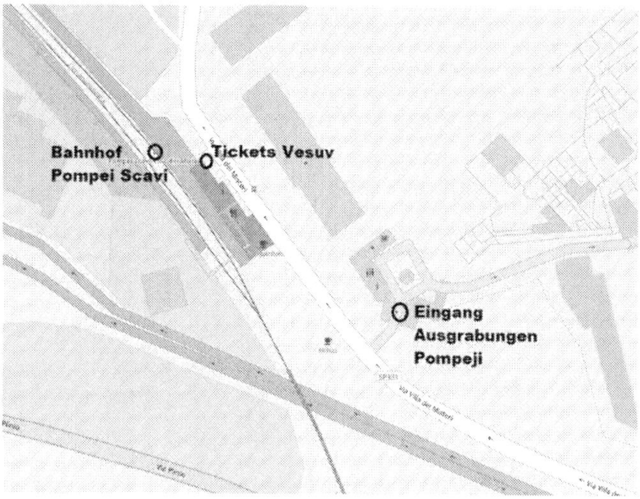

Achtung: wenn Sie mit einem Mietwagen zum Vesuv fahren, werden die Kosten für den Vulkanbesuch nahezu unverschämt! Sie müssen nämlich 2 km unterhalb des Busparkplatzes parken (Gebühr **5 €** !), und werden dann mit einem Shuttlebus nach oben gebracht (**2 €** / Person, zu Fuß bräuchten Sie ca. 1 Stunde). An der Kasse müssen Sie dann noch die **10 €** Eintrittsgebühr zum Vulkan bezahlen! Und das alles nur, um einen simplen Berg besteigen zu dürfen, der schon seit Jahrmillionen hier rumsteht…
Fazit: Die Anreise mit Bahn & Bus ist bequemer und ungemein günstiger als Mietwagen oder Taxi!

Schon seit Jahrhunderten ist Capri ein wahnsinnig beliebtes Ausflugs- und Urlaubsziel. Ein Besuch der Insel lohnt sich, vor allem wenn Sie Pompeji und Herculaneum schon gesehen haben. Mittels der vielen Fähren (*traghetto*) oder Tragflügelboote (*aliscafo*), die von Neapel ablegen, können Sie der **Felseninsel Capri** im Golf von Neapel leicht einen Besuch abstatten. Direkt am (Kreuzfahrt-)Hafen *Molo Beverello* ist links die Schnellfähre, rechts die Auto- und Personenfähre.

Ein Ticket bekommen Sie an der *Biglieterria* (links des Terminals) oder im Vorfeld unter **www.ok-ferry.de**. **Die Boote verkehren ab 8.30 Uhr etwa alle 45 Minuten und kosten 21,20 € für eine Strecke.** Die Fähren sind sehr langsam (70 Minuten), aber preiswerter als die *aliscafi* (etwa 50 Minuten).

Sehenswert ist die Stadt ***Capri***, die 142 m über dem Meer oben auf der Klippe liegt. Sie ist am leichtesten mit der **Zahnradbahn Funicolare** zu erreichen. **Die Bahn fährt von 6.45 - 22.00 Uhr alle 15 Minuten** ab dem Hafen "Marina Grande" zum *Piazza Umberto* in Capri. **Die Fahrt kostet 3,60 €.** Das Ticket bekommen Sie nicht am Ende der Seilbahn-Warteschlange, sondern am 50 m entfernten Ticketschalter!
Auch ein öffentlicher Bus fährt die Klippe hoch. Der Busbahnhof befindet sich rechts der Mole. **Es gibt auch Kombi- und Tagestickets für Seilbahn und Bus (8,60€).**

Capri ist **mondän**. Früher schon – und auch heute noch. Viele schillernde und reiche Persönlichkeiten hatten hier ihren (Neben-)Wohnsitz oder verbrachten unzählige Urlaube auf Capri: von Kaiser Tiberius über Axel Munthe bis hin zum Stahlriesen Friedrich Krupp (nach dem sogar die Straße *Via Krupp* benannt ist). Auch Stars und Sternchen findet man zuhauf: Sophia Loren, Jackie Onassis, Rod Steward, Elton John, und sogar Bill Gates ... die Liste der Promis auf Capri findet kein Ende!

Deswegen: Ganz Capri ist aufgrund des massenhaften Tourismus ziemlich überteuert!

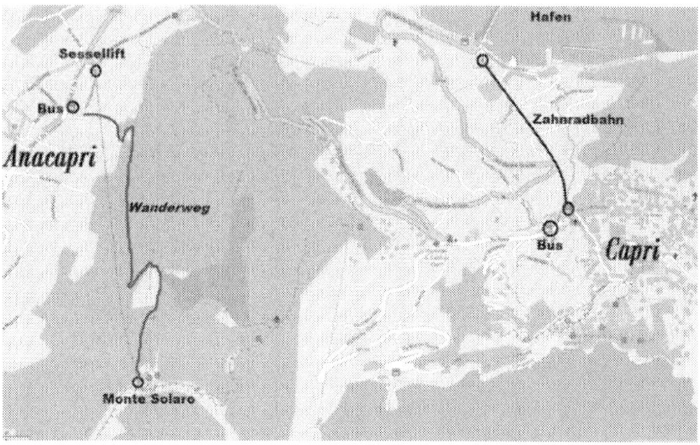

Auf der Insel gibt es neben dem quirligen Capri nur noch eine einzige weitere Ortschaft: **Anacapri**. Das Städtchen liegt noch höher als Capri, allerdings geht es hier etwas ruhiger zu. Ab Capri pendelt ein öffentlicher Bus, der Sie für 1,80 € nach Anacapri bringt.

Toll ist der Panoramablick vom **Monte Solaro**: der höchste Berg von Capri thront mit 589 Meter im Süden der Insel. Etliche hervorragende Wanderwege warten auf aktive Menschen. Sie starten mit dem Aufstieg am besten in der *Piazza della Pace* in Anacapri. Wenn es Ihnen zu Fuß zu anstrengend ist, können Sie alternativ in einem Sessellift bis zum Gipfel hochfahren. **Der Sessellift an der *Piazza Vittoria* kostet 8 €, für Hin-und Rückfahrt 11 €. Die Fahrdauer beträgt ca. 13 Minuten. Der Lift ist von 8.30 - 17.00 Uhr in Betrieb.**

Besuchen Sie das **Axel-Munthe-Haus** in Anacapri! Der schwedische Arzt und Schriftsteller war ein Mitbegründer des roten Kreuzes und kämpfte erfolgreich gegen die Cholera... hatte aber sein Herz an die Trauminsel Capri verloren. Er kaufte eine verfallene Kapelle, den dazugehörenden Weinberg am *Monte Solaro*, eine kleine Festungs-Ruine sowie die **Villa San Michele.** Die Villa ist heute ein Museum und kann besichtigt werden. **Der Eintritt zur *Villa San Michele* kostet 8 €. Die Öffnungszeiten sind 9.00 - 18.00 Uhr.** **Adresse:** *Viale Axel Munthe, 34, 80071 Anacapri*

Ein MUSS ist die **blaue Grotte** (*Grotta Azzurra),* eine Naturstein-Höhle im Nordwesten der Insel Capri. In der Antike wurde die Grotte als **Nymphäum** (eine Art Schwimmbecken) benutzt! Später rankten sich Legenden von Hexen und (See)Ungeheuern um die **"Geisterhöhle"**, daher wurde die *Grotta Azzurra* als geheimnisvoller und furchterregender Ort abgestempelt und tunlichst gemieden. Die uralte Höhle wurde erst 1826 wiederentdeckt und seither von Touristen erobert. Keine Chance für Monster!
Tipp: Am Vormittag hat man die besten Lichtverhältnisse und daraus resultierende grandiose Farbreflexe! Das **Tageslicht** gelangt **unter dem Meeresspiegel** durch das Felsentor in die Grotte, dadurch wird es **vom Meerwasser reflektiert** → das Wasser in der 52 m langen Grotte schimmert in intensiven blauen Farbtönen.
Im Hafen von Capri werden für 13 € Bootstouren rund um die Insel zu der Grotte angeboten. Die Grotte wird nochmals extra mit kleinen Ruderbooten (max. 4 Personen) befahren, in die Sie umsteigen müssen. Natürlich ist das nochmals separat zu bezahlen... Im Sommer müssen Sie mit extrem langen Wartezeiten rechnen! Das kann über eine Stunde dauern, bis Sie endlich in die Grotte rein dürfen. Bei starkem Seegang wird die Grotte gesperrt.

Die Bootstour zur blauen Grotte kostet ca. 13 € und startet in der „Marina Grande" von Capri, der Eintritt in die Grotte selbst kostet Sie nochmals 12,50 €! Kinder sind jedoch gratis. Die Boote bleiben etwa 10 Minuten in der Grotte.
Traumhaft schön – aber eine Touristenfalle ohnegleichen!
Früher durfte man sogar von den Booten aus in der Grotte kurz schwimmen – heute ist ein Bad wegen Sicherheit und Denkmalschutz strengstens verboten. Oder schlecht fürs Geschäft, denn noch vor wenigen Jahren durfte man abends *nach* der Touristenabzocke gratis und legal in die Höhle reinschwimmen. Mittlerweile weisen Schilder auf das verhängte Badeverbot hin...

Olbia -

die Küste der „Costa Smeralda"

Land: Sardinien (Italien)
Einwohner: 59.000
Währung: Euro

Wenn Sie einen Mietwagen benötigen, dann steigen Sie erst gar nicht in den Hafen-Shuttlebus ein, denn gegenüber des Piers befindet sich im Hafenareal **„MickyRent"**, ein für sardische Verhältnisse sehr günstiger Mietwagenverleih. Ein *Fiat Panda* kostet 60 € /Tag. Wesentlich günstiger als Europcar & Co (ab 80 €). Infos und Reservierungen unter **michyrental@gmail.com**
Adresse: *Viale Isola Bianca, 38, Olbia*

http://micky-rent8.webnode.it

Wollen Sie hingegen erstmal die Stadt Olbia erkunden, dann werden Sie mit einem **kostenlosen Shuttlebus** zum Ausgang des Hafen-Areals gebracht. Sie befinden sich nun direkt am *Piazza Elena di Gallura*, dem Startpunkt für die „lokalen Busse" und die Hop-on-hop-off-Busse (Tickets an der Verkaufsbude). Auf der gegenüberliegenden Straßenseite beginnt bereits die Innenstadt Olbias. Im ersten Haus auf der linken Seite befindet sich die Touristinfo mit Stadtplänen und Informationsmaterial. Auch die Tickets für die öffentlichen Busse werden hier verkauft (siehe Foto oben).

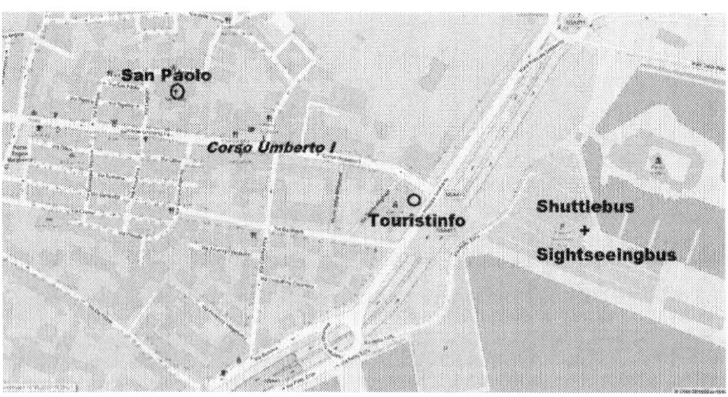

In der Altstadt *Olbias* gibt es jedoch nicht sonderlich viel zu sehen. Das Hauptaugenmerk liegt auf dem breiten ***Corso Umberto I***, der den Berg hinauf führt. Davon zweigen einige Seitenstraßen ab, in denen sich auch noch vereinzelt Geschäfte befinden – aber ansonsten wenig Sehenswertes zu finden ist. Nur die **Kirche San Paolo** mit ihrer bunten Kuppel ist einen Besuch und ein Foto wert. Die Kathedrale von Olbia befindet sich dagegen auf der anderen Seite der Bahnlinie. Aber man muss ehrlicherweise sagen, dass sich der weite Weg kaum lohnt, da die Steinkirche eher unspektakulär ist und zudem ziemlich abseits liegt.

Da Sie bestimmt nicht länger als 1 Stunde unterwegs waren, bietet sich ein Ausflug zu einem wunderschönen Strand an, nämlich den Stadtstrand von Olbia in *Pittulongu*!

Ausflug: Pittulongu-Beach

Die Hop-on-hop-off-Busse bieten für 10 € eine spezielle **Olbia-City-Tour** zum nahen Strand **Pittulongu** an, der knappe 10 km nördlich von Olbia liegt. Eine Weiterfahrt entlang der *Costa Smeralda* ist natürlich nicht möglich, die speziellen Busse kehren in Pittulongu um und pendeln zurück.

Sie kommen aber **wesentlich günstiger an genau dieselbe Bushaltestelle** in Pittulongu: nämlich mit dem **öffentlichen Bus No. 4** (im Sommer zusätzlich der **Express-Beach-Shuttle No. 40**). Sie finden den Bus direkt neben den roten Hop-on-hop-off-Bussen am Busterminal auf dem Platz *Piazzale Benedetto Brin*! Das Ticket für **2,50 €** bekommen Sie in der Touristinfo, die 150 Meter entfernt am Eingang der Innenstadt liegt (das erste Eckhaus im *Corso Umberto I*). Der Bus pendelt (genau wie der rote Sightseeingbus) pausenlos zwischen *Olbia* und *Pittulongu,* deshalb fährt ca. alle 30 Minuten ein Bus zurück in die Stadt. Die Busse sind modern und mit Klimaanlage ausgestattet. Viele Kreuzfahrttouristen benutzen diesen Bus (zumindest die, die nicht den teuren Sightseeing-Bus für 10 € erwischt haben, der exakt die gleiche Route fährt☺)

Sie müssen jetzt nur noch 100 Meter zum Strand gehen! Am Strand gibt es sowohl kostenpflichtige Strandbäder mit Sonnenschirmen und Sanitäreinrichtungen, als auch **weitläufige kostenlose und frei zugängliche Abschnitte.** Der feinkörnige strahlend weiße Sandstrand *Rena Bianca* fällt flach in das türkisgrüne Meer ab. Dieser Strand könnte auch in der Karibik zu finden sein!

Käpt'n Känguru empfiehlt:
Mit dem öffentlichen Bus für 2,50 € nach Pittulongu fahren und an einem Traumstrand sonnen, baden und schnorcheln!

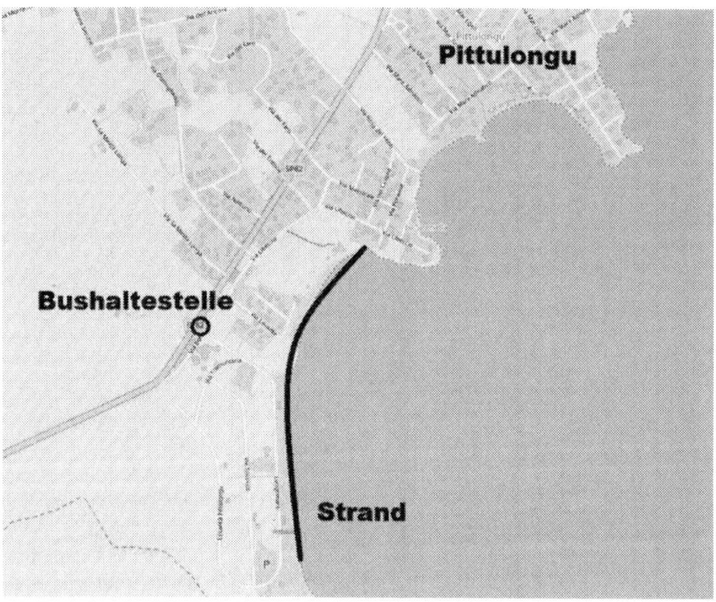

Ausflug: Costa Smeralda

Da die touristisch relevanten Bereiche von Olbia durch einen 1-stündigen Spaziergang nahezu komplett zu entdecken sind, empfehle ich einen Ausflug an die **Costa Smeralda**. Der Name des 55 km langen Küstenstreifens von *Palau* nach *Olbia* kommt von der außergewöhnlichen smaragdgrünen Farbe des Meeres:

Costa Smeralda = "Smaragdküste"

Im Landesinneren warten zwar keine Smaragde, aber ein anderer Rohstoff: der **Kork**! Sardinien ist der größte Korkproduzent Europas. Die Region um *Tempio Pausania* ist geprägt von weitläufigen **Stein- und Korkeichenwäldern**. Alle 9 - 12 Jahre können die Eichen geschält werden, dabei darf die zarte Schicht unter der Rinde nicht verletzt werden. Die Rindenstücke werden nach *Tempio* transportiert, dem Zentrum der Korkproduktion. In der Provinzhauptstadt wird der Kork zu **Parkett** und **Kronkorken für Weinflaschen** weiterverarbeitet.

Ein Mietwagen ist leider nicht so günstig zu bekommen wie in anderen Häfen. Europcar bietet das günstigste Modell für 80 € pro Tag an, davon abgesehen gibt es in der City nur noch ein oder zwei andere Mietwagenfirmen, die aber auch nicht preiswerter sind ☹. Nehmen Sie deswegen einen Kleinwagen von **„Micky Rent"** im Hafen (60 €, siehe oben)!

Ab der Endhaltestelle des Shuttlebusses startet der rote Sightseeing-Bus, der die ganze Küste nach Norden entlang fährt!!
Die komplette **"Costa Smeralda Beach Tour"** dauert **5 Stunden**.
Sie haben eine Stunde Aufenthalt in dem wunderschönen Dorf **Porto Cervo** und dann noch einen **zweistündigen Badeaufenthalt** in der berühmten ***Baja Sardinia.***
Das Ticket für den Sightseeing-Bus kostet 25 €. Kinder zahlen leider auch den vollen Preis ☹
Die ersten Busse starten um 9.00 Uhr morgens, die letzten fahren (je nach Liegezeit des Schiffes) um 12 Uhr ab. Sie finden die roten Busse am *Molo Brin Car Park*, direkt an der Haltestelle des Shuttlebusses.

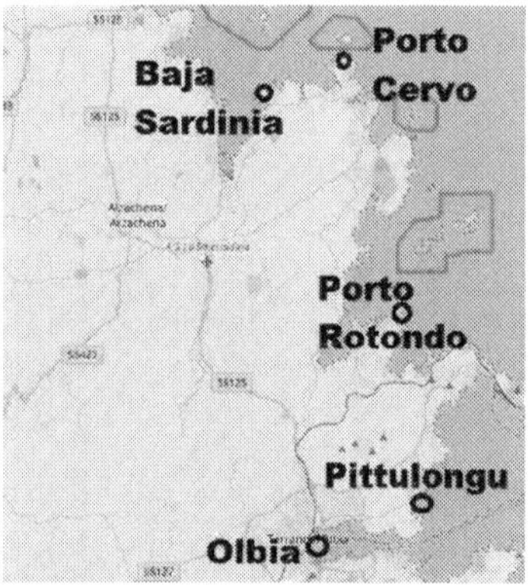

Sie fahren eine stark zerklüftete Küste mit schroffen Felsen entlang. Die roten Granitbuckel der **Gallura** stehen im Kontrast zu der sattgrünen Flora (die *macchia*) und dem tollen smaragdfarbenen Wasser in den einsamen Buchten. Die **sardische Macchia** ist ein immergrüner Buschwald, der im Frühling UND im Herbst blüht. Der Duft von Ginster, Myrte, Thymian und Rosmarin liegt in der Luft. Gerade im Hochgebirge kann jedoch die Hitze schnell in einen Regenguss umschlagen. Bis vor einigen Jahrzehnten wurde die *Costa Smeralda* ausschließlich als Weideland für die Schafe genutzt, und noch heute verdienen viele Sarden ihr Geld mit der **Schafzucht**. Es gibt sogar noch Schneider für die typischen **Hirtenanzüge** der Schäfer, und der sardische **Hirtengesang „Canto a Tenore"** erschallt lautstark auf regionalen Festen der Einheimischen.
Aus den robusten Fäden der Schafswolle werden traditionell Teppiche hergestellt. Die **sardische Schafswolle** wird vor allem in England und Indien hoch geschätzt und in großen Mengen dorthin exportiert. Doch nicht nur die Wolle ist wertvoll und begehrt: **Schafskäse und Lammfleisch** gehören seit jeher auf die sardische Speisekarte.

Das Leben der Sarden war in den vergangenen Jahrhunderten von Armut geprägt. Es spielte sich zum Großteil in den Gebirgsregionen der Gallura und den Weideländern der Macchia ab. Einen besonders starken Bezug zum Meer hatten die Sarden nie. Ganz im Gegenteil: teils fürchteten die Einwohner das Meer und die Fremden, die auf ihm kamen. Sardinien lag nämlich auf der **Handelsroute zwischen Afrika und Europa.** Vor allem mit den Römern gab es des Öfteren Probleme. Als Widerstand gegen „Eroberer" und „Eindringlinge" bildeten sich Banditenbanden, die Sardinien unsicher machten. Die Raubzüge der sardischen Gebirgsbewohner wurden **Bardanas** genannt. Blutrache sowie Sippenkriege und Entführungen waren an der Tagesordnung. Das Zentrum der Kriminalität lag in dem **Gebirgsdorf Orgosolo**, das sich als „**das Dorf der Entführer und Mörder**" einen dunklen Namen gemacht hat. Die verhassten Carabinieri des italienischen Festlandes hatten lange keine Chance, der Banditen Herr zu werden. Denn die Unterstützung der Bevölkerung war *den Kriminellen* gewiss – wenn sich die Sarden nicht gleich den Banditen anschlossen und selbst mitmischten! Die Blutfehden gehörten zum sardischen Alltag, darum waren die Kirchenfeste umso wichtiger, da man sich bei dieser Gelegenheit wieder versöhnte. Ein bis heute bedeutender Tag ist das Fest der **„Madonna della Consolata".**

Gruselig: Auf dem Friedhof von Orgosolo finden sich auf vielen Grabsteinen die Inschriften „ermordet von..." oder „erschossen von...". Man mag es nicht glauben, aber das lockt Touristen an! Einige Reiseveranstalter entdeckten diese Marktlücke und bieten Trips in das Dorf inklusive „Banditenüberfällen" an! Echt schräg...

Erst der orientalische **Ismaelitenprinz Aga Khan IV** erkannte das touristische Potential dieser Region. Der Prinz kaufte den Schafhirten für einen Schnäppchenpreis weite Küstenabschnitte ab. Flugs stand in den 60er Jahren das erste Hotel, das ***Cala di Volpe*** in *Porto Cervo*, ein jetziges 5-Sterne-Hotel (an dem Sie auf Ihrer Tour auch vorbeikommen!). Der Prinz hatte Visionen von ökologischem Bauen bei möglichst wenig Landverbrauch. Er ließ deswegen das heutige Luxushotel im Stil der **inseltypischen sardischen Bergdörfer** errichten; wegen der traumhaften Landschaft folgten viele weitere Hotels, die aber alle dem ersten Hotel in der schlichten Architektur ähneln... Dank dem Prinzen blieben Sardinien die hässlichen Bettenhochburgen erspart. Der Tourismus war nicht mehr aufzuhalten: Heutzutage ist die Costa Smeralda der Ort der Reichen, Schönen und Prominenten. **Viele Sarden der Gebirgswelt waren noch nie an der Costa Smeralda!**

Ihr erster Stopp ist in dem relativ großen Küstenort **Porto Cervo**, dem Tummelplatz der VIPs und Reichen. Entsprechend viele teure Boutiquen, Restaurants und Locations sind auf der **Piazzetta della Marina** zu finden. Unten im Yachthafen an der *Via della Marina* sehen Sie die millionenschweren Yachten liegen.
Sehenswert ist die **Kirche „Chiesa di Stella Maris"** mit ihrer außergewöhnlichen wellenförmigen Architektur und der tollen Panorama-Lage. Hier finden Sie auch einige von *Prinz Aga Khan* gestiftete Kunstwerke und eine 600 Jahre alte neapolitische Orgel.
Adresse: *Via Stella Maris (Traversa Sa Conca)*

Viel „Antikes" können Sie in Porto Cervo nicht entdecken, denn die Ortschaft wurde nicht von Römern, Griechen oder Phöniziern gegründet, sondern von *Agra Khan IV.* Porto Cervo gibt es erst seit 1962: es wurde um das Hotel des Ismaelitenprinzen herumgebaut...

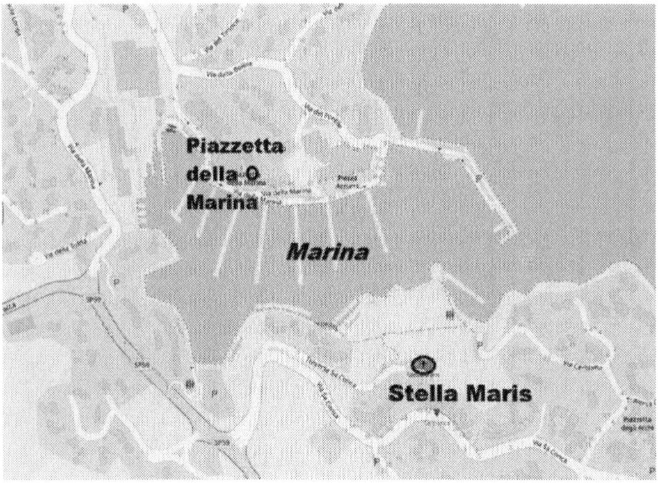

Der zweite Stopp Ihrer Tour ist in der Badebucht **Baja Sardinia** am nördlichen Ende des *Golfs von Arzachena*. Während Porto Cervo früher nur eine langweilige Schafweide war, kannte man die Bucht schon lange und nannte sie **„Cala Battistoni"**. *Domenico Gentili* – ein Geschäftsmann und Künstler aus Romagna – kaufte in den 60ern der Familie *Ragnedda* 90 ha Land in der Cala Battistoni ab. **„*Nur Land"*, denn es gab weder Straßen, noch fließend Wasser oder Strom.** *Gentili* plante ein Touristenresort: das Land wurde erschlossen, Brunnen gegraben, ein provisorischer Stromgenerator aufgestellt, der Strand (inklusive Promenade) angelegt, eine schicke Piazza gebaut und sogar ein Pinienwäldchen gepflanzt.
Die erste Touristenunterkunft war ein **Fort aus dem ersten Weltkrieg**, das zu einem Hotel umgebaut wurde. Es wurde nach dem Auto benannt, das *Gentili* nach Sardinien brachte um auf den halbfertigen staubigen Straßen die Bauarbeiten seines Großprojektes zu überwachen: das **„Tuf Tuf Hotel"**!
Nach so viel Aufwand musste ein toller neuer Name für das Touristenstädtchen her, und so wurden Bucht und Dorf in *Baja Sardinia* umbenannt. Und auch das Hotel heißt heutzutage nicht mehr „Tuf Tuf Hotel", sondern stilvoll *„Forte Cappellini"*☺.
Aus der einsamen Bucht und einer Schafweide wurde eines der beliebtesten Badeziele der *Gallura*: rund 400 Villen und ein paar dutzend Hotels inklusive Restaurants, Bars und Läden sind in der kleinen Ortschaft zu finden. An dem **200 Meter langem weißen Sandstrand** können Sie im Rahmen Ihrer Bustour 2 Stunden schnorcheln, baden oder sonnen...

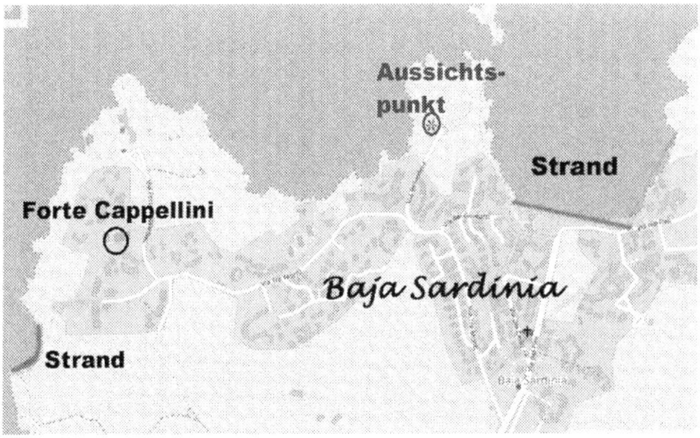

Die Fischgründe vor der Küste sind leider **überfischt**. Neu eingerichtete **Meeresschutzzonen** schränken den Fischfang zusätzlich ein. Große Teile der Küste des **Golfs von Orosei** liegen zudem in einem Nationalpark. Wegen der vielen Touristen kann der Fischbedarf bei Weitem nicht aus dem Meer gedeckt werden, sondern wird importiert! Die Fischer haben sich angepasst: sie fischen nur noch zum Nebenerwerb und fahren stattdessen Touristen mit ihren Booten die Küste der Costa Smeralda entlang.

Palermo - in die Sonne Siziliens

Land:	Italien (Sizilien)
Einwohner:	680.000
Währung:	Euro

Der erste Gedanke bei „Palermo" ist bei vielen Menschen **„Mafia"**! Vom zweiten Weltkrieg bis zur Jahrtausendwende war Palermo tatsächlich die unumstrittene Hochburg der **sizilianischen Mafia „Cosa Nostra"**. Jeden dritten Tag ging ein Mord auf das Konto der organisierten Kriminalität. Selbst zwei bekannte Staatsanwälte, die sich dem Kampf gegen die Mafia verschrieben hatten, wurden kaltblütig umgebracht. Wegen den Intrigen und Seilschaften zwischen Mafiosi und der Justiz wird das Justizgebäude Palermos spöttisch *„Palast der Gifte"* genannt.
Erst unter dem „Anti-Mafia-Bürgermeister" *Leoluca Orlando* wurde der Mafia drastisch Einhalt geboten und im Gegenzug Tourismus, Kultur und Wirtschaft gefördert. Auch eine umfassende Sanierung der verfallenen Gebäude in der Altstadt wurde von *Leoluca Orlando* veranlasst.
Heute taucht Palermo unter den TOP10 der Verbrechensstatistik italienischer Städte gar nicht mehr auf!!

Dabei hat die Hauptstadt Siziliens und vor allem die nähere Umgebung einiges zu bieten! Seitdem jeden Tag Kreuzfahrtschiffe zentrumsnah anlegen, hat der Tourismus in der ehemals verrufenen Stadt Einzug gehalten. Schon am Hafenausgang warten Anwerber des roten und gelben Hop-on-hop-off-Busses sowie eines Mini-Zuges auf Sie.

Während die beiden Hop-on-hop-off-Busse sehr schöne Touren durch die City anbieten, **ist von dem kleinen Mini-Zug abzuraten**: Es wurden Fälle bekannt, in denen die Passagiere zwar in die Innenstadt gebracht wurden (einzige Ausstiegsmöglichkeit ist hierbei die Kathedrale), aber die **wartenden Touristen wurden ab Mittag zur Rückfahrt niemals abgeholt!** Ob dies nur Einzelfälle sind – oder gängige Praxis – bleibt dahingestellt, aber es muss wirklich jeder Kreuzfahrttourist (der das Schiff nicht verpassen möchte und deswegen ein teures Taxi zusätzlich zu bezahlen hätte) vor diesem Mini-Zug **gewarnt werden**!

Empfehlenswert ist dagegen der günstige **gelbe Hop-on-hop-off-Bus** für 10 €, zumal dieser auch einen AudioGuide offeriert. Auch wenn Sie keinen der Hop-on-hop-off-Busse nutzen möchten: nehmen Sie sich einen Flyer mit! Die Stadtpläne der Hop-on-hop-off-Busse sind mehr als brauchbar und reichen als Orientierungshilfe für einen Tagesausflug in Palermo völlig aus!

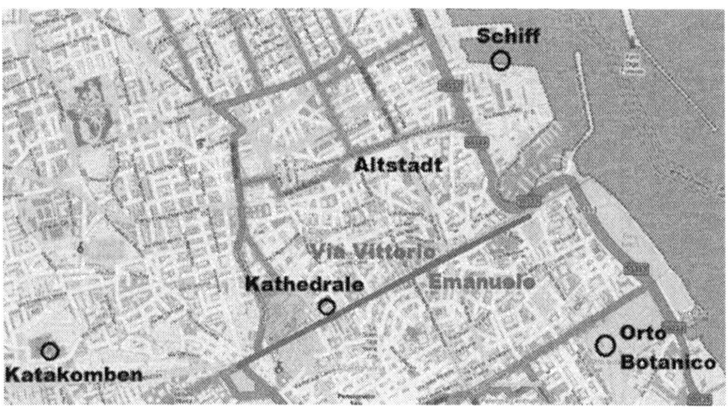

Alternativ bietet für 20 €/Erwachsenen der aus allen großen Metropolen bekannte **rote „CitySightseeing"-Bus** vier verschiedenen Touren durch Palermo an. Ein AudioGuide und Free-WIFI ist hier ebenfalls inklusive. Zudem führt die **blaue Linie** (Linea D) des SightSeeing-Busses in den bekannten Vorort **„Mondello"** (steigen Sie bei „Mondello Spiaggia" aus). Leider fährt dieser Bus nicht ganzjährig Mondello an.

Beide Hop-on-hop-off-Busse verkehren im halbstündlichem Takt und fahren neben etlichen weiteren Zielen vor allem die Hauptattraktionen Palermos an: das neoklassizistische **Teatro Massimo**, den zentralen Platz Palermos

„Quattro Canti" am Ende der **zentralen Altstadt-Straße „Corso Vittorio Emanuele"** und die berühmte **Kathedrale „Maria Santissima Assunta".**

Schon im 6. Jh. wurde in Palermo unter *Papst Gregor dem Großen* eine Kathedrale errichtet, die aber aufgrund starker Schäden durch ein Erdbeben im 11. Jh. komplett abgerissen werden musste. Der Neubau der **Kathedrale** erfolgte im arabisch-normannischen Stil einer Wehrkirche, weswegen die Kirche auch gerne als **„Normannenkathedrale"** bezeichnet wird. Neben einer Schatzkammer mit wertvollen liturgischen Gewändern können auch die **Königsgräber** von *Friedrich II* und *Heinrich VI* besichtigt werden.
Adresse: *Corso Vittorio Emanuele.*
Der Eintritt in die Kathedrale ist gratis, die Besichtigung der Königsgräber kostet 1,50 €. Die Öffnungszeiten sind 9.00 - 17.00 Uhr.

Neben den Bussen bieten vor dem Hafen auch **Pferdekutschen** und die lustigen **dreirädrigen Piaggio-Autos** zahlreich ihre Dienste an. Man kann aber durchaus **zu Fuß** Palermo erkunden. Da der Hafen sehr zentral liegt, müssen Sie sich nach dem Hafenausgang lediglich links halten, bis Sie nach ca. 1 km auf die zentralen Altstadt-Straße **„Corso Vittorio Emanuele"** treffen. Biegen Sie in die Straße ein und folgen Sie ihr, damit sind Sie schon im Herzen Palermos!

Ausflug: Valle dei Templi

Viele Touristen möchten jedoch das **Valle dei Templi** erkunden! Es handelt sich um einen griechischen Tempelkomplex, der 2 Fahrstunden (130 km) außerhalb von Palermo in *Agrigentan an* der Südküste Siziliens liegt. Die meisten Reedereien bieten einen geführten Schiffsausflug an... Selbstorganisiert ist der Trip eher schwierig, denn: Ein Taxi für 4 Personen kostet von Palermo aus ca. 240 €. Zug und Bus sind zwar mit 20 - 30 €/ Person wesentlich günstiger, haben jedoch den Nachteil der langen Fahrzeit von 2,5 Stunden. Aber mit Mietwagen / Taxi sind Sie auch nicht wesentlich schneller dran...
Dabei wäre das **"Tal der Tempel"** absolut sehenswert: in Wirklichkeit handelt es sich um gar kein *Tal*, sondern um die Überreste der antiken Metropole **Akragas** auf einem **Hochplateau aus Kalkstein**!
Über 12 **Tempel**, eine frühchristliche **Basilicula**, die antike **Gartenanlage** ***Kolymbéthra***, eine **Nekropole** und das Trümmerfeld des **Olympieion** erwarten Sie in dem **archäologischen Park**! Der **Concordiatempel** ist einer

der besterhaltenen griechischen Tempel weltweit – ein Highlight für jeden (Hobby-)Archäologen!
Adresse: *Piazza Archeologica 1, Via Panoramica Dei Templi, 92100 Agrigent.* Das *Valle dei Tempi* steht 2km südlich von Agrigent auf einem Hügel.
Die Öffnungszeiten sind 8.30 - 19.00 Uhr. Der Eintritt kostet 10 €.
Für Kombiticket mit dem archäologischen Museum zahlen Sie 13,50 €.

Fazit: Das *Valle dei Templi* nur bei entsprechend langer Liegezeit auf eigene Faust mit einem Mietwagen in Angriff nehmen.

Ausflug: Kapuzinergruft

Sehr sehenswert ist die **Kapuzinergruft von Palermo** (*Le Catacombe dei Cappuccini*). Die riesige Gruftanlage befindet sich unter dem Kapuzinerkloster und ist mit ihren natürlichen Mumien eine der bekanntesten Grabanlagen der Welt. 1599 wurde unter dem damaligen Altar eine neue Gruft gebaut, um für die vielen Ordensbrüder eine größere „letzte Ruhestätte" zu schaffen. Beim „Umzug" der bisherigen sterblichen Überreste entdeckte man, dass viele der toten Körper fast gar nicht verwest waren! Sie wurden als ***„memento mori"*** aufrecht in die Gänge gestellt; der älteste noch vorhandene Leichnam stammt aus dem Jahre 1599.
Ursprünglich diente die Grabanlage lediglich den Mönchen als letzte Ruhestätte, doch ob dieser natürlichen Konservierungsmethode ließen sich in den folgenden Jahrhunderten auch viele Bürger der Oberschicht hier aufbahren. 1837 wurde dies verboten, seitdem ist nur noch eine Bestattung in Särgen möglich. Die Gruft ist seither unangetastet und es können über 2.000 Mumien besichtigt werden. Die Katakomben sind in 5 Korridore aufgeteilt: Männer, Frauen, *Professionisti* (Ärzte, Lehrer, Politiker…), sowie jeweils einen Gang für Kapuziner und weitere Mönche. Eine der bekanntesten Mumien ist die zweijährige *Rosalia Lombardo*, die 1920 an der Spanischen Grippe starb.
Für Kinder sind die Katakomben vielleicht weniger empfehlenswert, da die Toten doch etwas gruselig sind, für Erwachsene stellt die Gruft jedoch ein beliebtes Ziel in Palermo dar.
Der Eintrittspreis beträgt lediglich 3,50 €. Die Öffnungszeiten sind von 9.00 - 13.00 Uhr und 15.00 - 18.00 Uhr. Leider herrscht in der Gruft Foto-Verbot (das auch streng überwacht wird).
Adresse: *Piazza Cappuccini 1* (nördlich der Kathedrale und der *Piazza Reale*), es gibt auch eine Haltestelle des Hop-on-hop-off-Busses.
Ein Taxi zu den Katakomben kostet etwa 10 - 15 € (falls vor dem Schiff nur „Taxi-Touren" angeboten werden, halten Sie einfach ein Taxi außerhalb des Hafenbereiches an!). Zu Fuß beträgt der Weg einfach ca. 4 km.

Ausflug: Mondello

Das ursprüngliche Fischerdorf mauserte sich wegen seiner schönen Lage zwischen den beiden Bergen *Monte Pellegrino* und dem *Monte Gallo* im vergangenen Jahrhundert zu einem beliebten **Badeort der Palermitaner,** die sich hier viele schöne Villen errichteten. Gerade bei Kreuzfahrttouristen ist der 1,5 km lange weiße Sandstrand mit seinem klaren hellblauen Wasser sehr beliebt. Allerdings sind weite Bereiche nur für zahlende Gäste reserviert, die sich in einem der *bagnos* eine Liege mieten. Die öffentlichen Strandabschnitte sind gerade im Sommer sehr überlaufen!! Außerhalb der Saison kann man aber am Strand von **Mondello** vor einer traumhaften Kulisse durchaus einen schönen Badetag verbringen. Der Hop-on-hop-off-Bus von Palermo hat hier eine Haltstelle.

Eine Taxitour zum Gipfel des *Monte Pellegrino* und nach *Mondello* kostet ca. 50 €.

Auf dem Rückweg lohnt sich ein Abstecher über den Gipfel des **Monte Pellegrino**. Der 606 Meter hohe Berg liegt direkt zwischen Mondello und Palermo. An den Hängen des Monte Pellegrino fand man in den *Addaura*-Höhlen uralte Zeichnungen, die auf eine prähistorische Besiedlung hinweisen. Doch nicht nur Felsmalereien fand man in den Höhlen: in einer **Grotte** auf 458 Meter fand man den unverwesten Leichnam der **heiligen Rosalia**. Die Einwohner Palermos waren davon derart beeindruckt, dass sie die Gebeine flugs in ihre Stadt bringen wollten. Als die heilige Rosalia unten ankam, endete urplötzlich eine verheerende Pestepidemie. Klare Sache: Sofort wurde die heilige Rosalia zur Schutzpatronin von Palermo erklärt!

Heute erwarten Sie am Monte Pellegrino anstatt Steinzeitmenschen und unverwesten Heiligen ein breitgetretener **Wallfahrtsort** und eine **grandiose Aussicht auf die *Mondello Bay.***

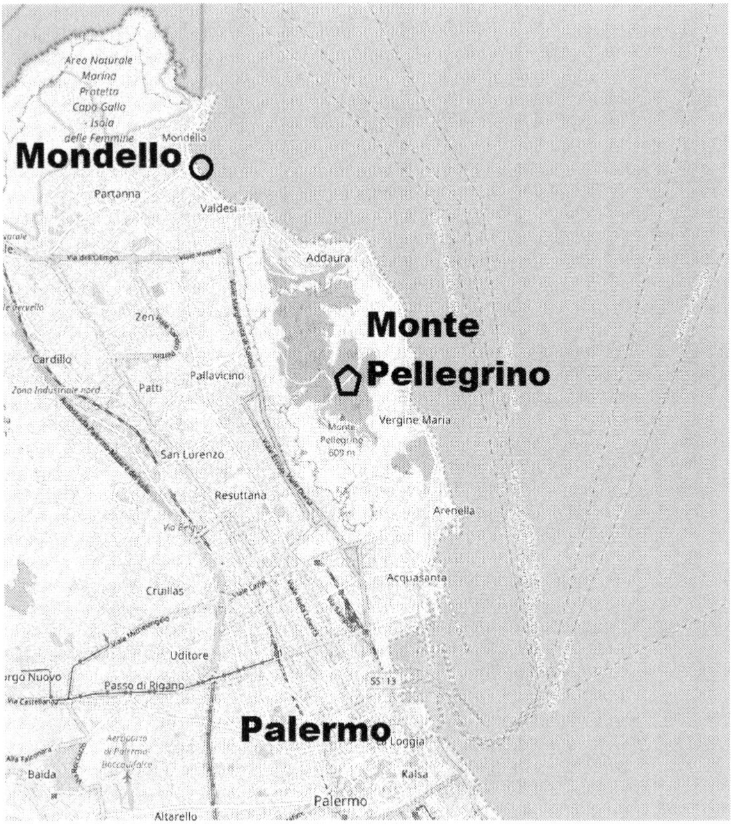

Käpt'n Känguru empfiehlt:
Hartgesottene besuchen die **Katakomben** mit 2.000 erstaunlich gut erhaltenen Mumien! Sonnenanbeter fahren lieber ins Strandbad *Mondello*…

Palma de Mallorca -
Perle der Balearen

Land: Spanien (Balearen)
Einwohner: 400.000
Währung: Euro

Besiedelt wurde die Mittelmeerinsel bereits 5.000 v. Chr. durch die *Talayot*-Kultur, bevor sie 123 v. Chr. vom römischen Reich erobert wurde. 903 kamen große arabische Einflüsse in die Stadt, die Araber wurden jedoch 1229 von den **Aragoniern** vertrieben. Zur Blütezeit im 16. Jh. zählte *Palma de Mallorca* 60.000 Einwohner und fiel später – genau wie Aragón – an Spanien. Heute ist *Palma de Mallorca* der Sitz der autonomen Regierung der **Balearen**. Die Hauptwirtschaftszweige der Baleareninsel sind der Handel mit lokalen Agrarprodukten und natürlich der Tourismus – Mallorca ist *die* Urlaubsinsel der Deutschen!
Deshalb gibt es einen **deutschen Radiosender**! Auf der Homepage finden Sie jede Menge Aktuelles und Nützliches: **www.inselradio.com**
Übrigens: Im Spanischen wird eine doppeltes „L" als „J" gesprochen: es heißt also korrekt ausgesprochen „Majorca". Die Deutschen nennen ihr heimliches 17. Bundesland einfach nur „Malle" ☺
Tipp: auf der offiziellen Seite der Stadtverwaltung von Palma kann man sich **gratis** einen kompletten **Reiseführer** von Palma im Pdf-Format herunterladen!

www.mallorca-majorca.de/pdf/Palma_de_mallorca_reisefuehrer.pdf

Palma de Mallorca liegt an der 20 km langen Bucht *Badia de Palma*. Das Cruise-Terminal in Palma hat fünf Liegeplätze für Kreuzfahrtschiffe.
Die östlich gelegene **Altstadt** können Sie mit einem strammen Marsch entlang der Uferstraße in einer knappen Stunde zu Fuß erreichen, aber bequemer und schneller ist die Fahrt mit dem öffentlichen Bus.
Liegt Ihr Kreuzfahrtschiff direkt am Terminal (in der Grafik „Schiff 1"), dann überqueren Sie einfach die Zufahrtsbrücke: Sie finden rechts an der *Avinguda de Gabriel Roca* die Bushaltestelle ***Estacio Maritima/Club Maritim***.
Liegt Ihr Cruise-Ship ungeschickterweise am Pier auf der anderen Seite des Hafenbeckens (in der Grafik „Schiff 2"), dann finden Sie direkt nach dem Hafenausgang versteckt auf der linken Seite die Haltestelle ***Escola de Nautica***.
Die öffentlichen **Busse der Linie 1** fahren für 2 bis 3 € in die Altstadt und werden von vielen Kreuzfahrttouristen benutzt. Sie verkehren alle 10 bis 15 Minuten.

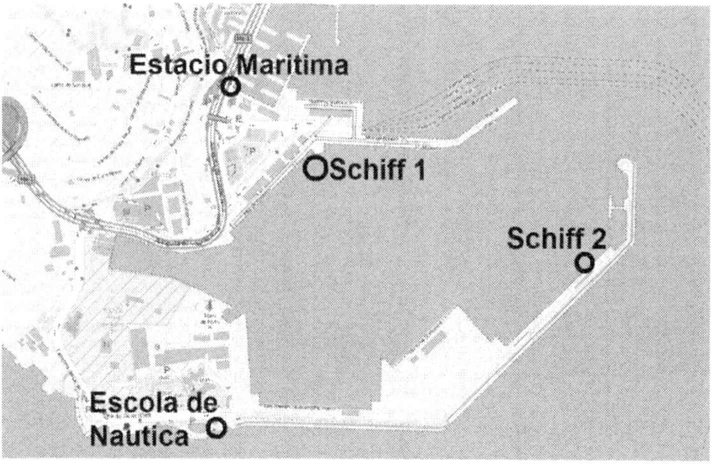

Achtung! Gerade wenn mehrere Kreuzfahrtschiffe vor Anker liegen, sind die Busse ABENDS vor der *„letzter-Mann-an-Bord"-Zeit* oft hoffnungslos überfüllt und nehmen niemanden mehr mit! Bis zum weitest entfernten Liegeplatz sind es allerdings gut und gerne 5 km Fußmarsch – kalkulieren Sie etwaige Verzögerungen mit den Bussen ausreichend in Ihren Zeitplan mit ein!

Unmittelbar am Terminal halten auch die roten Hop-on-hop-off-Busse, sie fahren alle 20 Minuten und kosten 18 €.
Natürlich sind auch Mietwagen (sogar Elektroautos) und Taxis in ausreichender Anzahl vorhanden. Preislich gesehen sind die **öffentlichen Buslinien** allerdings unschlagbar. Sie sind, soweit die Busse nicht überfüllt sind, zuverlässig und werden von vielen Kreuzfahrttouristen genutzt.

Steigen Sie am besten am *Plaça de la Feixina* aus dem öffentlichen Bus aus und bummeln auf dem **Sagrero Paseo** – der wunderschönen palmengesäumten Uferpromenade – in Richtung der weithin sichtbaren Kathedrale.
Sie können ein Tagesticket für den Bus erwerben und so die gesamte Stadt genießen, und abends sogar noch die Feierwütigen auf den beliebten Partyständen der **Playa de Palma** besuchen, die ein paar Kilometer östlich der Altstadt liegen.

Vom *Plaça Feixina* können Sie die palmengesäumte Uferstraße Richtung Kathedrale laufen. Am ***Sagrero Paseo*** liegt die **Handelsbörse Sa Llotja,** eine alte Seehandelsbörse aus dem 15. Jh. Das prächtige gotische Gebäude erinnert eher an einen Palast und wurde aus Steinen erbaut, die extra aus *Santanyi* antransportiert wurden.
Hervorzuheben ist das monumentale Eingangstor mit Motiven von Pflanzen und Engeln.
Sie können die Handelsbörse gratis besichtigen, allerdings gibt es außer ein paar wunderschönen gedrehten Säulen und einem großen lichtdurchfluteten Innenraum nicht viel zu sehen. Ab und an finden in der *Llotja* Kunstausstellungen statt. Unverkennbar ist die Ähnlichkeit des Bauwerkes mit der Seidenbörse in Valencia!

Weiter geht es zu der berühmten gotischen **Kathedrale La Seu**.

„La Seu" bedeutet auf Katalanisch *„der Bischofssitz"*. Die Grundsteinlegung erfolgte im Jahr 1230 durch König *Jaume I*, der das Bauwerk am Platz einer ehemaligen großen Moschee plante. Unter *Jaume II* wurde der Bau der Kathedrale verwirklicht, doch erst der berühmte Architekt *Antoni Gaudí* stellte das Wahrzeichen und Meisterwerk gotischer Baukunst 1914 endgültig fertig. Das Kirchenschiff gliedert sich in ein Hauptschiff und zwei Seitenschiffe. Die **bunte Glasrosette** (das Rundfenster) an der Ostfront galt mit ihren 12 Metern Durchmesser lange als eine der größten gotischen Rosetten der Welt. Sie stammt aus dem Jahr 1370 und besteht aus 1236 Einzelstücken, die das Licht in bezaubernden rot-, grün-, blau- und orange-Tönen brechen.

Am 11. November und am 2. Februar kann man bei Sonnenschein an der Wand der gegenüberliegenden Westfassade die Lichtspiegelung der Rosette beobachten und sieht somit eine zweite Glasrosette! Die Mallorquiner nennen das beliebte Licht-Spektakel **"El milagro de la luz"**, das *Wunder des Lichts*.
Die Öffnungszeiten der Kathedrale *La Seu* sind von 10.00 - 17.00 Uhr. Der Eintritt ist gratis.

Gegenüber der Kathedrale befindet sich der **Palast Palau de l´Almudaina** (der Almudaina-Palast), die ursprüngliche Sommerresidenz der spanischen Königsfamilien.
Die spanische Bezeichnung *Almudaina* heißt übersetzt *Zitadelle außerhalb der Stadtmauer*.

Der Königspalast hat arabische Ursprünge, weist aber eingehende gotische Umbaumerkmale auf.

Besonders erwähnenswert sind der **Tinell-Saal**, die Königskapelle und die romantischen Innenhöfe.
Der Palast ist umgeben von weitläufigen herrlichen Parkanlagen, die auch für Besucher zugänglich sind. So wie in der Vergangenheit muslimische und katalanische Herrscher im Königspalast residierten, wird der Almudaina-Palast in unserer Zeit in den Sommermonaten vom spanischen Königspaar für offizielle Anlässe genutzt! Deswegen kann nur ein Teil des Palastes besichtigt werden; Spezielle Führungen durch den Palast können zusätzlich gebucht werden.

Der Eintritt zum Almudaina-Palast kostet 9 €. Geöffnet ist der Palast Dienstag bis Sonntag von 10.00 - 20.00 Uhr. Der Eingang ist direkt neben der Kathedrale.
Mittwoch und Donnerstag können EU-Bürger den Palast von 17.00 - 20.00 Uhr gratis besichtigen. Reisepass nicht vergessen!

Käpt'n Känguru empfiehlt:
Mit Buslinie 1 zum *Plaça Feixina* fahren und zu Fuß zur Kathedrale *La Seu* und in die Altstadt bummeln!
Fans der europäischen Königshäuser sollten sich den Sommerwohnsitz des spanischen Königshauses unbedingt von innen ansehen, alle anderen Besucher sollten sich überlegen, ob nicht auch ein Blick von draußen reicht!

Unmittelbar südlich an die Kathedrale erstreckt sich ein wunderschöner moderner Park mit Springbrunnen Richtung Meer: der **Parc de la Mar**.

Suchen Sie sich einen passenden Standort und machen Sie eines der faszinierenden Fotos, auf dem sich die imposante Kathedrale *La Seu* in dem künstlich angelegten See spiegelt!

Im östlichen Teil des *Parc de la Mar* befindet sich ein beliebter Kinderspielplatz!

Wenn Sie keinen ausgedehnten Strandausflug planen sondern nur eine kurze Erfrischung nach einem Stadtbummel suchen, dann empfehle ich Ihnen den zentrumsnahen Sandstrand **Platja de can Pere Antoni**. Sie finden hier Toiletten, Strandbäder und Bademeister ebenso wie kostenlose frei zugängliche Strandabschnitte. Der Strand ist sauber und breit und liegt direkt an der Uferpromenade *Avinguda Adolfo Suárez*. Folgen Sie ab dem *Parc de la Mar* / Kathedrale einfach der mehrspurigen Uferstraße. Nach 5 Minuten Fußmarsch (bei dem Sie an einem herrlichen Spielplatz vorbeikommen) befinden Sie sich am Strand.

Adresse: *Avinguda Adolfo Suárez*

Anschließend bietet sich ein Bummel durch die **Altstadt** mit ihren vielen kleinen romantischen Gassen, Läden und Cafés an. Die Bauweise der Häuser weist spanisch-katalanische und maurische Einflüsse auf.

In vielen (Patrizier-)Häusern sieht man verträumte **Innenhöfe**, die mit viel Liebe hergerichtet wurden. Diese sogenannten **Patios** sind wahre Oasen der Ruhe vom Gassengewirr Palmas. Insgesamt gibt es über 60 sehr sehenswerte historische ***Patios*** in der Altstadt Palmas. Doch während sich die *Palmesanos* (so werden die Einwohner Palmas genannt) in vergangenen Jahrhunderten mit Trutzburgen und Türmen gegen **Piraten** zur Wehr setzen mussten, so kommen heute andere „Invasoren“ vom Himmel und vom Meer: der **Massentourismus**. Deshalb ist es kaum verwunderlich, dass fast sämtliche *Patios* mit massiven Eisengittern von den Gassen abgeriegelt sind. Manche *Patios* gehören jedoch zu öffentlichen Einrichtungen und können zu bestimmten Zeiten betreten werden.

Das Herzstück der Innenstadt ist der **Plaza Mayor**, der größte und schönste Platz der Stadt. Er ist gesäumt von gelbgestrichenen eindrucksvollen Gebäuden mit Arkadengängen, die aus dem 14. Jh. stammen. Oft sind hier auch Marktstände sowie Straßenmusikanten zu finden. In Palma herrscht das Sprichwort *"alle Wege führen nach Plaza Mayor"*. Besser gesagt sogar UNTER den Plaza Mayor, denn hier befindet sich ein unterirdisches Einkaufszentrum!

Im Anschluss an die Altstadt können Sie noch über die große **Shoppingmeile Avinguda Jaume III** flanieren. Biegen Sie beim Kanal des Flüsschens *Torrent de Sa Riera* nach Süden ab, dann gelangen Sie durch einen herrlichen Park mit großem Kinderspielplatz wieder ans Meer und zur Haltestelle *Plaça de la Feixina* der Linie 1.

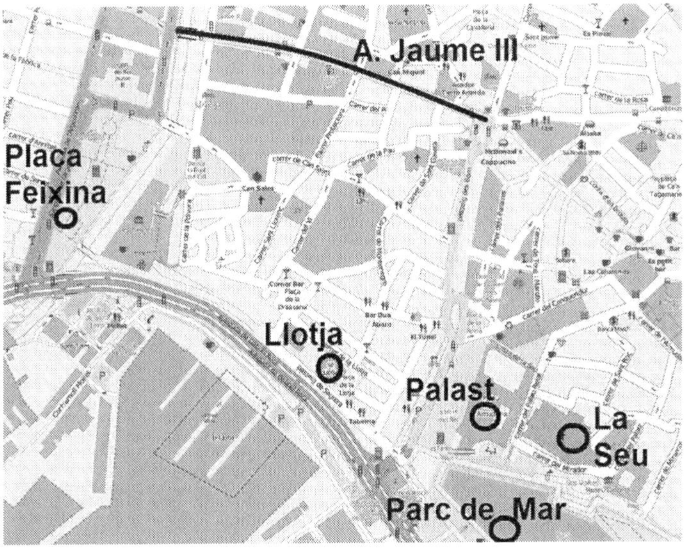

Wer denkt bei Mallorca nicht sofort an **Ballermann** und **Sangria**? Doch die Baleareninsel hat viel mehr zu bieten als den Sauf-Pauschaltourismus: vom charmanten *Palma* über die Küstenstraße durch die **Serra Tramuntana** mit den alten **Wachtürmen** bis hin zum reizvollen ruhigen Hinterland und den **Drachenhöhlen**. Nicht zu vergessen die hunderte **Calas** an der Ostküste, die zum Baden wie geschaffen sind. Auf den folgenden Seiten bekommen Sie genügend Tipps für unvergessliche Ausflüge!

Wenn Sie lieber das **traumhaft schöne Hinterland** der Insel erkunden möchten, kann man preisgünstig im Vorfeld einen Mietwagen übers Internet buchen. Schon ab 5 € ist hier im Winter ein Wagen für den ganzen Tag zu haben, in der Saison steigen die Preise natürlich drastisch.
Direkt am Terminal „Maritima" befindet sich ein kleines Häuschen, in dem bereits die erste Autovermietung auf (Kreuzfahrt-)Touristen wartet. Für 55 € können Sie z.B. einen Fiat 500 mieten. In der Saison werden hier sogar einige zweisitzige Twizzys (kleine Elektroautos) angeboten.
Nach einer Brücke erstreckt sich rechts die langgezogene Uferstraße ***Avinguda de Gabriel Roca*** Richtung Osten in die Innenstadt. Wenige hundert Meter weiter finden Sie **etliche Autovermietungen!** *Europcar, AVIS, Hertz* und viele günstige lokale Anbieter haben sich dort angesiedelt.
Beachten Sie: von 13.00 - 17.00 Uhr machen fast alle Autovermietungen SIESTA und haben somit geschlossen!

Ausflug: Drachenhöhlen, Wachturm und Cala Romantica

Der Haupttourismus findet fast ausschließlich in den Küstenregionen statt, doch das Landesinnere der Baleareninsel ist landschaftlich und kulturell weitaus reizvoller als die überlaufenen Touristenhochburgen! Erleben Sie die ursprüngliche Landschaft Mallorcas mit den unzähligen **Fincas** und tausenden alter **Windmühlen**!

Die Windmühlen sind typisch für das Landschaftsbild im Landesinneren der Baleareninsel. Die meisten stammen aus dem 17. und 18. Jh. Insgesamt gab/gibt es 3300 Windmühlen auf Mallorca! Sie waren früher fester Bestandteil der mallorquinischen Landwirtschaft: am verbreitetsten waren die Mehlmühlen **„fariners“** (farina = Mehl).
Viele Fincas besaßen ihre eigene **„tafonas“** zum Pressen von Olivenöl. Die Mühlen wurden aber auch zum Mahlen der verschiedensten Substanzen eingesetzt: von Tabak, Salz und Gips bis hin zu Schießpulver! Daneben gab es noch über 2500 der typischen Wassermühlen, die **„aiguaders“**. Sie pumpten das Grundwasser mittels eines Wind-Pumpsystems in einen Wasserspeicher, den sogenannten *safareig*. Das Wasser konnte dann zur Bewässerung der Felder genutzt werden. Andere Wasserwindmühlen wurden zum Trockenlegen sumpfiger Gegenden eingesetzt. Die mallorquinischen Mühlen besitzen eine große Vielfalt an Flügel-Arten: Holzlamellen-Flügel mit Seil-Verspannungen, Flügel mit Segeltuch-Takelage oder Blechflügel.
Im Laufe der Zeit wurde die kinetische Windmühlenenergie durch Motoren ersetzt, so dass heutzutage nur noch vereinzelte Windmühlen im Gebrauch sind. Die meisten historischen Windmühlen verfallen zunehmend oder werden – im Optimalfall – im Rahmen einiger Restaurationsprogramme liebevoll wiederhergestellt. Denn die Windmühlen stellen ein wichtiges kulturelles Erbe der Insel dar und gelten als Wahrzeichen Mallorcas!

Ein empfehlenswerter Ausflug auf der Baleareninsel ist der Besuch der Drachenhöhlen **Cuevas del Drach**. Dieses fantastische unterirdische Höhlensystem befindet sich an der **Ostküste in Porto Cristo.**
Fahren Sie die zweispurige Straße durch Palma hindurch, dann weiter auf die **Autobahn Ma-15** Richtung ***Manacor.*** Ab Manacor sind die Drachenhöhlen

sehr gut ausgeschildert, man findet sie an der Landstraße Richtung *Cales de Mallorca*. Die Höhlen sind eines der beliebtesten Ziele auf Mallorca und ihren Eintrittspreis wirklich wert! Allerdings ist es in der Hauptsaison oft sehr voll – besuchen Sie die *Cuevas del Drach* wenn möglich in der Nebensaison! **Adresse:** *Carretera les Coves, 07680 Porto Cristo*.

Die Höhlen sind ausschließlich mittels Führungen zu besuchen! Diese finden täglich im Winter um 10.45, 12.00, 14.00 und 15.30 Uhr, im Sommer um 10.00, 11.00, 12.00, 14.00, 15.00, 16.00 und 17.00 Uhr statt und dauern mehr als eine Stunde.

Der Eintritt kostet 15,00 € für Erwachsene und 8,00 € für Kinder. Der Parkplatz vor der Drachenhöhle ist ausreichend groß und gratis.

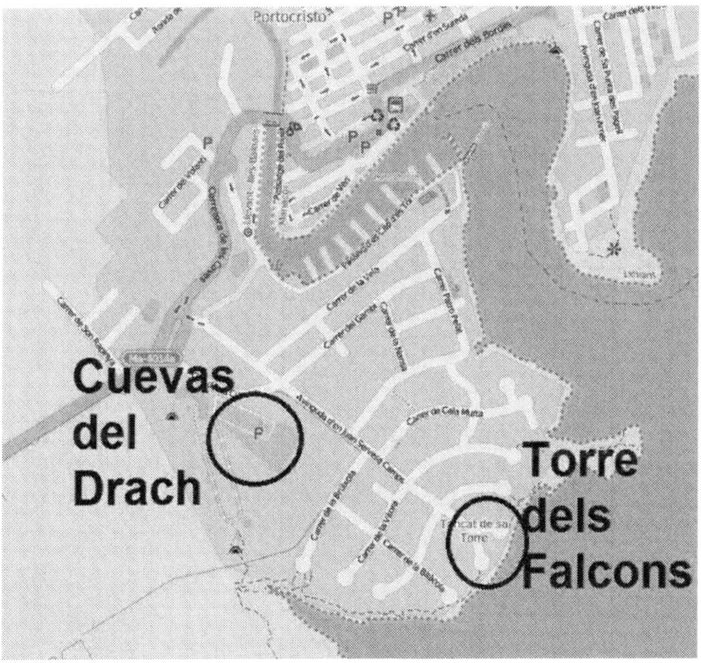

Der Ursprung der **Drachenhöhlen** liegt im Miozän – durch Sickerwasser, Kalziumkarbonat und einige Mineralien entstand im Laufe der Jahrmillionen ein einmaliger Tropfsteinhöhlenkomplex. Die *Cuevas del Drach* waren schon vor 3.000 Jahren den damaligen Inselbewohnern bekannt. Anhand von Siedlungsspuren aus der frühgeschichtlichen talayotischen Zeit nimmt man an,

dass bereits die Ureinwohner Mallorcas die Drachenhöhlen als Zufluchtsort benutzten.
Laut einer Legende hätten sowohl Templer als auch Piraten in den Tropfsteinhöhlen enorme Schätze aus ihren Raubzügen versteckt, die von einem Drachen bewacht wurden! Daher stammt auch der Name **Drachenhöhlen**! 1339 schickte der damalige Gouverneur einen Trupp Soldaten in das Höhlenlabyrinth, um den gigantischen Schatz zu suchen. De facto haben sich die Piraten und Templer auch nicht weiter in die Höhlen hineingetraut als die Ureinwohner, denn ein Schatz wurde in den Höhlen niemals gefunden! Lange Zeit waren die Tiefen der Höhlen bei den Menschen gefürchtet – sie hielten sich stets in Sichtweite des Höhlenausganges auf. Erst im 19. Jh. wagten sich Forscher in die Tiefen des Höhlenlabyrinths. In dem Tropfsteinhöhlensystem liegt ein gigantischer See verborgen: der **Martelsee (Lago Martel)**. Er wurde nach dem französischen Forscher *E. A. Martel* benannt, der den unterirdischen See 1896 entdeckte. Er ist nicht nur der größte unterirdische See Europas, sondern zählt auch zu den größten Höhlenseen der Welt! Der Martelsee hat ein unglaublich klares Wasser mit konstanten 20°C!

1924 kaufte der geschäftstüchtige Mallorquiner *Joan Servera Camps* das Landstück, auf dem der Höhleneingang lag. Nach der damaligen Rechtslage gehörte dem Besitzer des Eingangs das GANZE Tropfsteinhöhlensystem. Der stolze Besitzer – der zugleich ein Gründungsmitglied des Fremdenverkehrsamtes war – legte Wege, Treppen, Sitzplätze und ein ausgeklügeltes Beleuchtungssystem an. Die früher furchteinflößenden Höhlen wandelten sich zu einer **fantastischen Märchenwelt!** Die Höhlen wurden mit wohlklingenden Namen bedacht – immer in Bezug zu den Felsformationen z.B. „Feentheater", „Sultansbad", „Fegefeuer", „Bad der Diana" oder „Schneeberg" (Monte Nevada). Zudem wurden die ersten Boote zu den unterirdischen Seen gebracht. Nach den ersten erfolgreichen privaten Veranstaltungen wurden die Drachenhöhlen 1935 offiziell eröffnet. In den Höhlen hat es konstant

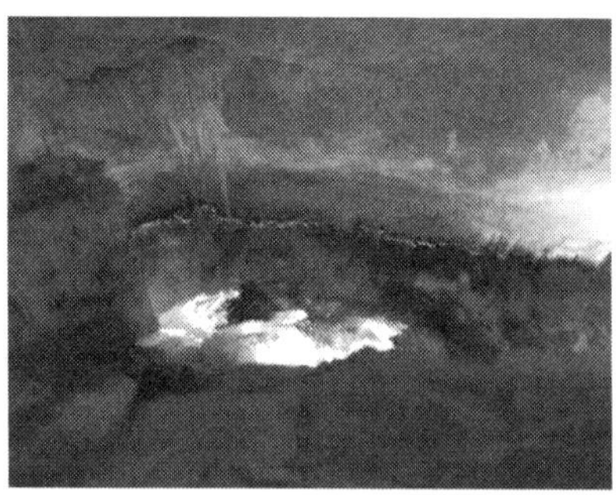

21°C und eine Luftfeuchtigkeit von 80%. Der ca. 1200 Meter lange Fußweg führt durch atemberaubende Tropfsteinhöhlen mit Stalagmiten und Stalagtiten durch den **blauen Kanal** (*Canal Azul*) bis zu der großen Höhle des Lago Martel. Das Ganze wird durch ein ausgeklügeltes Beleuchtungssystem grandios in Szene gesetzt.
Das Highlight ist ein **klassisches Konzert** am Ufer des glasklaren unterirdischen Sees. Das Auditorium befindet sich 39 Meter unter der Oberfläche und beschert Ihnen durch die Höhlenwände eine einmalige Akustik. Ein Mini-Orchester fährt in Booten an Ihnen vorbei: der Klang in der Höhle ist einmalig! Zum Schluss der Führung werden Sie noch **in Booten über den See gerudert** (ein alternativer Fußweg ist vorhanden).

Vorsicht: Die Höhlen sind nicht barrierefrei und nicht für Kinderwagen geeignet, da etliche Treppen bewältigt werden müssen! In der Höhle gibt es keine Toiletten, bitte die Einrichtungen am Eingang benutzen.
Am Ende der Rundführungen kommen Sie an einem kleinen Souvenirshop und Restaurant heraus. Weitere Infos unter **http://www.cuevasdeldrach.com**

Die Umgebung um *Porto Cristo* hat aber noch mehr zu bieten! Südlich von *Porto Cristo* liegt einer der schönsten **alten Wachtürme** der Insel. Der 1577 erbaute **Torre dels Falcons** (der Turm des Falken) liegt östlich unweit der Drachenhöhle auf der Klippe *Serral dels Falcons* an der Hafenbucht *Cala Manacor*. Aufgrund der zunehmenden Piratenangriffe und den daraus resultierenden Plünderungen wurden im 15. und 16. Jh. insgesamt **85 Wachtürme** entlang der mallorquinischen Küste errichtet – entweder auf Klippen oder vorgelagerten Inseln. Sie werden oft „Seeräubertürme“ oder „Türkentürme“ genannt, da die meisten Angriffe von den Türken erfolgten, die sich in Algerien niedergelassen hatten.
Im Spanischen heißen die Türme *Torres*, verbreitet sind aber auch die Bezeichnungen **Atalay** (abgeleitet vom arab.-türk. Atalai = Wachturm) oder *Talaya/Talayots* (span. für Wachturm).
Die runde (Wach-)Turmbauweise war namensgebend für die typisch mallorquinische **Talayot-Kultur**.
Die steinernen Rundtürme hatten in ihrem Inneren meist zwei Räume und eine Zisterne, der Eingang war ein kleines Loch auf halber Turmhöhe. Ohne Frage

waren die Verteidigungstürme gut mit Kanonen und Schießscharten ausgestattet. Die Piraten-Türme waren in einem ausgeklügeltem Turmsystem über die ganze Insel angeordnet: zu jedem Wachturm wurde in Sichtweite ein weiterer Nachbarturm erbaut. In Krisenzeiten waren die Türme meist mit vier schwer bewaffneten Soldaten besetzt,

die bei Feindsichtung sofort Licht- und Rauchzeichen an die benachbarten Türme weitergaben. Mit dieser Signalkette wusste bald die gesamte Insel über den drohenden Angriff Bescheid.

Leider sind nicht alle dieser Seeräubertürme bis heute erhalten geblieben, viele sind entweder verfallen oder extrem schwer zugänglich. Der „Torre dels Falcons" ist ein außerordentlich gut erhaltenes Exemplar, das sich in unmittelbarer Nähe der Drachenhöhlen befindet.

Folgen Sie den Schildern Richtung *Club Nautic*. Der Turm befindet sich am Ende der *Avenida Joan Servera Camps*. Er ist sozusagen das Wahrzeichen von Porto Cristo.
Vorsicht mit Kindern – die Klippe ist ungesichert! Der Turm und die weiter unten am Meer liegende Landzunge *Morro de Sa Carabassa* sind ein beliebtes Fotomotiv. In einem kleinen Wäldchen nahe dem Turm befinden sich **Picknickbänke**, so dass Sie hier mit einer herrlichen Aussicht eine Weile entspannen können.
Adresse: *Avenida Joan Servera Camps, Porto Cristo*

Käpt'n Känguru empfiehlt:
Mit dem Mietwagen nach *Porto Cristo* fahren und dort die Drachenhöhlen und den *Torre dels Falcons* besichtigen! Danach ein Bad in der *Cala Romantica* nehmen.

Die Calas der Ostküste

Im Anschluss an den Besuch der Drachenhöhlen und des historischen *Torre dels Falcons* bietet sich ein Bad in einer der vielen **Calas** (Badebuchten) an, für die Mallorcas Süd-Ost-Küste bekannt ist. Nicht weit von den Drachenhöhlen entfernt liegt die Badebucht **Cala Romantica**. Fahren Sie die Straße Ma-4014 von *Porto Cristo* südlich Richtung *Santanyi*. Schon nach wenigen Kilometern kommt links ein braunes Hinweisschild Richtung *„Cala Romantica“*. Sie kommen in die kleine Ortschaft *S'Estany d'en Mas*. Am Ende der Straße befindet sich ein großer kostenloser Parkplatz direkt am Sandstrand.

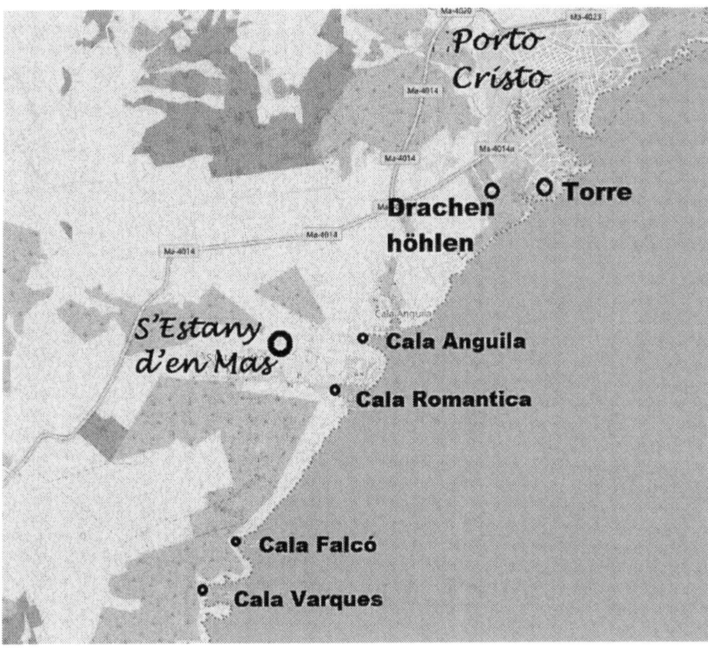

Vor etwa 30 Jahren wurden nahe der *Cala Romantica* etliche tolle Ferienhäuser mit individuellem Charme gebaut. Der Massentourismus ist der versteckt liegenden Bucht zum Glück weitgehend erspart geblieben. Wenn Sie einen ruhigen, nicht zu überlaufenen Strand ohne Ballermann-Charme suchen, dann sind Sie hier genau richtig!
Der 100 Meter breite und 160 Meter lange Sandstrand ist gesäumt von hohen Kalksteinfelsen, der Strand selbst fällt jedoch sehr flach ins Meer ab, so dass auch Kinder hier gut baden können. Das blau-grüne Wasser in der geschützten Bucht ist wunderschön, besonders Abgehärtete können hier sogar im Winter ein Bad nehmen. Badeklamotten und Handtuch nicht vergessen!
Adresse: *Passeig Estany d'en Mas, 07680 S'Estany d'en Mas*

An der Ostküste liegen noch dutzende weitere **kleine *Calas***, in denen Sie ungestört baden können, z.B. die *Cala Varques, Cala Anguila, Cala Falcó...*

Ausflug: Ballermann am „S'Arenal"

Zwar ist es nicht jedermanns Sache seinen kompletten Jahresurlaub am Ballermann zu verbringen, doch viele Touristen wollen den berüchtigten Strandabschnitt **S'Arenal** (Spanisch *El Arenal* und Deutsch *Ballermann 6*) zumindest einmal *sehen*. Die beliebte Partylocation **Playa de Palma** befindet sich am südöstlichen Ende der *Badia de Palma* – der Badebucht von Palma. Ein 6 km langer feinkörniger Sandstrand bietet viel Platz zum Sonnen, Baden, Feiern und „gesehen werden".
Das ursprüngliche Fischerdörfchen zählte Anfang des 20ten Jh. lächerliche 37 Einwohner. Im Laufe der Zeit zogen einige Arbeiter aus den umliegenden Steinbrüchen hinzu, bis in den 60ern der touristische Aufschwung begann und in den 90ern in exzessiven Party-und Saufgelagen gipfelte. Heute reihen sich die Bettenburgen wie eine Kette aneinander und beherbergen Millionen von feierwütigen Touristen.

Entlang des feinkörnigen Sandstrandes haben sich die berühmten **Balnearios** angesammelt, eine Mischung aus Strandbad und Bar.
Das bei den deutschen Touristen beliebteste Balneario ist natürlich die **No. 6**: der **Ballermann 6**, in dem im Rahmen des Sauftourismus jährlich tausende von Litern Bier und Sangria konsumiert werden.
Entlang des kilometerlangen Strandes führt die **breite Uferpromenade *Ctra Arenal*,** an der sich dutzende beliebte Locations befinden, z.B. der **Bierkönig** oder das **Oberbayern** in denen fast ganzjährig für Oktoberfeststimmung gesorgt wird.

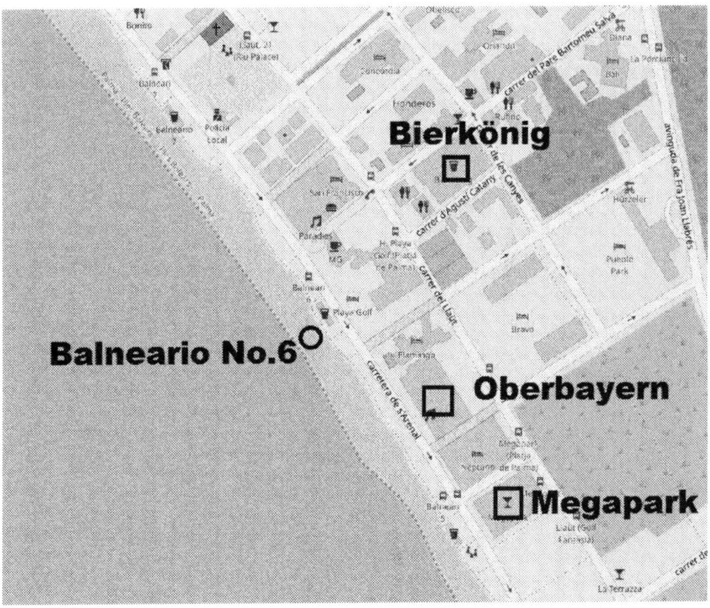

Nachts geht es dann in die Diskothek **Megapark** im Balneario No.5: auf 3 Stockwerken erwartet Sie ein gigantisch großer Mix aus Biergarten, Freiluft-Großraum-Diskothek, Kellerpartylocation, integrierter Boutique und exklusiver Lounge. Die ersten Gäste werden mit dem täglichen Freibier zwischen 11.00 und 12.00 Uhr angelockt, so dass der Laden immer gut voll ist!
Die **Panorama-Alm** ist eine Almhütte am Meer mit dem Aprés Ski-Feeling des Winters! Unter dem Komplex wurde vor ein paar Jahren die 3000 Personen fassende Kellerdisko **MegArena** erweitert, hier treten regelmäßig Ballermanngrößen wie Jürgen Drews oder Michael Wendler auf. Im ersten Stock erwartet Sie die VIP-Lounge **First Floor**...
Sie finden den angesagten Großkomplex direkt an der Uferpromenade auf

Höhe des Abschnittes No.5.

Die Öffnungszeiten des riesigen Party-Tempels sind während der Saison von 10.00 - 6.00 Uhr.

Adresse: Zwischen *Ctra Arenal und Carrer del Llaut. 52, 07600 Palma*, ein großer Parkplatz ist im hinteren Bereich vorhanden, falls Sie mit dem Mietwagen kommen.

Infos unter **http://www.megapark.tv/**

Sie kommen kostengünstig und bequem mit dem **Bus** von der Innenstadt Palmas zum Ballermann: **Buslinie No. 15** und **25** fahren im 8-Minutentakt vom *Plaça de la Reina* nach *El Arenal*. Der *Plaça de la Reina* befindet sich unmittelbar nördlich von Almudaina-Palast & Kathedrale. Der Bus hält hinter dem *Megapark* (Haltestelle *Llaüt 38)*. Eine einzelne Fahrt kostet 1,25 €. **http://www.emtpalma.es/de/linie/-/L/25/platja-de-palma-expres**

Käpt'n Känguru empfiehlt:
Mit dem Bus No.15 an die **Playa de Palma** nach **S'Arenal** fahren und das *Oberbayern* oder den gigantischen Disco-Lounge-Komplex *Megapark* besuchen.

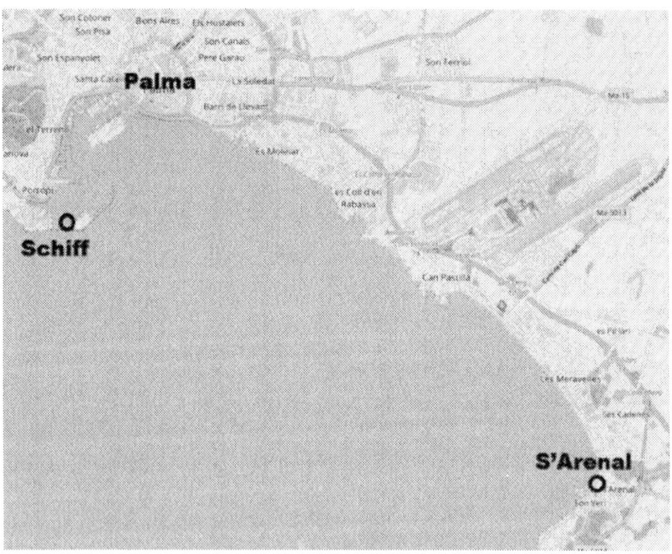

Verlassen Sie *Palma* auf der Autobahn Ma-1 und nehmen dann die Abfahrt *Andratx*. Halten Sie sich nördlich Richtung Estellencs auf die **Ma-10**. Dieser Straße werden Sie der ganzen Küste entlang durch das **Tramuntana-Gebirge** folgen. Die Gebirgsstraße ist teilweise sehr eng und kurvenreich, doch definitiv eine der schönsten Küstenstraßen des Mittelmeerraumes mit einer atemberaubenden Kulisse!

Wer will hier schon am ollen Ballermann bleiben??

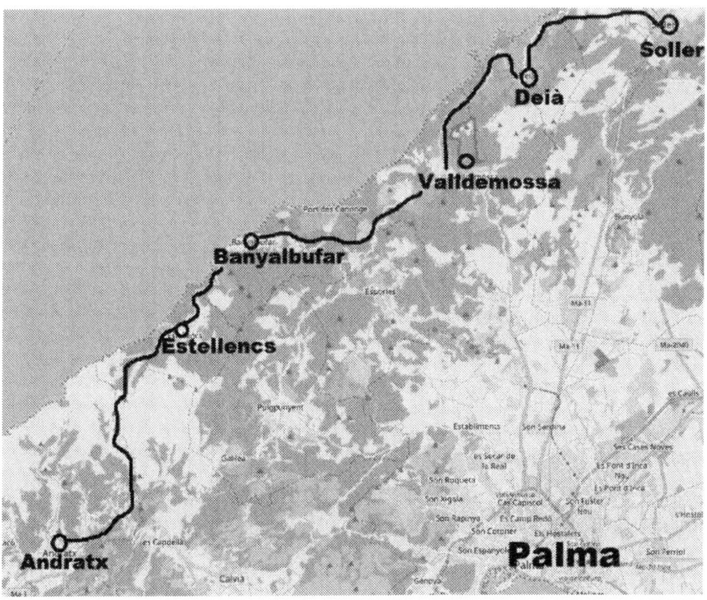

Das erste Highlight Ihrer Tour ist der Aussichtspunkt **Mirador de Ricardo Roca**. Er liegt direkt an der Küstenstraße Ma-10. Halten Sie auf dem Parkplatz des Cafés *"Es Grau"*, hier befindet sich auch ein kleiner Souvenirshop. Es geht wenige Stufen zum Aussichtspunkt hinauf.
Als nächstes kommen Sie durch die kleine Ortschaft **Estellencs**. Die schmalen altertümlichen Gassen laden zu einem Bummel ein, zum Beispiel zur Badebucht oder zum Fischereihafen.

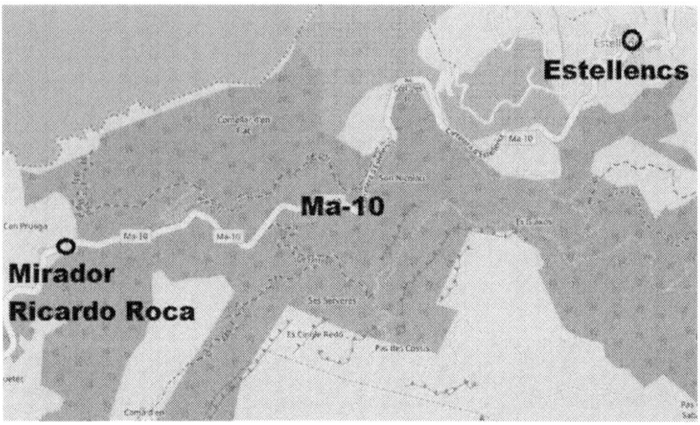

Weiter geht es Richtung Banyalbulfar. Bei Kilometer 22 sehen Sie links den historischen Wachturm **Mirador de Ses Animes** (auch *Torre del Veger* genannt) liegen, den sie über einen kurzen Pfad erreichen. Sie können den alten Wachturm aus dem 15. Jh. sogar hinaufsteigen! Die *Talaires* waren ein ausgeklügeltes und effizientes Frühwarnsystem für feindliche Angriffe.

Meiner Meinung nach ist der **Torre del Veger** einer der schönsten und besterhaltenen Wachtürme Mallorcas.

Käpt'n Känguru empfiehlt:
Den *Mirador de Ricardo Roca* und den *Torre des Veger* hinaufsteigen und ein tolles Panorama genießen. Beides ist gratis!

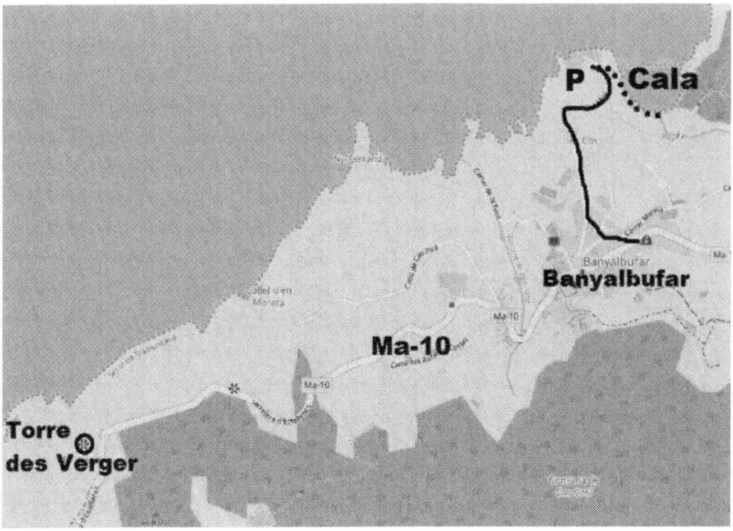

2 Kilometer weiter auf der Ma-10 erreichen Sie **Banyalbufar**. Das Faszinierende an diesem Dorf sind die **terrassenförmig angelegten Gärten** und die idyllische und verträumte Atmosphäre. *Banyalbufar* kann auf eine lange Geschichte zurückblicken: im 10. Jh. gründeten muslimische Einwanderer die Siedlung *Banyalbahar*, was "am Meer erbaut bedeutet".

Unten am Ufer erwartet Sie ein Geheimtipp: der Weg ist zwar sehr abenteuerlich, aber biegen Sie in der Ortsmitte von *Banyalbufar* links in die *Carrer Major* ab und folgen der Straße nach unten. Am Ende der sehr steilen und engen Straße liegt die **Cala Banyalbufar**. Es gibt einen ausreichend großen öffentlichen Parkplatz für die Badegäste.

Bei der *Cala Banyalbufar* handelt sich zwar um einen Kiesstrand – zu dem man erstmal einen kleinen Uferpfad hinlaufen muss – doch man wird mit einer wunderschönen ruhigen Badebucht belohnt.
Das Tolle daran: von den Terrassen-Gärten fließt in wasserfallartigen Kaskaden Wasser herab. Absolut cool für Kinder und für jeden, der eine kalte Dusche braucht!!!

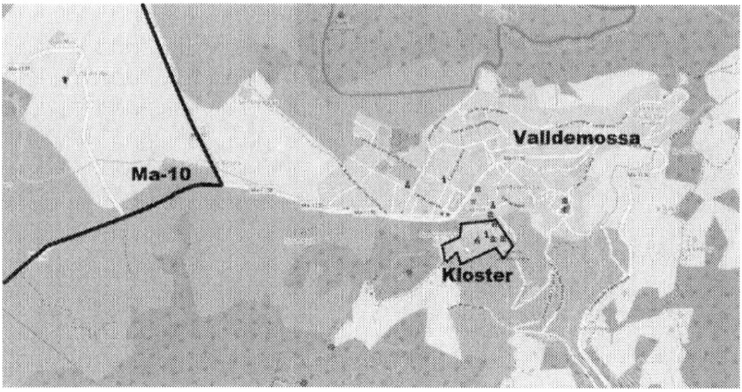

Weiter geht es die *Ma-10* nach **Valldemossa,** das 400 Meter hoch über dem mediterranen Balearen-Meer liegt. Valldemossa bedeutet so viel wie *„Tal des Moses“,* denn ein Araber namens *Moussa* besaß hier in dunkler Vergangenheit etliche Felder. Um in das kleine Städtchen Valldemossa zu kommen, müssen Sie von der Ma-10 rechts auf die Ma-1130 abbiegen.

Schmale romantische Gässchen schlängeln sich durch das historische Dorf – vorbei an Steinhäusern aus dem 16. Jh. mit wunderschönen bunten Kacheln und üppigen Blumenschmuck – bis man zur zentralen Pfarrkirche **San Bartomeu** kommt. Das als **Kartause von Valldemossa** bekannte Kloster *Cartuja de Jesús Nazareno* wurde 1399 von *Martin I.* (dem König von *Aragón*), als Kloster des Kartäuserordens gegründet. 1835 wurden die Mönche vertrieben und die einzelnen Kloster-zellen an Privatpersonen verkauft.

Über *Valldemossa* liegt ein Flair von Kunst, denn viele Künstler zog es in vergangen Zeiten hierher, wie den **Komponisten Frédéric Chopin,** der hier mit seiner großen Liebe, der französischen Schriftstellerin George Sand, vier Monate in dem Kartäuserkloster verbrachte! In dem Kloster befindet sich ein **Chopin-Museum,** das für zusätzliche 4 € besichtigt werden kann.

Des Weiteren können Sie sich die Bibliothek, den Klostergarten, eine Kloster-Apotheke und eine gut erhaltene Kirche ansehen. Das Kloster und die Zellen befinden sich im Privatbesitz von 9 Eigentümern, doch es werden immer wieder Ausstellungen organisiert.

In unmittelbarer Nähe befindet sich das Restaurant *Es Roquissar*, das mit moderaten Preisen und leckeren Speisen überzeugt.

Die Öffnungszeiten der Kartause sind von 09.30 - 19.00 Uhr, im Winter etwas kürzer.

Der Eintritt zum Kloster kostet 9,50 €, zum Chopin-Museum 4 €.

Adresse: *Claustre de la Cartoixa, 2, Plaça de Cartoixa, 07170 Valldemossa*

Infos unter **http://www.cartujadevalldemossa.com**

Onlinetickets buchen Sie unter

http://www.cartujadevalldemossa.com/de/ticket-online.html

Während es die meisten Touristen zu besagtem Kartäuserkloster zieht, suchen viele Mallorquiner ein anderes Gebäude auf: nämlich das Geburtshaus der berühmten **Sankt Catalina Thomás**! Denn *Valldemossa* ist die Geburtsstadt der einzigen Heiligen Mallorcas.

Käpt'n Känguru empfiehlt:

Wenn man an religiösen Gebäuden interessiert ist, unbedingt die **Kartause von Valldemossa** besuchen! Allerdings ist Valldemossa zur Touristensaison ziemlich überlaufen...

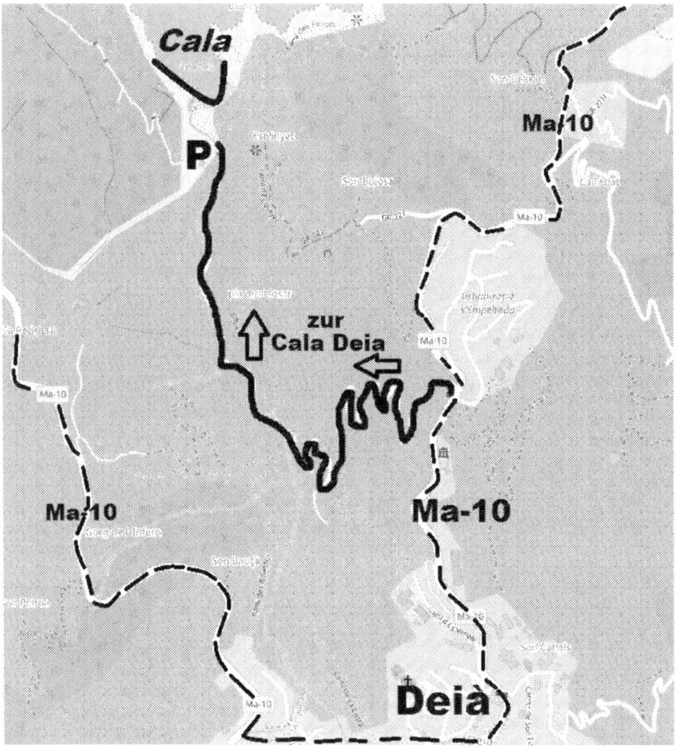

Als nächstes kommen Sie durch das malerische Künstlerparadies **Deià** mit seinen typischen Terrassengärten aus dem 10. - 13. Jh.
Genau wie das benachbarte *Valldemossa* ist auch *Deià* ein Künstlerdorf. Sogar **Pablo Picasso** ließ sich hier inspirieren!
Die rauschenden **Wildbäche** aus dem *Tramuntana*-Gebirge und die knorrigen Steineichen verleihen dem Dorf aber auch wirklich eine urige und außergewöhnliche Atmosphäre. Über dem lauschigen **Deià** thront die Pfarrkirche mit einem alten Friedhof. Von hier aus haben Sie einen wunderbaren Blick auf **Deià**!
Rings um das Städtchen wurde von den Einwohnern ein wahres Netz an **Wachtürmen** errichtet – um ja kein Opfer von Piratenangriffen zu werden!

Wenn Sie lieber ein Bad im Meer nehmen möchten, dann empfehle ich Ihnen die 1 km entfernte **Cala de Deià** mit ihrem Badestrand. Biegen Sie nach dem Ortsausgang von einem schmalen Weg nach links ab (die *Cala* ist zwar ausgeschildert, aber die Straße ist eng und unscheinbar...). Die Straße ist zudem sehr kurvenreich!! In der Cala gibt es eine urige Taverne und einen Bootsverleih.
Aber: es handelt sich nicht um einen Sandstrand, sondern um einen Kiesstrand mit größeren Steinen– dafür ist das Wasser glasklar ☺. Und die Landschaft ist phänomenal!

Am Ende Ihrer Mietwagentour fahren Sie entlang etlicher **Orangenhaine**, die typisch für das fruchtbare Tal von **Sóller** sind.
Das **„Tal der Orangen“** ist ein beliebter Startpunkt für Wanderungen entlang der Küste oder in das *Tramuntana*-Gebirge.
Sóller ist mit 13.000 Einwohnern die größte Stadt an der Westküste und somit das geschäftliche und kulturelle Zentrum der Region.
Sóller wird übrigens auf Spanisch **Sojə** ausgesprochen (ein doppeltes „L“ ist im Spanischen ein „J“).
In **Sóller** sind Sie am Ende Ihrer herrlichen Tour entlang der Westküste angekommen. Entweder werfen Sie nur einen kurzen Blick nach **Sóller**, oder Sie fahren noch 2 km nördlich nach **Port de Sóller**. Das Hafenstädtchen ist einer der TOP-Ferienorte der Insel, mitten in der Ortschaft liegt der Sandstrand **Platja den Repic.** Erwarten Sie hier an der *Badia de Sóller* aber weder weißen Karibiksand noch idyllisches Ambiente. Es gibt definitiv schönere Strände auf Mallorca – vor allem an der Ostküste! Bummeln Sie stattdessen lieber über den **Paseo Maítimo**, einer attraktiven Einkaufsmeile, die von angesagten Läden, Restaurants und Cafés gesäumt ist.

Samstags findet in Sóller ein großer Wochenmarkt statt. Von 9 - 13 Uhr erwarten sie am *Plaça de la Constitución* dutzende Stände mit mallorquinischen Spezialitäten.

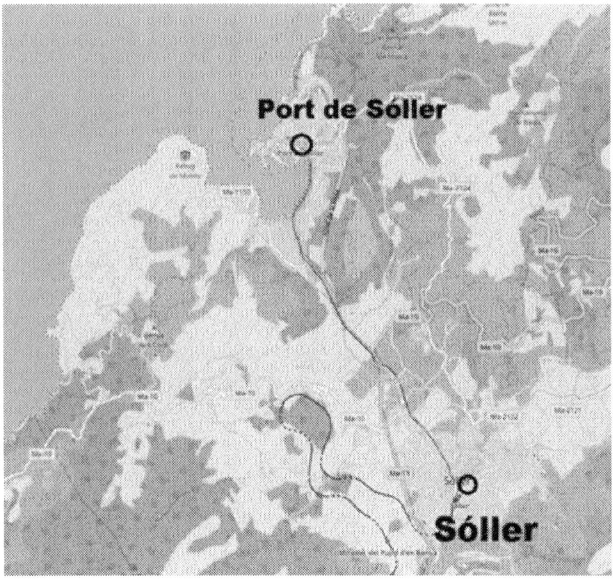

Die Gesamtfahrtstrecke Andratx – Sóller beträgt ca. 55 Kilometer. Da die Straße aber sehr eng und kurvenreich ist, müssen Sie als reine Fahrtzeit gut und gerne **2 Stunden** einrechnen.

Vorsicht: wenn Sie auf dem Rückweg die gut beschilderte und breit ausgebaute "Schnellstraße" Ma-11 nach Palma nehmen, dann kommen Sie durch einen **Tunnel**, dessen Benutzung **5 €** kostet!
Sie können jedoch auch kurz vor dem Tunneleingang die breite Straße verlassen und den älteren Weg – gratis – *über* den Berg nehmen. Wenn Sie durchgehend die breit ausgebaute Ma-11 nehmen, dann sind Sie innerhalb von **20 Minuten am Ortseingang von Palma**.
Die Entfernung *Palma – Sóller* beträgt 25 km.

Käpt'n Känguru empfiehlt:
Mit einem Mietwagen kann man in einem Tagestrip die wunderschöne Küstenstraße in der **Serra de Tramuntana** von *Andratx* nach *Sóller* fahren. Ein grandioses Panorama, alte Wachtürme und einsame Calas erwarten Sie inmitten der wilden Bergwelt Mallorcas – weit abseits des Ballermann-Tourismus!

Piräus (Athen) - Antike pur!

Land:	Griechenland (Attika), Hauptstadt
Einwohner:	ca. 4 Mio. (mit Vororten)
Währung:	Euro

Athen – neugriechisch Αθήνα – wurde vor ca. 5.000 Jahren gegründet, andere Quellen berichten über Funde aus der Jungsteinzeit bereits um 7.500 v. Chr.

Der Sage nach buhlten die griechische Göttin der Weisheit und des Kampfes ***Athene*** und der Meeresgott ***Poseidon*** um die Gunst der Athener. Athene machte den Einwohnern einen **Olivenzweig** zum Geschenk, Poseidon einen **Brunnen**, der jedoch nur Salzwasser spuckte. Da der Olivenzweig für Nahrung, Holz und Olivenöl steht, **entschieden sich die Athener für die Göttin** und nannten ihr zu Ehren die Stadt Athen.

Athen ist auf drei Seiten von Gebirgsketten (Hymettos, Pentelikon und Parnes) umgeben, dadurch entsteht ein sehr trockenes, heißes und niederschlagarmes Klima. Zur vierten Seite öffnet sich die Senke zum **Saronischen Golf.** Schon seit dem Altertum ist das dort gelegene **Piräus** der **Hafen von Athen**.

Eine gute **U-Bahn**-Anbindung führt vom Hafenbereich bis in die Innenstadt. Das Bahnhofsgebäude ist schwer zu erkennen: Überqueren Sie am Ende des Hafens östlich eine Fußgängerbrücke, dann befinden Sie sich unmittelbar vor einem eher unscheinbar wirkendem U-Bahn-Metro-Gebäude. Piräus ist die Endhaltestelle der **Linie M1** (grün), Sie können also nichts verkehrt machen!
Eine einfache Fahrkarte kostet 1,50 €, hin und zurück 2,60 €.
Die Fahrkarten kann man am Automaten kaufen. Allerdings sollen ab 2018 die althergebrachten Papier-Tickets durch elektronische Plastik-Smartcards ersetzt werden... Das sogenannte **„Ath.ena ticket"** wird in den offiziellen Ticket-Offices erhältlich sein (anonym und ohne Ausweisdokumente), an den Automaten ist die Karte später mit beliebigen Geldbeträgen immer wieder aufladbar. Das "Ath.ena ticket" ist für alle Busse, Trams und Metrolinien benutzbar.

Steigen Sie an der Station **Monastiraki** (siebte Haltestelle, Fahrdauer ca. 20 Minuten) aus, dann sind Sie nach einem kurzen Fußweg von ca. 10 Minuten an der Akropolis, die sich schon von weitem sichtbar über Athen erhebt. Alternativ steigen Sie an der Station *Omoneia* in die Linie 2 (rot) um und verlassen die U-Bahn direkt an der Haltestelle **Akropolis**.

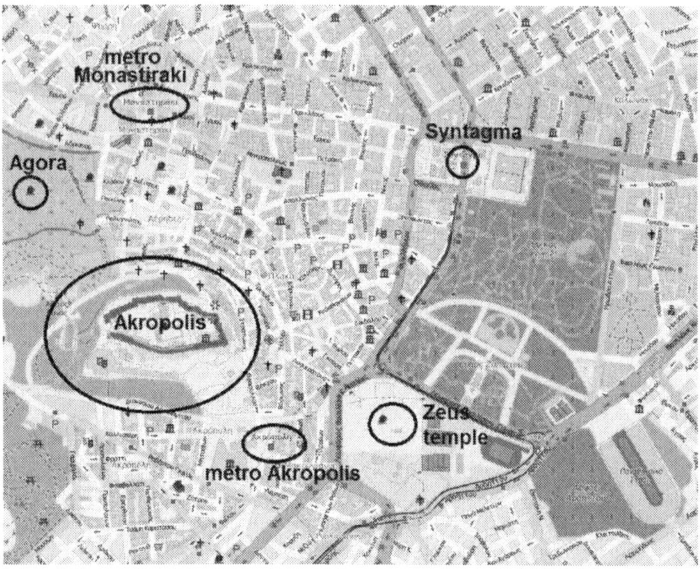

In einer antiken griechischen Stadt war stets eine **Akropolis** zu finden – auch wenn man heutzutage den Begriff *Akropolis* immer mit dem Festungsberg in Athen in Verbindung bringt. Der Begriff bedeutet ursprünglich *Hochstadt* oder *obere Stadt*. Die Akropolis von Athen wurde 1985 in die Liste des UNESCO-Weltkulturerbes aufgenommen und ist ein MUSS für jeden Besucher der Millionenstadt! Weithin sichtbar auf einem Kalksteinhügel gelegen thront die Akropolis seit 3.000 Jahren über der Stadt.

Das bekannteste Gebäude der Akropolis ist der **Parthenon** (das Jungfrauengemach). Das Bauwerk wurde an der Stelle eines noch älteren Athene-Tempels errichtet und war der Stadtgöttin **Pallas Athena Parthenos** (bekannt als *Athene*) geweiht. In späteren Jahrhunderten wurde der antike Tempel erst zu einer Kirche und unter den Osmanen sogar in eine Moschee umgewandelt! Doch auch vor einer Nutzung als Munitionslager schreckten die Athener nicht zurück. Leider war das keine gute Idee, denn der Sprengstoff explodierte während des Krieges gegen die Venezianer und beschädigte den Tempel stark. Erst im späten 18. Jh. änderte sich die Einstellung gegenüber den antiken Bauten, als nämlich die Überreste des Tempels ein begehrtes Motiv der Maler wurden.
Seit 1960 wird es Besuchern nicht mehr gestattet, den Tempel zu betreten. Momentan wird der *Parthenon* mit modernen Konservierungsmethoden umfangreich restauriert.

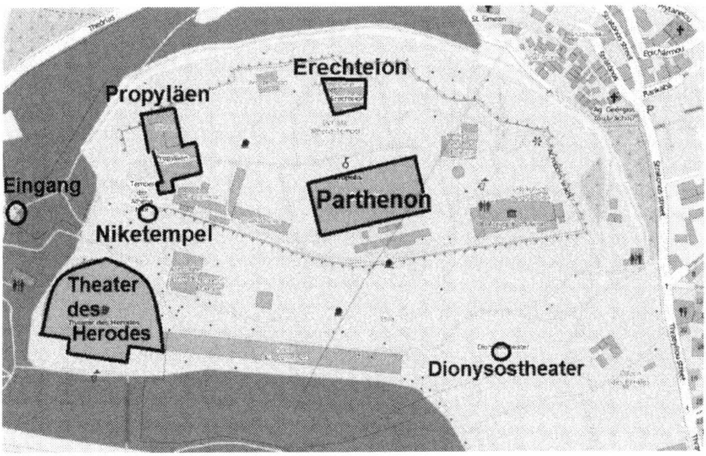

Neben dem alles dominierenden Parthenon können Sie im Rahmen Ihres Akropolis-Besuches noch einige weitere antike Stätten besichtigen:

- Die **Propyläen** sind eigentlich das Erste, das Sie auf der Akropolis zu sehen bekommen: es bedeutet so viel wie „Vorhof" und bezeichnet den **monumentalen Torbogenbau** aus dorischen und ionischen Säulen, die den Zugang zur Akropolis bilden.

- Der kleine und grazil wirkende **Tempel der Athena Nike** (Niketempel) wurde der Siegesgöttin Nike, Tochter der Styx und des Pallas, gewidmet. Die Verehrung dieser Göttin hatte in der Antike geradezu kultische Ausmaße und

fand in der Akropolis sein Zentrum. Der Niketempel, der im ionischen Stil erbaut ist, besteht aus pentelischem Marmor und wurde bisher dreimal umfassend restauriert. Beeindruckend sind die fein gearbeiteten Reliefs und die Balustrade mit den Siegesgöttinnen-Statuen, die den Tempel umgeben.

- Das **Erechtheion** wurde um 400 v. Chr. an der Stelle des Tempels von *Erichthonios* errichtet und hat daher auch seinen Namen. Beachten Sie die einmalige Korenhalle, die nicht von Säulen, sondern von aufwendig gearbeiteten Figuren der berühmten **Karyatiden** gestützt wird! Die anmutigen **Sklavinnen aus Karyai** (Lakonien) sollten den Zugang zum heiligsten Tempel bewachen. Die Statuen bestehen heute jedoch aus Kunststein-Nachbildungen: fünf Originale können im Akropolis-Museum besichtigt werden, das sechste befindet sich im Britischen Museum.
Ebenso wie den *Parthenon* ereilte auch das *Erechtheion* im Laufe der Geschichte ein bitteres Schicksal: der Tempel wurde als Kirche, Regierungssitz und sogar als Haremsunterkunft verwendet!

Die Öffnungszeiten der Akropolis sind von 8.00 - 17.00 Uhr. Der Eintritt kostet 20 € inklusive Dionysos-Theater, Kinder sind gratis.
Die Sammel-Eintrittskarte beinhaltet zusätzlich zur Akropolis die Besichtigung der Hadrians-Bibliothek, des Olymoieion, des Zeus-Tempels und der römischen und griechischen Agora. Sie kostet 30 € und ist dafür 5 Tage gültig. Die Akropolis ist trotz umfangreicher Restaurationsarbeiten absolut sehenswert!

Die **Agora** war früher eine Art Marktplatz, Versammlungszentrum und Mittelpunkt des politischen, kommerziellen und sozialen Lebens. Auf der Agora schwangen in der Antike bereits *Perikles* und *Sokrates* ihre Reden: im 5. Jh. v. Chr. wurde auf der Agora die Demokratie erfunden!

Auf dem **Agora-Hügel** (*Kolonos agoraios*) liegt der fast vollständig erhaltene dorische **Hephaistos-Tempel**. Er war eines der ersten großen Bauwerke in

Athen und wurde von 479 - 44 v. Chr. errichtet. Sogar Reste von Bemalungen sind noch zu erkennen! Er gilt als der besterhaltene Tempel Griechenlands! Im südwestlichen Teil der Agora finden Sie den achteckigen **Turm der Winde**. Er wurde im 1. Jh. v. Chr. von dem Astronomen *Andronikos von Kyrrhos* erbaut. Der 13 Meter hohe Turm besaß im Inneren eine **Wasseruhr.** Durch ein kompliziertes Wassersystem konnte man die Uhrzeit ablesen, zusätzlich ist an jeder der acht Seiten des Turmes eine Sonnenuhr zu sehen. Der *Turm der Winde* galt lange Zeit als **offizielle Uhr der Stadt Athen**. Die Sonnenuhren sind teilweise heute noch zu sehen, ebenso die Reliefs der acht Windgötter, die die Seiten des Turmes zieren. Zusätzlich diente der *Turm der Winde* Athen als Wetterstation.
Adresse: *Aiolou ke Pelopida*,
Der Eintritt ist in der Kombikarte der Akropolis inklusive.

Möchten Sie weitere Ausgrabungen und Sehens- würdigkeiten Athens sehen, empfiehlt sich ein **Hop-on-hop-off-Bus: Er startet alle 30 Minuten am Kreuzfahrtterminal und kostet 22 €.**

Am **Syntagmaplatz** – angrenzend zum griechischen Parlament – finden oft friedliche Demonstrationen und Kundgebungen statt. Vor dem hier angrenzendem **Parlamentsgebäude** ist zu jeder vollen Stunde der **Wachwechsel** zu beobachten. Das Ablösen der Wachleute erfolgt nach strengen Regeln und wird regelrecht zelebriert – zu vergleichen mit dem Buckingham Palace in London oder der Schweizergarde im Vatikan! Die Zeremonie ist ein Publikumsmagnet bei Touristen.
Sowohl der Wachwechsel als auch das Parlamentsgebäude dürfen fotografiert und gefilmt werden.
Zu erreichen ist der Syntagmaplatz mittels U-Bahn (Station Syntagma) oder mit dem Hop-on-hop-off-Bus.

Käpt'n Känguru empfiehlt:
Mit der U-Bahn zur Akropolis und zum Syntagmaplatz fahren!

Sehenswert sind außerdem das alte Olympiastadion und die **Altstadt (Plaka)**. Gerade ein **Taxi** bringt Sie zentral an die gewünschten Orte und man kann ein Maximum an Eindrücken mit nach Hause nehmen. Ein Taxi für vier Personen und den ganzen Tag gibt es nach etwas feilschen schon ab 70 € am Hafen Piräus. Jenseits des Hafenareals werden die Taxis günstiger, da diese „Eintrittsgebühr" in den Hafenbereich zahlen müssen!
Ein sehr guter preiswerter Taxifahrer – der fließend englisch spricht und auch noch viel Hintergrundwissen parat hat – ist **Maik Stilianoudis**, seine Email-Adresse ist **maikstil@yahoo.gr** (Tel. +30 6944 521878). Er bietet sowohl Touren in Athen, als auch nach Korinth oder zum Tempel des Poseidon (Kap Sounion) an. Zwischen den Taxifahrern herrscht ein großer Konkurrenzkampf, die ersten Fahrer warten bereits ab 5 Uhr morgens auf anlegende Schiffe. Dementsprechend unterschiedlich fallen auch die Preise für die Touren aus, manche Fahrer wollen die Touristen möglichst schnell wieder loswerden, um eine neue Tour zu bekommen! Maik hat wirklich erstklassige Touren zu bieten und nimmt sich für seine Fahrgäste viel Zeit. Er spricht leider nur englisch – das aber für einen Griechen sehr gut.

Ausflug: Korinth & Akrokorinth

Haben Sie kein Interesse an Athen oder haben Sie die Stadt – vielleicht im Rahmen einer früheren Kreuzfahrt – schon einmal besichtigt, dann empfehle ich Ihnen einen Tagesausflug nach **Korinth!**

Die meisten Schiffe bieten „Korinth" ebenfalls als Landausflug an, doch Sie können auch leicht und preisgünstig selbst nach Korinth gelangen. Da die Liegezeiten seitens der Schiffe in Athen meistens sehr lang sind (um die 10 Stunden), nehmen Sie sich einen Mietwagen. Es ist sinnvoll, sich bereits im Vorfeld im Internet einen Wagen zu reservieren, bitte achten Sie darauf, dass der Standort in „Hafen Piräus" ist. Kosten: ca. 30 - 60 €, je nach Saison. Brauchbare Seiten sind
http://www.sunnycars.de/Mietwagen/piraeus-hafen.html
http://www.rentacar-piraeus.gr/de/car-hire-locations/pireaus_port/

Für die ca. 80 Kilometer bis nach Korinth brauchen Sie ungefähr 1½ Stunden, nehmen Sie dazu die A8 – *Olympia Odos*.
Auch die Taxis am Hafenausgang bieten Touren nach Korinth an, diese sind bei ca. 160 - 190 € anzusiedeln.

Korinth liegt an der **Landenge** vom griechischen Festland zur Halbinsel *Peloponnes*, genannt **Isthmus von Korinth**. Korinth wird begrenzt durch den Golf von Korinth und die umliegenden Berge.
Eine große Attraktion ist der **Kanal von Korinth**. Er trennt die Halbinsel *Peloponnes* vom griechischen Festland und schafft so eine Seeverbindung zwischen dem Saronischen und dem Korinthischen Golf. Wenn Sie oben auf der Brücke stehen, die den Kanal überspannt, dann sehen Sie weit unter sich eine schnurgerade Wasserstraße. Schon *Alexander der Große*, *Cäsar*, *Nero* und allen voran die seefahrenden Venezianer waren davon genervt, ständig einen **400 Kilometer langen Umweg** segeln zu müssen, nur um vom ionischen ins ägäische Meer zu gelangen. Umgesetzt wurde der Isthmus-Kanal jedoch erst Jahrhunderte später: Der Kanal wurde von 1881 bis 1893 angelegt, er hat eine Länge von 6 km und ist 25 Meter breit.

Bei genauem Hinsehen entdecken Sie 80 Meter unter sich die winzig kleinen Boote und Schiffe, die gerade den Isthmus passieren. Einmalig!
Kurios: Unten in der Schlucht des Kanals führt eine kleine **Holz-Brücke** über den Korinthkanal – kommt ein Schiff, dann wird diese **im Wasser versenkt**! Unbedingt beobachten!
Kommen Sie aus Richtung Athen, dann fahren Sie bei der Abfahrt *Loutraki* von der Autobahn ab und Sie befinden sich direkt am Kanal von Korinth.

Ganz Mutige wagen einen **Bungee-Jump** in die Tiefe! Für 60 € können Sie diesen Nervenkitzel wagen. Sie finden das Büro zum Ticketkauf oben an der östlichen Seite der Brücke. Weitere Informationen unter
http://www.zulubungy.com/index.php

Das **moderne Korinth** ist nicht sonderlich sehenswert, doch das **alte Korinth** war in der Bronzezeit eine wichtige mykenische Stadt mit einem wundervollen Palast. Ein Erdbeben zerstörte das alte Korinth, das etwa 5 km südwestlich der heutigen Stadt Korinth zwischen dem Fuße des Burgfelsens *Akrokorinth* und der Küste des Golfes zu finden ist.

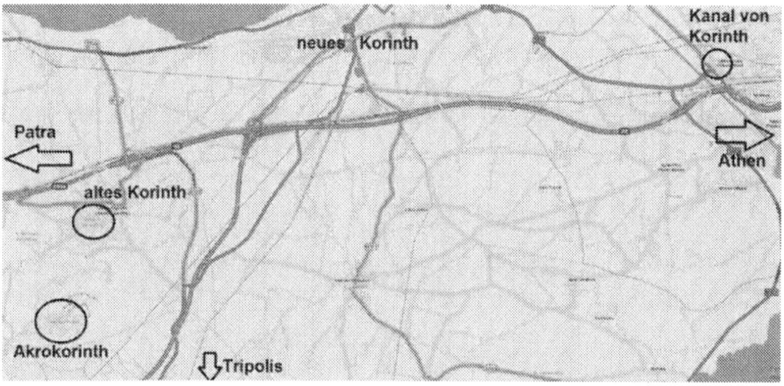

Am besten umfahren Sie das moderne Korinth auf der Autobahn Richtung *Patra* und nehmen dann direkt nach dem Autobahndreieck die erste Abfahrt (Richtung *Korinth/Tripoli*). Halten Sie sich dann links nach **Alt-Korinth** (*Archea Korinthos*). Es ist ausgeschildert und leicht zu finden. Alternativ können Sie am Autobahndreieck auch Richtung *Tripolis* fahren und die Abfahrt *Solomos* nehmen. Halten Sie sich rechts, dann kommen Sie auch hier rasch nach *Archea Korinthos.*
Ausreichend Parkplätze sind bei den Ausgrabungen vorhanden.

Korinth war in der Antike der Verkehrsknotenpunkt zwischen Asien und Europa, hier sollen in der Antike ca. 300.000 Menschen gelebt haben. Die Ruinen stammen überwiegend aus der römischen Zeit. Die Ausgrabungen von Korinth zählen definitiv zu den interessantesten und sehenswertesten in ganz Griechenland! Ein wahnsinnig großer Pluspunkt ist zudem, dass sie (noch) nicht von Touristen überschwemmt werden.

Als erstes fallen dem Besucher die relativ gut erhaltenen dorischen Säulen des **Apollo-Tempels** auf. Das antike Bauwerk stammt aus dem 6. Jh. v. Chr. Von dem ehemals prächtigen Tempel sind allerdings nur noch sieben größere Säulen zu sehen, die weit sichtbar auf einer Anhöhe im Zentrum der Ausgrabungen thronen.

Eine weitere interessante Ausgrabungsstätte ist das **Brunnenhaus mit der Quelle der Peirene**. Ursprünglich stammt das Brunnenhaus aus dem 5. Jh. v. Chr., es wurde aber im Laufe der Jahrhunderte durch fortlaufende Umbaumaßnahmen immer imposanter und prächtiger: viele Statuen schmückten den Bau um die sechs Schöpfbecken, zusätzlich war der Vorplatz des Brunnenhauses mit einem großen römischen Schwimmbecken ausgestattet. Die Nymphe *Peirene* war gemäß der griechischen Mythologie die Frau von *Sisyphos* (jenem Sisyphos, der von den Göttern dazu verdammt wurde, den fiesen Felsblock den Berg hinaufzuwälzen, nur damit er wieder hinunterrollt). Als auch die Söhne des Paares ein nicht minder grausames Schicksal ereilte, weinte *Peirene* so bitterlich und langanhaltend, dass aus ihren Tränen die Quelle in Korinth entstand. Die Quelle ist bekannt für ihr klares und reines Wasser.

Lange Zeit war das antike Korinth das Zentrum des **Aphrodite-Kultes**: Im Namen von Aphrodite – der Göttin der Liebe – waren mehr als eintausend Tempelsklavinnen im Aphroditetempel am Gipfel des Festungsberges *Akrokorinth* als Tempel-Prostituierte beschäftigt.

Das Zentrum des antiken Lebens bildete in Korinth – wie in allen antiken Städten – die **riesige Agora** (Marktplatz), in deren Zentrum der Apostel Paulus auf der *Bema* (Rednertribüne) seine Reden hielt. Paulus lebte über eineinhalb Jahre in Korinth, verdiente sich seinen Lebensunterhalt als Zeltmacher. Durch Paulus' großen Einfluss wurde Korinth bereits im zweiten Jahrhundert zum Bischofssitz! Sie finden im Süden der Ausgrabungen die Überreste der ersten **frühchristlichen Bischofskirche.**

An die Agora schließen sich die Überreste einer **Stoa** (einer Säulenhalle) an, in der sich der hiesige Handel angesiedelt hatte. Die *Stoa von Korinth* gilt als eine der besterhaltenen **antiken Ladenstraßen.** Von dem ehemaligen **großen Theater** sind leider nur noch rudimentäre Grundmauern erhalten.

Leider kann man viele Gebäude nicht betreten, denn oftmals ist das Ausgrabungsgebiet weiträumig abgesperrt. So kann man die alten Badeanlagen, die antiken öffentlichen Toiletten und viele Häuser nur von weiter Ferne sehen. Schade: in Pompeji ist das anders! Dafür bleibt das antike Kulturgut erhalten und wird nicht von rücksichtslosen Touristen zerstört. So mancher „Hobby-Archäologe" nimmt in Ausgrabungen gerne das ein oder andere Steinchen als „einmaliges Souvenir" mit nach Hause...

Im Moment erfolgt weder eine Restauration noch eine Rekonstruktion, denn die Archäologen sind noch vollauf mit weiteren Ausgrabungen beschäftigt.
Die Besichtigung des ganzen Geländes hat man in ungefähr einer Stunde geschafft. Im Anschluss an die Ausgrabungen befindet sich ein schönes **Museum**, das in drei Ausstellungsräumen viele antike Büsten, Steintafeln und Mosaike präsentiert. Ein Besuch ist auf jeden Fall zu empfehlen. Viele Infotafeln (auch auf Deutsch!) erklären die einzelnen Gebäude und die Geschichte darum herum.

Die Öffnungszeiten sind im Sommer (Mai - Okt.) täglich 8.00 - 19.30 Uhr, im Winter: 8.00 - 17.00 Uhr, aber spätestens mit Einbruch der Dunkelheit werden die Tore geschlossen. Der Eintritt kostet für Erwachsene 8 €, unter 18 Jahre und Studenten der EU frei, Rentner über 65 Jahre 3 €.
Adresse: *Archea Korinthos 20010, Korinth*

Aktuelle Infos über Öffnungszeiten, Eintrittspreise und Hintergrundinfos gibt es auf **http://odysseus.culture.gr/h/3/eh355.jsp?obj_id=2388**
www.culture.gr

Über den Ausgrabungen thront allgegenwärtig die antike Burganlage *Akrokorinth*. Haben Sie nach der Besichtigung der Ausgrabungen noch Zeit, dann machen Sie unbedingt noch einen Abstecher nach **Akrokorinth** – es lohnt sich! Sie finden *Akrokorinth* ca. 3 km südöstlich der Ausgrabungsstätten

(maximal 10 Minuten mit dem Auto).Leider ist die Anfahrt zu *Akrokorinth* nicht besonders gut ausgeschildert und die Zitadelle ist deshalb etwas schwer zu finden, doch der Festungsberg an sich ist nicht zu übersehen! Es führt eine Straße hinauf bis zum ersten Burgtor, allerdings ist die Straße schlecht zu erkennen: sie verläuft von den Ausgrabungen aus in südwestliche Richtung. Da Akrokorinth dermaßen schwer zu finden ist, können Sie davon ausgehen, dass nur eine Handvoll weiterer Touristen anwesend sein wird. Wenn überhaupt! Die antike Burganlage ist ein echter Geheimtipp!
Parkplätze sind am Fuß der Festung ausreichend vorhanden, direkt an einem kleinen Museum und an einem Souvenirladen mit Restaurant. Gleich hier am Parkplatz können sie die Ruine des **Heiligtums zu Ehren der Göttin Demeter** sehen.

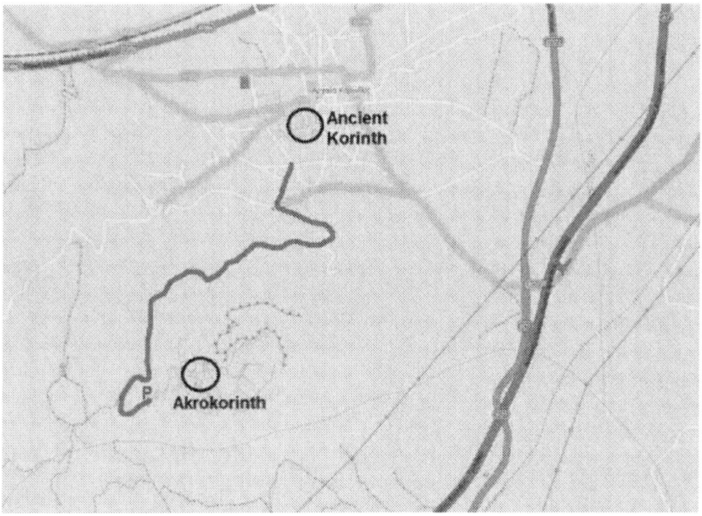

Auf dem Hochplateau des 575 m hohen Tafelberges befinden sich die Überreste einer gigantischen Burganlage. Die riesige Festungsanlage stammt ursprünglich aus byzantischer Zeit und erstreckt sich über den westlichen und östlichen Gipfel. Sowohl Byzantiner, Franken, Venezianer als auch Osmanen bauten munter an der Zitadelle herum. ***Akrokorinth* ist die größte Stadtfestung Griechenlands!** Umgeben ist die Festung von einer mächtigen dreifachen Mauer- und Toranlage.

Auf dem *westlichen Gipfel* sind die ältesten noch sichtbaren Gebäude zu finden, z.B. **Überreste des Tempels der Aphrodite**, in dem 1.000 Tempeldienerinnen die männlichen Pilger in jeder erdenklichen Weise verwöhnten.

Auf der *östlichen Seite* finden Sie einen verfallenen fränkischen Turm, der später im Besitz der Venezianer und Osmanen war. Da die Festungsanlage extrem weitläufig ist und nicht so viele Besucher hierherkommen, kann man sich ohne Trubel alles in Ruhe ansehen. Die Wege sind teilweise steil und sehr uneben (zumindest wenn Sie bis zum dritten Tor hoch wollen), bitte nehmen Sie festes Schuhwerk und ggfs. einen Wanderstock mit! Denken Sie außerdem an Sonnencreme und Wasser. Innerhalb der Festungsmauern gibt es keine Restaurants und gerade im Sommer kann der Aufstieg sehr heiß werden.

Der Ausblick von der Festung auf den *Saronischen Golf*, den *Golf von Korinth* und die (oft noch schneebedeckten) *Berge des Peloponnes* ist grandios! Schon dafür lohnt sich die Fahrt hierher.

Der Eintritt für Akrokorinth ist gratis (!!), die Öffnungszeiten sind von Mo - Fr 09.00 - 20.00 Uhr und Sa von 09.00 - 17.00 Uhr, im Winter/Frühjahr werden die Tore aber schon um 15 Uhr geschlossen. Bitte kehren Sie rechtzeitig zu den Toren zurück!

Ausflug: Poseidontempel und Kap Sounion

Ich möchte Ihnen noch eine zweite Tour ins Hinterland Athens empfehlen. Es handelt sich um den Besuch des **Poseidontempels** am **Kap Sounion**!

Eine ganztägige Taxi-Tour (inklusive dem Besuch der Altstadt *Plaka* in Athen), kostet Sie ca. 160 €. Natürlich können Sie die Tour auch günstiger mit einem Mietwagen in Eigenregie unternehmen. Bis zum *Kap Sounion* fahren Sie von Piräus aus ca. 1 Stunde. Ab dem Busterminal im *Aeros Park* fährt im stündlichen Takt sogar ein **Linienbus zum Kap Sounion**. (Sie erreichen den *Aeros Park* mit der grünen Metrolinie Haltestelle „Viktoria“, das Busterminal befindet sich in der *Mavromateon*-Straße; der Bus hat zudem eine weitere Haltestelle am *Syntagma*-Platz).

Der KTEL-Bus kostet nur 6,90 €, macht aber viele Stopps und ist wegen der **fast zweistündigen Fahrtzeit nur bei extrem langen Liegezeiten** der Kreuzfahrtschiffe zu empfehlen!!

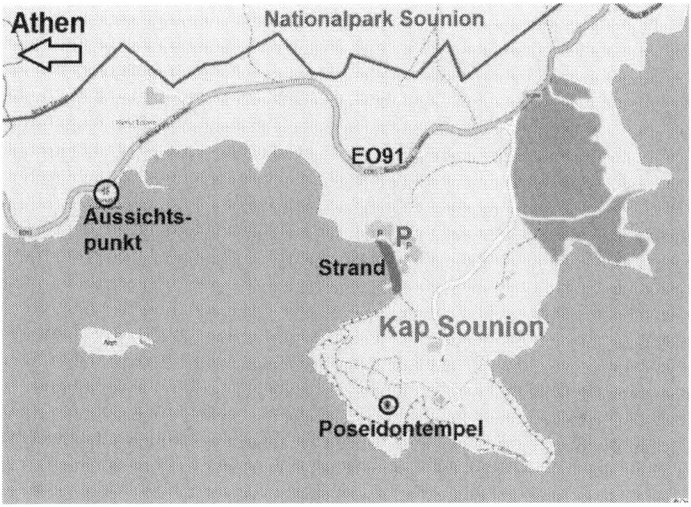

Sie fahren auf der atemberaubenden Küstenstraße EO91 entlang des Saronischen Golfes. Die steilen Felsklippen der sogenannten **Poseidon-Küste** gewähren einen grandiosen Panoramablick auf die nahen griechischen Inseln. Sie kommen an vielen herrlichen **Stränden** vorbei, die zu einem kurzen Badestopp in dem kristallklaren Wasser des griechischen Meeres einladen. Nehmen Sie Badekleidung und Handtücher mit!

Kap Sounion liegt 65 Kilometer östlich von Athen an der äußersten Landspitze der Halbinsel *Attika*. Auf der westlichen Seite der Bucht befindet sich ein grandioser Aussichtspunkt, von dem aus Sie den **Blick auf das Kap und den Poseidontempel** genießen können. Am Kap selbst stehen genügend Parkplätze zur Verfügung. Der dorische **Marmortempel des Poseidon** liegt malerisch auf einer 60 Meter hohen Klippe über dem ägäischen Meer. Er stammt aus dem 5. Jh. v. Chr. und war dem griechischen Gott des Meeres geweiht. In der Mitte des Tempels befand sich eine 6 Meter hohe vergoldete

Statue des mächtigen Poseidon. Die **Seefahrer** der Antike baten hier den Meeresgott um Schutz und Gunst für die bevorstehende Seereise. Mit Gebeten, Tieropfern und Geschenken wollten sie den launischen Poseidon milde stimmen. Noch heute sind unten am Meer die Spuren der antiken Anlegeplätze zu sehen.

Vor 3.000 Jahren befand sich an *Kap Sounion* ein **reger Umschlagplatz für Sklaven und Waren** aller Art. Zudem fand hier jedes Jahr ein rauschendes

Fest zu Ehren des Meeresgottes Poseidon statt. Leider sind von den ehemals großartigen Statuen, Reliefs und Skulpturen nur noch klägliche Überreste zu sehen, von den ehemals 42 Säulen sind nur noch 16 erhalten. Aber diese strahlen noch immer im weißesten *Agrileza*-Marmor.

Das Einritzen von Namen und Initialen in Wände oder Säulen ist leider nicht nur eine moderne Unsitte: schon in der Antike verewigten sich hier Tempelbesucher! Auch der britische Admiral Lord Byron konnte der Versuchung nicht widerstehen...

Moderne Griechen verstehen allerdings keinen Spaß mehr, wenn jemand ihr kulturelles Erbe absichtlich schädigt!

Die nähere Umgebung des Kaps wurde zum Nationalpark erklärt, sodass die spektakuläre Kulisse – vor der der Poseidontempel thront – erhalten bleibt. Der **Nationalpark Sounion** ist ein herrliches mediterranes Ökosystem mit urigen Kieferwäldern.

Der Eintritt zum Poseidontempel kostet 8 €. Die Öffnungszeiten sind 9.30 Uhr bis Sonnenuntergang. Auf Infotafeln erhalten Sie ausführliche Informationen zu den Ausgrabungen – jedoch nur auf Griechisch und Englisch.

Adresse: *Leof. Athinon-Souniou, Sounio 999-20*

Falls Sie sich nach dem Tempelbesuch erfrischen möchten: Am Fuß der Klippe befindet sich ein ausgedehnter Sandstrand, an dem man kostenlos baden kann. Vergessen Sie die Badesachen nicht!

Rhodos - zu den Rittern!

Land: Griechenland, (Inselgruppe Dodekanes in der Ägäis)
Einwohner: 53.000
Währung: Euro

Zwar kann man nicht mehr das antike Weltwunder **„Koloss von Rhodos"** besichtigen, doch Souvenirs davon laufen einem auf der süßen griechischen Insel überall über den Weg. Ganz malerisch sehen Sie schon vom Schiff aus die antiken **Rhodos-Windmühlen** im Hafen stehen. **Die Kreuzfahrtschiffe legen im „Tourist Harbor" an.** Hier finden Sie rechts auch gleich eine kleine Tourist-Info. In 5 Minuten sind Sie zu Fuß an einem großen **Stadttor** zum Zentrum, das von einer gewaltigen Stadtmauer umgeben wird. Die Befestigungsanlagen stammen aus der Zeit der Ritter des **Hl. Johanniterordens**.

Falls Ihnen aufdringliche Taxi-Fahrer eine Tour aufschwatzen wollen: die Sehenswürdigkeiten liegen in der Altstadt so nah beisammen, dass man wirklich kein Taxi braucht! Es ist eher so, dass die Taxis in den schmalen Gassen sowieso nicht durchkommen!!

Achtung: "*ne*" ist das griechische Wort für "ja". Ablehnen können Sie mit "*ochi*" ("nein"). Sie können Rhodos-Stadt leicht zu Fuß erkunden. Die Altstadt von Rhodos ist UNESCO Weltkulturerbe: auf engstem Raum drängen sich 35 Kirchen, 10 Moscheen, 6 Synagogen und zahlreiche Museen aneinander.

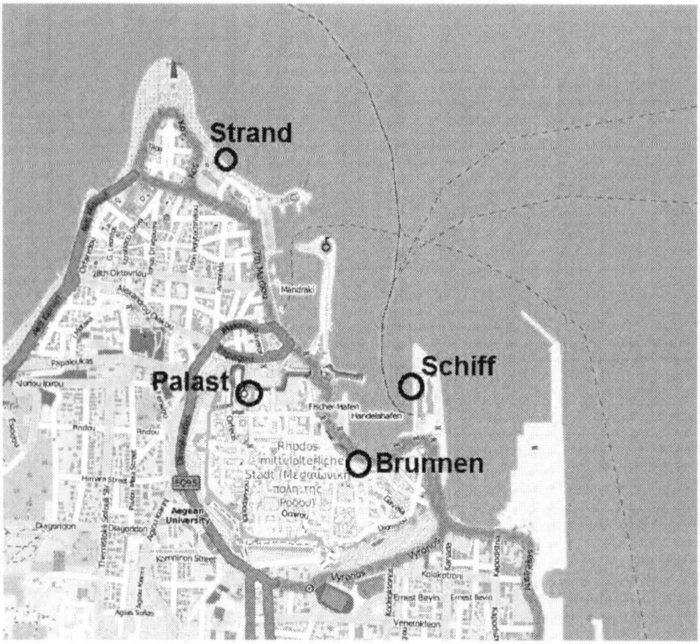

Wenn Sie am Hafen gleich mit dem ersten Tor die Stadtmauer passieren und sich anschließend rechts Richtung Zentrum halten, dann kommen Sie schon nach wenigen Metern zum *Platia Ippokratu*. Hier können Sie einen **Eulenbrunnen** bestaunen und am angrenzenden Platz wartet ein **Seepferdchenbrunnen**! Absolut sehenswert! Allerdings hat der Platz eine schaurige Vergangenheit: 1944 wurden die Juden von Rhodos von der Nazi-Besatzung auf diesem Platz zusammengetrieben und zu Konzentrationslagern in Osteuropa deportiert. Im Gedenken an die Opfer wurde dieser Ort **Platz der jüdischen Märtyrer** *(Platia Martyron Evreon)* genannt.

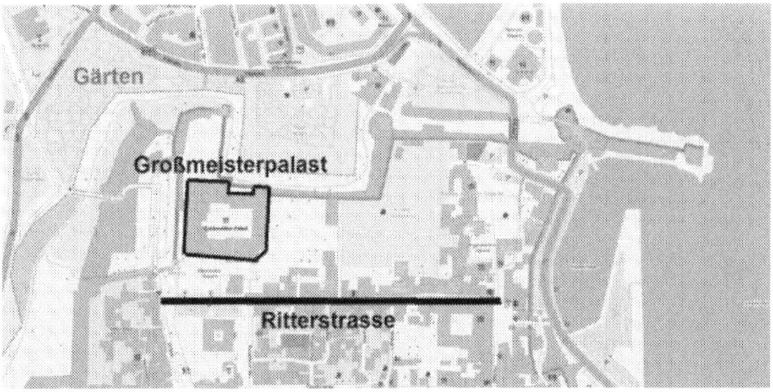

Folgen Sie nun der **Ritterstraße** *(Odos Ippoton)* aus dem 15. Jh. An ihr liegen die „Herbergen der Zungen“, die Versammlungshäuser der sieben Ritter-Landsmannschaften (Zungen) aus Frankreich, Italien, England und Deutschland. An einigen der gut erhaltenen Häuser können Sie noch die steinernen Wappen der Landsmannschaften und Großmeister bewundern. Diese antike Hauptstraße beginnt bei der byzantinischen Kathedrale in Hafennähe (an der *Platia Moussio*) und führt durch das Viertel **Collachium** zum **Großmeisterpalast von Rhodos.** Der Großmeisterpalast wurde im 14. Jh. als Residenz des Großmeisters des Johanniterordens gebaut. Im Inneren ist außerdem das Nationalmuseum untergebracht. Der Großmeisterpalast liegt in der nordwestlichen Ecke der ummauerten Altstadt und ist wirklich ein beeindruckendes Gebäude.

Öffnungszeiten: Dienstag bis Sonntag von 08.00 - 19.40 Uhr (14.40 Uhr in der Nebensaison), montags ist geschlossen. Der Eintritt kostet 6 €, für Personen unter 18 Jahren gratis!

Adresse: *Ippoton, Rodos*

Sowohl die Ritterstraße als auch der Großmeisterpalast sind ein herausragendes Fotomotiv und ein MUSS für den Rhodos-Besucher!

Lässt es die Liegezeit Ihres Schiffes zu, dann halten Sie sich nach dem Großmeisterpalast nach Norden, denn nach ca. 15 Minuten kommen Sie an den **schönen Badestrand *„Elli Beach"***. Hier können Sie gratis an einem sauberen grobkörnigen Sandstrand in türkisblauem Wasser baden, sogar ein ca. 5 m hoher Sprungturm befindet sich *im* Meer!! Auch Toiletten und Umkleidekabinen sind vorhanden. Zurück geht es dann direkt am Meer entlang der Festungsmauer mit einem grandiosen Ausblick auf die schönen alten Gebäude im Hafen.

Käpt'n Känguru empfiehlt:
Einen Stadtbummel vom Seepferdchen-Brunnen über die **Straße der Ritter** zum **Großmeisterpalast** machen. Danach ein erfrischendes Bad im glasklaren Meer!

Santorini - ein Leben in der Caldera

Land:	Griechenland (Kykladen)
Einwohner:	gesamte Insel ca. 17.000
Währung:	Euro

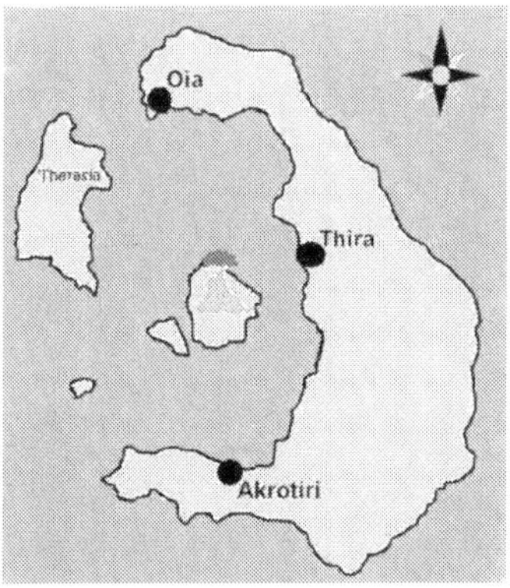

Santorini ist eine Insel der griechischen Kykladen im Ägäischen Meer. Der Name stammt von den Italienern, die im 12. Jh. die Insel nach der heiligen Irene **Santa Irini** benannten. Daraus wurde Santorini (im Deutschen auch oft Santorin).

Santorini besteht aus einer Inselgruppe, die den Rand einer Caldera (84,5 km²) bildet: *Thira, Thirasia* und *Aspronisi. (*Thirasia und Thira sind die einzigen *bewohnten* Inseln). Die ebenfalls „Thira" benannte Hauptstadt lebt fast ausschließlich vom Tourismus.

Die Wand der Caldera ist 150 bis 350 m hoch und in der Mitte liegt der Vulkanschlot **Nea Kameni**. Durch einen gigantischen Ausbruch ca. 1500 v. Chr. wurde die damalige minoische Hochkultur zerstört. Damals wurde die Caldera von Meerwasser überschwemmt und ein Teil der Inseln versank. Deshalb – und aufgrund Ausgrabungen der minoischen Kultur – gibt es Thesen, dass es sich um das bei Plato erwähnte **legendäre Atlantis** gehandelt haben könnte.

Die letzten größeren Ausbrüche waren Mitte des 20. Jahrhunderts zu verzeichnen, heute gilt der *Nea Kameni* als (weitgehend) inaktiv. Der Vulkan zählt trotzdem zu den aktivsten in Griechenland!
Übersetzt heißt **Nea Kameni** übrigens „**Neu Verbrannte**"...

Die Kreuzfahrtschiffe gehen mitten in der **Caldera** unterhalb Thiras vor Anker, Liegeplätze gibt es nicht. Es existiert jedoch ein hafeneigener Tenderverkehr.

Die Anlegestelle des Tenders liegt am Fuß der ca. 300 m hohen Calderawand, auf der sich oben Thira befindet. Es gibt keine Straße nach oben! Für Kreuzfahrttouristen stehen zwei Möglichkeiten zur Auswahl:

- Eine **Seilbahn** führt direkt vom Hafen in das Zentrum von Thira. Eine Fahrt ist sehr zu empfehlen, der Ausblick auf die Caldera und die unterschiedlichen Gesteinsschichten der Klippen ist grandios. **Preis: 6 €.**

- Die zweite Möglichkeit ist ein **Serpentinenpfad**. Es ist erlaubt, zu Fuß hinauf zu steigen (sehr anstrengend, vor allem bei heißem Wetter!), allerdings wird er hauptsächlich von **Eseln, Maultieren und Pferden** benutzt, die unablässig die Touristen nach Thira befördern. Entsprechend ist der Weg mit Pferdeäpfeln und Urin verschmutzt, teilweise wird es auch sehr eng, wenn sich 2 Maultierkarawanen und Fußgänger zeitgleich begegnen.
  Preis für einen einfachen Ritt: 5 €.

Oben angekommen haben Sie eine malerische Aussicht auf die Caldera und können bequem zu Fuß das kleine Städtchen Thira erkunden. Es ist wirklich nicht groß, aber mit den weißen **Kykladenhäusern** sehr eindrucksvoll. In den engen Gassen finden sich entsprechend viele Souvenirshops, Restaurants und Boutiquen. Das prunkvollste Gebäude – das einen palastähnlichen Eindruck macht – ist die **orthodoxe Kathedrale *Mitropolis Ypapanti***, die über allen anderen Gebäuden thront. Das Gebäude ist **sagenhaft schön – aber nicht „antik“:** es wurde erst 1956 nach einem Erbeben errichtet.

Ausflug: Oia

Wer nicht in Thira bleiben möchte, besucht das kleine Dörfchen **Oia** mit seinen 600 Einwohnern. Es klammert sich auf einer Länge von über 2 km an den Caldera-Rand, 100 Meter hoch über dem blauen griechischen Meer.

Ausgesprochen wird „Oia" übrigens „I-ja".
Gerade in *Oia* finden Sie die beliebten und überall bekannten Motive von weißen Kykladen-Kirchen mit blauen Kuppeln.

Das Zentrum des Dörfchens ist der **Platia** (*Caldera Square*) oberhalb des Busterminals. Hier finden Sie die viel-fotografierte **Kirche von Panagia** (Panagia Platsani = Kirche der Hl. Maria) und eine alte Windmühle.

Sie können das **Lontza-Kastell** besuchen, das in venezianischer Zeit der Wohnsitz der Familie *Argyri* war. Heute wird das Kastell zu gerne von Touristen als Standort für einmalige Fotos benutzt.

Zudem können Sie in *Oia* zum **Hafen von Ammoudi** hinunterlaufen. Der Weg beginnt direkt beim Lontza-Kastell und führt mit über 200 Stufen westlich ans Meer hinunter. Sie können aber auch auf einem alten Bekannten aus Thira reiten: einem **Esel**.
Unten angekommen sollten Sie sich in urigen Tavernen direkt am Wasser einen kühlen Drink bestellen oder sich an einem der herrlichen Kieselstrände entspannen. Packen Sie Ihre Badesachen ein und nehmen Sie ein Bad im glasklaren Meer!
Sie haben einen grandiosen Blick hinauf zu den **dunkelroten Lavafelsen**, die wie riesige blutgetränkte Brocken aus der Calderawand ragen.
Der Bus ab dem Zentrum Thiras nach Oia kostet 1,80 € und bringt Sie in 20 Minuten in das kleine Dörfchen im Norden der Insel. Abfahrt ist tagsüber alle halbe Stunde.

Ausflug: Vulkan Nea Kameni + heiße Quellen

Aktiven und fitten Touristen empfehle ich eine **Bootstour** zum „Nationalen Natur- und Geologiepark von Nea Kameni" und eine **Wanderung zum Krater des Vulkans**.

Im Hochsommer kann das bei entsprechender Hitze sehr fordernd sein. Je nach Kondition benötigen Sie für den Aufstieg 20 - 30 Minuten. Der „Eintritt" zum Vulkan kostet übrigens zusätzlich zu Ihrem Tourpreis nochmal 2 €. Der Vulkan macht heutzutage einen eher zahmen Eindruck: außer einer erhöhten Temperatur und ein paar Stellen mit Schwefeldampf sehen Sie nur alle erdenklichen Arten von Lava- und Vulkangestein.

Das vulkanische Observatorium beobachtet den Vulkan mithilfe einer Vielzahl an Messinstrumenten. Auf dem Gipfel haben Sie einen grandiosen Blick auf die Inseln und das Meer. Der Aufstieg lohnt sich definitiv!

Die meisten Touren fahren mehrere Inseln an, darunter auch die Nachbarinsel **Palea Kameni**. Dort befinden sich **heiße Quellen**, in denen man sogar ein Bad nehmen kann! Die Ausflugsschiffe legen jedoch nicht an einem Kai an, sondern ankern in der Bucht. Sie springen über die Reling und klettern nach dem entspannenden Bad in den warmen gelben Schwefelquellen mithilfe einer (Strick-)Leiter wieder an Bord.

Die Quellen sind aktive Zeugen der vulkanischen Aktivität der Region!

Falls Sie baden wollen, nehmen Sie **keine hellen Badesachen** mit: durch den vielen Schwefel hat das Wasser einen starken gelb-orangen Ton, der zudem ein gutes Färbemittel abgibt. Also besser das Badedress der letzten Saison einpacken!

Im alten Hafen von Thira werden etliche solcher (Boots-)Touren angeboten, von der kleinen 2-Stundentour (ab 15 €) bis zum Ganztages-Trip!

Zur Vorab-Info verwenden Sie z.B. die zwei folgenden Internetadressen, aber auch im Hafen bekommen Sie GENÜGEND Angebote!
http://www.in-santorini.com/santorini-volcano-tour.php
http://www.santorini-sailing.gr/santorini-volcano-hot-springs.html

Tragen Sie unbedingt feste Schuhe! Es gibt immer wieder Touristen, die in Flip-Flops auf den Vulkan steigen!
Denken Sie zusätzlich an ausreichend Sonnenschutz und an Wasser, Wasser, Wasser! Denn hier gibt es weder Tavernen noch Shops... Oberstes Gebot: Hoffen Sie, dass der Vulkan bis zur Abreise weiterschläft ☺

Käpt'n Känguru empfiehlt:
Einen günstigen Bootsauflug zum Vulkan und den heißen Quellen machen!

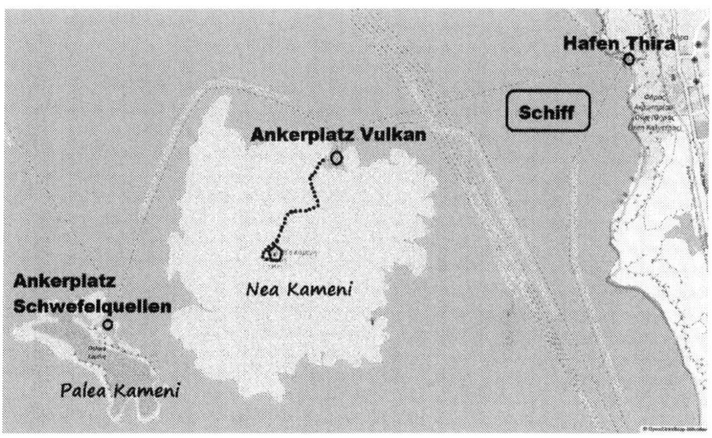

Ausflug: Akrotiri & Red Beach

Im Süden der Insel lockt die Ausgrabungsstätte **Akrotiri**, dort erhalten Sie Einblicke in die bronzezeitliche bis minoische Kultur, die durch den Ausbruch des Vulkans fast völlig zerstört wurde. Sie können in einem Rundweg einen Großteil der Stadt in der Momentaufnahme des Untergangs 1620 v. Chr. besichtigen. Die Stadt befand sich zum Zeitpunkt des Untergangs in ihrer Blütezeit, worauf die Überreste von Herrenhäusern und Malereien hindeuten. Da man keine menschlichen Überreste fand, geht man davon aus, dass die Bewohner noch genügend Zeit zur Flucht hatten. Im Hintergrund und den Randbereichen dauern die Ausgrabungsarbeiten bis heute an. Um die empfindlichen antiken Fundstücke und Ausgrabungen vor Hitze und Witterung zu schützen, befindet sich das Ausgrabungsareal in einer riesigen klimatisierten Halle.

***Öffentliche Busse* verkehren von Thira (Zentrum) nach Akrotiri für 1,80 €. Die Fahrt dauert ca. 30 Minuten.** Parkplätze für einen Mietwagen finden Sie direkt an der Ausgrabungsstätte oder 100 Meter den Berg runter (dort parken Sie gratis☺).

Der Eintritt für Akrotiri kostet 12 €, unter 18 Jahren ist der Eintritt frei.

Die Öffnungszeiten sind von Di - So 10.00 - 17.00 Uhr. Länger als 30 Minuten brauchen Sie für die Besichtigung der Ausgrabung aber nicht. Gratis WLAN und saubere Toiletten sind vorhanden.

Wenn Sie sich nach der Ausgrabung auf der schmalen Küstenstraße in südwestlicher Richtung halten, kommen Sie nach 300 Metern an eine **typisch griechische Kirche** und ein Café/Souvenirladen. Ab hier folgen Sie einem kleinen Pfad, der von einer Plattform zum **„RedBeach“** hinunter führt. Das klare grüne Wasser erstreckt sich vor einer gigantischen roten Felswand und bildet damit einen tollen Kontrast – ein super Fotomotiv! Der Strand ist frei zugänglich, gratis und sehr sauber. Es ist zu Fuß wirklich nicht weit von Akrotiri aus, und definitiv sehenswert! Badesachen nicht vergessen!

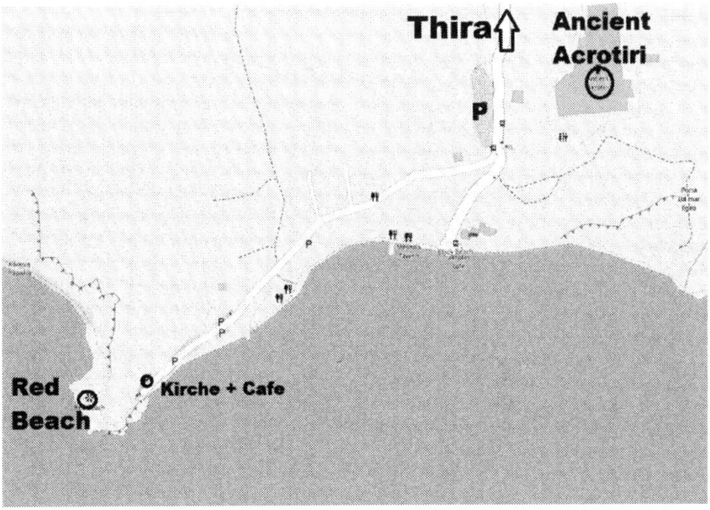

Das Busnetz auf Santorini ist sehr gut ausgebaut und die Busse fahren durchwegs pünktlich. Um zum Busbahnhof zu gelangen halten Sie sich ab der Seilbahnstation rechts, die Busse fahren von einem großen Platz im Zentrum Thiras ab, der an der Straße *25is Martiou* liegt.

Bei einem Stadtbummel durch Thira treffen Sie garantiert auf den ein oder anderen *CarRental*, die sehr günstig Mietwagen anbieten. Die Straße *25is Martiou* führt parallel zur Küste von Nord nach Süd, hier finden Sie viele lokale Anbieter für preiswerte Ausflüge und Mietwagenfirmen z.B. **Auto4you** mit 30 € pro Tag.
Infos und Reservierungen unter
https://www.santorini.com/rentals/autoforyou/ und www.autoforyou.gr
Sie finden **Auto4you** in der *25is Martiou*, in der Nachbarschaft befinden sich ebenfalls Hertz und AVIS.

Käpt'n Känguru empfiehlt:
Sie können mit einem Mietwagen bei entsprechend langer Liegezeit die komplette Insel abfahren: Zum Beispiel zuerst eine Tour nach Süden nach Akrotiri + Red Beach, und anschließend ins nördliche *Oia*. Da die Insel nicht groß ist und es zudem wenig Autos gibt, kann man bequem an einem Tag die ganze Insel erkunden ohne im Stau zu stehen!

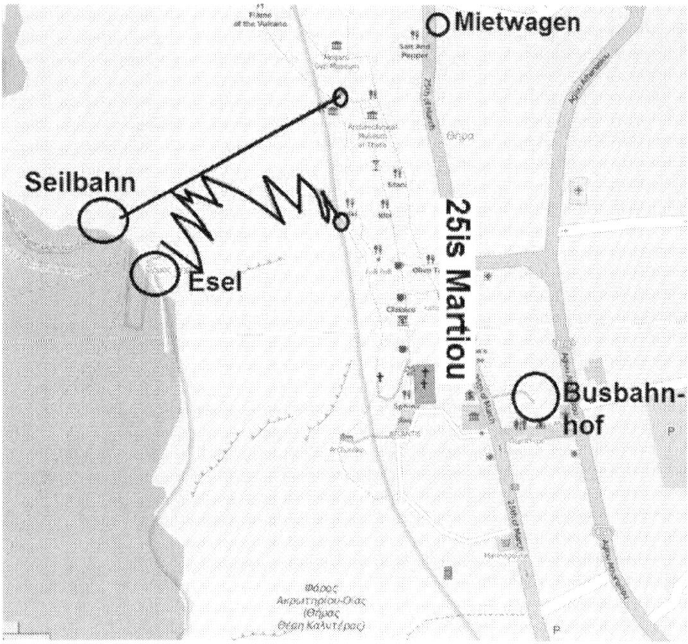

Savona - Hafenstadt Liguriens

Land: Italien (Ligurien)
Einwohner: 60.000
Währung: Euro

Im zeitgeschichtlichen Ablauf war die Bedeutung der Stadt eher gering, doch ab dem 19. Jh. blühte Savona auf. Lange Zeit bestand eine Feindschaft mit der benachbarten Hafenstadt Genua. Savona wird hauptsächlich als Abfahrtshafen einer großen italienischen Reederei genutzt. Der Kreuzfahrt- und Fährhafen ist heute neben der Industrie der größte Arbeitgeber der Stadt.

Über Savona erstreckt sich direkt am Meer die Festung **Fortezza del Priamar**. Sie wurde von den Genuesen erbaut, um die Herrschaft über Savona zu sichern, daher war die Festung lange Zeit äußerst unbeliebt in Savona. Heute beherbergt sie ein archäologisches Museum und Ausstellungsräume. Innerhalb der Festung befindet sich ein beliebter Kinderspielplatz! **Der Eintritt ist frei! Die Öffnungszeiten sind von 7.00 - 23.00 Uhr**

Käpt'n Känguru empfiehlt:
Festung *Fortezza del Priamar* besichtigen, gratis!

Nahe der Festung befindet sich der Kreuzfahrt- und **Jachthafen**. Quengelnde Kleinkinder lädt hier am Hafenende ein schöner offener Platz mit einem attraktiven Kinderspielplatz zum Toben ein, für die Erwachsenen gibt es diverse leckere Restaurants und Cafés.

In nördlicher Richtung kommen Sie vom Jachthafen aus zum *Piazza del Brandale* mit den zwei Türmen **Torre del Brandale**. Dahinter schließt sich eine typisch italienische Innenstadt an. Auch in Savona ist ein kleiner Bummel durch die Altstadt lohnenswert. Nur wenige Straßen vom Hafenbereich entfernt befindet sich – neben dem **Dom Santa Maria Assunta** – die von außen unscheinbare **Sixtinische Kapelle.** Die *Capella Sistina* wird im hellen Innenbereich von Weiß und Gold dominiert und ist ein Muss für jeden Savona-

Besucher. Der Dom besitzt eine bewundernswerte aufwendige Fassade, er ist auf der *Piazza del Duomo* in der *Via dei Vacciuoli* zu finden.

Eine weitere Sehenswürdigkeit ist die städtische **Pinacoteca di Savona,** die die größte Kunstsammlung Liguriens umfasst. Im restaurierten *Palazzo Gavotti* können Sie Gemälde und Skulpturen aus dem 16. Jh. sowie die berühmten weiß-blauen Majoliken (das ist zinnglasierte italienische Keramik) bis hin zu Werken der Moderne bestaunen.

Der Eintritt in die *Pinakothek Civica* in der Via Pia **kostet 4 €.**
Die Öffnungszeiten sind von 10.00 - 13.30 Uhr und tlw. noch 15.30 - 18.30 Uhr

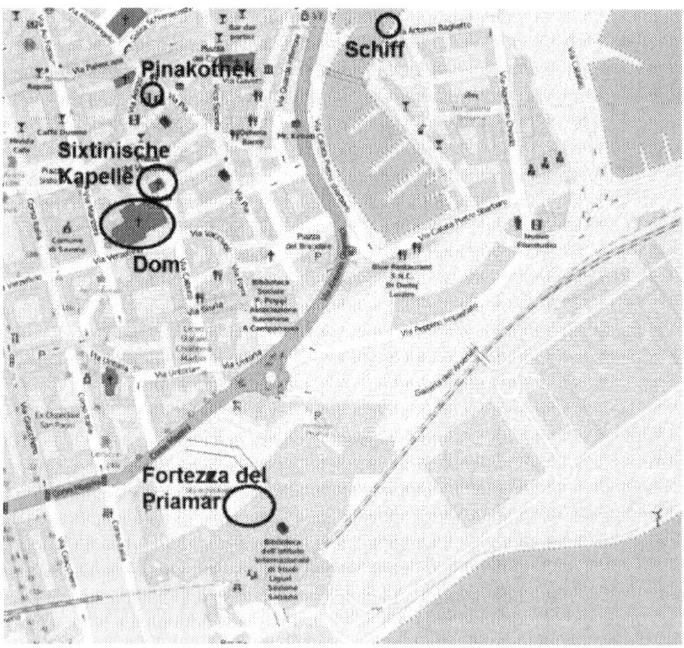

Split -
heimliche Hauptstadt Dalmatiens

Land:	Kroatien
Einwohner:	400.000, zweitgrößte Stadt Kroatiens
Währung:	Kuna (7,5 Kuna ca. 1 €)

Split lebt vom Tourismus, der Fischerei und dem Schiffsbau (Werft *Brodosplit*) und gilt im Volksmund als Hauptstadt Dalmatiens.

In Split liegen die Kreuzfahrtschiffe direkt vor der **Altstadt** vor Anker und bringen die Passagiere mit Tenderbooten an Land. Sie befinden sich unmittelbar an der schönen **Uferpromenade Riva.** Von Palmen gesäumt und neben dem Diokletianspalast gelegen ist sie ein bekanntes Wahrzeichen der Stadt. Hier gibt es Cafés und Restaurants, oder Sie beobachten auf einer Bank das bunte Treiben im Hafen. Westlich der Riva befindet sich die **Haupteinkaufsmeile Marmontova** mit modernen Geschäften und Shoppingcentern.

Ursprünglich war Split eine griechische Kolonie, doch die heutige Stadt entstand um den Palast herum, den *Diokletian 300 n. Chr.* hier bauen ließ. Von einem einfachen Mann arbeitete er sich zum General hoch, bis er 284 in Nikomedia zum *römischen Kaiser* ausgerufen wurde. Nach seinem Tod wurde der weitläufige Palastkomplex zu einer bewohnten Festung im Herzen Splits. Der **Diokletianspalast** mit seinen **vier Toren** (*das silberne, goldene, bronzene und eiserne Tor*) wurde in das UNESCO-Weltkulturerbe aufgenommen und ist die wichtigste Sehenswürdigkeit der dalmatischen Stadt Split. Er schließt sich hinter der Riva an und dominiert das Hafenbild. Außer für Konzerte und Kulturveranstaltungen wird der Palast heute als Wohnraum genutzt, und in den Gewölben des Diokletianpalastes *(Podrumi)* sind viele kleine Geschäfte und Verkaufsstände sowie eine Ausstellung über die Geschichte des Palastes. Hinter dem Palast finden Sie das **Mausoleum des Diokletian** und in unmittelbarer Nähe den **Jupitertempel.** Heute ist der römisch-heidnische Tempel eine dem *Heiligen Johannes dem Täufer* geweihte Kirche!

Ein Teil des Diokletianspalastes ist frei zugänglich, die Besichtigung des Diokletianskellers kostet 40 Kuna (5,30 €).

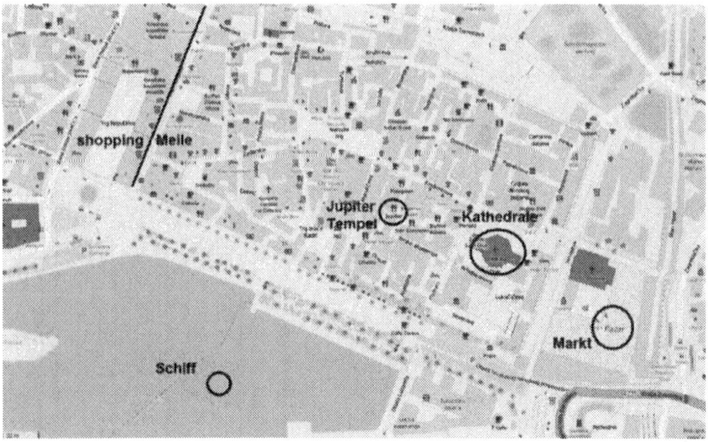

Von der Spitze des Glockenturms der **Kathedrale des Hl. Duje** innerhalb des Diokletianspalastes haben Sie den besten Ausblick über Split. Die Kathedrale wurde im 4. Jh. als Mausoleum für den Kaiser Diokletian erbaut und gilt als die älteste Kathedrale der Welt!
Der Eintritt in die Kathedrale kostet 25 Kuna (3,50 €), der Aufstieg auf den Glockenturm 15 Kuna (2 €). Die Öffnungszeiten sind im Juli und August täglich von 8.00 - 20.00 Uhr, September bis Juni täglich von 10.00 - 12.00 Uhr.

Am östlichen Ende der Riva direkt hinter dem silbernen Tor finden Sie den bunten, lebhaften Markt von Split: den **Markt Pazar**. Auf einem großen Platz und in den umliegenden kleinen Gassen, die von Marktständen gesäumt sind, werden Souvenirs, einheimisches Obst und Gemüse, Delikatessen und vieles mehr angeboten.
Adresse: *Ul. Stari Pazar, Split*

An der Uferpromenade fahren alle 45 Minuten Hop-on-hop-off-Busse für 70 Kuna ab.

Käpt'n Känguru empfiehlt: Über die Riva bummeln, die vier Tore und den Diokletianspalast besichtigen und auf dem Markt shoppen!

Triest - Sommerresidenz der Habsburger

Land: Italien (Friaul-Julisch Venetien)
Einwohner: 200.000
Währung: Euro

Triest liegt am nördlichen Ende der Adria, eingebettet in die *Bucht von Triest* und einer wilden Karstlandschaft im Hinterland. Ursprünglich wurde die Region von keltischen und illyrischen Stämmen besiedelt, bis die Römer 128 v.Chr. mit dem Bau einer Siedlung begannen. Das kleine Dorf wurde schnell zu einer stark wachsenden Stadt mit einem regen Handel. Heute zählt der Hafen von Triest zu den größten in ganz Italien! Als Kreuzfahrthafen wird Triest aber erst seit Kurzem genutzt.

Sie legen zentral zur Stadt an der Mole I - IV an. Nach einem kurzen Fußweg stehen Sie am **Canal Grande**. Der Kanal wurde im 18. Jh. angelegt, um die Löschung der Schiffsladungen zu erleichtern. Natürlich ist der Kanal nicht mit seinem Namensvetter in Venedig zu vergleichen, doch an seinen Ufern findet oft ein Markt statt, durch den sich ein Bummel lohnt. Er ist gesäumt von nostalgischen Gebäuden mit Cafés und Geschäften. An der Stirnseite des *Canal Grande* sehen Sie die neoklassizistische Kirche **Sant 'Antonio Nuovo**, die größte Kirche in Triest. Die Front der Kirche wird von einem Vorbau aus sechs ionischen Säulen dominiert, die eher an einen römischen Tempel als an eine italienische Kirche erinnern. Der Innenraum ist – abgesehen von einigen bekannten Fresken – eher schlicht gehalten.
Adresse: *Via Amilcare Ponchielli 2*

Die Altstadt mit ihren Geschäften, Kaffeehäusern und Restaurants erstreckt sich südlich davon. Triest gehört zu den bedeutendsten Kaffeemetropolen der Welt. Nirgendwo in Italien wird mehr Kaffee getrunken: der Durchschnittsverbrauch ist 10 Kilo pro Kopf und Jahr! Um das Rösten der Bohnen wird ein wahrer Kult betrieben. Besuchen Sie eines der vielen **Kaffeehäuser**, die nach dem Vorbild Wiener Kaffeehäuser entstanden sind! Die Habsburger haben in ganz Triest ihre Spuren hinterlassen...

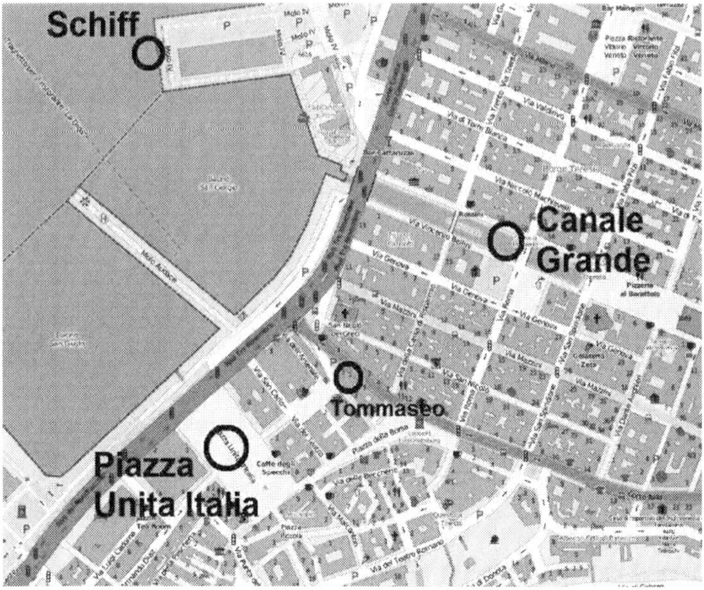

Das *beliebteste* Kaffeehaus in Triest ist das „**San Marco**": der originale Kaffeehaus-Charme mit der nostalgischen Einrichtung ist unübertroffen!
Adresse: *Via Cesare Battisti 18*
Eine weitere ausgesprochen gute Adresse ist das **„Tommaseo"**, das *älteste* Kaffeehaus in Triest. Es wurde 1830 eröffnet und liegt sehr zentral zum *Canal Grande* in einer Seitenstraße. Hier wähnt sich der Gast ist Wien – und nicht in Italien! Bei schönem Wetter kann man auch draußen sitzen.
Adresse: *Piazza Nicolò Tommase*

Käpt'n Känguru empfiehlt:
In einem der berühmten **historischen Kaffeehäuser** eine leckere Kaffeespezialität genießen!

Das Zentrum des Lebens in Triest ist **der Piazza dell`Ùnita d`Italia,** der *„Platz der Einheit Italiens"*. Auf drei Seiten wimmelt es nur so vor Prachtbauten, z. B. dem prunkvollen Rathaus. Die vierte Seite öffnet sich dem Meer. Der *Piazza dell'Unità d'Italia* Platz erhielt seinen Namen 1955, nachdem das von österreichischer Architektur geprägte Triest an Italien angegliedert wurde. Er gehört zu den größten Plätzen in ganz Europa. Gerade in den Sommermonaten ist hier abends mächtig was los, so werden z.B. Konzerte veranstaltet.

Ausflug: Schloss Miramare

Wenn Sie einen Ausflug in die nähere Umgebung machen möchten, bietet sich das **Schloss Miramare** an, das hoch auf den Klippen über der *Grignanos Bucht* thront. *Miramare* wurde 1860 von Erzherzog *Maximilian von Habsburg* erbaut. Der Name **„Miramare"** bedeutet **„Meerblick"**. Das Schloss auf dem Felsvorsprung ist ein Juwel habsburgischer Architektur! Die Außenfassade besteht aus schneeweißem Kalkstein, der aus Istrien hierher transportiert wurde. Die Inneneinrichtung ist prunkvoll und kommt dem eines Palastes gleich. Bemerkenswert sind auch die 22 ha großen Parkanlagen, die das Schloss *Miramare* umgeben. Das Schloss diente lange als Sommerresidenz für die Habsburger, heute ist *Miramare* ein Museum.
Die Öffnungszeiten sind 9.00 - 19.00 Uhr. Der Eintritt kostet 8 €, die weitläufige wundervolle Parkanlage kann kostenlos besucht werden. Weitere Infos unter www.castello-miramare.it
Das Schloss Miramare ist mit den öffentlichen Buslinien 6 und 36 ab dem Bahnhof *Trieste Centrale* zu erreichen. Ein Ticket *Triest – Grignano* kostet 1,10€. Fahren Sie bis zur Haltestelle „Viale Miramare". Das Schloss liegt allerdings 8 km nördlich von Triest, planen Sie bitte ausreichend Zeit für die Rückfahrt ein.

Käpt'n Känguru empfiehlt:
Mit dem Bus zum Habsburger-Schloss Miramare fahren und eine grandiose Aussicht auf die Bucht von Triest genießen!

Valencia - die Stadt der Künste und der Wissenschaft

Land: Spanien
Einwohner: 800.000, drittgrößte Stadt Spaniens
Währung: Euro

Valencia liegt an der Mündung des Flusses *Turia* an der Ostküste Spaniens und hat den Beinamen *Stadt der Wissenschaft und der Künste.* Die Stadt wurde 138 v. Chr. von den Römern auf einer Flussinsel im *Turia* gegründet. Im 15. Jh. war Valencia eine der bedeutendsten Hafenstädte des Mittelmeer-raumes und bekannt für ihre Seidenwebereien. Große Arbeitgeber sind ein Kernkraftwerk, die Automobilindustrie und der Tourismus.
Durch immer wieder auftretende verheerende Hochwasser des *Turia* wurde der Fluss aus der Stadt hinaus verlegt und aus dem **alten Flussbett** entstand ein **wunderschöner Park**.

Innerhalb des Hafens verkehrt ein **kostenloser Shuttlebus zum Terminal**! Direkt im Hafengebäude – nahe dem Ausgang – befindet sich eine **Tourist-information** die Stadtpläne, Prospekte sowie Busfahrpläne und -zeiten bereithält.
Es fahren die **Buslinien 2, 3, 4, 19 und 30 ins Zentrum**, Haltestelle *„Manuel Soto Enginyer – Pont de les Dressanes"* (direkt bei Ihrem Shuttlebus) oder *„Joan Verdaguer-Port"* (ein Stück nördlich). Sie können von hier aus bis zum *Plaza de la Reina* ins Zentrum fahren.
Ein Einzelfahrschein kostet 1,50 €.

Die **VTC Cruise Card** wurde speziell für Kreuzfahrttouristen konzipiert. Sie kostet **15 €** und beinhaltet alle öffentlichen Verkehrsmittel und viele Eintrittsgelder zu Sehenswürdigkeiten. Online gibt's die VTC-Card übrigens für 13,50 €.
Infos finden Sie auf **http://www.valenciatouristcard.com/de/was-ist-das-versionen** und Vorabkauf unter **www.turisvalencia.es/ofertas** oder in der Touristinfo im Hafenterminal!
Ein Hop-on-hop-off-Bus fährt für 17 € stündlich ab dem Hafenterminal.

Wer mit Kindern *Valencia* besucht, kommt um das **Oceanogràfic** nicht herum! Sie erreichen das **einzigartige Aquarium** mit der Buslinie 95 oder durch einen Spaziergang durch das ehemalige Flussbett des *Turia*. Entlang

des 1,5 km langen Fußweges liegt ein großer Spielplatz, der für eine Pause wie geschaffen ist. Sie müssen nur gegenüber dem Terminal den Fluss überqueren und der *Carrer des les Moreres* folgen. Es geht entlang der Straße durch ein Wohngebiet und danach liegt auf der rechten Seite das top-moderne Gebäude des Oceanogràfic.

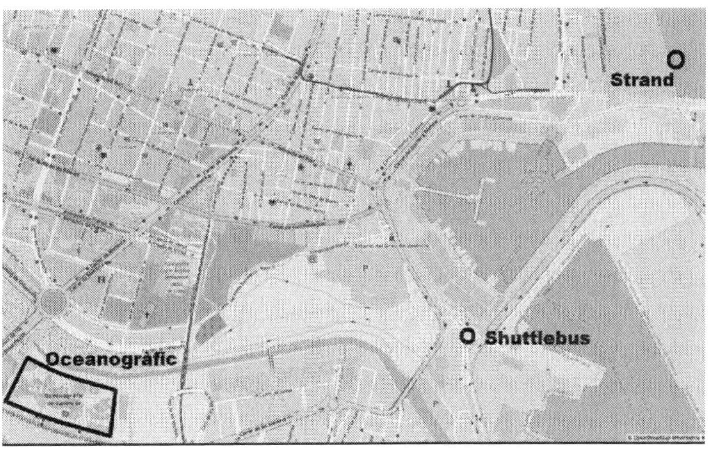

Um alles zu sehen, sollten Sie inklusive **Delfinshow** drei bis vier Stunden Zeit einplanen. Das Oceanogràfic ist das **größte Aquarium Europas** und beherbergt 45.000 Tiere, darunter Belugawale, Haie und Pinguine. Faszinierend sind die **Unterwassertunnel**, durch die Sie die riesigen Aquarien betreten und die Tiere von allen Seiten bestaunen können. Die Bereiche sind gegliedert nach Arktis, Antarktis, Pazifik, Rotes Meer, Mittelmeer, Delfinarium und Sumpfgebiete.

Der Eintrittspreis für Erwachsene beträgt 29,10 €, Kinder immerhin noch 21,85 €. Mit der VTC-Karte bekommen Sie 15% Rabatt.

Die Öffnungszeiten sind 10.00 - 20.00 Uhr.
Adresse: *Carrer Eduardo Primo Yúfera 1.* Die **Buslinie 95** hält am Hafen *„Manuel Soto Enginyer – Pont de les Dressanes“* und an der Haltestelle *„Eduardo Primo Yúfera – Oceanographic“.*

Infos inklusive Lageplan unter **http://www.valencia-cityguide.com/tourist-attractions/museums/l-oceanografic.html**
Das Oceanogràfic ist das Geld wirklich wert!

Käpt'n Känguru empfiehlt:
Zu Fuß zum Oceanogràfic und dort das größte Aquarium Europas genießen!

Eine weitere Attraktion ist der **Bioparc**: Der **moderne Zoo** wurde 2008 eröffnet und **verzichtet vollkommen auf Gitter**. Der Themenschwerpunkt liegt auf **Afrika** und zeigt dem Besucher die Tiere in natürlich gestalteten riesigen Anlagen.
Der Eintritt für Erwachsene kostet 23,80 €, Kinder zahlen 18 €.
Die Öffnungszeiten sind von 10.00 - 19.00 Uhr (21.00 Uhr im Sommer).
Der Zoo befindet sich in der *Av. Pío Baroja,* **im alten Flussbett des Turia.** Unmittelbar gegenüber dem Zoo ist die Bushaltestelle **„BioParc“**, es halten die Linien 3, 29, 61, 67, 81 und 95 (die Linie 95 hat auch eine Haltestelle am Kreuzfahrthafen).Infos erhalten Sie unter **http://www.bioparcvalencia.es**.

Ein weiterer Touristenmagnet ist die **Altstadt** Valencias. Besonders hervorzuheben ist die **Kathedrale** mit ihrem achteckigen Glockenturm **Miguelete**. Der 60 Meter hohe *Miguelete* ist das Wahrzeichen der Stadt! Von oben haben Sie einen atemberaubenden 360°-Rundumblick über Valencia. Der achteckige Turm nennt 12 Glocken sein eigen: die größte davon – *Miguel* – gab dem Glockenturm seinen Namen.
Der Aufstieg ist allerdings ziemlich anstrengend: es geht 207 Stufen nach oben!

An der Stelle der Kathedrale befand sich ursprünglich ein römischer Tempel der Göttin Diana. Dieser wurde später durch eine Moschee ersetzt, bis dann im Jahr 1262 der Bau der gotischen **Marien-Kathedrale** (*Catedral de Santa Maria de Valencia)* begann. Fertig wurde das Gotteshaus aber erst im 15. Jh. Da sich die Bauzeit entsprechend über mehrere Jahrhunderte hinzog, sind die unterschiedlichsten Stilrichtungen zu erkennen: die ursprünglich spätromanische Bauweise weist deutliche gotische, spätgotische und barocke Einflüsse auf. Das Innere der Kathedrale birgt etliche wertvolle sakrale Kunstschätze, z.B. der Altar aus der Zeit der Renaissance.
Besonders stolz ist die Kirche auf den **Heiligen Kelch** (span. *Santo Cáliz*), von dem vermutet wird, dass es der Kelch von Jesu letztem Abendmahl sei! Nach vielen unterschiedlichen Aufbewahrungsorten gelangte besagter **Heiliger Gral** 1437 in den Besitz der Kathedrale... Nicht der ganze edelsteinbesetzte Kelch ist dabei das Wertvolle, nur der obere Becher ist die mysteriöse Reliquie!

Der Eintritt in die Kathedrale beträgt 7 €, da hier etliche Kunstschätze ausgestellt werden. Sie können die Kathedrale täglich von 10.00 - 17.00 Uhr besuchen. Sonntag ist geschlossen.
Der Eintritt für den Aufstieg des Miguelete kostet 2 €.
Die Öffnungszeiten sind von 10.00 - 13.00 Uhr und 16.30 - 19.00 Uhr.

Adresse: *Placa de l'Almoina* und *Placa de la Reina, 46003 Valencia*
Weitere Informationen finden Sie unter **http://www.spain.info/de**.

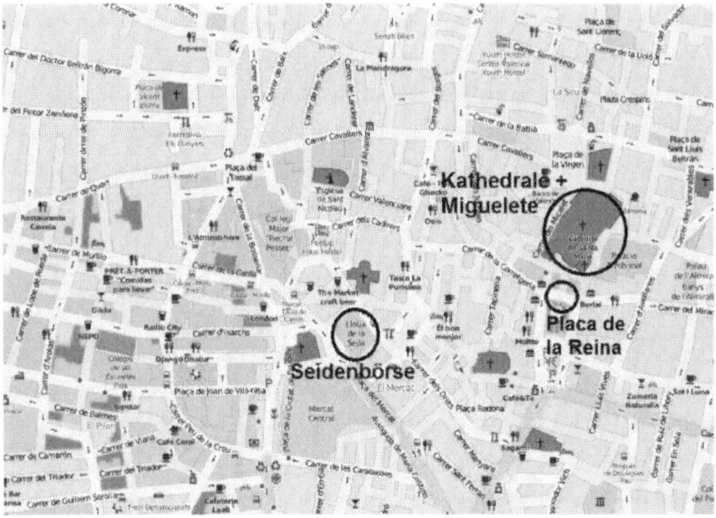

Valencias Geschichte ist geprägt von der Seidenweberei. Deshalb ist die alte Seidenbörse **Lonja de la Seda** eine wichtige Sehenswürdigkeit von Valencia! Der gotische Bau besteht aus vier Teilen, die sich über 2.000 m² erstrecken: der Turm, der Meeres-Saal, der Orangenhof und der Säulensaal.

Die Seidenbörse wurde in die Liste des UNESCO-Weltkulturerbes aufgenommen.

Ursprünglich wurde die *Lonja* – die als großer Bruder der Lonja von Palma de Mallorca gesehen werden kann – als Ölmarkt gegründet, beherbergte dann aber über Jahrhunderte den Seidenhandel Valencias. Während des 15. Jh. war Valencia die Hochburg der Seidenproduktion! Immerhin gab es 25.000 Seidenweber in der Region, die den **unermesslichen Reichtum der Seidenkaufleute** ermöglichten. Die *unehrlichen* Seidenhändler wurden übrigens in den Turm der Lonja gesperrt…

Beachten Sie die wunderschön gewundenen Säulen, die die mächtige Decke der dreischiffigen Basilika stützen!
Der Eintritt in die *Lonja de la Seda* kostet 2 €, an Samstagen sowie Sonn- und Feiertagen ist der Eintritt frei!
Die Öffnungszeiten sind von 9.30 - 19.00, Sonntag und Montag ist bereits ab 14.00 Uhr geschlossen.
Adresse: *Plaza del Mercado, 46001 Valencia*

In der unmittelbaren Nachbarschaft zur Seidenbörse finden Sie die riesige Markthalle **Mercado Central**. Das Gebäude ist ein Prunkstück des spanischen Jugendstils aus den 20er Jahren des letzten Jahrhunderts: die große Halle aus Metall und Glas ist aufwändig mit Kacheln und Ornamenten verziert und wird von einer beeindruckende Kuppel überspannt – selbst ohne die Marktbuden wäre das Bauwerk einen Blick wert!

Die etwa 1.300 Marktstände auf 2 Etagen bieten vor allem Lebensmittel an: Obst, Gemüse, Fisch und den allseits beliebt-berühmten *Serrano*-Schinken. Eine große Auswahl an Gewürzen, Trockenfrüchten und Süßigkeiten rundet das Sortiment ab. Das Angebot an Lebensmitteln ist echt enorm!
Dabei ist die Markthalle sowohl Waren-Umschlagplatz als auch Touristenattraktion!
Besuchen Sie den *Mercado Central* am besten am Vormittag, denn die Öffnungszeiten sind nur von 8.00 - 14.30 Uhr, sonntags ist geschlossen.
Adresse: *Plaza del Mercado, 46001 Valencia;* Sie finden die Markthalle südlich gegenüber der Seidenbörse!
Der Markt verfügt sogar über eine eigene Internetseite: unter **www.mercadocentralvalencia.es** erfahren Sie alles über den Markt: von einem kompletten alphabetischen Standverzeichnis bis zur online-Bestellung!

Wenn Sie keine Lust auf die „Künste und Wissenschaft“ von Valencia haben, dann verbringen Sie doch den Tag am Strand!
Die Strände sind eine der Hauptattraktionen für Valencia-Urlauber und locken jährlich Millionen von Gästen an.
Ursprünglich gehörte Valencia zur Küstenregion *Costa del Azahar*, der **„Orangen-Küste“**. Durch die enorme touristische Entwicklung bürgerte sich im Laufe der Jahre die Bezeichnung **Costa de Valencia** ein.
Das paradiesisch milde Klima der Region ist ideal für Badeurlauber, denen am Strand der Duft der Orangen um die Nase weht.

Insgesamt 15 Kilometer Strand gehören zu Valencia – von *El Cabañal* bis *El Saler*. Bereits von Deck aus sehen Sie Valencias kilometerlangen **Sandstrand *Platja del Cabanyal Les Arenes***. Der sehr saubere Stadt-Strand ist keine 15 Minuten von der Innenstadt entfernt. Auch vom Terminal aus (zu dem Sie ein Shuttlebus bringt) ist es nicht sehr weit: gehen Sie einfach nach Norden oder steigen Sie an der Haltestelle *Paseo Marítimo* aus dem lokalen Bus aus!
Der Strand mit seinem feinen goldenen Sand trägt übrigens die touristischen Qualitätssigel „Q“ und die „Blaue Flagge“ für Nachhaltigkeit.
Liegestuhlverleih, Kinderspielmöglichkeiten, Rettungsdienst, Trinkwasserbrunnen und Toiletten sind selbstverständlich vorhanden.
Gesäumt ist der Strand von den Geschäften, Cafés und Restaurants der **Uferpromenade *Paseo Marítimo***. Hier werden typisch valencianische Gerichte angeboten, z.B. die berühmte **Paella Valenciana** oder *Tapas*. Diese Flaniermeile ist bei Einheimischen und Gästen gleichermaßen beliebt und wird auch rege von Joggern, Inline-Skatern und Spaziergängern genutzt.

Valletta -
bei den Maltesern auf Malta!

Land: Malta
Einwohner: 6.300
Währung: Euro

Malta ist ein sogenannter **„Zwergstaat"**, die Fläche der Insel beträgt nur 316 Quadratkilometer. Es gehören zudem die vorgelagerten Inseln *Gozo* und Comino zum Staatsgebiet.
Malta ist streng genommen ein einziger **riesiger Kalkfelsen**. Es herrscht ein subtropisches, trockenes Mittelmeer-Seeklima mit sehr trockenen Sommern. Aufgrund der andauernden Trockenheit gibt es auf ganz Malta **keine Flüsse**!
Der mit dem Tourismus verbundene hohe (Trink-)Wasserbedarf kann durch Tiefbrunnen und Meerwasserentsalzungsanlagen nur teilweise gedeckt werden, deshalb versorgen vor allem im Sommer in regelmäßigen Abständen **große Tankschiffe** aus dem nahen Sizilien die Insel Malta mit Trinkwasser.
Obwohl Malta lange britisches Staatsgebiet war, ist **Maltesisch** – neben Englisch – noch heute Amtssprache und wird auch noch rege gesprochen.

Doch wie heißt die Hauptstadt nun? *Valetta*, *Valletta, La Valletta, il-Belt-Valetta, Il-Belt-Valletta* oder etwa doch nur *Il-Belt*?
Benannt wurde die Stadt nach *Jean da la Valette* (1557 - 1568), dem Großmeister des Malteserordens. Im Maltesischen sind wohl alle oben genannten Begriffe geläufig, für alle anderen hat sich **Valletta** und **Il-Belt („die Stadt")** durchgesetzt.
Wie die Stadt nun auch heißen mag – sie ist mit etwa 6.300 Einwohnern auf jeden Fall die **kleinste Hauptstadt eines EU-Staates**!

Ihr Schiff fährt in den **Grand Harbour** ein, die 3 km lange, reich verzweigte

Hafenbucht von Valletta. In dem riesigen Naturhafen ankerten bereits die antiken Schiffe der Römer und Phönizier! Durch die vielen Befestigungsanlagen und die lange Geschichte zählt der *Grand Harbour* zu den spektakulärsten Häfen weltweit. Lange galten Hafen und Stadt als die bestgesichertsten im Mittelmeerraum!

1980 wurde Valletta mit seinem Ring an Bastionen zum UNESCO-Weltkulturerbe erklärt.

Sie legen in Valletta in unmittelbarer Nähe zur Altstadt *Il-Belt* in der **Valletta Waterfront** an. Bei den 19 wunderschönen bunten Gebäuden – die Sie direkt am Pier sehen – handelt es sich um 250 Jahre alte Handelshäuser aus der Blütezeit Maltas. Während in vergangenen Jahrhunderten hier die Ladungen der Schiffe gelöscht wurden, haben sich nach der Renovierung Restaurants, Cafés und Souvenirgeschäfte niedergelassen.

Inzwischen ist die *Waterfront* eine bei Einheimischen und Touristen gleichermaßen beliebte Flaniermeile.

Zum Greifen nah sehen Sie das Stadtzentrum erhöht auf einer Klippe liegen. Die komplette Landzunge wird von der Altstadt vereinnahmt.
Sie können mit einem Lift (eine an die Felswand gelehnte schwarze Stahlkonstruktion) vom Hafen die Klippe hinauf in die Innenstadt fahren. Der 2012 neu gebaute **Upper-Barrakka-Lift** wurde speziell für den Kreuzfahrthafen konzipiert, um Tausende von Passagieren hinauf in die Altstadt zu befördern. Schön ist das Stahlkonstrukt vielleicht nicht zu nennen, doch pro Stunde befördert er 800 (Kreuzfahrt-)Touristen nach oben! Wie der Name des Liftes bereits vermuten lässt, kommen Sie bei den *Upper Barrakka Gardens* heraus. **Die Fahrt mit dem Lift kostet 1 €!** Alternativ stehen auch Treppen zur Verfügung, natürlich kostenlos.

Adresse: *Xatt Lascaris, Valletta*

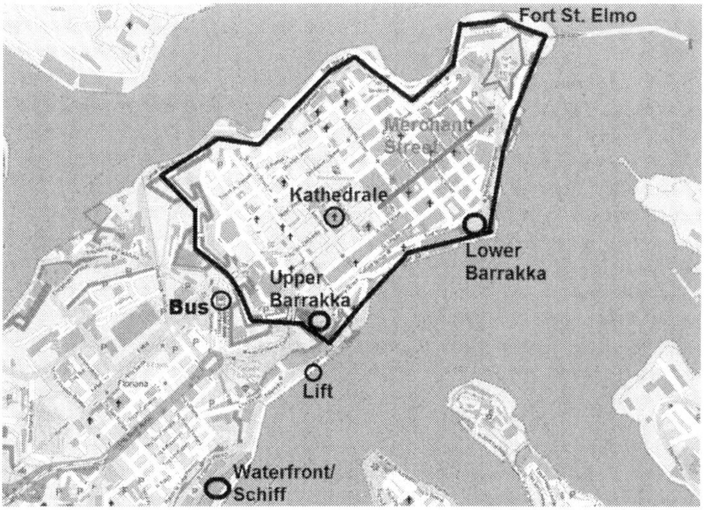

Ein beliebtes Touristenziel in Valletta sind die **Upper + Lower Barrakka Gardens,** die direkt oben auf der Klippe liegen. Beide Gartenanlagen bieten einen exzellenten Panoramablick auf Valletta und den Grand Harbour, die *Upper Barrakka Gardens* gelten **sogar als der beste Aussichtspunkt auf ganz Malta!** In den *Lower Barrakka Gardens* finden Sie zentral einen Tempel im römischen Stil. Die Gärten wurden 1661 als Privatgärten des Johanniter-Ritterordens angelegt, doch seit 1824 stehen die Grünanlagen jedem offen und erfreuen sich seitdem bei Einwohnern und Touristen extrem großer Beliebtheit.

Der Eintritt zu beiden Gärten ist gratis, sie sind 24 Stunden zugänglich.

Adresse: Upper Barrakka Garden: *Triq Sant' Orsla, Il-Belt Valletta*

Lower Barrakka Garden: *Lvant, Valletta*

Am nordöstlichsten Punkt der Altstadt-Halbinsel liegt das **Fort St. Elmo.** Auch das Fort geht auf den Johanniterorden zurück. 1552 wurde an der Spitze der Halbinsel ein kleines Fort errichtet, das jedoch während der großen Belagerung durch die Osmanen fast komplett zerstört wurde. Schon bald begannen die Planungen nach einem wehrhafteren Fort an diesem strategisch wichtigen Punkt. Von 1670 bis 1693 wurde aus diesem Grund *St. Elmo* errichtet. Heute befindet sich in dem Fort eine Polizeischule.
Eine Besichtigung ist deshalb nur eingeschränkt möglich.
Sie können Samstag 13.00 - 17.00 Uhr und Sonntag 9.00 - 17.00 Uhr in geführten Touren das Fort besichtigen.
Adresse: *St. Elmo Place, Valletta*
Ein Teil des Fort St. Elmo beinhaltet ein Museum, das **National War Museum**. Es beschäftigt sich weitgehend mit der Geschichte Maltas und die Rolle der Insel im zweiten Weltkrieg.
Die Öffnungszeiten des Museums sind täglich von 9.00 - 17.00 Uhr, der Eintrittspreis beträgt 10 €.

Bei Ihrer Tour durch die Altstadt treffen Sie bestimmt am *Pjazza San Gwann* auf die Kathedrale, umzingelt von Restaurants und Cafés. Die **St. John's Kon-Kathedrale** wurde im 16. Jh. von den Maltesern errichtet und wurde Johannes dem Täufer geweiht. Von außen wirkt die Kon-Kathedrale des Erzbistums Malta sehr schlicht und unspektakulär, doch die barocke Innenausstattung ist im Gegensatz dazu extrem prunkvoll. Jeder Zentimeter, der nicht von einer Freske belegt ist, wurde mit Gold verkleidet! Jede *Ritterzunge* hatte in der Kathedrale eine eigene Nische, daher besitzt St. John's insgesamt 8 separate Kapellen!
Dennoch spielt *St. John's* in gewissem Sinne nur die zweite Geige: die ungewöhnliche Bezeichnung „Kon-Kathedrale" rührt nämlich daher, dass *St. Paul's* in Mdina immer noch „Hauptkathedrale" des Bistums ist.
Weitere Infos und Bilder unter **www.stjohnscocathedral.com**
Adresse: *Triq San Gwann, Il-Belt Valletta*
Der Eintritt kostet 10 €, die Öffnungszeiten sind von Montag bis Freitag von 9.30 - 16.30 Uhr, samstags nur bis 12.30 Uhr.

Zwischen dem Fort St. Elmo und der Kon-Kathedrale erstreckt sich die **Merchant's Street**. Um die Mittagszeit bieten viele kleine Verkaufsstände ihre Waren an, aber nicht nur Touristen-Nippes, sondern auch typisch maltesische Produkte wie handgeklöppelte Tischdecken und Malteser-Glas. Auch ohne die Marktbuden zählt die *Merchant`s Street* zu den angesagtesten Shoppingmeilen Vallettas.

Die Marktstände sind von ca. 10.00 - 13.00 Uhr aufgebaut.
Adresse: *Triq Il-Merkanti, Valletta*

So schön Valletta auch erscheinen mag: so empfehle ich Ihnen trotzdem eine Tour über die ganze Insel!

Auf Malta können Sie die Insel hautnah im Hop-on-hop-off-Bus erleben.
Dieser fährt Sie nämlich nicht nur – wie in anderen Städten – in der City herum, sondern Sie unternehmen eine ganze Inseltour!

Zwei Anbieter stehen zur Auswahl: Einmal der „Originale CitySightseeing-Malta-Bus" (der allseits bekannte rote Bus) für 20 €, zum anderen bietet aber „@sightseeing Malta" (blauer/gelber Bus) die gleichen Routen regulär für 15 € an (in der Nebensaison werden die Preise durchaus schon mal auf 10€ reduziert ☺). Kinder zahlen nur 5 €. Bei diesem Unternehmen können Sie auch mehrere Routen an einem Tag mit einem einzigen Ticket fahren. Für beide Busse können Sie die „Anwerber" kaum verfehlen: direkt nach dem Terminalausgang warten etliche auf Sie!

Klare Empfehlung: nehmen Sie @sightseeingMalta !

Ausflug: Nordroute „Mdina“

Auf der **Nordroute** kommen Sie in die alte Hauptstadt **Mdina**, die mittlerweile auch „die stille Stadt“ genannt wird. *Mdina* wird von dem arabischen Wort *„Medina“* abgeleitet, was *„von Mauern umgebene Stadt“* bedeutet. Ausgesprochen wird *Mdina* übrigens **Imdina**! Wie der Name schon sagt, ist die Stadt komplett von wehrhaften Festungsmauern umgeben. *Mdina* liegt zusammen mit ihrer Schwesterstadt *Rabat* auf einem knapp 200 Meter hohen Kalksteinmassiv und blickt auf eine 4.000 Jahre alte Geschichte zurück. Hier soll der Heilige Paulus 60 n. Chr. das maltesische Christentum gegründet haben. In den folgenden Jahrhunderten war *Mdina* eine reiche und vornehme Stadt der gutbetuchten Malteser, davon zeugen die vielen Paläste und prunkvollen Häuser.

Im 15. Jh. verlor *Mdina* aufgrund etlicher Plünderungen und Schleifungen durch Piraten seine herausragende Stellung und der unaufhaltsame Niedergang der blühenden Stadt begann. Die Ritter des Malteserordens verlegten nun aus strategischen Gründen die Hauptstadt ans Meer: ***Mdina* verlor den Status der Hauptstadt an Valletta!** Auch durch die Besatzung der Engländer konnte *Mdina* nicht mehr aufblühen, immer mehr Einwohner verließen die nun „stille Stadt“. Sie betreten *Mdina* durch das **alte Stadttor**, das der Großmeister des Malteserordens *Antonio Manoel de Vilhena* errichten ließ. Der Hop-on-hop-off-Bus hält in unmittelbarer Nähe des Stadttores!

Die Altstadt mit ihren kleinen gewundenen Gässchen zwischen den sandsteinfarbenen Häusern lässt Sie tief in die **mittelalterliche Stadt** eintauchen. In der „stillen Stadt“ gibt es nur ein (!) Hotel – die meisten Touristen verlassen abends die Stadt und Stille kehrt ein. In Mdina leben dauerhaft nur etwa 400 Menschen!

Im östlichen Teil der Altstadt finden Sie die **Kathedrale St. Paul** aus dem 17. Jh., die sowohl barocke als auch korinthische Baustil-Elemente aufweist. **Allerdings kostet die Kirche 5 € Eintritt.**

Die Altstadt ist weitgehend autofrei. Machen Sie unbedingt einen Bummel bis zum **Aussichtspunkt** am *Pjazza tas-Sur* ganz im Norden der Mittelalter-Stadt: es lohnt sich! Sie haben von hier einen einmaligen Ausblick auf das tiefer liegende Umland bis hin zum Meer!

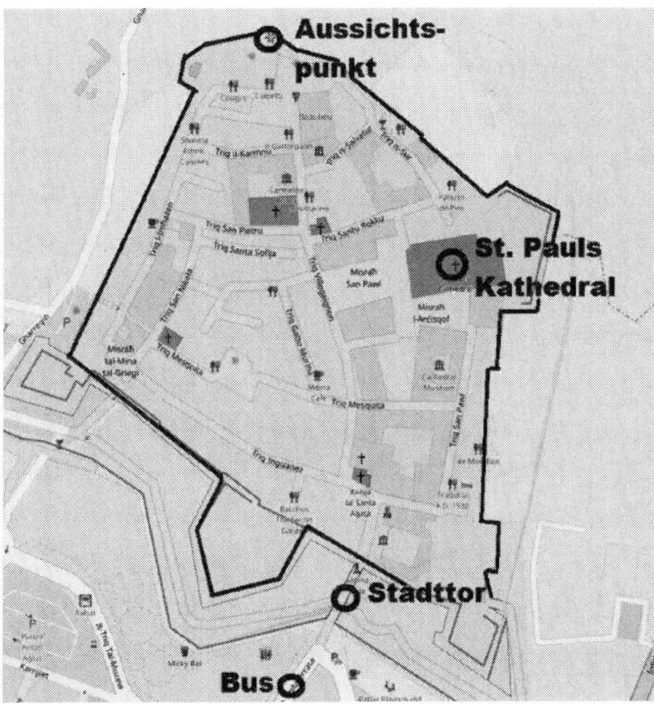

Weiterhin sehen Sie auf der Nordroute des Sightseeing-Busses eine **Glasbläserei.** Im Glasbläserdorf **Ta' Qali** hält der Bus für eine Pause von 20 Minuten an, damit Sie den berühmten Glasbläsern in der Show-Glasbläserei einen kurzen Besuch abstatten können. Bis zu 300 traditionell handgemachte Glaskunstwerke werden pro Tag in **„Mdina Glass“** angefertigt. Die kunstvollen

bunten **Glasschalen, Vasen, Gläser und Bilderrahmen** wurden alle in Handarbeit gefertigt und haben eine sehr hohe Qualität. Die filigranen und bunten Glasarbeiten sind die begehrtesten Mitbringsel aus Malta! An die Glasbläserei ist praktischerweise gleich ein Shop angeschlossen☺. Sie werden aber keinesfalls in irgendeiner Art zum Kauf gedrängt.Die Farben und Formen der Glaswaren sind einmalig schön und eine Erinnerung für das ganze Leben!
Weitere Mdina-Glass-Shops finden Sie in Valletta in der *Merchant`s Street 14* und in den kleinen Läden im Hafenareal „Waterfront“.
Weitere Infos und Bilder unter **www.mdinaglass.com**

Ich empfehle an dieser Stelle, einen Ausstieg im **Kunsthandwerkerdorf Ta'Qali.** Schon von weitem sehen Sie die mehr als 70 Jahre alten **Flugzeughangars**, in denen sich in den letzten Jahren Geschäfte und Handwerksstätten niedergelassen haben: Sie können Silber- und Kunstschmieden, Schnitzern, Keramik-Töpfern, Glasbläsern und Klöpplerinnen bei der Arbeit zusehen und ihre Waren kaufen. Die Handwerker des *Craft Village* produzieren sowohl beliebte Mitbringsel für Touristen als auch Bestellungen auf Maß für die Einwohner Maltas!
Die Läden des Künstlerdorfes haben von 8.00 - 18.00 Uhr geöffnet.

Der Doppeldeckerbus hält auf der Nordroute noch an dutzenden weiteren Orten, darunter der MarinePark oder wundervolle Strände (z.B. die *Golden Bay*). Die Tour dauert (ohne Ausstiege) ca. 3 Stunden!

Käpt'n Känguru empfiehlt:
Mit dem Hop-on-hop-off-Bus günstig über die ganze Insel Malta fahren! Einmalig schön!

Ausflug: Südroute „Blaue Grotte"

Wenn Sie das erste Mal in Malta sind und Mittelalterstädte mit Jahrhunderte alten Gebäuden nicht so Ihr Ding sind, dann empfehle ich die **Südroute** (vor allem im Sommer). Denn hier können Sie in der Nähe von *Żurrieq* die berühmte *blaue Grotte* besichtigen. Die Grotte ist nur vom Meer aus zu erreichen, weshalb Sie eine Bootstour buchen müssen. Schon von außen stellt der Felsen ein fantastisches Fotomotiv dar!

Die weiß-blauen Holzboote fahren ab der Bucht *Wied iz-Zurrieq* ein Stück der Steilküste entlang und dann in die sechs Höhlen des Grottensystems. Die **Blaue Grotte** ist jedoch mit Abstand die Beeindruckendste. Das leuchtend blaue Wasser wird von einer speziellen Blaualgenart verursacht, die beste Zeit für die beeindruckenden Farbspiele in dem türkisfarbenen und kristall-klaren Wasser sind die Morgenstunden. Da das Wasser nicht sehr tief ist, kann man bis auf den sandigen Grund sehen!

Die Grotte kann nur bei ruhiger See im Sommer besucht werden. Die Bootstour erfolgt in Holzbooten für 8 - 10 Personen und kostet ca. 8 €. Schwimmwesten sind Pflicht und werden vom Bootspersonal gestellt. Nach 15 - 20 Minuten sind Sie schon wieder zurück.

Adresse: *Coast Rd, Qrendi, Zurrieq, Malta*

Es gibt eine Haltestelle der Hop-on-hop-off-Busse, aber auch die öffentliche Buslinien, Linie 38 und 138, fahren ab Valletta zur blauen Grotte.

Auch einige alte Tempelanlagen (in *Tarxien* und *Hagar Qim*), eine Falknerei und das *Limestone-Museum* (ein alter Steinbruch) laden zur Erkundung ein. Für die Südroute benötigen Sie ohne Stopps ca. 2,5 Stunden.

Besuchen Sie die Seite **http://www.maltasightseeing.com** um sich über alle Haltestellen und Routen des günstigeren Busses zu informieren!

Das teurere Busunternehmen finden Sie unter **http://www.citysightseeing.com.mt**

Noch vor wenigen Jahren waren auf Malta noch alte **orange Klassiker-Busse** unterwegs. Diese wurden jetzt zwar durch moderne Doppeldecker ersetzt, doch direkt im Hafen steht noch ein schicker alter oranger Bus – umfunktioniert zum Souvenirbus! Auf jeden Fall einen Besuch wert!

Venedig - La Serenissima

Land: Italien (Venetien)
Einwohner: 100.000 im *centro storico* + 118.000 am Festland
Währung: Euro

Durch Ablagerungen der Brenta und anderer oberitalienischer Flüsse entstand die Lagune, in der heute Venedig liegt. Bis 1797 war Venedig Hauptstadt der *Republik Venedig* und eine politische und wirtschaftliche Großmacht in Europa. Sie fungierte als das größte Handelszentrum der Adria und des Mittelmeeres! Heute ist Venedig die Hauptstadt der Provinz Venetien. Sie trägt den Beinamen **La Serenissima** *(die Durchlauchtigste).*
Die Häuser der Altstadt **centro storico** wurden auf Millionen von Pfählen errichtet. Die Stadt setzt sich aus **118 Inseln** zusammen, die durch Kanäle voneinander getrennt sind. Die Kanäle umfassen eine Gesamtlänge von 38 Kilometern und werden täglich von tausenden Gondeln, Wassertaxis und Booten befahren. Deshalb ist Venedig bis auf den *Piazzale Roma* komplett **autofrei**!

Venedig wird nicht nur regelmäßig von der Adria geflutet, die Touristen fluten die Lagunenstadt täglich! Denn Venedig lebt vom Tourismus: 30 Millionen Besucher kommen pro Jahr! Viele Venezianer sind geflüchtet: sie wohnen im nahen *Mestre* am Festland und pendeln täglich zum Arbeiten nach Venedig.

Im Moment genießt man noch die Ein- und Ausfahrt des Kreuzfahrtschiffes auf dem ***Canale della Giudecca*** – direkt am Markusplatz vorbei. Aus ästhetischen und Umweltschutzgründen sowie wegen Schäden an den Pfählen und Fundamenten soll dies jedoch eingeschränkt bzw. ganz verboten werden. Denn die enorme Wasserverdrängung durch die Kreuzfahrtschiffe unterspült die „sterbende Stadt". Viele Venezianer hassen die Schiffe, fürchten die Schäden an der Substanz und kämpfen für die Verbannung der „Monster" aus dem *Canale della Giudecca*. Auch die UNESCO schlägt sich auf die Seite der Schiffsgegner: sie drohte bereits an, den Titel des *Weltkulturerbes* zu entziehen!

Aber es gibt nicht nur die Schattenseiten: 5000 Menschen verdienen unmittelbar durch den Kreuzfahrttourismus ihr täglich Brot. **Denn Venedig lebt ausschließlich vom Tourismus!**

Venedig lebt von den Kreuzfahrtschiffen, und gleichzeitig sind die Giganten der Tod der Lagunenstadt!

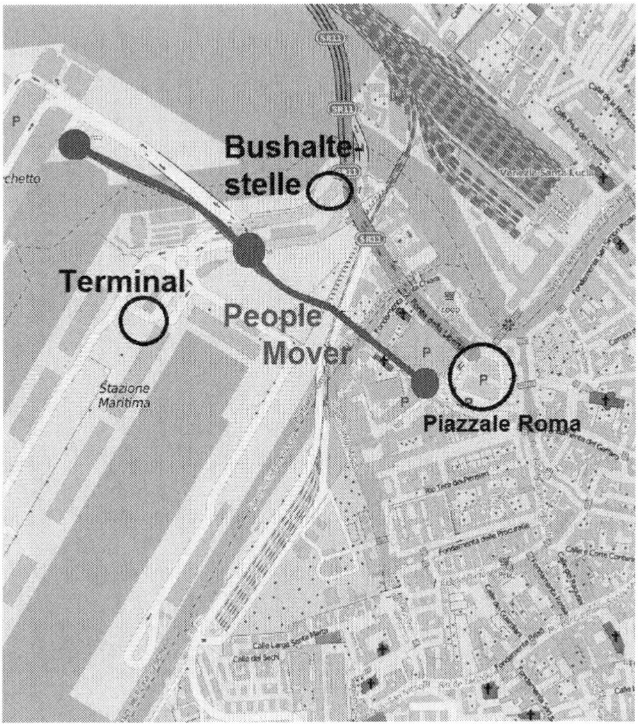

Die Kreuzfahrtschiffe legen im *Venezia Terminal* an, und von hier ist es nur ein kurzer Fußweg zum **Piazzale Roma**, von dem aus die kleinen Gassen und Brückchen der Lagunenstadt beginnen.

Alternative: der Shuttlezug **PeopleMover**! Die Hochbahn wurde **extra für Kreuzfahrtpassagiere** gebaut und bedient 3 Haltestellen:
Tronchetto (Parkplatz-Insel), **Piazzale Roma** (Zug, Vaporetto, extrem teure Parkhäuser) und das **Cruise-Terminal**.
Die Fahrt kostet 1,50 €, die Tickets gibt es am Automaten.

Die *Westseite der Altstadt* ist geprägt durch den Einfluss vom Land: Neben dem Kreuzfahrthafen befindet sich hier der Bahnhof, der Busbahnhof sowie einige Parkhäuser. Doch schon nach dem *Piazza Roma* beginnt das für viele so typische Bild Venedigs. Wegen der vielen verwinkelten Gassen, Brücken und Kanäle erreichen Sie am besten zu Fuß alle Sehenswürdigkeiten. Zur leichteren Orientierung sind an den Häusern Pfeile und Hinweisschilder aufgemalt, die den Weg zu den Sehenswürdigkeiten weisen z.B. *San Marco* oder *Piazza Roma*. Ein steter Strom an Touristen zieht östlich Richtung **Rialtobrücke** und dann weiter zum **Piazza San Marco** – dem Markusplatz. Laufen Sie einfach mit! Alle wollen dahin…

Venedig wird mäanderförmig von seinem größten Kanal, dem **Canale Grande,** durchzogen. Ursprünglich war der Kanal der Flusslauf der *Brenta*, die aus den Alpen in die Adria floss. Im 16. Jh. wurde der Gebirgsfluss wegen zunehmender Verlandung durch ein ausgeklügeltes Schleusensystem südlich um Venedig herumgeleitet. Ein Teil des Wassers der Brenta wurde aber im *Canale Grande* belassen, so dass der Kanal – im Gegensatz zu allen anderen Kanälen Venedigs – eine Strömung Richtung Meer besitzt.
Insgesamt gibt es bis heute lediglich **vier Brücken** über den Canale Grande: die ***Rialtobrücke***, die ***Accademia*** (zum akademischen Viertel), die ***Ponte degli Scalzi*** (in Bahnhofsnähe) und die erst 2008 eingeweihte ***Ponte della Costituzione.***
Das war nicht immer so, denn lange Zeit existierte **gar keine Brücke** über den *Canale Grande* und die Passanten mussten mit Booten übergesetzt werden. Erst im 13. Jh. errichtete man zwischen den Stadtvierteln *San Polo* und *San Marco* eine Holzbrücke, die wegen des angrenzenden alten Handelsviertels *Rialto* einfachheitshalber **Rialtobrücke** genannt wurde. Leider stand die Brücke nicht recht lange, und so bauten die Venezianer noch eine und noch eine und noch eine Brücke… denn die **Holzbrücken verrotteten oder wurden Opfer von Bränden**! Die letzte hölzerne Rialto-Brücke brach unter dem Gewicht einer riesigen Menschenmenge zusammen, die sich hier zur Hochzeit des *Marchese di Ferrara* versammelt hatte!
Das konnte so nicht weitergehen und eine Brücke aus Stein sollte her! Nach langem Überlegen entschied man sich für eine Bogenbrücke nach dem Entwurf des Architekten *Antonio da Ponte* (*Michelangelo* hatte angeblich bei dem Architekturwettbewerb um die Brücke ebenfalls teilgenommen, aber offensichtlich gegen den unbekannten *Antonio da Ponte* verloren): 3 Jahre wurden an dem Wunderwerk herumgebaut, und dabei 12.000 Eichen- und Erlen-Pfähle

als Fundament in die Lagune gerammt. Darauf kam ein 8 Meter hohes und 48 Meter langes Bogensegment aus istrischem Stein. In beiden Seiten der Brückenwege wurden Läden errichtet und an Kaufleute vermietet. 1591 wurde die Brücke unter dem amtierenden Dogen *Pasquale Cicona* eingeweiht. Sein Wappen und einige Inschriften sind noch heute an der Seite der Brücke zu sehen. 300 Jahre war die Rialtobrücke DIE (einzige) Fußverbindung über den Canale Grande. Die *Ponte di Rialto* ist ein Kunstwerk, und eine der meistfotografiertesten Brücken der Welt!

Erst im 19. Jh. hielt man es für notwendig, eine zweite Brücke über den Kanal zu errichten: die **Ponte dell'Accademia** zwischen den Stadtvierteln *San Marco* und *Dorsoduro*.

Und wer glaubt, dass Venedig die Stadt mit den meisten Brücken wäre, der irrt sich gewaltig: dieser Titel geht nämlich an *Hamburg* (knappe 2.500), gefolgt von *Amsterdam* (ca. 1.500). In Venedig gibt es lediglich 450 Brücken.

Im südlichen Altstadtbereich bildet der Markusplatz das Zentrum Venedigs. Er stammt aus dem 9. Jh, als hier die damals noch kleine Markuskirche auf einem freien Platz stand. Übrigens ist der Markusplatz die einzige *Piazza* in Venedig, alle anderen Plätze sind lediglich *campos*...

Der **Markusdom** war im Mittelalter das Staatsheiligtum der See-Republik Venedig. Die erste (damals noch kleine) Kirche wurde im Jahre 828 vom Dogen *Giovanni I. Partecipazio* als **Palastkapelle des Dogenpalastes** errichtet: die Venezianer bewahrten dort die Gebeine des **Evangelisten Markus** auf, die sie seinerzeit **aus Alexandria geraubt** hatten. Einer Legende nach hatten

die Venezianer die für sie unvorstellbar wertvollen Gebeine schlauerweise unter einer Ladung Schweinespeck versteckt: den berührte kein Moslem freiwillig, und so kamen die sterblichen Überreste des Apostels unbehelligt in die Lagunenstadt. Ihre Kirche tauften die Venezianer dann gleich stolz *„Markuskirche"!* Die Venezianer sahen den Diebstahl mitnichten als kriminelle Tat an, sondern eher als eine Art „Rettungsaktion" für die wertvolle Reliquie!
Leider wurde nach 100 Jahren die Markuskirche durch ein verheerendes Feuer zusammen mit 200 anderen Gebäuden zerstört. Dummerweise wurden auch die Knochen des *Evangelisten Markus* Opfer der Flammen... Es wurde sofort mit dem Wiederaufbau des geliebten Gotteshauses begonnen, und Ende des 11. Jh. erfolgte unter dem Dogen *Domenico Contarini* der Ausbau zur Staatskirche *Basilica di San Marco*. Die Architektur ist deutlich von byzantinischen Elementen aus Konstantinopel und Verzierungen aus Marmor, Serpentin und Alabaster geprägt.

Im Innenraum finden sich viele biblische und venezianische Malereien, zudem

wurde die Markuskirche mit vielen bedeutenden Kunstschätzen ausgestattet, die die Venezianer so besaßen. **Pünktlich zum Abschluss der langwierigen Bauarbeiten im Jahr 1094 wurden plötzlich auf wundersame Weise die Gebeine des Apostels Markus wiederentdeckt!** Und zur Sicherheit unter dem Hauptaltar eingemauert... Zu Ehren des Apostels und der wieder aufgetauchten heiligen Gebeine wurde 1994 das *Anno Marciano* – das Markusjahr – gefeiert.
Die Besichtigung der Markuskirche ist gratis, doch herrscht – wie auch vor dem Glockenturm – ein enormer Andrang, so dass man zu Stoßzeiten bis zu einer Stunde auf den Eintritt (begrenzt durch Sicherheitsbeamte) warten muss.
Im 90 Meter hohen Glockenturm **Campanile** können Sie mittels eines Aufzuges leicht nach oben gelangen (Treppen sind nicht möglich).
Der Eintrittspreis beträgt 8 €. Die Öffnungszeiten sind von 9.00 - 16.30 Uhr.

Der *Piazza San Marco* ist bevölkert von **hunderten Tauben**. Da ihr Kot den historischen Gebäuden enorm schadet, ist es unter hoher Strafe (bis zu 500 €) verboten, die Tauben zu füttern. Die Venezianer wollen einen weitgehend taubenfreien Markusplatz erreichen! Doch irgendwie gehört schon immer das Federvieh zum Markusplatz dazu...

An der Südseite öffnet sich der Markusplatz mit dem **Bacino di San Marco** (dem Markusbecken) zum Meer. Leider liegt der berühmteste Platz Venedigs nur wenig über dem Meeresspiegel und wird deswegen jedes Jahr von Hochwassern geflutet. Und wenn der Markusplatz nicht vom Meer geflutet wird, dann von den täglichen Touristenmassen...

Das tut seiner Schönheit und der Faszination, die vom Markusplatz ausgeht, keinen Abbruch: Napoleon bezeichnete den *Piazza San Marco* als **„schönsten Festsaal Europas“**.

Dazu trägt bestimmt auch der **Dogenpalast** – der bedeutendste Palast Venedigs – bei. Er stammt wie der Markusplatz aus dem 9. Jh. und diente als **Regierungssitz** der Republik Venedig. Auch die hiesige **Justiz** war im *Palazzo Ducale* untergebracht. Betrachten Sie aufmerksam die Front des Palastes: unter den vielen Säulen befinden sich **2 rote Säulen**: hier wurden die Todesurteile verkündet ☹. Wer Glück hatte und von der Justiz verschont wurde, wanderte „nur“ auf der **Seufzerbrücke** über den *Rio di Palazzo* in den Gefängnisanbau hinüber.

Neben der Rialtobrücke ist wohl die **Ponte dei Sospiri (Seufzerbrücke)** die bekannteste Brücke Venedigs. Sie verbindet das ehemalige Staatsgefängnis mit dem Dogenpalast. Von der *„Ponte della Paglia“* östlich des Markusplatzes haben Sie den besten Blick auf die Seufzerbrücke.

Ein perfekter Platz für ein Selfie! Das denken sich alle: auf der kleinen Brücke herrscht immer ein wahnsinnig großes Gedränge. So groß, dass die Brücke bereits ein paar Mal gesperrt werden musste!

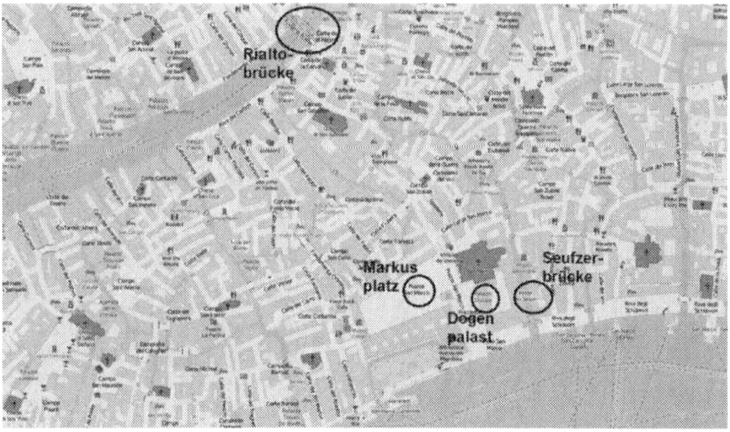

Wenn Sie ab Markusplatz/Seufzerbrücke weiter am ***Canale della Giudecca*** auf der *Riva degli Schiavoni* entlanglaufen, kommen Sie an die Ostseite der Altstadt, die von Schiffsbaubereichen und militärischen Sperrzonen (dem **Arsenal**) dominiert wird. Alle zwei Jahre findet im Ostbereich die **Biennale** statt, eine bedeutende Kunstausstellung. Ein weitläufiger **grüner Park** mit einem **herrlichen großen Kinderspielplatz** bietet viele schattige Sitzgelegenheiten. Möchten Sie nicht mehr durch ganz Venedig bis zum Hafen zurück laufen, können Sie mit einem *Vaporetto* zurück zum *Piazzale Roma* fahren.

Möchten Sie sich eine **Gondel** mieten, so schlägt dies mit ca. 60 € - 80 € zu Buche, im Hochsommer auch deutlich mehr! Die Fahrt dauert 30 - 45 Minuten. Im Übrigen sind **alle Gondeln schwarz** und die Gondoliere besitzen eine der **425 begehrten limitierten Lizenzen**, um eine Gondel führen zu dürfen.

Eine weitere Alternative sind die **Vaporettos**: Boots-Busse, die in der Altstadt und der Lagune in mehreren Linien fahren.
Preise: Tagesticket 20 €, Einzelfahrt 7 € für 60 min. Sie müssen **vor** Fahrtantritt die Fahrkarten in den gelben Stempelautomaten entwerten!

Es gibt auch noch Wassertaxis, die die Touristen individuell zu ihren Zielen (z.B. Hotels) bringen. Viele Hotels unterhalten auch eigene Gondeln – nicht jede herumschippernde Gondel ist also auch eine der berühmten Gondoliere-Gondeln! Weitere Touristenmagnete sind die Inseln **Murano** (bekannt für die Glaskunst) und **Burano** (Spitzenstickereien).

Jedes Jahr findet **am ersten Sonntag im September** die **Regatta storica** statt, Venedigs wichtigste Traditionsregatta, die an die Blütezeit der Handelsstadt erinnern soll. Ein Schiffskorso mit hunderten historischen Booten und kostümierten Teilnehmern zieht angeführt vom *Bucintoro* (dem vergoldeten Staatsschiff) in einem großen Zug durch die großen Kanäle.

Eine weitere Großveranstaltung findet **Anfang Juni** auf den Kanälen statt: die **Vogalonga** ist ein Bootsrennen über 30 km, bei der jeder mit seinem nicht-motorisierten Wassergefährt teilnehmen kann. Diese Veranstaltung gibt es seit über 30 Jahren und es nehmen bis zu 6.000 Ruderer mit insgesamt mehr als 1.700 Booten teil!

Käpt'n Känguru empfiehlt:
Zu Fuß durch die Altstadt bis zum Markusplatz und zurück mit dem Vaporetto!

Zadar – inmitten kornatischer Inseln

Land: Kroatien (Dalmatien)
Einwohner: 75.000
Währung: Kuna

Das Gebiet um Zadar wurde schon früh besiedelt, doch im 2. Jh. v. Chr. wurde die Hafenstadt von den Römern erobert. Sie bauten Tempel, ein Kolosseum und Aquädukte und prägten damit das spätere Stadtbild.
Das „äußere Zadar" ist eine aufstrebende Großstadt mit 75.000 Einwohnern, doch das Herz der Stadt liegt auf einer schmalen Landzunge, die weitgehend autofrei ist. Die Altstadt von Zadar ist fantastisch – und genau hier legen die Kreuzfahrtschiffe an! Schäden aus den Kriegsjahren in den 90ern sind hier nicht mehr zu sehen.

Wenn Sie einen Tag mit einem Bummel durch die Altstadt verbringen möchten, dann sind Sie hier genau richtig.

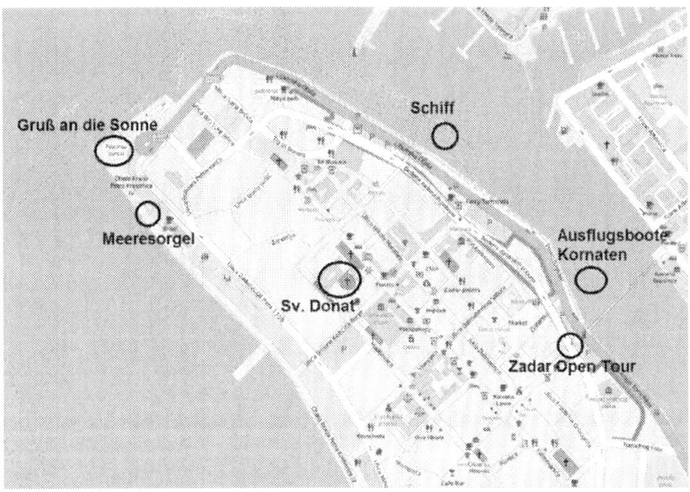

Berühmt ist Zadar für seine **Meeresorgel**, die am nördlichsten Teil der Altstadt-Halbinsel direkt am Steinufer liegt. Diese wirklich unscheinbare Orgel muss man jedoch erst suchen, denn sie erstreckt sich **unterirdisch** ins Meer. Durch 35 schmale brunnenähnliche Schächte können Sie hier unglaublich harmonische, unverwechselbare Klangbilder hören, **die durch die Brandung entstehen**. Die Meeresorgel wurde 2005 erbaut und ist schon jetzt zu einem Touristenmagneten der Stadt geworden. Die durch die Meeresorgel entstehende „Meeresmusik" können Sie weithin am Spazierweg entlang des Meeres hören – an guten Tagen bis zu 3 km weit!

Direkt neben der weltbekannten Meeresorgel finden Sie den **Gruß an die Sonne**. Das Kunstwerk besteht aus dreihundert Glasplatten, die kreisförmig in die steingepflasterte Uferpromenade eingelassen sind. Die Glasplatten des Sonnendenkmals speichern das Sonnenlicht und sorgen bei Sonnenuntergang für faszinierende Farb- und Lichtspiele. Um den *Gruß an die Sonne* wurden ringsum Steinwürfel mit allen Planeten des Sonnensystems stilvoll angeordnet.

Die Altstadt Zadars lädt mit vielen Geschäften, Restaurants und Cafés zum Bummeln ein. Direkt am Forum Romanum finden Sie die römisch-katholische Kirche des Heiligen Donat aus dem 9. Jh. Die zweigeschossige **Rundkirche Sv. Donat** ist das repräsentativste Denkmal und Bauwerk der Stadt Zadar.

Sie können eine Busrundfahrt durch die alten und neuen Stadtteile Zadars mit der **„Zadar Open Tour"** machen. Der gelbe Doppeldecker-Touristenbus fährt am Rande der Altstadt neben der Fußgängerbrücke ab. **Die Abfahrtszeiten sind 9,30, 11.00, 12.30, 14.30, 15,45 und 17,00 Uhr. Das Ticket kostet 70 Kuna, das ist mit umgerechnet 9,40 € ein absolutes Schnäppchen.**

Ausflug: Kornaten

Ist die Liegezeit Ihres Schiffes aber lange genug, sollten Sie unbedingt einen Ausflug in den **Nationalpark Kornaten** unternehmen. Die Kornaten sind 150 unbewohnte Inseln und Inselchen mit wunderschönen Steilküsten und Buchten mit glasklarem Wasser. Die oft kreisrunden Inseln verteilen sich auf 230 Quadratkilometer und bilden damit die beeindruckendste Inselgruppe der Mittelmeerküste.

Es fällt nicht schwer, in Zadar ein entsprechendes Angebot für eine Bootsfahrt zu bekommen – überall wuseln „Werber" mit Flugblättern herum. Sollten Sie

dennoch kein Angebot bekommen, gehen Sie zu der Brücke, die die östliche Altstadt mit dem Festland verbindet: hier starten einige Boote zu den Kornaten. Ein Tagesausflug kostet umgerechnet 25 - 50 €, beinhaltet aber fast immer auch ein Mittagessen mit fangfrischem Fisch und einer Badefreizeit in einer traumhaften Bucht. **Badesachen nicht vergessen!** Oft schwimmen sogar Delfine mit den Ausflugsbooten mit! Ein wirklich toller Tag – besonders auch für Kinder!

Hier einige hilfreiche Seiten, auch zur Online-Buchung:

http://www.boratours.hr/de/individuelle-ausfluge/zadar/kornati-inseln/83.html
http://www.viva-croatia.com/Schiffstour-von-Zadar-zum-Nationalpark-Kornati
http://aquariuszadar.com/de/bootsfahrten
http://www.kornat-excursions.hr/de

Achten Sie darauf, dass Ihr gewähltes Schiff auch wirklich in das Kornaten-Archipel *hinein* fährt und nicht nur *außen darum herum*! Vor Buchung genau nachfragen!

Käpt'n Känguru empfiehlt:
Mit einem Ausflugsboot eine Tour durch den Nationalpark *Kornati* unternehmen!

Abfahrtshäfen

Dieses Kapitel gibt Tipps für die Anreise, öffentliche Verkehrsmittel, Lage des Hafens/Terminals und Parkmöglichkeiten. In jedem Hafen gibt es teure kostenpflichtige Parkplätze – aber auch günstige Alternativen!

Bisher kann ich nur über gute Erfahrungen mit dem **Gratisparken** berichten, sowohl in vielen italienischen oder spanischen Hafenstädten als auch in Kopenhagen. Sinnvoll ist, in Wohngebieten Anwohner zu informieren, dass das Auto eine oder zwei Wochen hier parkt. Diese haben gerne ein Auge darauf, wenn Sie freundlich fragen! Ich möchte betonen, dass dies subjektive Erfahrungen sind und ich natürlich keinerlei Verantwortung für beschädigte oder gestohlene Autos übernehme! Eine Teilkasko-Versicherung mit Diebstahlschutz sollten Sie für Auslandsfahrten immer abgeschlossen haben. Wer im Ausland *regulär* Urlaub macht, stellt sein Auto auch selten bewacht ab… Für Leser, denen dies zu risikoreich ist, füge ich auch Adressen und Preise bewachter Parkplätze und Parkhäuser an.
In vielen Fällen gibt es auch kostengünstige *sichere* Alternativen zu den von den Reedereien angebotenen sündhaft teuren Parkflächen.

Barcelona

Die Kreuzfahrtschiffe legen in Barcelona am **Quai Moll Adossat** an. Es gibt allerdings 4 Liegeplätze: A, B, C und D, die teilweise weit vom Hafeneingang entfernt sind. Einige Schiffe legen auch direkt am **World Trade Center** an.

Einen genauen Liegeplan finden Sie unter **http://www.barcelona-tourist-guide.com/de/transport/barcelona-kreuzfahrt-hafen.html**

<u>**Anreise mit dem Auto:**</u> Gratis-Parkplätze finden Sie im Hafenbereich leider nicht, denn alle Parkplätz sind hier entweder blau oder grün umrahmt (Kurzzeit- oder Anwohnerparklätze). **Nur weiße Parkplätze sind in Barcelona gratis!**
Parken Sie deshalb im Vorort **Montbau**, von hier aus bringt Sie die U-Bahn bis zur Haltestelle **Dressanes** auf der *La Rambla* – Barcelonas berühmter Einkaufsmeile. Von dort müssen Sie allerdings an der Kolumbusstatue vorbei rechts über eine große Brücke laufen, auf der auch viele LKWs verkehren. Ein ausreichend breiter Gehweg ist allerdings vorhanden. Die Strecke beträgt ca. 2,5 km, planen Sie deshalb ausreichend Zeit ein!
Alternativ fährt Sie der **hafeneigene blaue Shuttlebus „Portbus“** für 3 € zum Kreuzfahrtterminal: er hält direkt an der **Kolumbussäule**. Von der U-Bahn-Haltestelle bis zur Kolumbussäule sind es nur wenige Meter.

Als bewachten Parkplatz empfehle ich **Viajeros Cruceros**, einen Parkplatz mit 450 Stellplätzen im Stadtteil *Sants Montjuïc*. Der Parkservice ist speziell für Kreuzfahrttouristen konzipiert und beinhaltet einen Shuttlebus zum Terminal. Der Preis von 67,36 € / Woche ist (für Barcelona) unschlagbar günstig!

Adresse: *Parking Viajeros, Carrer Carreras i Candi 65, Barcelona*
Weitere Informationen sowie Reservierungsmöglichkeiten finden Sie unter **http://www.webarcelona.net/de/parkhauser-in-barcelona/viajeros-cruceros**

Käpt'n Känguru empfiehlt:
Im Stadtteil *Montbau* parken und mit der Metro zur Haltestelle *Dressanes* fahren, dann den *Portbus* zum Terminal nehmen!

Anreise mit dem Flugzeug: Wenn Sie mit dem Flugzeug anreisen, fahren Sie mit dem **blauen Aerobús** oder dem *Bus 46* zum **Plaça Espanya**, dort steigen Sie in die *Metro* und fahren bis zur Haltestelle **Dressanes.** Von dort gelangen Sie entweder zu Fuß über eine große Brücke (2,5 km Fußweg) oder mit den **blauen Hafenshuttlebussen „Portbus"** (3 €, ab der Kolumbussäule) zum Terminal.

Barcelona ist berüchtigt für seine Kriminalität! Achten Sie deshalb bei der Anreise unbedingt auf Ihre Wertsachen und lassen Sie NICHTS offen im Auto liegen! Nehmen Sie auch das (portable) Navi mit!

Civitavecchia

Civitavecchia ist *Roms Hafen*. Die Anreise stellt sich hier unproblematisch dar.

Vom Flughafen *Fiumicino* können Sie gut mit öffentlichen Verkehrsmitteln (Zug) zum Hafen gelangen: Mit dem Zug FR1 fahren Sie bis *Trastevere* oder *Termini*, dann steigen Sie in die *FR5* Richtung Civitavecchia um.
Achtung! Durchsagen zu Zug- oder Bahngleisänderungen erfolgen am Hauptbahnhof Termini nur auf Italienisch. Planen Sie genügend Zeit für die Anreise ein, falls Sie einen Zug verpassen!

Civitavecchia verfügt über einen dem Cruise-Terminal nahegelegenen **Bahnhof.** Selbst mit Koffer können Sie die ebene Strecke ohne Probleme bewältigen. Sie laufen vom Bahnhof nord-westlich an einer Palmenstraße entlang bis zum Kreuzfahrthafen. Die Distanz beträgt nur ca. 800 m.

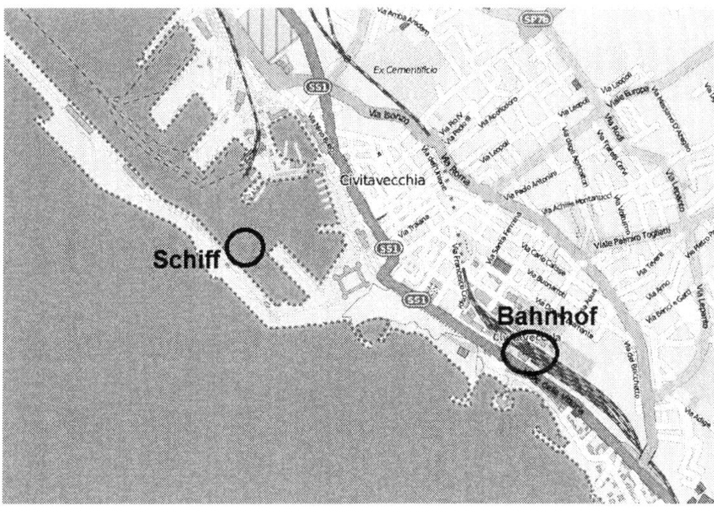

Reisen Sie mit dem Auto an, können Sie entweder die teuren bewachten Parkhäuser benutzen oder einfach gratis am Straßenrand parken. Der Bereich um den Hafen ist geprägt von Hotels und Restaurants, gegenüber vom Bahnhof befindet sich auch die Polizeistation. Kostenlose Parkplätze sind in den Seitenstraßen gut zu finden.

Über
http://www.parkvia.com/it-IT/parcheggio-porto/porto-di-civitavecchia können Sie sich einen bewachten Parkplatz online reservieren. Die Ankunft muss zwischen 11 und 16 Uhr erfolgen. Ein kostenloser Shuttlebus zum Terminal ist bei diesem Parkplatz inklusive, Sie müssen aber mindestens 48 Stunden vorher reservieren. **Die Gebühren betragen ca. 10 € pro Tag, eine Woche kostet 66 €.**

Der Parkplatz **www.civitavecchiaport.org** bietet einen Festpreis von 75,60 € für eine 7-tägige Kreuzfahrt, jeder weitere Tag kostet 13,60 € zusätzlich. Die Parkplätze liegen sehr zentral zum Hafen.

Aktuelle Preise und Reservierungen können Sie sich über die oben genannten Internetseiten der Parkhäuser einholen.

Genua

Die großen Kreuzfahrtschiffe legen in Genua entweder am Terminal **Ponte di Mille** oder **Ponte Andrea Doria** an. Beide liegen aber unmittelbar nebeneinander auf der **Via de Cesare Imperiale**. Direkt über dieser Straße verläuft eine große Stadtstraße, also achten Sie darauf, in die tiefere Ebene direkt am Wasser einzubiegen!

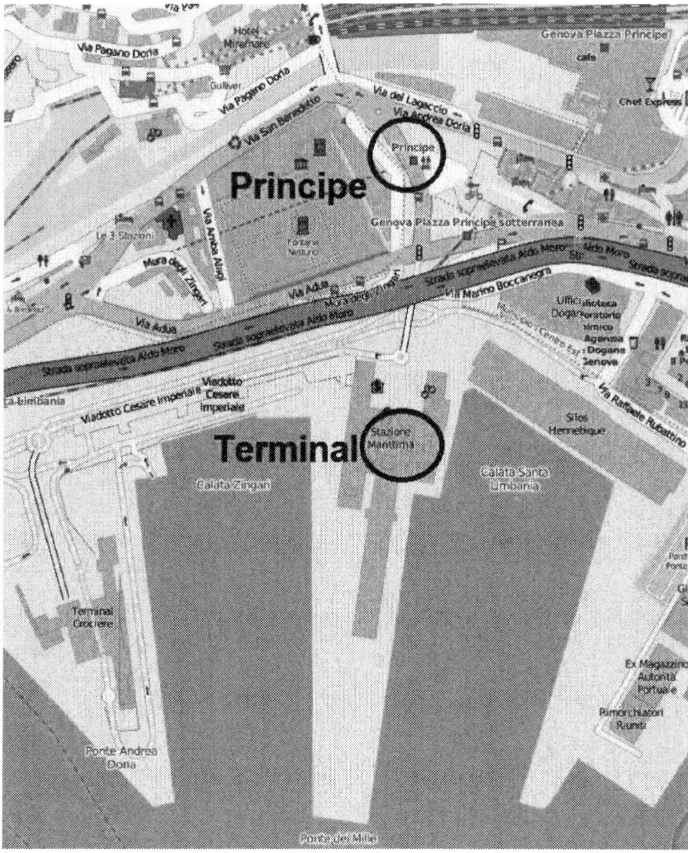

<u>Anreise mit dem Auto:</u> Möchten Sie ihr Auto **unbewacht und kostenlos parken**, dann fahren Sie in den nördlichen Stadtteil ***Brin***, der direkt am Fluss *Torrente Polcevera* liegt. Hier hat die Metro in der *Via Benedetto Brin* ihre Endhaltestelle, und Sie können direkt in den angrenzenden Straßen problemlos gratis parken. Hier sind immer viele Parkplätze frei und man kann unbegrenzt stehenbleiben. Die Metrostation liegt 2 Stockwerke über den Straßen und ist somit weithin sichtbar! Am Kiosk beim Eingang oder direkt an den Ticketautomaten können Sie sich für 1,50 € einen Fahrschein kaufen. Die U-Bahnen fahren im 10-Minutentakt und sind sehr sauber. Fahren Sie 2 Stationen bis zur Haltestelle **Principe/Stazione Marittima** und steigen Sie aus. Mit dem Aufzug geht es nach oben, Sie müssen jetzt nur noch eine Straße überqueren und befinden sich unmittelbar vor dem Terminal! Im Untergeschoss können Sie dort ihr Gepäck abgeben.

Möchten Sie bewacht parken, dann können Sie bis vor das Terminal in der *Via de Cesare Imperiale* fahren und das Gepäck vor dem Terminal im Untergeschoss ausladen. Hier können Sie auch für ca. 70 €/Woche im Hafenparkplatz bewacht parken.
Reservierungen und aktuelle Preise finden Sie unter
http://www.garagepontedeimille.it

Tipp: Das Parkhaus **Torre Sud** bietet Ihnen für **60 €** einen Parkplatz für eine Woche! Ein **Shuttleservice bis direkt vors Terminal ist inklusive**!
http://www.parktorresud.com/lp_de/index.php
Adresse: *Via de Marini 21-23, Genua,* 3 Autominuten westlich vom Hafen. **Reservieren Sie unbedingt bereits online von Deutschland aus**, das Parkhaus ist (wegen des günstigen Preises) sehr beliebt! Auch für Vans geeignet!

Käpt'n Känguru empfiehlt: Von Deutschland aus im Parkhaus **TorreSud** reservieren und sich vom Shuttleservice bis ans Schiff bringen lassen!!

Anreise mit dem Flugzeug: Steigen Sie in die Metro an der Station **Aeroporto** unmittelbar am Flughafen ein und fahren Sie 2 Haltestellen bis zur Haltestelle **Principe/ StazioneMarritima**. Ein Fahrschein kostet nur 1,50 €. Sie befinden sich nach dem überqueren einer großen Straße direkt vor dem Terminal und können im Untergeschoss ihre Koffer abgeben.

Anreise mit der Bahn: Der Hauptbahnhof *Genova Piazza Principe Sotteranea* liegt direkt gegenüber dem Terminal für die Kreuzfahrtschiffe. Sie müssen nur noch eine große Straße überqueren und können nun im Untergeschoss des Terminals Ihr Gepäck abgeben.

Allgemeine Informationen und Karten finden Sie unter
http://www.porto.genova.it

Savona

Der Cruise-Start ab Savona beinhaltet eine wunderschöne Anfahrt (zumindest wenn Sie statt der teuren Autobahn die kostenlose Landstraße nehmen). Wenn Sie über die Schweiz nach Italien kommen, fahren Sie ab Genua an einer wunderschönen Steinküste mit Palmen und frei zugänglichen Stränden entlang. Auch hier können Sie schon einen schönen Stopp einlegen!

Wenn Sie mit dem Auto auf der *Lungomare Matteotti* nach Savona hineinfahren, kommen Sie direkt am Hafen an und sehen bereits die großen Ozeanriesen liegen.
Bequem können Sie hier seitlich der Straße ***Via Antonio Gramsci*** gratis parken und müssen nur über eine Fußgängerbrücke das Hafenbecken überqueren. Nach ca. 400 m erreichen Sie das Schiff.

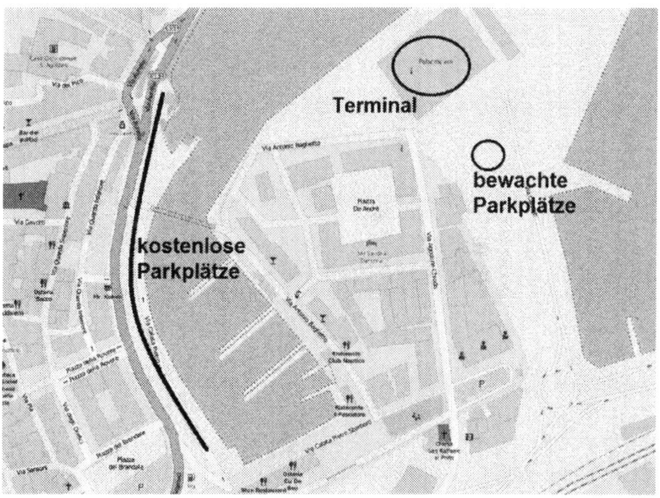

Unter www.parkingsavona.com und info@parkingsavona.com können Sie aber auch für 12 € pro Tag direkt beim Terminal Ihr Auto bewacht parken. Eine Online-Reservierung ist hier erforderlich!

Bei einer Anreise mit der Bahn können Sie sich ein Taxi nehmen oder durch einen Bummel durch die Altstadt zum Terminal im Hafen gelangen.

Anreise mit dem Flugzeug: Der nächstgelegene Flughafen befindet sich außerhalb von Genua. Große Reedereien unterhalten einen **Shuttle-Service nach Savona für rund 26 €**, eine Fahrt mit dem Taxi kostet etwa 100 €. Es gibt auch eine günstigere Alternative: Der Flughafenbus *AMT 100 Volabus* fährt stündlich für 4 € bis zum Hauptbahnhof Genua *Genova Piazza Principe.* Ab hier verkehrt stündlich ein ICE für ca. 11 € nach Savona. Die Fahrzeit beträgt 45 Minuten.
Weitere Informationen erhalten Sie unter **www.trenitalia.it**

Venedig

Venedig ist ohne Zweifel einer **der schönsten Orte für eine Abfahrt mit dem Kreuzfahrtschiff.** Die gigantischen Ozeanriesen fahren (noch) durch den großen **Canale della Guidecca** direkt am Markusplatz vorbei und gewähren den Passagieren einmalige Ausblicke auf die Lagunenstadt. Doch es gibt immer wieder Bestrebungen, dass die Durchfahrt durch den Kanal für große Schiffe verboten werden soll!

Bei einer Anreise mit der Bahn erreichen Sie Venedig am Bahnhof *Santa Lucia*. Er liegt direkt am Stadtrand Venedigs gegenüber dem *Piazzale Roma*. Sie können mit einem *Taxi in fünf Minuten* zum Cruise Terminal fahren oder Sie nutzen den *kostenlosen Shuttle-Bus*. Er wird allerdings nicht von allen Reedereien angeboten, bitte informieren Sie sich im Vorfeld bei Ihrer Reederei. Sie können den Weg zum Hafen auch in ca. 20 Minuten zu Fuß zurücklegen. Allerdings sind auch einige Treppen/Brücken dabei! Das Terminal liegt Richtung Südwesten in einer Distanz von ca. 1.500 m.

Alternative: der Shuttlezug **PeopleMover**! Die Hochbahn wurde **extra für Kreuzfahrtpassagiere** gebaut und bedient 3 Haltestellen:
Tronchetto (Parkplatz-Insel), **Piazzale Roma** (Zug, Vaporetto, extrem teure Parkhäuser) und das **Cruise-Terminal**. Die Fahrt kostet 1,50 € am Automat.

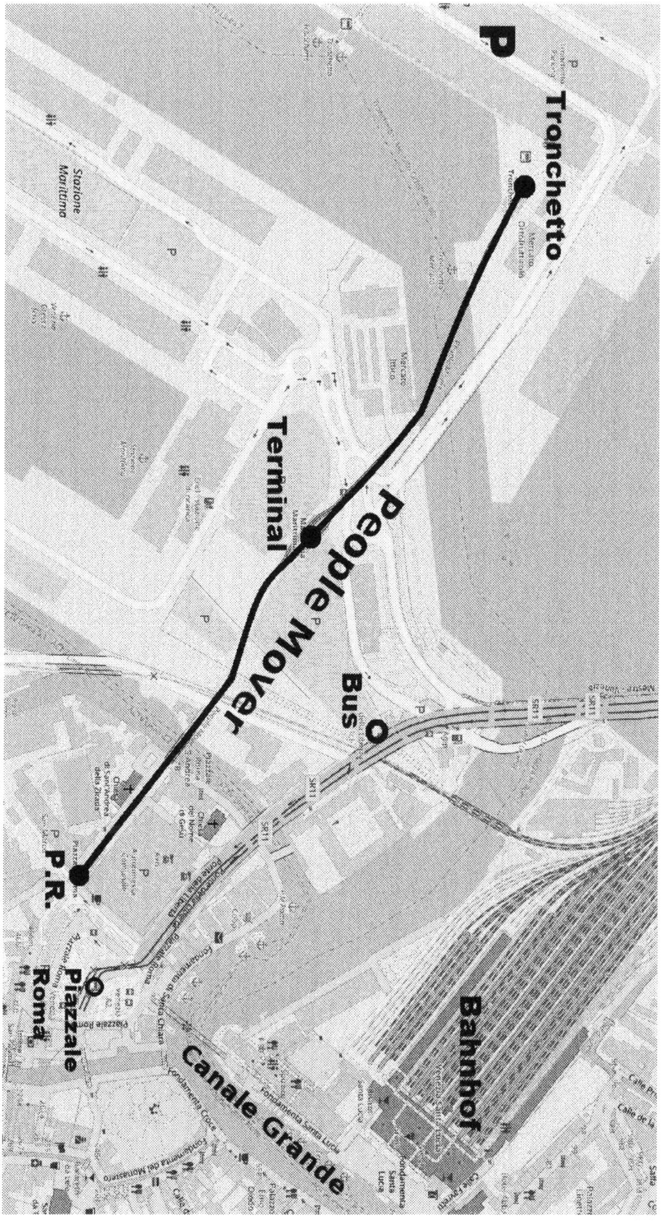
P
Tronchetto
Terminal
People Mover
Bus
P.R.
Piazzale Roma
Bahnhof
Canale Grande

Auch eine Anreise per Auto ist unproblematisch. Sie können Ihr Auto **gratis** in *Marghera* oder *Mestre* (z.B. in der Nähe der Bushaltestelle *Sansovino)* in einer Seitenstraße parken und mit öffentlichen Verkehrsmitteln für wenige Euro nach Venedig gelangen. Im Bus kann man günstig ein Viererticket erwerben und über die *Ponte de la Liberta* nach Venedig fahren. Sie können entweder an der *Stazione servicio di Agip* (gleich nach der Brücke) aussteigen und den Rest zu Fuß laufen oder bis zur Endhaltestelle *Piazzale Roma* weiterfahren und den Shuttle-Bus nutzen. Ein Einzelfahrschein kostet 1,50 €, ein 10-er-Streifen 14,00 €.

Ein **Geheimtipp für bewachtes kostengünstiges Parken**: Fahren Sie auf die *Via della Liberta* Richtung Venedig und biegen noch auf dem Festland direkt hinter der Fußgängerbrücke nach rechts in die ***Via dei Petroli*** ab. Dort können Sie Ihr Auto eingezäunt und bewacht bei **Venice City Park** für **4,50 € pro Tag (!!)** parken und bequem von der Bushaltestelle aus in ca. fünf Minuten nach Venedig hineinfahren (Busticket 1,50 €). Sie können nichts falsch machen, denn jeder Bus in diese Richtung fährt zwangsläufig nach Venedig! Diese Alternative stellt sowohl eine sichere, bequeme als auch kostengünstige Parkmöglichkeit dar. Die *Via dei Petroli* ist aufgrund ihrer zentralen Lage zu Venedig und der tollen Busanbindung zu einem regelrechten „Parkviertel" geworden, denn neben *Venice City Park* gibt es in unmittelbarer Nachbarschaft 3 weitere Großparkplätze mit ähnlich günstigen Tarifen. Alle bewacht und eingezäunt!!! Z.B. Mondial Parking und GreenPark.
http://www.venicecitypark.com/

(kostengünstiges Park-Areal in der „Via dei Petroli" vor den Toren Venedigs

In der Nähe des Flughafens können Sie im **Alipark** für 5 €/Tag parken und mit dem kostenlosen Shuttlebus zum 2 km entfernten Flughafen fahren. Von hier aus gelangen Sie mit öffentlichen Verkehrsmitteln, z.B. dem *Vaporetto (Wasser-Bus)* nach Venedig.
Ab sieben Tagen kostet der Parkplatz 4,50 €/Tag, für 60 €/Woche werden Sie sogar mit einem Shuttle zum Hafen gebracht.
Infos und aktuelle Preise finden Sie unter **http://www.alipark.it/de**

Direkt am **Kreuzfahrtterminal in Venedig** befindet sich auf der Insel *Tronchetto* (unmittelbar östlich der Schiffe) **ein Parkplatz für die Passagiere der Kreuzfahrtschiffe**. Die Kosten belaufen sich auf ca. 10 € pro Tag. In diesem Fall kann man bequem mit dem Auto über die *Via della Liberta* fahren und nach der Brücke über die Lagune rechts abbiegen. Man kann direkt bis zum Eingang des Terminalbereiches fahren und dort parken.

der offizielle Parkplatz – zentral zum Schiff, aber sehr teuer!

Käpt'n Känguru empfiehlt:
Bei *Mondial Parking* kurz vor der Brücke nach Venedig zahlen Sie auf dem bewachten Parkplatz nur *4,50 €/Tag!*

Anreise mit dem Flugzeug: Direkt ab dem Flughafen geht die Linie *"Alilaguna Blu Line"* der ***Vaporettos*** (Wasserbus) in die Lagunenstadt. Hier finden Sie die aktuellen Verbindungen: **www.actv.it**
http://www.alilaguna.it/de/alle-linien/karte-der-linien
Auch ein ***Expressbus der ATVO*** verkehrt für 6 €.

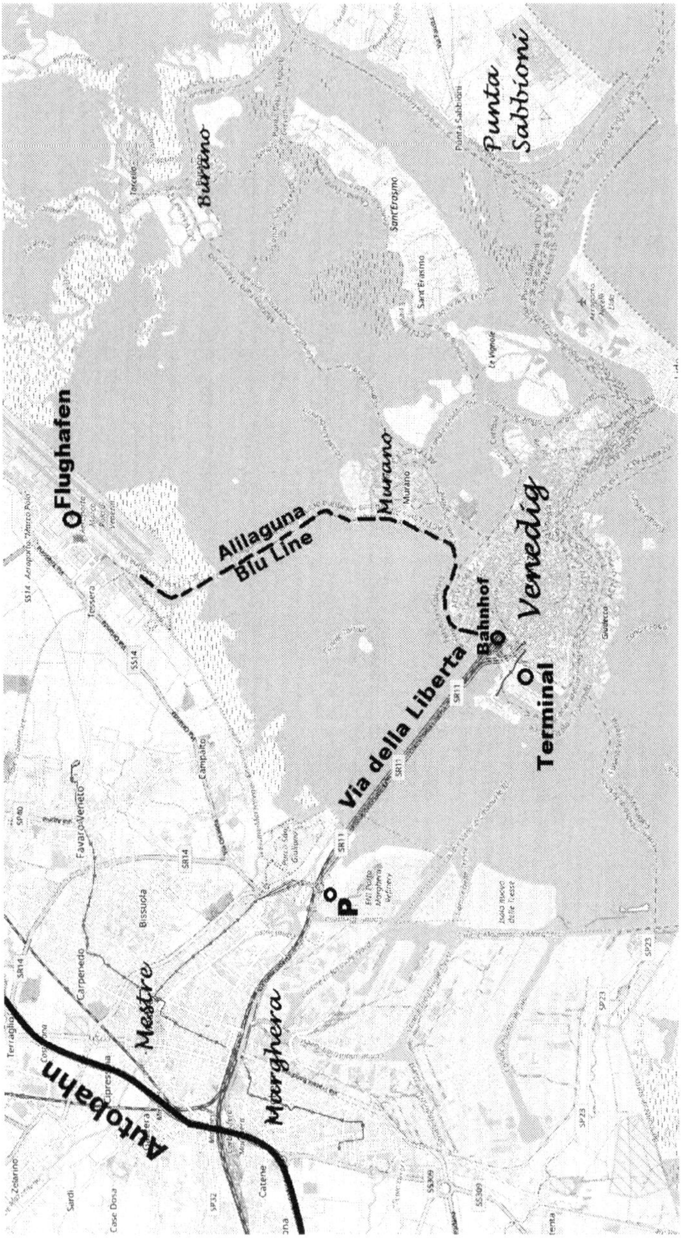
Flughafen
Alilaguna
Blu Line
Burano
Murano
Punta Sabbioni
Venedig
Bahnhof
Terminal
Via della Liberta
P
Mestre
Marghera
Autobahn

Allgemeines

Kabinenwahl und Buchung

Zur grundlegenden Planung Ihrer Reise sollten Sie sich Gedanken über die **Reisezeit** machen. Zu Ferienzeiten sind die Grundpreise der Reedereien drastisch erhöht – das macht es sinnvoll, über eine Reise außerhalb der Ferienzeiten nachzudenken.
In den Monaten November bis März können Sie durchaus eine einwöchige Kreuzfahrt für 349 € (Innenkabine, pro Person) buchen, die in den Sommermonaten mehr als 1.000 € kostet. Bei gleichem Leistungsspektrum und Reiseroute! Da der Mittelmeerraum auch in den kälteren Monaten ein angenehmes Klima bietet, eignen sich gerade Oktober/November und April bis Juni für eine Kreuzfahrt in diese mediterrane Region. Fernab des starken Touristenstromes im Hochsommer können Sie die Landgänge zu dieser Jahreszeit ohne große Hitze genießen.
Für Familien mit schulpflichtigen Kindern sind Ostern, Pfingsten und die Herbstferien ideal!

Viele Reedereien bieten saftige Rabatte an, sobald Sie *Club-Mitglied* sind. Bereits auf der zweiten Kreuzfahrt können Sie je nach Reederei drei bis fünf Prozent des Listenpreises sparen. Mitglied werden können Sie in der Regel kostenlos auf Ihrer ersten Kreuzfahrt an Bord des Schiffes.
Es gibt aber durchaus Reedereien, bei denen man dies schon im Vorfeld erledigen kann und somit bereits auf der ersten Kreuzfahrt die Ermäßigung bekommt. Informieren Sie sich dazu auf der Homepage der Reederei oder rufen Sie die kostenlose Hotline an.
Kombiniert man diesen Club-Rabatt noch mit einer Buchung der Reise übers Internet, können Sie bei besonderen Aktionen sogar noch ein kleines Bordguthaben extra erhalten.

Jedes Jahr im Frühjahr kommen die Reiseangebote für das Folgejahr auf den Markt. Es ist sehr sinnvoll, wenn Sie gleich zum Buchungsstart einen Blick darauf werfen. Die günstigsten Kabinen sind sehr schnell ausgebucht und später nur noch hochpreisige Kategorien verfügbar.
Gerade bei Buchungen ein Jahr im Voraus können Sie sagenhaft gute Frühbucher-Schnäppchen machen.

Käpt'n Känguru empfiehlt: Günstige Reisezeit in der Nebensaison nutzen, über das Internet buchen und Club-Rabatte sichern!

Immer beliebter bei den Passagieren werden die **Themen-Kreuzfahrten.** Vor allem im Musikbereich gibt es ein vielfältiges Angebot: von der *„Full Metal Cruise"* über Helene Fischer bis hin zur Musikantenstadel-Kreuzfahrt wird jeder erdenkliche Musikgeschmack berücksichtigt.
Aber auch in anderen Bereichen gibt es die ausgefallensten Themen-Kreuzfahrten: von der Fußballcamp-Cruise, Parfüm-Kreuzfahrt, Star-Trek-Reise und Golf-Tour bis hin zum FKK-Trip oder der Gay-Kreuzfahrt für Homosexuelle – es gibt (fast) nichts, was es nicht gibt! Sogar Reinhold Messner und der ein oder andere Fernseh-Sternekoch begleiteten bereits Kreuzfahrten und unterhielten die Passagiere mit Workshops. Oder wie wäre es mit einem Crashkurs mit Boxweltmeisterin Regina Halmich oder einer Titanic-Gedächtniskreuzfahrt?
Mit den verrücktesten Reisemottos gelingt es den Reedereien, neue Zielgruppen zu gewinnen, denn die Themenkreuzfahrten visieren vor allem das junge Publikum an. Das Klischee *„Kreuzfahrt ist was für wohlbetuchte Alte"* ist schon längst überholt!

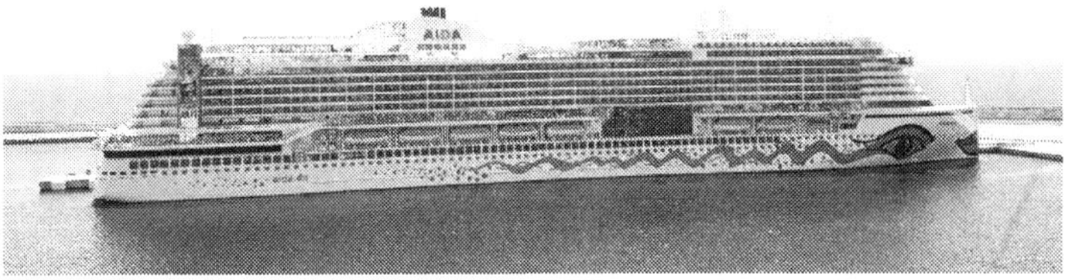

Egal ob *„normale Kreuzfahrt“* oder *„Themenreise“*: Sie brauchen auf jeden Fall eine **Kabine**! Und die Wahl der Kabine ist neben der Route das entscheidende Kriterium bei einer Kreuzfahrt!

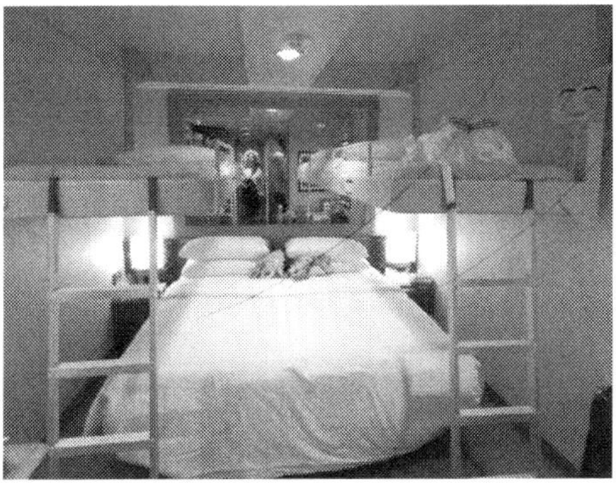

Aus persönlicher Erfahrung rate ich Ihnen zu einer **Innenkabine**. Zum Schlafen/Duschen/Umziehen ist sie auf allen Schiffen völlig ausreichend und auch bei einer Belegung mit vier Personen (z.B. Eltern mit Kindern) noch groß genug. Die meiste Urlaubszeit auf dem Schiff verbringen Sie entweder in Bars, Restaurants, im Poolbereich, an Deck oder bei Veranstaltungen.Die vielen Landgänge natürlich nicht zu vergessen...

Auch wenn die Passagierzahl von 3.000 - 5.000 Passagiere sehr viel erscheinen mag: Sie werden garantiert immer ein ruhiges entspanntes Plätzchen finden, um den Blick aufs Meer zu genießen oder ein gutes Buch lesen zu können! Bei einer 4-er-Belegung kommt allerdings definitiv Jugend-Herbergen-Stimmung auf. Für eine Familie mit kleinen Kindern – die ohnehin bei den Eltern schlafen wollen – aber durchaus zu empfehlen.

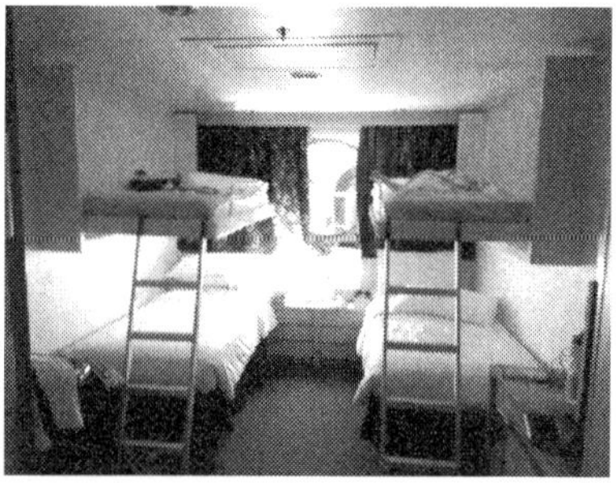

Bei **Kabinen mit Meerblick** kommen Sie zwar (wenn nicht gerade ein Rettungsboot direkt vorm Fenster hängt) in den Genuss einer schönen Aussicht, doch auch hier lassen sich die Fenster nicht öffnen und die Kabinen sind deshalb voll klimatisiert. Wählt man eine solche Kabine auf einem niedrigen Deck, kann ein starker Seegang einem leicht den Schlaf rauben, vor allem das periodische Klatschen der Wellen gegen die Scheibe kann sehr nervtötend sein.

Suchen Sie dagegen Ruhe, ist eine **Balkonkabine** sinnvoll. Zwar sind die Balkone in der Regel eher winzig, aber hier können Sie Abgeschiedenheit und Privatsphäre genießen. Oftmals kann man für den Preis einer Balkonkabine aber schon eine günstige Innenkabine auf einer weiteren Kreuzfahrt buchen. Deshalb überlegen Sie sich genau, wieviel Zeit Sie in Ihrer Kabine verbringen wollen. Trotz des höheren Preises erfreuen sich Balkonkabinen ungebrochen der größten Beliebtheit bei allen Kabinenkategorien. Kein neues Schiff kommt mehr ohne aus – **bis zu 80% der Kabinen eines Schiffsneubaus sind Balkonkabinen!** Das Tageslicht und die private tolle Aussicht punkten bei den meisten Passagieren.

Die Kabinenpreise sind nach oben hin oft „open-end“: im **Suitenbereich mit Butler- und Concierge-Service** kostet eine Kreuzfahrt so viel wie ein Mittelklassewagen! Dafür erwarten Sie aber oft Pools, Lounges und Restaurants bis hin zu ganzen Deckbereichen, die **exklusiv für Suite-Gäste** vorbehalten sind.

Egal für welche Kabinenart Sie sich entscheiden: Ihr Feriendomizil ist in jedem Fall mit einer **Klimaanlage** ausgestattet. Da die Bäder ausnahmslos innenliegend sind, ist eine gute Belüftung dringend notwendig. Praktischerweise trocknet so im Bad auch ihre Badekleidung schneller!!

Auch über die **Lage der Kabine** sollten Sie sich Gedanken machen. Generell empfehle ich Ihnen eine Kabine auf **höher gelegenen Decks**.

Um lange Wege zu vermeiden, ist ein Raum **in der Nähe eines Aufzuges/einer Treppe** anzuraten, da die Lauferei durch die langen Gänge bis zum Ende des Urlaubes mit etlichen Kilometern zu Buche schlägt. Wählen Sie eine Kabine, die zentral zu Ihren favorisierten Einrichtungen liegt: also je nachdem, ob Sie gerne den SPA-Bereich besuchen, ins Buffet- oder Bedienrestaurant gehen, die Kinder in den Kinderclub wollen oder Sie gerne die Fitnesseinrichtungen nutzen! Dann müssen Sie nicht jedes Mal von einem Ende des Schiffes zum anderen laufen, denn das kann – summiert – viel Zeit und Nerven kosten!

In Kabinen auf tieferen Decks mittschiffs werden oft **Maschinengeräusche** laut übertragen, dafür sinkt hier erfahrungsgemäß die Gefahr der Seekrankheit. Bei einer Kabine im Bug- oder Heckbereich merken Sie das Rollen und Stampfen des Schiffes besonders stark.
Achten Sie zudem darauf, was *über* und *unter* Ihrer Kabine liegt: in Clubs, Bars und Lounges geht es in der Nacht oft hoch her und Sie finden dann keinen Schlaf!
Tipp: Auf den Internetseiten der Reedereien kann man sich die Deckpläne als Pdf-Datei ansehen. Oder fragen Sie Ihr Reisebüro!

Tipp: Fragen Sie **10 Tage** vor Reisebeginn bei Ihrer Reederei nach: wenn das Schiff nicht ausgebucht ist, ist oftmals ein kostenloses **Upgrade** drin! Manche Reedereien bieten auch ein **Up-Sell** an (z.B. für 100 € Aufschlag eine Kabinenkategorie höher). Aber: erst 7 - 10 Tage vor Beginn der Kreuzfahrt nachfragen! **Ihre Chancen auf ein kostenloses Upgrade steigen mit folgenden Faktoren:**

- Buchungsdatum: bevorzugt werden möglichst frühe Buchungen (z.B. ein Jahr im Voraus)

- Mitgliedsstatus: je öfter man mit der gleichen Reederei fährt, umso größer die Chancen auf ein Upgrade

- Termin der Reise: in der Nebensaison ist das Schiff oft nicht ausgebucht, deswegen ist öfters ein Upgrade drin. In den (Sommer-)Ferien stehen die Chancen schlecht.

- Selbst bei der Reederei nachfragen! Auch eine Frage bei der Rezeption an Bord des Schiffes kann einen Kabinenwechsel möglich machen…

In Hamburg haben Sie die Möglichkeit, für einige Tage in die Welt der Kreuzfahrtschiffe einzutauchen. An dem Event **Hamburger Cruise Days** nahmen

2017 elf Kreuzfahrtschiffe teil. An Land locken viele Themeninseln und Stände rund um das Thema *„Kreuzfahrt"*. Der Hafen verwandelt sich in den Abend- und Nachtstunden in den **BluePort:** durch geschickt platzierte Beleuchtungseffekte werden Hafen, Schiffe, Türme, Kräne & die Landungsbrücken in ein strahlendes Blau getaucht! Die **Elbphilharmonie** ist schon bei Tag nicht zu übersehen, doch im blauen Licht des *BluePort* ist sie noch um einiges spektakulärer! Unter der Federführung des international bekannten Lichtkünstlers **Michael Batz** werden Elbe & Hafenareal mit 20.000 Lichtspots zu einem gigantischen Kunstwerk! Der Höhepunkt der „Hamburger Cruise Days" ist die **Parade der Ozeanriesen** durch die Elbe und das damit verbundene Feuerwerk. Über eine halbe Million Menschen besuchten 2017 die Cruise Days und den *BluePort*!

Die Hamburger Cruise Days finden alle 2 Jahre statt:

Die 7. Hamburger Cruise Days erwarten Sie vom 13. - 15. 09. 2019!

Der *BluePort* erstrahlt schon eine Woche vorher in seinem mystischen Glanz. Vormerken!

Infos unter **www.hamburgcruisedays.de**

Aber auch ohne die *Cruise Days* hat man in Hamburg jedes Jahr die Möglichkeit zur **Besichtigung diverser Schiffe**, so z.B. erwarten Sie Schiffe von AIDA, MSC, die MS Hamburg, „Mein Schiff", und sogar die Queen Mary 2 empfängt Sie als (Tages-)Gast.

Die komplette Schiffsliste, weitere Infos sowie Buchungen unter

www.hamburg.de/kreuzfahrtschiffe/4412690/schiffsbesichtigung-hamburg/

Vorbereitungen

Die wichtigste Vorbereitung für Ihre Kreuzfahrt besteht im **Online-Check-In**, oft auch *Bordmanifest* genannt. Sie müssen sich in der Regel sechs bis acht Wochen vor der Abfahrt durch das Reisebüro oder selbständig auf der Homepage der Reederei registrieren. Dazu benötigen Sie Ihre Reisepassnummer, achten Sie deshalb bitte ausreichend früh auf einen gültigen Reisepass! Nach dem Online-Check-In bekommen Sie die Reiseunterlagen zugeschickt oder können sich diese selbst ausdrucken.

Wichtig ist die Gültigkeit Ihres **Reisepasses**. Er muss noch bis **sechs Monate nach Ablauf der Kreuzfahrt gültig sein**. Bitte bedenken Sie das, vor allem wenn Sie ein Jahr im Vorfeld buchen.
Wer zu spät merkt, dass sein Reisepass nicht mehr lange genug gültig ist, der kann für deutlich erhöhte Gebühren (91 €) einen **Express-Pass** beantragen und diesen nach wenigen Tagen in den Händen halten.
Nehmen Sie zusätzlich einen gültigen Personalausweis mit und bewahren diesen getrennt vom Reisepass auf. So haben Sie ein gültiges Ausweisdokument zur Hand, falls Sie doch mal Opfer eines Taschendiebes werden sollten – oder einfach Ihre Tasche irgendwo vergessen.

Sowohl an Bord als auch in vielen Häfen ist es sinnvoll, mit **Kreditkarte** zu bezahlen. Sie können viel Geld sparen, wenn Sie eine **Bank mit kostenlosen Bargeldabhebungen und Umsätzen im Ausland wählen.** Selbst wenn Sie diese Karte dann ausschließlich im Ausland nutzen, haben Sie etliche unnötige Gebühren gespart. Das ist auf jeden Fall rentabel. Natürlich sollte die Karte **ohne Jahresgebühr oder Mindestumsatz** sein.
Für Reisen in Nicht-EURO-Länder fällt oft eine Fremdwährungsgebühr/Umtauschgebühr von bis zu 3 % an, aber einige wenige Kartenanbieter verzichten darauf. Prüfen Sie vor jeder Reise die Gebühren für das jeweilige Land und achten auf einen passenden Kreditrahmen! Manche Kreditkarten haben eine **Reiserücktrittsversicherung** eingeschlossen, sofern die Reise über die Karte bezahlt wird. Gleichen Sie hier bitte den Reisepreis und die versicherte Reisepreissumme ab, damit es im Ernstfall nicht zu bösen Überraschungen kommt!

Käpt'n Känguru empfiehlt:
Bei einer sorgfältigen Auswahl der Kreditkarte und Kartenzahlung der Reise ist eine Reiserücktrittversicherung inklusive – und es fallen keine Zusatzgebühren beim Bezahlen / Geld abheben an!

Sie können auf das Kreuzfahrtschiff mindestens **zwei Koffer** und eine Tasche/einen Rucksack als Handgepäck mitnehmen. Natürlich können Sie vorhandene Koffer nutzen, aber steht eine Neuanschaffung an, ist zu einer kräftigen Farbe zu raten. Geht man nämlich nach der Kreuzfahrt von Bord, muss man seinen Koffer *suchen*. Zwar werden die Koffer nach Ausschiffzeiten in größeren Gruppen sortiert, aber seinen schwarzen Hartschalenkoffer unter 100 ähnlichen schwarzen Hartschalenkoffern zu suchen, kann sehr mühsam sein. Ein knalliges Rot, Grün oder kräftiges Blau beschleunigt diesen Vorgang enorm!
Übrigens: entgegen den Gepflogenheiten der Airlines besteht **kein Limit zum Gewicht** Ihres Koffers. Laden Sie ruhig ein!

Ihr **Handgepäck** muss jedoch durch eine Sicherheitsschleuse am Zoll. Wird ein verdächtiges Objekt entdeckt, behält es die Security ein und Sie können es erst nach der Kreuzfahrt wieder abholen. Sie können den Gegenstand aber manchmal auch am Informationsschalter auf dem Schiff gegen eine Quittung zurück erhalten. Vermeiden Sie solche Unannehmlichkeiten und packen Maniküre-Utensilien, Scheren etc. in Ihren Koffer. Flüssigkeiten sind kein Problem (ausgenommen Alkohol).

Was im Handgepäck/Rucksack dagegen durchaus Sinn macht, ist Badebekleidung! Die Koffer bekommen Sie erst gegen Nachmittag/Abend auf die Kabine, und gerade wenn Sie in den Sommermonaten mit Kindern reisen, kann ein erster Test des Pools herrlich entspannend sein.

Haben Sie einige technische Geräte auf der Kreuzfahrt bei sich, z.B. mehrere Smartphones in einer Familie, Tablets, Notebooks, Digitalkameras etc., so sollten Sie an eine **Mehrfachsteckdose** denken. Eine oder zwei für deutsche Geräte passende Steckdosen sind zwar immer zu finden, aber reichen Ihnen diese aus? Wer lädt sein Smartphone denn schon gerne im Bad auf? Gerade bei einer Vierer-Belegung ist eine Mehrfachsteckdose sinnvoll!
Achtung: nicht auf allen Schiffen ist eine Mehrfachsteckdose hinsichtlich der Bordelektrik erlaubt. Meistens wird sie aber stillschweigend geduldet! Fragen Sie im Bedarfsfall Ihren Kabinensteward.

Innenkabinen sind naturgegeben **stockdunkel**! Durch ein kleines dezentes **Nachtlicht** ist es nicht ganz so finster. Ich empfehle das besonders dann, wenn man mit Kindern reist.
Alternative: Den **TV** auf den Kanal mit der **Live-Deckkamera** schalten. Ein sanftes Licht ohne störende Geräusche beleuchtet nun Ihre Kabine. Und beim Aufstehen wissen Sie gleich, wie das Wetter ist!

Einige **Tabletten gegen Seekrankheit** sollten auch nicht fehlen. Es kommt doch ab und zu mal höherer Seegang vor und viele Passagiere klagen dann über Übelkeit. Manche *Cruise Lines* vergeben Tabletten gegen Reisekrankheit gratis, andere verlangen 50 € pro Stück! In Deutschland bekommen Sie diese Tabletten günstig in jeder Apotheke, Kinder unter 12 Jahren beim Kinderarzt sogar gratis!
Auf jedem Schiff befinden sich selbstverständlich auch ein **Arzt** und eine Krankenstation. Je nach Tageszeit und Reederei bezahlt man für diesen Dienst zwischen 25 € und 150 €. Bei einem Besuch des Arztes auf der eigenen Kabine und außerhalb der Sprechzeiten wird ein entsprechend saftiger Aufschlag fällig. Denken Sie also an eine **Reisekrankenversicherung** und eine kleine Reiseapotheke – wie bei jedem anderen Urlaub auch!
Gruselig: Jedes Schiff verfügt über eine **Leichenhalle**! Im Schnitt sterben pro Schiff jedes Jahr 5 - 10 Personen an Bord!
Außerdem: Einer von 2 Millionen Passagieren geht unfreiwillig **über Bord**! Wird das nicht sofort bemerkt, stehen die Überlebenschancen äußerst schlecht...

Auf den meisten Schiffen benötigen Sie hauptsächlich **Freizeitkleidung**. Feste Schuhe für ausgedehnte Landgänge sind Pflicht, im warmen Mittelmeerraum auch im Winter T-Shirts und kurze Hosen nicht vergessen! Wie in jedem Urlaub in südlichen Ländern benötigen Sie einen Sonnenschutz für den Kopf und ausreichend Sonnencreme.
Zumindest *eine* **bessere Abendgarderobe** sollten Sie vorsehen, es gibt fast immer einen **Gala-Abend** oder ein *Captain`s Dinner*. Mit einer schwarzen Anzughose und einem weißen Hemd/Bluse ist man auf jeden Fall gut beraten, viele Damen erscheinen jedoch im Cocktailkleid und die Herren im Anzug. Eine Ausnahme bildet hier die Reederei NCL, die auf solche Äußerlichkeiten komplett verzichtet.
Um am **White Evening** teilzunehmen, sollten Sie zumindest *ein* weißes Kleidungsstück dabei haben!

Auf jedem Schiff wird auch ein **Wäscheservice** angeboten: Sie können Ihre Wäsche in eine vom Schiff ausgegebene Tüte füllen und bekommen diese gewaschen und gebügelt zurück. Allerdings ist dieser Service nicht gerade günstig, deshalb nehmen Sie besser ausreichend Wechselkleidung mit!

Ein elektrischer Haartrockner ist übrigens in jeder Kabine vorhanden, meist in einer Schublade – nicht im Bad!
Badeschuhe/Schlappen und ein Bademantel für den Weg zum Pool sind sinnvoll. **Handtücher** sind in der Kabine und separat an den Pools immer vorhanden und werden auch **für Landausflüge zu Stränden ausgeliehen**. Auch Shampoo/Duschgel gibt es im Badbereich Ihrer Kabine.

Tipp: Tragbares *Navi* mitnehmen! Falls Sie sich in einem Hafen einen Mietwagen nehmen, haben Sie ihr eigenes vertrautes Navi dabei. Nicht alle Mietwagen haben Satellitennavigation inklusive! Achten Sie auf aktuelles Kartenmaterial des Ziellandes und machen Sie bei Bedarf vor der Reise ein Update!
Alternativ besorgen Sie sich Offline-Karten für Ihr Smartphone

Check-In

Oft legen die Schiffe abends ab, aber die Passagiere können bereits ab Mittag an Bord. Um lange Wartezeiten beim Einchecken zu vermeiden, sollten Sie am besten bereits frühzeitig vor Ort sein.

Zuerst geben Sie im Außenbereich des Terminals oder spätestens am Eingang die **Koffer** ab. Von den Reedereien erhalten Sie mit Ihren Reiseunterlagen Kofferanhänger, die spätestens hier anzubringen sind. Vor Ort sind von Seiten der Reederei ebenfalls noch Anhänger erhältlich. Außer Ihrem Namen muss auf dem Kofferanhänger Ihre Kabinennummer vermerkt sein, damit Ihr Gepäck möglichst problemlos zugestellt werden kann.

Leider ist der Umgang mit den Koffern oft sehr lieblos! So sehr der Gast auch verwöhnt wird – für die Koffer gilt das nicht unbedingt☹. Aber das kann selbstverständlich nicht für alle Reedereien und Schiffe verallgemeinert werden. Ihr Koffer ist schon auf dem Weg an Bord – nun beginnt auch für Sie der Check-In!

Je nach Schiff läuft es (hinter den Kulissen) so…

…oder so!

Als nächstes müssen Sie eine **Gesundheitserklärung** ausfüllen und abgeben, in der Sie ansteckende Krankheiten bei sich ausschließen. Welcher Ozeanriese will schon eine grassierende Grippe an Bord? Hygiene wird auf allen Schiffen verständlicherweise groß geschrieben. Auf jeder Toilette und vor jedem Restaurant stehen ausnahmslos Ständer mit Desinfektionsmittel zur Verfügung, die Sie im eigenen Interesse auch benutzen sollten.

Jetzt erfolgt der eigentliche **Check-In,** bei dem Sie Ihre Reiseunterlagen und Reisepässe an einer langen Schalterreihe abgeben. Ihre Unterlagen werden abgeglichen und ein Foto von Ihnen gemacht, das intern mit ihrem Profil und Ihrer Bordkarte verknüpft ist. Erst jetzt dürfen Sie weitergehen in Richtung Schiff.

Die letzte Hürde, bevor Sie endlich Ihren Urlaub beginnen können, ist die Kontrolle durch **Zoll/Hafenbehörde**. Hier müssen Sie durch einen Metalldetektor schreiten, Sie kennen das bestimmt vom Flughafen. Auch Ihr Handgepäck wird *gescannt*. Deshalb packen Sie Taschenmesser, Maniküre-Sets etc. nicht ins Handgepäck, sondern in den Koffer. Alkoholfreie Getränke und Flüssigkeiten sind kein Problem, nur verbotene (meist metallische) Gegenstände sollten Sie vermeiden.

Über die Gangway gelangen Sie nun an Bord, meist bekommen Sie jetzt Ihre **Bordkarte** ausgehändigt (bei manchen Reedereien liegt sie auf der Kabine). Sie hat die Größe einer Kreditkarte, ist personalisiert und hat vielerlei Funktionen:

- Öffnen der Kabinentür
- Virtuelle *Kreditkarte* an Bord – nur damit kann man in Bars, Shops, SPA, Casino etc. bezahlen
- Aus- und Einchecken bei Landgängen
- Eintritt für Kinderclub
- Zahlen der kostenpflichtigen Getränke oder Bezahlrestaurants
- Eintritt in zugangsbeschränkte Bereiche (oft für Suiten-Gäste vorbehalten)

In der Praxis sieht es so aus, dass Sie diese Karte während des ganzen Urlaubes bei sich tragen. Möchten Sie nicht ständig eine Tasche mit sich herumschleppen, z.B. um nur mal kurz ins Buffetrestaurant oder zu einem Quiz zu gehen, empfiehlt sich ein **Schlüsselband mit einem Klarsichtmäppchen**. Gerade bei Kindern ist das sehr sinnvoll, damit die Karte nicht verloren geht. Zudem benötigen die Kinder die Bordkarte unbe-

dingt beim Ein- und Auschecken im Kinderclub. Nur wenige Reedereien verschenken so ein Mäppchen an die Kinder als Willkommensgruß – nehmen Sie deshalb eines von Zuhause mit!
Die Reederei *RoyalCarribean* ist gerade dabei, die Bordkarte alternativ durch **WOWband bracelets** zu ersetzen. Das Armband erfüllt die gleichen Funktionen wie die Bordkarte und ist für den Gast angenehmer zu tragen (und ist mit einem geringeren Verlustrisiko verbunden).

Wenn Sie das alles erfolgreich hinter sich gebracht haben, können Sie im Buffetrestaurant einen kleinen Snack einnehmen, das Schiff erkunden oder aber noch mal von Bord gehen, um durch die Hafenstadt zu bummeln. Nach einem Spaziergang können Sie mit Ihrer Bordkarte schnell und problemlos wieder an Bord und müssen sich nicht nochmal am Check-In anstellen. Folgen Sie stattdessen den Hinweisschildern „Transit"!
Aber: **Niemals ohne Reisepässe vom Schiff! Optimal ist es, sich eine Kopie der Ausweisdokumente in den Safe auf dem Schiff zu legen – für alle Fälle!**

Seenot-Rettungsübung

Als erstes sollten Sie sich informieren, zu welcher Uhrzeit die **obligatorische Seenot-Rettungsübung** für neue Passagiere stattfindet. Auf der Kabine liegt die **Tageszeitung** des Schiffes bereit, der Sie die **Zeitangabe** der Rettungsübung entnehmen können.

Je nach Reederei finden diese *„lässig im Restaurant"* bis hin zum *„Anziehen der Rettungswesten bei den Rettungsbooten"* statt. Auf jeden Fall wird diese wichtige Übung VOR dem Auslaufen aus dem Hafen angesetzt. Entsprechende Durchsagen machen Sie vor Beginn noch einmal explizit darauf aufmerksam. Der Safety-Drill **muss innerhalb der ersten 24 Stunden an Bord** absolviert werden. Verpassen Sie die Übung, bekommen Sie am nächsten Tag einen **Nachholtermin**. Wenn Sie diesen ebenfalls versäumen, können Sie sogar vom Schiff verwiesen werden!
Die Teilnahme an der Rettungsübung wird anhand Ihrer Bordkarte kontrolliert!!!
Bei den meisten Reedereien ist es üblich, die **Rettungsweste aus der Kabine**

zu der Seenotübung **mitzubringen**. Ziehen Sie die Rettungsweste zumindest einmal probeweise an, um im Notfall damit vertraut zu sein! Es gibt die **Rettungswesten in verschiedenen Größen**: für Babys, Kinder, Erwachsene und auch spezielle Westen für übergewichtige Passagiere. Falls die richtige Größe noch nicht in Ihrer Kabine bereit liegt, wenden Sie sich an das Kabinenpersonal! Keine Angst: im **Ernstfall** müssen Sie nicht zwangsläufig Ihre „eigene" Weste aus der Kabine holen – **bei den Rettungsbooten werden zusätzliche Lifejackets bereitgehalten.**

Im Rahmen der Seenotrettungsübung lernen Sie Ihre *Muster Station/ Assembly-Station* kennen. Das ist der **Sammelpunkt**, an den Sie sich im Notfall begeben müssen. Sie finden einen entsprechenden „Fluchtplan" meist an der Innenseite Ihrer Kabinentür. Hier können Sie auch Ihre *Muster Station* ablesen, **es handelt sich dabei um einen Buchstaben**. Zusätzlich finden Sie die Kennung ihres Sammelpunktes auf Ihrer Bordkarte. Auch für die Kinderclubs gibt es einen solchen Sammelpunkt. Dort können Sie im Notfall Ihr Kind abholen, ohne konfus auf dem Schiff nach Ihren Kleinen suchen zu müssen. Weiterhin erhalten Sie während der Rettungsübung Informationen über grundlegende Regeln für die Sicherheit an Bord. **Feuer** ist dabei ein wichtiges Thema, denn nichts wird auf einem Schiff mehr gefürchtet als ein **Brand!**

Übrigens: das akustische Signal für einen Notfall sind **sieben kurze Töne, gefolgt von einem langen Ton**! Das heißt aber noch lange nicht, dass das Schiff evakuiert wird! Denn diesen Befehl würde später der Kapitän geben – wenn es wirklich nötig wird! Es ist lediglich **das Zeichen, sich am Sammelpunkt zu treffen**. Wichtig im Ernstfall: nicht in Panik verfallen und die Anweisungen der Crew befolgen, denn die ist für den Ernstfall bestens geschult!

Übrigens muss die Crew wöchentlich eine spezielle **Mannschafts-Seenotrettungsübung** absolvieren, damit im Ernstfall auch jeder Handgriff sitzt und alles glatt läuft! Sie dagegen müssen die Seenotrettung nur einmal machen – auf jeder Reise! Egal wie viele Kreuzfahrten Sie schon unternommen haben: um die Seenotrettungsübung kommen Sie nicht herum. Das schreckliche Unglück der *Costa Concordia* hat sowohl Passagiere als auch Crew im Punkto Wichtigkeit der Rettungsübung sensibilisiert.

Auf dem Fernseher in Ihrer Kabine können Sie sich zusätzlich jederzeit ein Video der Rettungsübung ansehen.

In der **SOLAS** (*International Convention for the Safety of Life at Sea*) sind auf internationalem Niveau die Standards für die Schiffs-Sicherheit festgelegt. Die Konvention legt z.B. fest, dass für **125% der Personenkapazität Rettungsplätze zur Verfügung stehen müssen.** Damit sind aber nicht zwangsläufig Rettungs*boote* gemeint: auch die aufblasbaren Rettungs*inseln* zählen dazu!

An Bord: erste Orientierung

An Bord erwartet Sie eine eigene kleine Stadt! Die großen Schiffe verfügen hinter den Kulissen über riesige Küchen, eine Kläranlage, eine eigene Stromversorgung, eine Müllverbrennungsanlage, eine Krankenstation, eine eigene Bäckerei, Schneiderei & Wäscherei, Werkstätten und vieles mehr. Das ist auch nötig, wenn man bedenkt, dass hier 2.000 - 6.000 Passagiere und zusätzlich 1.000 - 2.000 Crewmitglieder leben!

Die meisten Passagiere, die das erste Mal an Bord eines Kreuzfahrtschiffes gehen, werden von der schieren Anzahl, Größe und Weitläufigkeit der Decks fast erschlagen und haben erstmal Probleme mit der grundlegenden Orientierung. Da fällt es manch einem Gast schon mal schwer, überhaupt die eigene Kabine ausfindig zu machen ☺.
Höherpreisige Reedereien haben hier einen besonderen Service: ein Crewmitglied empfängt Sie herzlich und begleitet Sie zu Ihrer Kabine. Im *Low-Cost-Cruise-Bereich* ist DIESER Service natürlich nicht drin…

Tipp: Ihre Kabinennummer zeigt Ihnen, auf welchen Deck die Kabine liegt, z.B **8**156 liegt auf Deck **8** und **12**577 auf Deck **12**…
Außerdem kann man schon von Zuhause aus auf der **Webseite der Reederei** einen **Deckplan Ihres Schiffes** einsehen und sich so schon mal einen groben Überblick verschaffen!

Die meisten großen Kreuzfahrt-Schiffe sind nach dem gleichen Prinzip aufgebaut (AiDA ausgenommen):

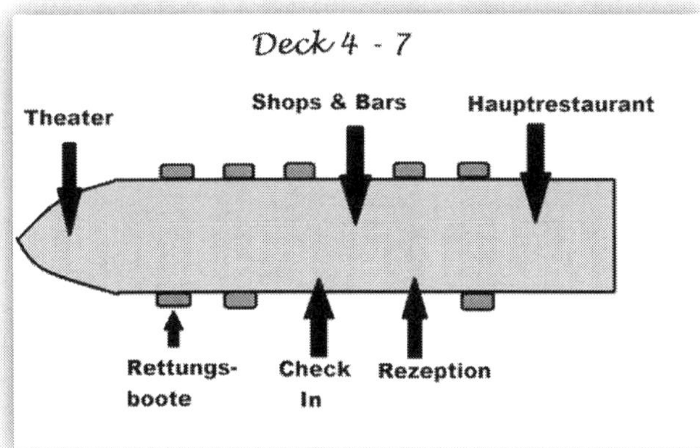

Deck 4 – 7: Sie checken auf einem dieser mittleren Decks ein!

Hier befinden sich – oftmals um ein schiffshohes Atrium gruppiert – über mehrere Decks verteilt die **Rezeption**, die **Shops**, das Casino, viele Bars, die „guten" **Haupt-Restaurants** und auch das **Theater**. Das Theater erstreckt sich über 2 - 3 Etagen und befindet sich auf fast allen Schiffen am Bug (also vorne ☺). AIDA macht hier eine Ausnahme: hier befindet sich das Theater mittschiffs.

Die Restaurants finden Sie in der Mitte bis hinten (dazwischen befindet sich die zentral benötigte Großküche). Auf Deck 4 - 7 befinden sich im Außenbereich die **Rettungsboote** und ein Außendeck. Wenn sie Glück haben, dann handelt es sich sogar um ein **Umlaufdeck**, sodass man hier ein geruhsames Verdauungsspaziergängchen machen kann (für die Raucher gibt es zudem hier draußen Raucherecken).

<u>Deck 6/7 – 12/13/14:</u> Je nachdem wieviele Stockwerke/Decks Ihr Schiff hat, befinden sich hier tausende **Kabinen.**

<u>Deck 12&13/14:</u> Im oberen Schiffs-Bereich befindet sich – wie kann es auch anders sein – der **Poolbereich**. Der Hauptpool ist immer mittschiffs zu finden – kleine Pools durchaus auch mal am Heck!

An den Poolbereich schließt sich meist auf dem gleichen Deck das **Buffetrestaurant** am Heck an. Der **Kinderclub** und die Disco sind auf Deck 12/13/14 ebenso zu finden wie der **SPA-Bereich** und der **Finess-raum** (beide fast immer vorne!)

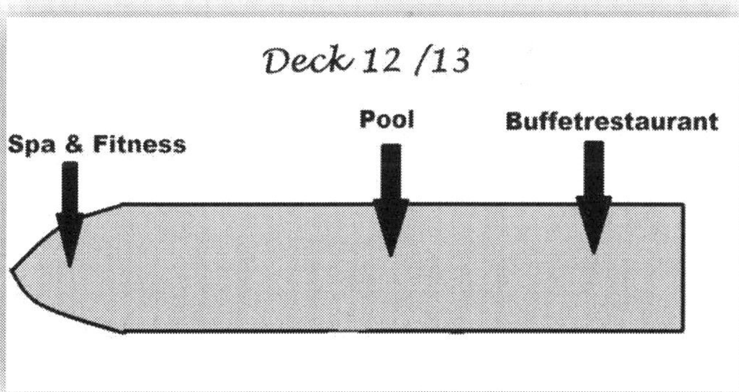

Tipp: Viele Schiffe bieten einen **„Blick hinter die Kulissen"** an. Im Büro für Landausflüge können Sie oft einen geführten Rundgang durch das Schiff buchen. Natürlich besuchen Sie nicht die „normalen" Passagierbereiche – die Ihnen ja ohnehin zur Verfügung stehen – sondern die *„restricted areas"* im Bauch des Schiffes. Es ist wirklich interessant, einen Blick hinter das Theater zu werfen, zu sehen wie in der Großbäckerei täglich 30.000 Brötchen gebakken werden, die Lagerräume und die Schneiderei zu besuchen oder einen Blick in eine Crew-Kabine zu werfen! Die Führungen dauern meist 1½ - 2 Stunden, Sie werden jedoch von Security-Personal begleitet, damit auch ja keiner verloren geht ☺.**Die Kosten variieren je nach Reederei, sind jedoch meist um die 30 € anzusiedeln.**

Ein **Besuch auf der Brücke** ist auf großen Kreuzfahrtschiffen in den letzten Jahren leider **nicht mehr möglich**, vereinzelte Schiffe verfügen aber über einen **„Bridge-Viewing-Room"**, von dem aus Sie (hinter dicken Glasscheiben) die höchsten Offiziere beim Navigieren des Schiffes beobachten können, z.B. auf der *NCL Spirit.*

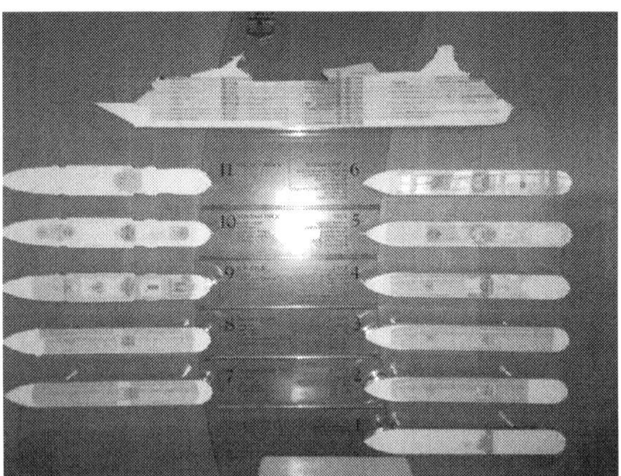

Orientierungshilfe für die ersten Tage…

Gerade im Sommer ist der **Poolbereich** einer der begehrtesten Orte am Schiff. Jedes Schiff verfügt über 1 oder 2 **Hauptpools**, einen **Kinderbereich** und einige **Jacuzzies** (Whirlpools). Diese sind je nach Reederei für Kinder unter 16 Jahren gesperrt – oder für alle frei zugänglich... Auf vielen Schiffen finden Sie **Wasserrutschen**, die aber – genau wie die Pools – geregelte Öffnungszeiten haben (diese finden Sie in Ihrer Bord-Zeitung). Die Pools sind in der Regel von 7.00 - 20.00 Uhr, die Jacuzzis oft etwas länger geöffnet. Bei extrem starken Seegang werden die Jacuzzis und Pools mit Netzen abgedeckt (damit auch ja niemand reinfällt), oder es wird gleich ganz das Wasser abgelassen (sonst fänden Sie am nächsten Morgen das Pooldeck geflutet vor). Leider hat sich die **Unsitte** breit gemacht, bereits morgens **mit einem Handtuch Pool-Liegen zu „besetzen“**. Rennt man also nicht schon vor dem Frühstück aufs Pooldeck hoch um bei diesem Unsinn mitzumachen, kann man nur auf sein Glück hoffen, dass etwas frei wird ☹.

Einige Schiffe verfügen zusätzlich über innenliegende Poolbereiche – perfekt für eine Kreuzfahrt in der Nebensaison.

Zur Info: die Hauptpools sind mit Salzwasser gefüllt, die Jacuzzis mit Süßwasser!

Unmittelbar vor dem Poolbereich schließt sich auf jedem Schiff ein weitläufiger **Wellness- und Spa-Bereich** an. Die Massagen, Anwendungen und Dampfbäder sind freilich **nicht kostenlos**. Das integrierte **Fitnessstudio** steht deutschen Trainings-Tempeln jedoch in nichts nach und ist **immer gratis**! Nehmen Sie also ein Sportdress und Turnschuhe von Zuhause mit! Eine Joggingstrecke führt meistens ein Deck über den Pools in einer Art Galerie rund um das Schiff.

Jedes Schiff verfügt über einen (eingezäunten) **Sportplatz**, meist auf dem obersten Deck am Heck des Schiffes (hinter dem Schornstein). Fußballtore und Basketballkörbe laden zu einem kleinen Match mit Mitreisenden ein.

Lesen Sie das Programm Ihrer Kreuzfahrtzeitung: in regelmäßigen Abständen beraumt das Animationsteam Matches an!

An Deck gibt es bei vielen Schiffen Dame/Schach, Shuffleboard, Kletterwände, Sportplatz, Minigolf, Tischtennis oder die verschiedensten Brettspiele im Kartenraum.

Tipp: Wenn Sie gerne Tischtennis spielen, dann nehmen Sie eigene Schläger & Bälle mit, dann sind Sie unabhängig von der *Sportausleihe* und können spielen wann sie wollen! Zudem sind die schiffseigenen Schläger oft in einem schlechten Zustand. Manche Reedereien sind so frech und verkaufen die Bälle für 1 € pro Stück ☹.

Theater & Unterhaltung

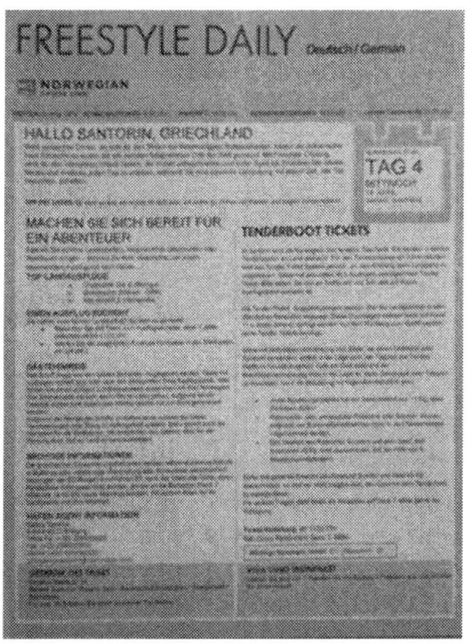

Viele Livebands spielen abends in den Bars, und täglich können Sie zu zwei oder drei verschiedenen Zeiten **Theatershows** genießen. Die Shows sind den Sitzungen in den Hauptrestaurants angepasst. Wenn Sie die Wahl haben, besuchen Sie die erste Show, da bei Seegang die Zusatzveranstaltung gelegentlich ersatzlos gestrichen wird. Und Essen können Sie auf Kreuzfahrtschiffen jederzeit und überall … Die Shows sind meist wirklich ausgesprochen gut und auf jeden Fall qualitativ mit Musicals und Shows an Land zu vergleichen. Nur dass ein Musical in Großstädten normalerweise ab 50 € aufwärts kostet! Tauchen Sie ein in die Welt der Magier, Akrobaten, Sänger und Tänzer! Ein **must-have** auf jedem Schiff!

Eine tägliche **Cruisezeitung** verschafft den Passagieren Überblick über die reichhaltigen Angebote und ist wichtig für **An- und Ablegezeiten** des Schiffes. Zudem liefert sie Ihnen nützliche allgemeine Informationen zu Wetter, Position des Schiffes/Route und oftmals auch zu den angelaufenen Häfen. Diese Zeitung, die jedes größere Kreuzfahrtschiff herausgibt, stellt auch zuhause eine schöne Erinnerung dar.

Es gibt Poolpartys, *White Evening, Captain's Dinner* – Langeweile kommt bestimmt nicht auf. Wenn Ihnen dieser ganze Trubel zu viel ist, finden Sie in den vielen Bars, Lounges und öffentlichen Räumlichkeiten immer ein stilles Fleckchen zum Entspannen, oder Sie machen einen Spaziergang an Deck rund um das Schiff.

Haben Sie dennoch unlösbare Fragen, so hat die **Rezeption** 24 Stunden geöffnet, zeitweise auch mit deutschsprachiger Besetzung. Trotz allem sollten Sie sich bewusst darüber sein, das viele Kreuzfahrtschiffe international sind, aber mit ein wenig Englisch ist dies kein Problem (im Anhang dieses Buches finden Sie die wichtigsten „*nautischen*" Begriffe für Kreuzfahrer☺).
Das Hotelpersonal (also der Kabinen-Steward) kommt zum Großteil aus dem asiatischen oder pazifischen Raum; hier ist Englisch ebenfalls Grundlage. Der Service ist fast ausschließlich perfekt, viele Kabinenstewards erfreuen die Gäste sogar mit niedlichen Handtuchtieren und anderen kleinen Aufmerksamkeiten.
Tipp: wenn Sie ein *nicht ganz so dringendes* Problem haben, gehen Sie mit Ihrem Anliegen in den **Nacht- oder frühen Morgenstunden** zur Rezeption. Diese ist nämlich 24 Stunden besetzt und der Mitarbeiter wird sich – egal um welche Uhrzeit – immer zuvorkommend um Ihr Problem kümmern. Nur mit dem Unterschied, dass Sie erstens **nicht in einer elendslangen Warteschlange anstehen** müssen und zweitens der Mitarbeiter **sehr viel Zeit für Sie** und Ihr Problemchen hat...

Für die Wertsachen der Passagiere befindet sich in jeder Kabine ein kleiner **Safe,** der entweder mittels selbstgewähltem Zahlencode oder Ihrer Bordkarte bedient wird. Aber auch ohne Safe brauchen Sie sich keine allzu großen Sorgen machen, falls Sie nicht gerade millionenschwere Kronjuwelen mit sich führen: gerät der Kabinensteward in den Verdacht eines Diebstahls, sind seine Tage an Bord gezählt. Vergessen Sie Ihre Tasche, Kamera etc. in den öffentlichen Bereichen des Schiffes, sieht es schlechter aus (da nicht jeder Passagier so ehrlich ist wie die Crew). Als „Fundbüro" fungiert die Rezeption, das Personal gibt Fundsachen nach Dienstschluss dort ab.

Essen

Nun zum Lieblingsthema der meisten Passagiere: das **Essen**!
Der größte Teil der angebotenen Gerichte ist **in Ihrer Vollpension bereits inklusive**. Nur in wenigen Spezialfällen müssen Sie separat mit Ihrer Bordkarte bezahlen.

Sie werden an Bord die Wahl zwischen einem **Buffetrestaurant**, einem **exklusiven Bedienrestaurant** und diversen **zahlungspflichtigen Spezialitätenrestaurants** haben. Zusätzlich gibt es noch dutzende Bars und Lounges.

In den meisten Fällen sind die Essenszeiten der **Hauptrestaurants** in zwei sogenannte **„Sitzungen"** aufgeteilt. Der Start ist bei der ersten Sitzung meist gegen 18.00/18.30 Uhr und die zweite Sitzung schließt sich ca. 20.00/20.30 Uhr an. Sowohl das Restaurant als auch die Sitzungszeit und die Tischnummer werden Ihnen beim Check-In fest vorgegeben! Änderungen sind auf Anfrage jedoch oft möglich. Der *Maítre* achtet im Allgemeinen darauf, Personen mit der gleichen Nationalität/Sprache am selben Tisch zu gruppieren. Falls Sie mit Freunden unterwegs sind, können Sie die Buchungen im Reisebüro miteinander verknüpfen lassen, damit die Gruppe automatisch einen Sitzplatz am gleichen Tisch bekommt.

Ausnahme: die Reedereien „NCL" sowie „AIDA" und „TUI-Mein Schiff" verzichten auf fixe Essenszeiten und bieten „Freestyle Dining" an.

Sie können problemlos die Speisekarte rauf und runter bestellen, denn die Portionen sind gewöhnlich sehr klein. Auch wenn Sie den Hauptgang zweimal ordern oder dreimal das leckere Dessert: keiner wird sich daran stören. Da ein einziges 5-Gänge-Menü dieser Qualität in Deutschland um die 40 - 50 € kostet, ist das **kostenlose Bedienrestaurant** für die meisten Passagiere – vor allem am Abend – die erste Wahl.

Haben Sie während Ihrer Reise **Geburtstag**, feiern Sie einen **Hochzeitstag** oder haben einen anderen **Anlass zum Feiern**? Kein Problem: bestellen Sie bei der Rezeption einen Geburtstagskuchen, der dann abends im Hauptrestaurant serviert wird! Ein Happy-Birthday-Ständchen einer Truppe Kellner inklusive! Bezahlen müssen Sie den Kuchen entweder selbst (so um die 15 €) oder er wird Ihnen von der Reederei spendiert (z.B. ab einem bestimmt *Club*-Status).

Falls Sie ein schnelles Essen wünschen, können Sie alternativ das kostenlose **Buffetrestaurant** benutzen. Allerdings werden dort oft ähnliche Speisen serviert, die zwar meist sehr gut schmecken, aber von der Qualität und Vielfalt bei Weitem nicht an die Hauptrestaurants herankommen. Zum Frühstück ist das Buffet jedoch meist die bessere Wahl, denn gerade morgens hat man es oft extrem eilig (um z.B. für einen Landgang vom Schiff runter zu kommen).

Die Reedereien übertrumpfen sich gegenseitig an Kreativität bezüglich ausgefallener Events und Buffets: es gibt bayrische Frühschoppen, Halloween- und Osterbuffets bis hin zu schokoladigen **Chocoholic-Mitternachts-Buffet!**

Viele Schiffe bieten einen **Roomservice** an, der das am Vorabend bestellte Frühstück gratis auf Ihre Kabine bringt. Hier hat die Balkonkabine einen deutlichen Vorteil aufzuweisen...

Nicht im Reisepreis inkludiert sind die exklusiven **Spezialitätenrestaurants** in Form von Sushi-Bars, Teppanyaki-Show-Köchen, deftigen Steakhäusern, einem Irish Pub oder der original italienischen Pizzeria... Viele Zuzahl-Restaurants haben einen Festpreis pro Besuch, bei einigen wenigen müssen Sie jedoch die Gerichte einzeln bezahlen.

Getränke

Wo Essen ist, sind die **Getränke** meist nicht weit! Ein großes **Potential zum Sparen sind die Getränke**. An Bord gibt es 24 h gratis stilles Wasser (bei manchen Reedereien jedoch mit Chlor versetzt) und zu Frühstückszeiten Milch, Fruchtsäfte, Tee, Kakao und Kaffee. Alle anderen Getränke (z.B. Softdrinks, Weine, Bier, Getränke in Bars, Cocktails) müssen Sie separat bezahlen. **Man bezahlt entweder jedes Getränk einzeln oder bucht ein Getränkepaket.**

Reist man mit vier Personen (Familie mit zwei Kindern), kostet ein umfassendes **Getränkepaket** im Schnitt 20 € pro Person und Tag. Bei einer zehntägigen Reise sind dies dann nochmals ca. 800 € mehr auf der Kreditkarte. Dafür können Sie manchmal schon eine neue Reise für zwei buchen! **Das Getränkepaket muss für die komplette Kreuzfahrt und für ALLE Passagiere in der Kabine gebucht werden!** Entscheiden Sie sich dagegen und ordern den einen oder anderen Drink an der Bar, so wird ein Serviceentgelt von 15% des Preises zusätzlich erhoben.

Einige Reedereien wie „TUI-Mein Schiff", „AIDA" und neuerdings auch „Celebrity Cruises" und „NCL" haben die meisten Getränke inklusive, nur wenige Ausnahmen müssen separat bezahlt werden. Auch das Service-Entgelt in den Bars ist hier bereits enthalten.

Es ist aber durchaus bei vielen Reedereien möglich, eigene nichtalkoholische Getränke mit an Bord zu bringen. Wem Leitungswasser/Kaffee reicht und wer sich in den Häfen die eine oder andere Wasser- oder Softdrink-Flasche kauft und im Rucksack mit an Bord nimmt, muss zumindest nicht auf die teure Minibar der Kabine zurückgreifen. In jedem Hafen finden Sie einen günstigen Laden, in dem Sie drei Liter Marken-Cola günstiger bekommen als ein kleines Wasser an Bord! Die Reste, die Sie auf Ihrem Landgang nicht trinken, können Sie problemlos mit an Bord bringen. Zugegebenermaßen ist dies nicht jedermanns Sache, aber man kann sich schon mal im Vorfeld Gedanken darüber machen. Und vielleicht die eine oder andere Flasche von Zuhause oder aus dem Hafen mitnehmen!
Achtung: Alkoholische Getränke dürfen nicht mit an Bord gebracht werden!

Käpt'n Känguru empfiehlt:
Gratis bekommt man 24 Stunden **Wasser, Milch und Tee/Kaffee**. Für die Landgänge können Sie im lokalen Supermarkt günstig Getränke erwerben und die Reste mit an Bord bringen!

Internet

Möchten Sie auch auf der Kreuzfahrt nicht auf eine **Internetverbindung** verzichten? Zu horrenden Preisen kann man über eine Satellitenverbindung in speziellen Interneträumen an Bord des Schiffes im WorldWideWeb surfen oder das Bord-WLAN nutzen.
Gratis können Sie bei Landgängen ins Internet! Man findet in wirklich jedem Hafen mit einem bisschen Suchen ein offenes WLAN!
Der Insider-Tipp lautet hier: ***„Follow the crew!"***
Denn auch die Besatzung möchte mit der Heimat kommunizieren und kennt in jedem Hafen eine schiffsnahe kostenlose Internetverbindung.
Finden Sie gar kein öffentliches Netz, dann können Sie in einem Restaurant mit *Free-WIFI* (Schilder am Eingang beachten!) einen Kaffee genießen und nebenbei surfen. Ohne Datenvolumen oder Minutenabrechnung ist dies wesentlich günstiger als auf dem Schiff.

Service-Entgelt

Zu guter Letzt noch ein paar Informationen zum **Service-Entgelt:** So ganz „pauschal" oder „all-inclusive" wie oft angepriesen, ist die Kreuzfahrt dann letzten Endes doch nicht immer! Über viele Jahrzehnte war es bei fast allen Reedereien üblich, dass jeder Passagier eine tägliche **Service-Pauschale** (10 - 20 €) entrichten MUSS. Bedenken Sie, dass dieses „Trinkgeld" nicht nur Ihrem Kellner und dem „Room-Service" zu Gute kommt, sondern auch den Hunderten Angestellten unter Deck, die Sie nie zu Gesicht bekommen (z.B. Wäscherei, Küche...). Eine Transparenz, wohin dieser nicht unerhebliche Betrag tatsächlich verschwindet, ist allerdings nicht gegeben.

Laut einem **Urteil vom Bundesgerichtshof im Mai 2015** darf dieses Serviceentgeld nicht mehr als „Überraschung" im Kleingedruckten auftauchen, sondern **muss in den Reisepreis mit eingerechnet sein**.

Das erhöht für die Passagiere die Transparenz und die Vergleichsmöglichkeiten zwischen den Reedereien, Reiseveranstaltern und Reisepreisen. Seit diesem Urteil ist das ehemalige Zwangs-Trinkgeld für deutsche Passagiere nur noch **freiwillig** – Sie können es jederzeit ohne Angabe von Gründen bei der Rezeption stornieren!! Viele am deutschen Markt relevante Reedereien haben daraus ihre Konsequenzen gezogen und das Serviceentgelt im (jetzt deutlich höheren) *Premium-All-Inclusive-Reisepreis* versteckt. Bei den anderen Reedereien (z.B. MSC) werden die Trinkgelder noch immer automatisch von Ihrem Bordkonto abgezogen. Für eine gewünschte Stornierung müssen Sie selbst aktiv werden! Erkundigen Sie sich im Vorfeld bei Ihrem Reisebüro oder bei Ihrer Reederei, damit der Schock bei der Abrechnung nicht zu groß ist!

AIDA	**inklusive**
Carnival	12 €
Celebrity	13,50 - 17 €
Costa	**inklusive**
Cunard	11,50 - 13,50 €
Holland America	12 - 14 €
MSC	10 € (freiwillig)
Mein Schiff	**inklusive**
Princess	12,95 - 13,95 €
NCL	**inklusive**
Royal Carribean	13,50 - 16,50 €

Abgesehen davon gibt es noch eine lange Liste schöner Dinge an Bord, die so richtig ins Geld gehen: die Bilder des Fotografen, der Cocktail an der Bar, die Casinorunde am Abend, das Mitbringsel aus dem Schiffs-Shop, eine Massage oder das Internet... um nur mal ein paar zu nennen. Es bleibt nur zu raten, sich bei allem **vorher zu informieren und hin und wieder das Bordkonto zu checken.** Das kann man ganz einfach bei der Rezeption. Manche Reedereien bieten hierfür auch interaktives TV/Totems oder Service-Terminals an.

Cruise mit Kids!

Selbst kleine Kinder im Kindergartenalter finden Kreuzfahrten gigantisch gut! Aber man muss sich speziell auf die kleinen Gäste einstellen.
Selbst Babys gehen schon auf Kreuzfahrt. Solange das Ziel keine 12-stündige Flugreise in ein raues Klima darstellt, spricht nichts gegen eine Cruise mit Baby. Im Gegenteil: für die Eltern bzw. die gestresste Erziehungsperson bedeutet es eine drastische Erholung und Erleichterung: **Kein kochen, putzen, waschen,** denn alles wird für den Gast erledigt... Die frisch gebackenen Eltern haben den ganzen Tag uneingeschränkt Zeit für ihre kleine Familie. Schon **ab etwa 6 Monaten** dürfen Babys bei den meisten Reedereien mit an Bord. **Kinderwagen sind an Bord kein Problem** und können fast immer im Gang unmittelbar vor der Kabine abgestellt werden. Alle öffentlichen Einrichtungen auf dem Schiff sind sowieso barrierefrei. Flaschenwärmer und anderes Babyzubehör werden meist im Kinderclub verliehen – Sie müssen das „Zubehör" also nicht mitbringen. Selbstverständlich verfügen alle Restaurants über einige Hochstühle.

Wichtig ist eine Kinderreiseapotheke mit Zäpfchen gegen Übelkeit, Fiebersaft, Pflaster und – ganz wichtig – Sonnencreme.
Da gerade die Innenkabinen bei ausgeschaltetem Licht stockdunkel sind, empfehle ich Ihnen ein kleines Nachtlicht. Sind Sie mit Nachwuchs unterwegs, sollten Sie auch immer an eine *kindersichere* Mehrfachsteckdose denken, damit Sie Ladegeräte, Föhn, Nachtlicht etc. gleichzeitig verwenden können.
Sehr sinnvoll ist ein Schlüsselband mit einer Klarsichthülle daran, um die Bordkarte sicher aufzubewahren. Bei größeren Kindern, die selbständig zu Kinderclub und Poolbereich gehen – und diesen auch wieder verlassen – ist dies sehr wichtig! Es kostet sehr viel Zeit und Umstände, eine verlorene Karte zu ersetzen – und ohne Karte kommt man zu keinem Landgang von Bord!

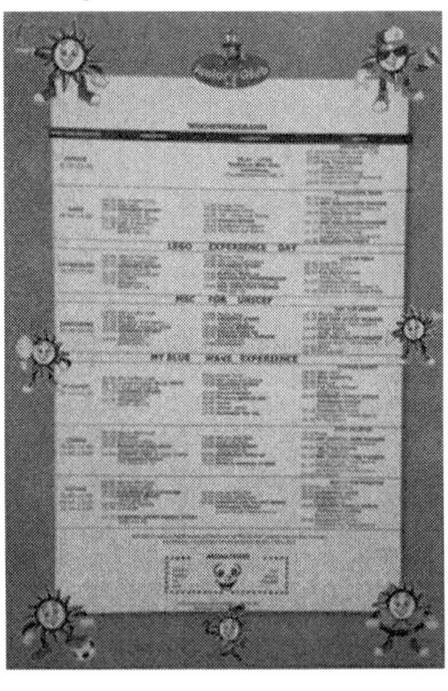

Für Kinder und Jugendliche von 3 bis 17 Jahren haben alle großen Reedereien ein spezielles **Kinder- und Jugendprogramm**. Die Betreuung erfolgt in kindgerecht eingerichteten Räumen nach Altersgruppen aufgeteilt: Kleinkinder, Kinder und Teens.

Sogar ein separates Programmheft über spezielle Veranstaltungen und Treffpunkte gibt es. Fast immer treten die Kinder am Ende der Reise mit einem eingeübten Stück im Theater auf, z.B. mit akrobatischen Kunststückchen oder als Clowns. Es gibt Kinderolympiaden, Sportveranstaltungen, Mal- und Bastelaktivitäten, Pyjamapartys, Themenabende, gemeinsames Essen usw. Eine deutschsprachige Betreuung ist leider nicht immer vorhanden. Notfalls übersetzen aber auch größere Kinder oder die lieben Kleinen verständigen sich mit Hand und Fuß und schließen so auch mit fremdsprachigen Kindern schnell Freundschaften.

Für viele Kinder sind die Pools und die Rutschen ein Anzugsmagnet. Oft sind die **Pools** jedoch mit ungeheiztem **Meerwasser** gefüllt, auch die Kinder-bekken! Falls Ihre Kinder unter empfindlichen Augen leiden, nehmen Sie eine **Schwimmbrille** mit! Die Jacuzzis enthalten zwar Süßwasser, sind aber meistens für Kinder unter 12 gesperrt – auch wenn diese Vorschrift kaum durchgesetzt wird. Vergessen Sie nicht Badeschuhe/Bademantel für den Weg zum Pool, eine Badekappenpflicht besteht aber nicht.
Reisen Sie in einem warmen Monat, wollen die Kinder oftmals gleich nach der Anreise den Pool ausprobieren, solange das Schiff noch im Hafen liegt und keine Aktivitäten angeboten werden. Da die Koffer erst gegen Nachmittag/Abend in die Kabine kommen, können Sie einfach **Badebekleidung im Handgepäck** griffbereit haben. Handtücher gibt es immer und überall auf dem Schiff.

Gerade für Kinder bietet sich das unkomplizierte Essen im Buffetrestaurant an. Aber nach einem anstrengenden Landgang mit entsprechend langen Laufstrecken kommen die meisten Kinder bereitwillig (und ein wenig müde) mit ins „gute Restaurant“. Dort gibt es **spezielle Speisekarten für Kinder** – meist als buntes Faltblatt, das während der Wartezeit ausgemalt werden kann.

Auch die **Landausflüge** können Sie schön an die Kinder anpassen. Der Vorteil bei selbst organisierten Ausflügen ist, dass Sie sich ganz auf die Bedürfnisse (kleiner) Kinder einstellen können und nicht mit dem schiffsorganisierten Herden-Ausflug *mitmüssen.* In jeder Hafenstadt finden Sie einen Kinderspielplatz, auf dem Sie mit Ihren Kindern eine Pause einlegen können. Ebenso können Sie im Vergleich zu Schiffsausflügen die Ziele besser auf Kinder abstimmen, z.B. Aquarien, Festungen/Ruinen, Strände... Die Kleinen finden natürlich keinen Gefallen an Verkaufsveranstaltungen oder Weinverkostungen (die in vielen Ausflügen der Reedereien integriert sind)!
Tipp für die Eltern: Oft finden Sie in den an den Hafenbereich angrenzenden Stadtteilen bei Restaurants und Wohnhäusern **WLAN-Netze UND Spielplätze**... damit ist allen in der Familie gedient ☺

Landgang

Nachdem Sie nun grundlegend über das Schiff informiert sind, ein paar Worte zu Ihrem geplanten **Landgang**!

- Nehmen Sie ein Exemplar der **Bordzeitung** in Ihrem Handgepäck mit. Darauf stehen die Adresse der zuständigen **Hafenagentur**, die **Notfalltelefonnummer des Schiffes** und wichtige Infos wie die Deadline **„letzter Mann an Bord".**

- Nehmen Sie ein **Handy** mit, um notfalls das Schiff erreichen zu können!

- Essentiell wichtig ist es, die Uhr auf die **richtige Zeitzone** einzustellen! An Bord mag die Zeitumstellung von 1 Stunde gar nicht so ins Gewicht fallen – bei der Abfahrt des Schiffes schon! Achten Sie deshalb täglich auf die Ankündigungen der Bordzeitung.

- Nehmen Sie immer etwas **Bargeld und eine Kreditkarte** mit auf Ihren Landgang – von irgendwas müssen Sie schließlich das Flugticket bezahlen, wenn das Schiff weg ist...

- Einige Reedereien hinterlegen den Reisepass zurückgebliebener Passagiere beim Hafenagenten – verlassen Sie sich aber lieber mal nicht drauf... Besser ist es, den **Pass** (sicher verwahrt) dabei zu haben. Oder zumindest eine **Kopie** davon, um die Bürokratie des deutschen Konsulats zu beschleunigen.

Haben Sie einen Ausflug über das Schiff gebucht, treffen Sie diese Sorgen nicht, denn Ihr Kreuzfahrtschiff wartet auf jeden Schiffsausflug. Kann der Kapitän dennoch nicht auf die Passagiere warten, organisiert die Reederei Transfer und gegebenenfalls ein Hotel.

Legt das Schiff nun endlich in einem Hafen an, gibt es prinzipiell zwei Möglichkeiten an Land zu kommen

1. Das Schiff **dockt** an einem Kai an. Somit kann man einfach von Bord gehen und über das Terminal den Hafenbereich verlassen. Ist die Strecke zwischen Schiff und Terminal etwas größer, werden kostenlose **Shuttlebusse** eingesetzt, oft auch, damit die Passagiere nicht unkontrolliert und planlos im Hafenbereich herumrennen.

2. Das Schiff geht ein Stück außerhalb vor Anker und die Passagiere werden mit **Tenderbooten** an Land gebracht. Das können schiffseigene Beiboote sein, einige Häfen z.B. Santorini, unterhalten einen hafeneigenen Tenderverkehr.
   Damit der Andrang im Ausgangsbereich nicht zu groß wird, werden morgens auf dem Schiff **Tendertickets** ausgegeben. Sie warten dann in einem öffentlichen Bereich, bis Ihre Nummer aufgerufen wird und werden mit dem Tender übergesetzt. Bei großen Schiffen kann sich das über 2 Stunden hinziehen! Möchten Sie zeitnah von Bord gehen (die Liegezeiten sind sowieso meist nicht lange), sollten Sie sich **frühzeitig ein Tenderticket besorgen** (wo sie die bekommen verrät Ihnen die Cruise-Zeitung).

Das lange Warten auf das Tenderticket... eine Warteschlange mit Stühlen am Pooldeck ☺

TIPP: Eine Person kann auch Tendertickets für mehrere Passagiere abholen, d.h. nicht die ganze Familie muss sich langwierig anstellen. Sind die meisten Passagiere von Bord, gibt es ein **offenes Tendern**, d.h. Sie können zum Ausgang gehen und dort ohne Ticket in ein Tenderboot steigen. Bei der Fahrt zurück zum Schiff gibt es übrigens keine Tickets mehr!

Check out

Ich hoffe, Ihre Kreuzfahrt war genauso wunderschön wie es unsere über 20 Cruises stets waren.

Das Letzte, was nun noch zu erwähnen ist, betrifft den **Check out**. Viel können Sie nicht verkehrt machen, denn die Reederei achtet schon von selber scharf drauf, dass ja alle von Bord gehen ☺.

Am letzten Abend bekommen Sie eine **Abrechnung Ihres Bordkontos** auf Ihre Kabine. Bleibt zu hoffen, dass der Schock nicht allzu groß ist...
Wenn Sie sich über ungerade Beträge der gekauften Getränke wundern: das entsteht durch die **Servicegebühr** – und die beträgt 15 % des jeweiligen Getränkepreises! Bei einem Getränkepaket ist dies bereits inklusive.

Prüfen Sie die Abrechnung ganz genau – von Deutschland aus brauchen Sie nichts mehr reklamieren! Wenn Sie Fragen haben, wenden Sie sich an die Rezeption...

Bei den meisten Passagieren werden die ausstehenden Kosten automatisch von der Kreditkarte abgezogen. Alternativ kann man bei vielen Reedereien die Rechnung an der Rezeption in bar bezahlen. Achten Sie auf jeden Fall darauf, dass Ihr Bordkonto ausgeglichen ist, sonst haben Sie am Abreisetag Probleme beim Check out...

Ihr Kabinensteward legt Ihnen am letzten Abend **bunte Kofferanhänger** in die Kabine. Welche Farbe das ist, hängt mit Ihrem Deck und Ihrer Abreise-Art zusammen. Sie müssen nun **bis Mitternacht** Ihren **etikettierten Koffer auf den Gang stellen**. Die Crew-Heinzelmännchen schaffen ihn am nächsten Morgen von Bord und stellen ihn in eine gigantische Terminal-Halle – gefüllt mit tausenden anderer Koffer. (*Ok, etikettenfarblich vorsortiert, aber nervig ist die Sucherei im Abreisestress trotzdem !)*

Für Passagiere, die Flüge und Busverbindungen über die Reederei gebucht haben, wird der *Check out* von seiten des Schiffes natürlich zeitnah zu ihrer Weiterreise gelegt.
Alle anderen können schauen, wo sie bleiben: erstmal in diversen **Bars, Lounges oder Lobbys**, denn die eigene Kabine musste man um 8.00 Uhr verlassen und das Buffet ist erwartungsgemäß hoffnungslos überfüllt. Und die Warterei kann sich bei bis zu 6500 Passagieren stundenlang hinziehen. Zumindest steht auf dem farbigen Kofferabschnitt, WANN es für Sie losgeht. Diese Info finden Sie auch in einer Tabelle in der letzten Ausgabe Ihrer Cruise-Zeitung.
Viele Reedereien bieten einen **Handgepäck-Aufbewahrungs-Service** an: es handelt sich meistens um eine Bar oder Lounge, in der Sie Ihr Handgepäck abgeben und bis zum Check Out gesichert aufbewahren lassen können. So müssen Sie Rucksack & Co nicht stundenlang mit durchs Schiff schleppen.

Wenn Sie die Abreise (Bus, Flug) über die Reederei gebucht haben, müssen Sie auf jeden Fall die offizielle „Herden-Ausschiffungs-Methode“ wählen, denn nur so kommt Ihr Koffer auch da hin, wo er hin soll! Denken Sie auf jeden Fall daran, **Kleidung für den nächsten Morgen** in der Kabine zu lassen... hier gab es schon viele peinliche Pannen! Oder wollen Sie Ihren letzten Cruise-Tag im Pyjama starten?

Wir haben das nie gemacht, denn es geht viel angenehmer!
Es ist möglich einen – zugegebenermaßen etwas inoffiziellen – **Easy-Check-out** zu machen, indem man am Abreisetag **die Koffer selbst mit von Bord nimmt!**
Manche Reedereien bieten dies von sich aus an, aber auch bei den anderen hatten wir noch nie ein Problem. Einfach die Koffer am letzten Abend nicht vor die Türe stellen (und freundlicherweise dem Steward Bescheid sagen)! Sie ersparen sich lange Wartezeiten, können von Bord gehen sobald Sie möchten und müssen Ihren Koffer nicht suchen!
Keiner ist Ihnen böse, denn Sie verlassen zeitig das überfüllte Schiff und transportieren Ihr Gepäck auch noch selbst!
Das macht natürlich nur Sinn, wenn Sie so zeitig wie möglich vom Schiff wollen (oder wegen einem selbstorganisierten Flug MÜSSEN). Denn ansonsten zerren Sie den ganzen Vormittag Ihren Koffer unnötig mit sich rum.
Ihr Vorteil: **das langwierige Koffersuchen im Terminal und die nervige Warterei auf dem Schiff entfallen** ☺.

Achten Sie darauf, dass Sie **ALLES aus der Kabine mitnehmen**. Sie können nach dem Auschecken NICHT MEHR auf das Schiff zurück! Auch nicht am gleichen Tag – und auch nicht wenn Ihnen im Terminal siedend heiß einfällt, dass die Jacke samt Autoschlüssel über dem Stuhl im Buffet hängt!

Wellen

Eine Welle ist nicht nur ein Schluck Wasser, der ein wenig umherschwappt: Es gibt die unterschiedlichsten komplexen Wellenarten und noch komplexere Formeln, um dies zu berechnen.
Vereinfacht gesehen ist eine Welle so aufgebaut:

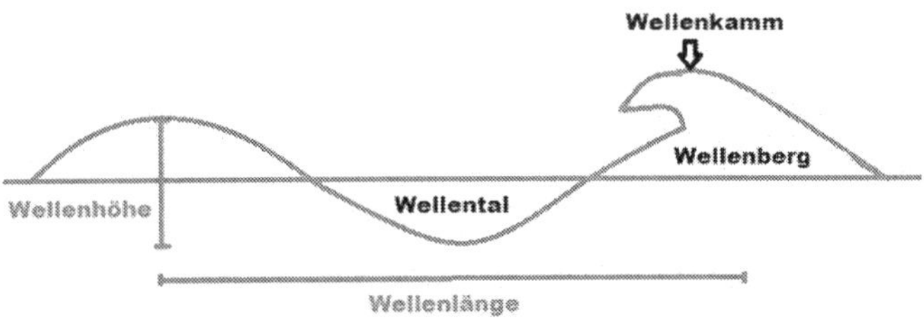

Das Gefährliche bei Wellen ist nicht der sichtbare Wellenkamm, sondern die **tückischen Unterströmungen**, die das Wasser in den Tiefwasserbereich zurücksaugen. Viele Schwimmer sind sich der gewaltigen Kräfte des Wassers nicht bewusst und haben ab einem bestimmten Punkt keine Chance mehr alleine an Land zurückzukommen. Denken Sie daran wenn Sie an einem Strand schwimmen gehen!

Gezeiten

Die **Fliehkraft der Erdrotation** sowie die **Gravitationskräfte** von Mond und Sonne führen zu **täglichen periodischen Wasserbewegungen** der Ozeane – auch Gezeiten oder **Tiden** genannt. Als *Flut* bezeichnet man das ansteigende Wasser zur Küste hin, das ablaufende Wasser Richtung Tiefsee wird *Ebbe* genannt. Der Höhenunterschied zwischen den beiden Wasserständen ist der **Tidenhub**. Ein Zyklus von Ebbe und Flut dauert exakt **12 Stunden und 25 Minuten.** Durch den Rhythmus der

Gezeiten sammelt sich das Wasser der Ozeane in einem sogenannten Flutberg an. Einer entsteht auf der dem Mond zugewandten Seite der Erde und ein zweiter auf der genau gegenüberliegenden Seite.
An der Küste staut sich das Wasser viel mehr, deswegen sind die Gezeiten hier sehr gut sichtbar. **Auf Ihrem Kreuzfahrtschiff spüren Sie rein gar keine Auswirkungen der Gezeiten, denn der Wasserstand ändert sich nur um ca. 30 cm**.
Krass: In der *Bay of Fundy* in Kanada beträgt der Tidenhub normalerweise 13 Meter, der **Rekord von 21 Metern** wurde 1869 durch die Verstärkung eines Sturmes gemessen!! Dieser außergewöhnlich starke Unterschied zwischen Ebbe und Flut wird in der *Bay of Fundy* mit dem Gezeitenkraftwerk *Annapolis* ausgenutzt.

Meerwasser

Meerwasser bedeckt 71 % der Erdoberfläche und besteht durchschnittlich zu **96,5 % aus reinem Wasser** (Wasserstoff und Sauerstoff), zu 2,9 % aus Salz und die restlichen 0,6 % sind diverse Metalle und Elemente.
Das Regenwasser hat im Laufe der Jahrmillionen viele Salze und Mineralien aus den Steinen und Gebirgen herausgewaschen, ins Meer gespült und dadurch den **Salzgehalt** erhöht. Wenn nun Meerwasser verdunstet, bleibt das Salz zurück. Diesen Effekt machen sich diverse Salinen zu Nutze... der Salzgehalt wird als **Salinität** bezeichnet.
Der Salzgehalt variiert in den verschiedenen Meeren zwischen 0,3 % (Ostsee; der extrem geringe Salzwassergehalt ist durch viele Süßwasserflüsse und Regen begründet) bis hin zu unglaublichen 28 % im Toten Meer. Das Mittelmeer ist mit 3,8 % Salzgehalt übrigens eines der stark salzhaltigen Meere, es hat deutlich mehr Salz als der Atlantik!

Die optisch **wahrgenommene Farbe des Meerwassers** kann stark variieren: von glasklar über blau und grün bis hin zu ekligem braun oder fast schon schwarz. Reines Wasser ist farblos und hat die Eigenschaft, alle Farben bis auf blau zu „verschlucken". Nur die **blaue Farbe wird reflektiert** und das Meer erscheint uns somit blau. Astronauten sehen die Ozeane strahlend blau! Ein Großteil des Lichts tritt jedoch in das Wasser ein, wird dort gebrochen und trifft auf die Wassermoleküle. Der **blaue Anteil des Sonnenlichts kann tiefer in das Wasser eindringen** als die anderen Spektralfarben und wird daher besser gestreut. Von der Meerestiefe wird es durch die **Streuung** zum Betrachter zurück geworfen und **das Meer erscheint uns blau**.
Im Prinzip: je tiefer das Meer, umso blauer das Wasser. Die lichtdurchflutete Zone reicht ungefähr bis in eine Tiefe von 200 Meter, darunter wird es stockdunkel. Je mehr Schwebeteilchen sich im Wasser befinden, desto weniger Licht kann in die tieferen Schichten eindringen und das Meerwasser erscheint

trüb. Algen (Phytoplakton), Mineralien, Mikroorganismen, Sulfat (von Bakterien), Eisensulfid sowie Sand-, Schlamm- und Tonteilchen verändern das Lichtspektrum des zurückgeworfenen Lichts und somit die Farbe des Meeres.

Das **strahlend türkise Meer** an den Karibikstränden entsteht durch das **klare Wasser in Kombination mit weißen muschelkalkhaltigen Korallensand**, der das Licht reflektiert und „heller" macht. Das „Rot" wurde von den oberen Wasserschichten geschluckt und übrig bleibt eine Mischung aus blau und grün: türkis!

Leben im Meer

Ohne Wasser gibt es kein Leben. Das ist auf jedem Planeten so!

<u>Prinzipiell gibt es verschiedene Gruppen von Meeresbewohnern:</u>

Benthos bezeichnet die *Meerestiefe* (den Boden- oder Uferbereich). Hier leben **Muscheln, Korallen, Seeigel, Krebse, Würmer, Seesterne** und natürlich die ganzen Meerespflanzen. Falls sich die benthischen Bewohner überhaupt bewegen können, dann nur langsam. Viele davon sind **sessile** (sesshafte) oder **halbsessile** Lebewesen. Sie ernähren sich hauptsächlich von Plankton.

Die meisten Meeressäuger, Fische und Reptilien leben im **Nekton**, der *Schwimmwelt*. Diese pelagischen Tiere können sich kontrolliert, aktiv und strömungsunabhängig bewegen: sie können **schwimmen!** Die meisten nektischen Tiere sind **Raubtiere**. Es gibt übrigens 20.000 Fischarten in den Meeren!

Die dritte Gruppe von Meeresbewohnern ist dem **Plankton** zuzuordnen, das heißt so viel wie **umhergetrieben**. Die Fortbewegungsrichtung ist von Wasserströmungen abhängig. Es wird unterschieden zwischen **Phytoplankton** (das *pflanzliche Plankton* betreibt Photosynthese; meist einzellige Kiesel algen) und **Zooplankton** (das *tierische Plankton* macht keine Photosynthese sondern ernährt sich von irgendwelchen anderen Organismen).

99 Fun Facts!
Wussten Sie schon, dass...

... das größte Kreuzfahrtschiff mit 6360 Gästen die 1,5 Milliarden teure ***Harmony of the Seas*** ist? Ihre Schwesterschiffe *Oasis of the Seas* und *Allure of the Seas* sind jedoch – aufgrund baulicher Toleranzen – nur wenige cm kleiner... Aber diese Giganten werden schon bald von weiteren Neubauten abgelöst: der nächste Anwärter für den „meisten-Passagiere-Rekord" ist die **Symphony of the Seas**, die ab April 2018 eine maximale Belegung von 6800 Gästen erreicht. Der Rekord wird also (vorerst) bei **RoyalCarribean** bleiben!

... die **MSC Melody** 2009 südlich der Seychellen von **somalischen Piraten** überfallen wurde? Mutige Passagiere warfen als erste Abwehr **Liegestühle und Tische (!!)** auf das kleine Schnellboot, bis die Security den Angriff abwehren konnte!

... im Schnitt **alle 2 Monate ein Passagier** während der Kreuzfahrt **stirbt**? Pro Schiff!

... die Besatzung extrem wichtige **Durchsagen in Codes verschlüsselt**, um eine **Panik zu vermeiden**? Alle Codes kommen übrigens 3 x hintereinander!

Code Alpha:	medizinischer Notfall
Code Bravo:	Feuer an Bord
Code Charlie:	Einsatz für die Security
Code Oscar:	Mann über Bord

... 2018 die **Titanic 2** in See sticht? Bereits 1 Million Dollar wurde für einen Platz auf der Jungfernfahrt geboten! Der originalgetreue Nachbau wurde von dem australischen Multimilliardär *Clive Palmer* in Auftrag gegeben – und zwar bei der chinesischen Werft *CSC Jingling Shipyard.* „Made in China" verfügt über liebevolle **originalgetreue** Inneneinrichtung mit modernsten Navigations- und Sicherheitsvorkehrungen. Und genügend Rettungsboote ☺.

... das erste Luxus-Kreuzfahrtschiff die **Augusta Victoria** war? Sie stach am 22. Januar 1891 mit 241 Passagieren Richtung Orient in See.

... dass man in Bremerhaven *Cruise Tourism Management* (CTM) studieren kann? Aber 80% der Vorlesungen des **Kreuzfahrttouristik-Studiums** finden auf Englisch statt!

... eine **Seemeile** exakt **1852,0 Meter** sind?

... in Amerika **Rentner eine Dauerkabine buchen** und auf dem Schiff leben, da es wesentlich günstiger als ein Altersheim ist? Freundlicher 24-Stunden-Room-Service, top medizinische Versorgung, Shops, Frisör und kostenlose Restaurants... **und keiner sagt „Opa" zu einem!**

... dass zwischen Schweden und Finnland ein Kreuzfahrtschiff pendelt, auf dem das Hauptziel der Passagiere der **Kauf und Konsum von Alkohol** ist? Denken Sie daran, bevor Sie auf der *MS Gabriella* buchen!

... 2005 nach dem Orkan „Katrina" die *Tulane University* ihre **Studenten aus Wohnraummangel** für ein Semester auf einem Kreuzfahrtschiff unterbrachte? Dazu wurde die „MV Dream" extra vom Mittelmeer in den Mississippi gebracht!

... dass ab einer Länge von 20 Metern aus einem *Boot* ein *Schiff* wird? In ein Boot steigt man ein, wenn das Schiff untergeht ☺.

... der Name **Lidodeck** von den italienischen Strandbädern (*Lidos)* des 19. Jh. herrührt? Ein passender Name für das Sonnendeck mit seinen Strandliegen und Pools!

... ***alle Schiffe weiblich sind***? Und das ist eine Jahrhunderte-alte Tradition. So alt, dass man nicht mal mehr gesichert weiß, woher das überhaupt kommt! Eine Vermutung: die männlichen Kapitäne benannten ihre Schiffe nach der geliebten Frau...
Moderne Kreuzfahrtreedereien gehen jetzt allerdings dazu über, die Schiffe neutral zu benennen, z.B. *MSC Seaside*, *NCL Bliss* oder *Harmony of the Seas*.

... die 3 großen Reedereien *Carnival, RoyalCarribean* und *NCL* zwei Drittel der Gesamt-Passagierkapazität des Kreuzfahrtmarktes besitzen?

... dass **Carnival** 1972 lediglich ein **Second-Hand-Schiff** und Sprit für eine Reise von *Miami* nach *San Juan* besaß? Heute ist *Carnival* ein Mega-Konzern!

... die Hälfte der *größten* Kreuzfahrtschiffe zu *RoyalCarribean* gehört? Denn *RoyalCarribean* steht *Carnival* in nichts nach und baut immer größere Schiffe mit ausgefallenen TOP-Attraktionen.

... Cunnards *„Britannia"* 1840 eine **Kuh an Bord** hatte, um den Gästen frische Milch anbieten zu können? Wohlgemerkt 1(!) Kuh für alle Gäste...

... über **350 Kreuzfahrtschiffe** weltweit die Ozeane befahren und 2000 Häfen anlaufen? 200.000 Angestellte sorgen für Ihr Wohl! **Bis 2026 wurden bereits mehr als 100 Neubauten der verschiedensten Reedereien in Auftrag gegeben! Die Branche boomt!!!**

... die teuerste jemals stattgefundene Kreuzfahrt von der Luxus-Reederei *Silversea* angeboten wurde? Eine Weltreise auf der „Silver Whisper“ wurde als **„Million-Pound-Cruise“** angeboten: 4 Monate und 28 Tage um die ganze Welt! Helikopterflüge und Beluga-Kaviar inklusive!

... *Karin Stahre-Jonson* der **erste weibliche Kapitän** war? Ihr war ab 2007 die *„Monarch of the Seas“* von RoyalCarribean unterstellt.

...das **X** bei **Celebrity** für den griechischen Buchstaben ***chi*** steht? Ein Symbol für *Chandris* (der Konzern, der 1988 *Celebrity* gründete).

... der **vierte Kamin** auf Schiffen des 19. Jh. oft nur als **Lagerraum** fungierte? Die *moderneren* Schiffe der damaligen Zeit benötigten keinen vierten Kamin, doch der vierte Schornstein vermittelte Stärke, Sicherheit und Schnelligkeit. Deshalb planten die Ingenieure den Kamin als zusätzlichen Lagerraum ein!

... die Reederei *Disney* das **halbfertige Inselresort „Treasure Island“** auf den Bahamas **aufgab**, als nach langer Bauzeit auffiel, dass die Schiffe **nicht nahe genug docken oder ankern** konnten? Die Bucht war zu seicht für die großen Kreuzfahrtschiffe – keine Chance, in Reichweite für die Tenderboote zu kommen!! Die Disney-Ingenieure bauten unbeeindruckt an ihrem Traum-Resort weiter, denn die Bucht sollte ausgebaggert und damit vertieft werden. Leider hat keiner an das Meer der *Baker's Bay* gedacht, das bei jedem Gezeitenwechsel enorme Mengen an Sand zurückspült. Letztendlich investierte Disney in den 80ern 30 Mio. $ in das Projekt *Treasure Island*, das entspricht heute 66 Mio. $. Das Resort befand sich bereits kurz vor der Eröffnung – aber kein Gast hat das **„Geister-Resort“** jemals besucht. Die Bauruinen der Hotels mit komplett eingerichteten Küchen, Outdoor-Theater, Bars, Jet Skis und unzähligen weiteren Unterhaltungsattraktionen verfallen auf *Treasure Island* ungenutzt – oder wurden Opfer von Plünderern und Hurrikans. Die Natur erobert nun die Insel zurück...

... die meisten Kreuzfahrtschiffe mit **HFO** (*Heavy Fuel Oil*, also Schweröl) und nicht mit Diesel betrieben werden? Ein großes Kreuzfahrtschiff verbraucht in einem Monat Treibstoff im Wert von etwa 1 Million Dollar! Alle großen Reedereien nehmen den Umweltschutz ernst und statten ihre Neubauten mit einem Antrieb für **verflüssigtes Erdgas** (LNG) aus. Damit sind die Öko-Ozeanriesen weitgehend ruß- und feinstaubfrei unterwegs!

... in den vergangenen Jahrhunderten **viele Seemänner nicht schwimmen** konnten? Der Grund: Nichtschwimmer desertierten bedeutend seltener, weshalb sie bevorzugt eingestellt wurden. Zudem war nicht jeder Matrose freiwillig an Bord. Und Nichtschwimmern fiel die Flucht extrem schwer... Da Schwimmen heutzutage öffentlich und von Schulen gefördert wird, können die (meisten) Crewmitglieder natürlich schon schwimmen.

... das **Ausflaggen in „Billigflaggenländer“** (wie Panama, Havanna oder Nassau) die gewaltigen Summen an Heuern, Steuern und Sozialleistungen drastisch reduziert? Mit den gesunkenen Kosten sinken auch gleich die Qualifikationsanforderungen an die Crew. *Wozu sich von europäischen Standards und Kosten quengeln lassen,* denkt sich fast jede Reederei... Witzig: dass Schiff muss nicht gezwungenermaßen seinen Heimathafen auch irgendwann mal besuchen! Manche Pötte sind so groß, die könnten das nicht mal... Im **Schiffregister des Steuerparadieses** *geführt zu sein* reicht vollkommen aus um die Vorteile zu genießen!

... die Reederei *Cunard* auf Transatlantiküberfahrten **Haustiere** erlaubt? Die Hunde und Katzen wohnen an Bord in einem **speziellen Tier-Hotel**. Dort wird bestens für die Vierbeiner gesorgt. Herrchen darf sein Tier jederzeit besuchen – jedoch nicht in den Passagierbereich mitnehmen! Miau!

... die Kabinenwände und Türen aus **Metall** bestehen und somit **magnetisch** sind? Da bekommt der Begriff „Full-Metal-Cruise“ gleich eine neue Bedeutung! Probieren Sie es mit einem Kühlschrankmagneten aus irgendeinem Hafen aus!

... in dem **Kartenschlitz für das Licht** Ihrer Kabine auch jede andere Karte im Scheckkartenformat ihren Dienst tut? Allerdings wird Ihr Kabinensteward bald meckern, wenn Sie dauerhaft Ihren **Bücherei-Ausweis** in dem Schlitz steckenlassen. Er erhält damit nämlich ein rotes Licht... um Sie vermeintlich nicht zu stören, lässt er Ihre Kabine beim *Cleaning* aus. Aber irgendwann MUSS er sie ja mal sauber machen... sonst meckern *Sie*!

... man auf einem Schiff nicht heiraten kann? Zumindest die Geschichte von dem Kapitän, der heutzutage noch die **Trauung** vollzieht, ist Seemannsgarn! Dennoch gibt es einige Reedereien, die eine Hochzeit an Bord anbieten... z.B. NCL oder auch TUI, deren „Mein-Schiff-Flotte“ unter maltesischer Flagge fährt!

... es an Bord großer Schiffe eine eigene **Kläranlage und Müllverbrennungsanlage** gibt?

... die **Liegekosten in Afrika** (z.B. Tunis) preislich relativ günstig sind und deswegen die Häfen gerne angelaufen werden?

... „*The World*" das erste Kreuzfahrtschiff ist, auf dem man **Kabinen kaufen** kann, manche Besitzer immer an Bord leben und die Route selbst mitbestimmen? Das ist aber nur etwas für sehr reiche Menschen...

... ein Großteil der Crew nicht in den Passagierbereich darf und im **"Bauch" des Schiffes lebt**?

... ein **Kellner** oder Kabinensteward oft bei einer einzigen großen **Beschwerde** gefeuert wird und im nächsten Hafen das Schiff verlassen muss? Also nicht zu viel meckern!

... die Passage durch den **Panama-Kanal** die Reederei über **300.000 US-$** kostet kann? Die mitunter höchsten Gebühren, die dort je gezahlt wurden, waren die Passagen der *Norwegian Jade* und der *Norwegian Pearl*.

... **Cruisecritic.com** eines der größten Kreuzfahrtforen im Internet ist und Sie dort auch nach Mitreisenden Ihrer Kreuzfahrt suchen können (*RollCall*)? Natürlich wird auch jede erdenkliche Frage zu Kreuzfahrten diskutiert!

... die Schiffe **seitliche Stabilisatoren** haben, damit die Schwankungen ausgeglichen und die Passagiere nicht so leicht seekrank werden?

... es an Bord etlicher großer Schiffe – wie an Land auch – **Drogenschmuggel, Mafia und Prostitution** gibt?

... die Pools bei starkem Seegang geleert werden?

... **Carnival Corporation** das größte Kreuzfahrtunternehmen der Welt ist? Auch *Carnival Cruises*, *Holland-America, Cunard, P&O Cruises, Princess Cruises, Seabourn,* ***Costa Crociere*** und ***AIDA Cruises*** gehören mit weltweit mehr als 100 Schiffen dazu!

... der Bau eines neuen Schiffes bis zu **900 Mio. US $** kostet?

... so manches Kreuzfahrtschiff während des Werft-Aufenthaltes **in der Mitte auseinander gesägt** wird, um einen neuen Teil einzufügen und somit Platz für mehr Kabinen zu schaffen?

... **Steuerbord rechts** ist und **Backbord links**? *Achtern* bedeutet übrigens hinten.

...das **teuerste Katastrophenschiff** aller Zeiten die **Costa Concordia** war? Der Schaden für die Versicherungswirtschaft wird auf 1,2 Milliarden Dollar geschätzt!

... das größte Schiffsunglück aller Zeiten nicht die Titanic war, sondern der Untergang des Flüchtlingsschiffes **Wilhelm Gustloff**? Am 30. Januar 1945 ertranken **9.000 Menschen** bei minus 18 Grad Außentemperatur in den eisigen Fluten der Ostsee – nach dem Angriff eines Sowjet-U-Bootes! Beim Untergang der Titanic starben „nur" 1500 Menschen...

... kein neues Schiff mehr ohne die sehr **beliebten Balkonkabinen** auskommt?

... ein **Kapitän** je nach Schiff und Ausbildung/Dienstalter ein jährliches **Brutto-Einkommen** zwischen 80.000 € und 150.000 € hat? Niedrige Crew-Mitglieder verdienen hingegen oft nur 400 € / Monat – bei einem 10-Stunden-Tag an 7 Tagen die Woche!

... Offiziere nur drei bis vier Monate am Schiff bleiben, während die Crew **neun Monate ohne Pause** an Bord bleibt?

... ein mittleres Schiff mit 2.000 Passagieren für eine Woche ca. **40.000 Eier**, **8 t Fleisch** und **10 t Gemüse** braucht? Eine eigene Bäckerei an Bord ist selbstverständlich – bei zigtausend Brötchen täglich!

...die **Hälfte** des lecker zubereiteten Essens leider in den **Müllschlucker** wandert? Viele Gäste am Buffet verschwenden keinen Gedanken daran, sondern laden munter ihren Teller randvoll.

... Kreuzfahrtschiffe einen Großteil ihres Gewinns mit **Getränken**, **Casino, SPA** und **Landausflügen** machen?

... Sie oft bei einer (kostenpflichtigen) Schiffsbesichtigung **einen Blick hinter die Kulissen** werfen können?

... die **Höchstgeschwindigkeit** eines großen Kreuzfahrtschiffs bei etwa **24 Knoten** liegt? Das ist etwa 43 km/h.

... fast alle Kreuzfahrtschiffe mit **Dieselelektrik-Motoren** angetrieben werden?

... es meistens 5 **Stromgeneratoren** an Bord gibt, die aber nie alle gleichzeitig eingesetzt werden?

... **Feuer** die größte Gefahr an Bord ist? 2013 gab es einen verheerenden Brand auf der **Grandeur of the Seas**, bei dem große Teile des Hecks zerstört wurden!

... als Reaktion auf den Untergang der Titanic die **SOLAS** ins Leben gerufen wurde? SOLAS bedeutet übrigens **„Safety of Life at Sea“** (Schutz des menschlichen Lebens auf See) und ist eine UN-Konvention zur Schiffssicherheit! Diesem Regelwerk haben Sie unter anderem die obligatorische Sicherheitsübung zu verdanken.

... mit den **Schiffs-Telefonen** jede beliebige Kabine angerufen werden kann, z.B. von Freunden? Einfach die Zimmernummer wählen! Das geht übrigens von jedem Schiffstelefon, auch in öffentlichen Bereichen, z.B. bei den Aufzügen.

... Costa eine eigene **Costa Mobile App** hat, mit der man an Bord gratis mit anderen App-Besitzern telefonieren und Nachrichten senden kann? Laden Sie am besten bereits zuhause die App gratis herunter!
MSC zieht auf seinen neuen Schiffen mit *„MSC for me“* nach!

... das **Seenotzeichen** aus 7 kurzen und einem langen Ton besteht? Spätestens nach Ihrer ersten Sicherheitsübung wissen Sie das.
Wichtig: Dieses Zeichen darf nicht als Aufforderung zum Verlassen des Schiffs missverstanden werden!

... es Schiffe mit einem **Bridge-Viewing-Room** gibt, in dem man dem Kapitän bei seiner Arbeit zusehen kann? Zum Beispiel auf der *NCL Spirit*...

... Sie jederzeit **Tischtennis** spielen können, wenn Sie eigene Schläger von zuhause mitbringen?

... es Schiffsbibliotheken ohne ein einziges gedrucktes Buch gibt? Auf der **Costa Diadema** ist nur das Ausleihen eines e-Book-Readers möglich...

... man als "Wiederholungstäter" auf eine **Welcome-back-Party** eingeladen wird, bei der meist auch der Kapitän anzutreffen ist?

... die **Costa neoRomantica** 2015 vor Sizilien in einen Sturm der Windstärke 11 geriet und dabei einen der beiden **Anker verlor**?

... die **Meyer-Werft in Papenburg** eine der führenden Werften für Kreuzfahrtschiffe ist? Das größte in Deutschland gebaute Schiff ist mit 348 Metern Länge die **Anthem of the Seas.** Auf ihr können seit März 2015 maximal 4188 Passagiere gleichzeitig die Meere bereisen.

...dass ein Passagier für eine Kreuzfahrt durchschnittlich 3.000 € pro Person ausgibt? Dazu zählen Reisepreis, Anfahrt, Onboard-Ausgaben, Service-Pauschale... Das hat zumindest eine Statistik sich so schön hingerechnet.

... Hafenstädte enorm vom Kreuzfahrt-Tourismus profitieren? So bringt z.B. die **Mariner of the Seas** der Wirtschaft in **Genua** einen Umsatz von geschätzten **856.000 Euro pro Stopp**: 56.000 € Hafengebühren und weitere unglaubliche 800.000 € durch die Passagiere an Land und den Passagierwechsel!

... 2016 laut *Deutschen Reiseverband DRV* mit 2,02 Mio. Deutschen der **bisherige Passagierrekord erzielt wurde?** Das sind 18 % des Reisemarktes. Insgesamt gaben die Deutschen 3,38 Milliarden Euro für Kreuzfahrten aus! Übrigens: 28% der Reisen gehen in das Mittelmeer!

...Schiffe nur **von Frauen getauft** werden?

... seit 2013 ein **Kreuzfahrt-Geisterschiff** im Atlantik treibt? Aber es handelt sich dabei nicht um den legendären „Fliegenden Holländer", sondern um die ***Lyubov Orlova***. Das Schiff der Eisklasse wurde für Arktisexpeditionen gechartert, bis sie wegen hoher ausstehender Forderungen in *St. John*/Neufundland beschlagnahmt wurde. Die Besatzung verließ bei der Gelegenheit das Schiff, schließlich war die Crew monatelang nicht bezahlt worden. Ein iranischer Schrotthändler kaufte das ausgediente Kreuzfahrtschiff und wollte es in die *Dominikanische Republik* zum Verschrotten schleppen lassen. Leider riss in einem Sturm die Verbindung zum schlecht ausgerüsteten Schlepper und das CruiseShip war frei. Wegen des widrigen Wetters konnte der Schlepper die *Lyubov Orlova* auch nicht erneut „an die Leine legen". Nachdem das Schiff mit einer kanadischen Ölpattform zu kollidieren drohte, wollte Kanada sich der Sache annehmen. Doch die *Lyubov Orlova* trieb schon bald aus dem unmittelbaren Gefahrenbereich heraus in **internationale Gewässer**, somit fühlten sich die Kanadier nicht mehr zuständig – so wie der Rest der Welt! **Selbst der Eigentümer gab das Schiff auf**, obwohl es erst 2006 umfangreich renoviert worden war!
Seitdem treibt das **russische Geisterschiff über das Meer**. Oder ist gesunken – denn es wurde schon lange nicht mehr gesichtet. Der genaue Verbleib ist unklar. Nur in Schiffsbewertungs-Portalen ist der Kahn noch zu finden ☺.

... große Kreuzfahrtschiffe in vielen Häfen eine "Lotsenpflicht" haben? Das bringt dem Hafen (und dessen Behörde) einen ordentlichen Batzen Geld. Auch wenn der Kapitän sein Schiff genauso gut selbst in den Hafen reinsteuern könnte – vor allem in Städten, die im wöchentlichen Turnus angelaufen werden. Trotzdem ist der Lotse Pflicht!

... die **Brücke** immer nur **spärlich beleuchtet** ist, damit die Offiziere die Positionslichter der anderen Schiffe besser erkennen können?

… das **Mittelmeer das am meisten verschmutzte Meer** auf der ganzen Welt ist?

… dass die **Liegekosten im Hafen** nach der Tonnage des Schiffes berechnet werden? Und die sind je nach Hafen unterschiedlich, im Schnitt betragen sie **60.000 € /pro Tag**.
Während **Tenderhäfen richtige Schnäppchen** sind, gilt St. Petersburg mit 100.000 € als einer der teuersten Häfen weltweit. Klar dass die Luxusliner in solchen Häfen nur einen Tag am Pier liegen, denn ein Seetag kostet der Reederei zwar einiges an Sprit, bringt aber enorme Einnahmen durch „Onboard Revenues" sprich Getränke, SPA und Casino…

… **bei Frachtschiffen die Brücke immer hinten liegt** und bei Kreuzfahrtschiffen **vorne**? Da man „von hinten" das ganze Schiff gut im Blick hat, lässt sich das Schiff so besser steuern. Bei den hohen Deckaufbauten eines Kreuzfahrtschiffes geht das jedoch nicht, somit muss die Brücke vorne sein! Um beim An- und Ablegen die beste Übersicht zu haben verfügen die Kreuzfahrtschiffe über Aussensteuerstände, die **Brückennock** (auf Englisch ist das die *bridge wing)*. Von der Brücke aus bietet sich der beste Blick aufs Meer ☺

… die sogenannten **„Port-Musiker und -Akrobaten"** nicht die ganze Reise auf dem Schiff bleiben, sondern in einem Hafen an Bord kommen, am Abend ihre Show absolvieren und im nächsten Hafen das Schiff wieder verlassen? Da viele Schiffe wöchentlich die gleiche Route „abfahren", ist das ein guter Nebenverdienst für die (Land-)Artisten und Sänger. Es ist nicht ungewöhnlich, dass Port-Künstler innerhalb einer Woche auf mehreren Schiffen auftreten.

… dass Tintenfische mit 8 Armen **Oktopusse** genannt werden, während die 10-armigen Tintenfische als **Kalmare** bekannt sind? Sie können mehrere Meter lang werden, sind ausgezeichnete Schwimmer und hoch intelligent!

… der Pazifik 30% der Erdoberfläche bedeckt und 28.000 Inseln in ihm liegen?

… die **durchschnittliche Meerestiefe 4 km** beträgt? Der Marianengraben gilt mit 11.000 Metern als die tiefste Stelle des Meeres.

… wenn man nur 0,1% der **kinetischen Energie der Gezeiten** nutzbar machen könnte, der weltweite **Energiebedarf um das 5-fache gedeckt** wäre?

… in den Weltmeeren rein rechnerisch **20 Millionen Tonnen Gold** schlummern? Taucherbrille und Schnorchel nützen allerdings nix, denn das Gold ist im Wasser gelöst. Leider fehlen die notwendigen Verfahren, um das Gold aus dem Wasser zu gewinnen.

… jedes Jahr **6.000.000.000 kg Müll** im Meer entsorgt wird? 6 Milliarden! Das Meiste davon ist **nicht abbaubares Plastik!** Selbst beim Wäschewaschen in der Waschmaschine lösen sich mikroskopisch kleine Fasern, die über die Flüsse in das Meer gelangen! Die langfristigen Auswirkungen sind noch nicht bekannt, doch positiv ist dieser Effekt garantiert nicht ☹ Laut statistischen Hochrechnungen **werden die Ozeane in 30 Jahren mehr Müll als Fische enthalten…**

… die **versunkenen Schätze** am Meeresboden auf **60 Milliarden US$** geschätzt werden? Handelsschiffe, Schatzgaleonen, Fregatten…
3 Millionen Wracks liegen auf dem Grund der Ozeane!

… in Neufundland in besonders kalten Winterperioden der Atlantik komplett zufriert, so dass man auf dem Meer Schlittschuhfahren kann?

… 70 % des **Sauerstoffs** den wir **atmen** vom Ozean produziert wird?

… 99% des zur **Verfügung stehenden Lebensraums** der Erde sich im Ozean befindet? Dabei sind 95 % der Unterwasserwelt unerforscht!

… jedes Jahr 130 Millionen Container über die Meere geschippert werden und **1.000 Schiffscontainer** dabei ***verloren* gehen**? Schiffskatastrophen, miese Ladungssicherung, Stürme und das Rollen des Schiffes bei starkem Seegang sind die Gründe dafür. Leider beinhalten geschätzte 10% der verlorenen Container hochgiftige Chemikalien!

… die Ozeane drastisch **versauern**? Meerwasser ist mit einem **pH-Wert von 8** leicht basisch, durch die globale Erwärmung und die Aufnahme von CO_2 aus der Atmosphäre sinkt der Wert jedoch unaufhörlich ab. Im Wasser verwandelt sich das Gas nämlich zu Säure. Untersuchungen an Sedimenten haben gezeigt, dass der pH-Wert des Meeres seit Beginn der Industrialisierung im 18. Jh. um 30% abnahm (von 8,3 auf 8,1)! Dabei löst sich das CO_2 in kaltem Wasser besonders gut: je kälter das Meer, desto saurer…

… das Wort *Ozean* vom griechischen **Ὠκεανός** (*Okeanos*) kommt, das **„der die Erdscheibe umfließende Wasserstrom“** bedeutet?

… viele Kreuzfahrtschiffe **kein Deck 13** haben? Seemänner waren schon immer abergläubisch… Kreuzfahrtreedereien und Schiffsbauer wohl auch! Für Italiener ist hingegegen die **"17"** die pechbringende Zahl: bei *MSC* suchen Sie deswegen Deck 17 vergeblich!
NCL zeigt sich von solch einem Aberglauben unbeeindruckt: auf dieser Flotte können Sie sowohl auf Deck 13 als auch auf Deck 17 wandeln ☺.

... die Unmengen an übrig gebliebenen Essen geschreddert, mit Wasser vermengt und dann außerhalb der „Zwölf-Meilen-Zone“ ins Meer gekippt werden?

... in der Schiffswäscherei **täglich 5000 kg Wäsche** gewaschen werden müssen? Das ist der Durchschnitt eines Schiffes mit 2.500 Passagieren. Zumindest muss den gigantischen Wäscheberg niemand bügeln: das macht die Wäschemangel! Nur Einzelstücke müssen von Hand gebügelt werden.

... Kreuzfahrtschiffe eine **extrem lange Bauzeit** haben und erst nach 3 bis 4 Jahren die Werft verlassen?

... die Crew-Mitglieder aus aller Welt kommen? Es ist nicht selten, dass **60 verschiedene Nationen** vertretenen sind! Englisch haben dabei die Wenigsten als Muttersprache.

... dass die Römer ihr Land für den **Mittelpunkt der Erde** hielten? Deshalb heißt das Mittelmeer auf Englisch „Mediterranean“ (lat. *medius* und terra) = *Mitte der Erde.*

... das Mittelmeer einst vollkommen **trocken** war? Vor 5 Millionen Jahren strömte Wasser aus dem Atlantik durch die Straße von Gibraltar und „füllte“ das Mittelmeer mit Wasser auf!

... ein US-Atombomber der US Navy 1966 **im Mittelmeer eine Atombombe verloren hat**? Drei Bomben fielen auf spanisches Festland. Sie explodierten zwar nicht, verseuchten die Umgebung aber mit Plutonium. Die vierte Bombe fiel ins Meer und war **auch nach 80 Tagen verzweifelter Suche nicht aufzutreiben.** Ein spanischer Fischer hatte den Absturz beobachtet und konnte eine genaue Ortsangabe über den Aufprall im Wasser machen. Er wollte aber die **25 Mio. $ Finderlohn** haben... Zum Glück waren die Bomben nicht scharf, aber die Region um das Dörfchen *Palomares* hat noch heute unter der **Plutonium-Verseuchung** zu leiden. Die USA waren damals *sehr daran interessiert*, die Sache **nicht sonderlich publik zu machen** – Spanien genauso wenig, denn hier begann gerade der Massentourismus aufzublühen. Da macht sich eine Plutonium-Verseuchung der Küste und eine im Meer versenkte Atombombe nicht gut... Wegen mangelnder Aufklärung über Gefahren bauten die Einwohner von *Palomares* jedoch weiterhin Obst und Gemüse an ☹

...die Griechen mit 30 Millionen Gäste für das Jahr 2017 rechnen? Mit dem damit verbundenen Milliardenumsatz geht es dem krisengebeutelten Land aber kaum besser, denn nur ein Bruchteil des Geldes kommt den Griechen zugute. Fast alles streichen Airlines und Pauschalreiseveranstalter ein...

English for „Cruisaders" ☺

Klar kann heutzutage jeder Englisch! Aber der ein oder andere Begriff im Kreuzfahrt-Metier ist doch ein wenig speziell… eine kleine Auffrischung kann zudem nie schaden! Wenn Sie mit *AIDA* oder *Mein Schiff* fahren hat sich das Kapitel natürlich erübrigt ☺

ablegen	set sail
Abfahrt	**departure**
Achterdeck (hinten erhöht)	quarter deck
Altstadt	old town
anlegen	to dock
an Bord	**aboard**
auf See	**ashore**
auf Reede (liegen)	**at anchor**
ausflaggen	flag out
Ausflug	trip
Ausgrabungsstätte	excavation, (archaeological) site
ausländisch	foreign
Ausschiffung (von Bord gehen)	**disembarkation**
ausschiffen	to disembark
Außenkabine	**outside / oceanview cabin**
Autovermietung	**car rental**
Backbord	port side
Badeanzug / Badehose	swimsuit / swimming trunks
Bademantel	gown, bathrobe

Balkonkabine	**balcony cabin**
Beiboot	**tender boat**
Besichtigung (Sehenswürdigkeiten)	sightseeing
Besteck	cutlery
Bordguthaben	**on-board credit**
Bordkarte	keycard, boarding card
Brücke (des Kapitäns)	bridge
Buchung	booking, reservation
Bug (vorne)	bow
Bullauge	porthole
Brückennock	bridge wing
Einchecken (erstes Mal)	check in
Einschiffung	**embarkation**
einschiffen	to embark
Eintrittsgeld	**entrance fee**
entern	to board (a ship)
ertrinken	to drown
Essenssitzung	**seating (first / second)**
Festland	**mainland**
Fitnessstudio	gym
Föhn	hairdryer
Freihafen	freeport
Freizeiteinrichtungen, Attraktionen	leisure facilities

Führung	**guided tour**
Gebühr / Preis	**fee, charge**
Geldautomat	ATM-machine
Gepäck	**luggage**
Gepäckanhänger	luggage tag
Gepäckausgabe	baggage claim
Getränke (Getränkepaket)	beverage (beverage package)
Gezeiten	tides
Handtücher	**towels**
Handy	mobile, cellphone
Hafen	port
Hauptgang (Essen)	main course
Heck (hinten)	stern, aft
Heimathafen	port of registry
Hochsaison	high season
Innenkabine	interior cabin
Innenstadt	downtown
Jungfernfahrt	virgin ride
Kabine	**stateroom, cabin**
Kai	quay
Kellner	**waiter**
kentern	to capsize
Klappbett (zum herunterklappen)	pull-down-bed

Knoten	knots
kostenlos	for free
Kreuzfahrtleiter	cruise director
Kreuzfahrtschiff	cruise ship
Küche	galley
Landausflug	**shore excursion**
Lotse	pilot
Mannschaft	crew
meerseitig	seaside
Metalldetektor	x-ray scanner
Mittelmeer	**Mediterranean Sea**
mittschiffs	midships
Nebensaison	off-peak season
Nichtschwimmer	non-swimmer
Öffentliche Verkehrsmittel	**public transportation**
Öffnungszeiten	**opening hours**
Parkplatz	lot, car park
Personalausweis	ID-card
raue See	**rough sea**
Reederei	cruise line, shipping company
Reisepass	passport
Reinigungspersonal (Zimmer)	**cabin steward**
Reisedokumente	travel documents

Reiserücktrittsversicherung	travel cancellation insurance
Reiseziel	**destination**
Reling	railing
Restaurantleiter	mâitre d'
Rettungsboot	life boat
Rettungsinsel	liferaft
Rettungsweste	**lifejacket**
Rollen (Schiffsbewegung, seitl.)	rolling
Rumpf (des Schiffes)	hull (of the ship / vessel)
Sammelpunkt	**Muster-Station / Assembly-Station**
Schiffshorn	horn, whistle
Schiffschraube	propeller
Schiffstaufe	ship christening
Schlüsselband	lanyard
Schornstein	funnel
Schotten	bulkheads
(hoher) Seegang	(heavy) swell
seekrank	**seasick**
Seekrankheit	seasickness
Seemeile	nautical mile, sea mile
Seenotrettungsübung	**safety drill, muster drill**
Seitenstrahlruder	side thruster
Selbstbedienung	self service

Servicepauschale	**service charge**
Sonnencreme	sun cream, sun blocker
Sonnenbrand	**sun burn**
Stampfen (Schiffsbewegung)	pitching
stellvertretender Kapitän	staff captain
Steuerbord	starboard
Taucherbrille	diving googles
Taucherflossen	flippers
Tauchen	scuba (diving)
Theke (Buffet)	counter
Tiefgang	draught, draft
Toilette	**restroom**
Toilettenspülung	toilet flushing
Trinkgeld	**tip**
überfüllt	crowded
Verwaltungschef, Zahlmeister	purser
Wäsche	**laundry**
Wellen	waves
Werft	shipyard
Whirlpool	jacuzzi
Yachthafen	marina
Zimmerservice	roomservice
Zoll	customs

Hat Ihnen der Reiseführer gefallen?
Dann bewerten Sie uns auf *amazon*!

Verbesserungsvorschläge oder auch Kritik werden gerne unter achim.feneis@lycos.com entgegengenommen oder Sie besuchen unsere Facebook-Seite „**Estrella Maris**“!

Impressum

Estrella Maris / Achim Josef Feneis

Hauptstraße 36

71686 Remseck

Originalausgabe erschienen im Juni 2014

Erweiterte Auflage Dezember 2017

Alle Landkarten und Stadtpläne sind Eigentum von **www.openstreetmap.org** und **www.openstreetmap.de**

26167516R00210

Printed in Poland
by Amazon Fulfillment
Poland Sp. z o.o., Wrocław